a oublié la première qui étoit la plus digne d'être marquée.
Comme je n'ai point sa *Bibliothèque ecclésiastique* de l'édition
de Paris, je n'oserois mettre sur son compte la prétendue édition de Bâle de 1532. Or, à cause qu'il ne marque qu'une
édition de Paris, qui est celle de 1583, ses lecteurs ont lieu de
croire que les autres qu'il a marquées ne sont point de Paris : cependant il est certain que cet ouvrage y fut publié l'an
1560, in-8°, avec la préface d'un docteur de Sorbonne nommé
Jean Faber. L'abréviateur de Gesner et M. Cave en marquent
une de Paris, en 1571, in-8°. Dans l'*Eponymologium* de Ma-
girus, on avance faussement que cet ouvrage fut imprimé la
première fois à Paris, en 1551.

(B) *Avoir dessillé les yeux aux autres.*] Consultez Rivet, au
chapitre VI du I<sup>er</sup> livre de son *Criticus Sacer*, où, après avoir
observé la prévention de Lazius, et l'autorité qu'Hardin-
gus et Bellarmin ont donnée à notre Abdias, il ajoute : « Ejus
» nugas et mendacia non est quòd operosiùs persequamur, quià
» jam oculatioribus pontificiis ità patent, *ex nostrorum animad-*
» *versionibus*, ut eos tam putidi commenti pudeat (2). » Il cite
Baronius, Molanus, Possevin, et même Bellarmin, devenu
plus sage ; il les cite, dis-je, comme des auteurs qui conve-
noient de la bâtardise de cette histoire des apôtres.

(C) *On ne leur accorde point cela.*] Le père Labbe s'emporte
d'une étrange manière contre Rivet, à cause du passage que
l'on vient de voir. Il peut avoir raison de soutenir que les
catholiques ont reconnu l'imposture avant que les protestants
leur fournissent là-dessus aucune lumière : mais on ne sauroit
l'excuser de son aigreur injurieuse ; car voici comme il parle
(3) : « Hasce quisquilias ab otioso fabulatore, qui merità jure
» pseudo-Abdias dicitur, confictas interpolatasve, nullius fidei
» atque auctoritatis esse apud eruditos docuerunt jampridem
» catholici tractatores, Sixtus Senensis, Joannes Hesselius,
» Joannes Molanus, Cardin, Baronius, Possevinus, Salmero,
» Miræus, aliique, ut sileam Vossium, Cocum, Rivetum, si-
» milesque heterodoxos criticos, in alienis ab ecclesiâ catholicâ

(2) *Riveti Operum* tom. II, pag. 1076. — (3) *Phil. Labbe, Dissert. de
Script. Eccles.*, tom. I, pag. 3.

# MANUEL

## DES

# JUSTICES DE PAIX.

TOME I.

# AVIS.

Pour retirer du Manuel ci-contre toute l'utilité dont il peut être, il est d'une indispensable nécessité de se procurer et de lire en même temps le *Journal spécial des Arrêts concernant les Justices de paix*, par M. de Foulan, avec la Table analytique des dix volumes qui ont déjà paru.

Le *Journal spécial des Justices de Paix* est à sa onzième année. Il a commencé le 1er janvier 1821, et paraît le 15 de chaque mois par cahier de deux feuilles in-8°, qui sont envoyées franches de port, et forment, au bout de l'année, un volume de 400 pages. Le prix de l'abonnement pour l'année courante est de 10 fr., francs de port. Celui des dix volumes antérieurs, édition économique, est de 30 fr. — La Table décennale coûte 5 fr. 50 c.

*N. B.* Tous les articles appartenans à M. de Foulan, dans cette édition du Manuel de *Levasseur*, sont précédés d'une main, et ne peuvent être réimprimés par personne que par lui, à peine de contrefaçon. En conséquence, deux exemplaires ont été déposés à la Bibliothèque royale pour assurer le droit d'auteur.

VERSAILLES. — IMPRIMERIE DE ALLOIS,
avenue de St.-Cloud, n° 5.

# MANUEL

## DES

# JUSTICES DE PAIX,

### Par Feu LEVASSEUR,

#### ou

## TRAITÉ DES FONCTIONS ET ATTRIBUTIONS

### DES JUGES DE PAIX,

### DES GREFFIERS ET HUISSIERS ATTACHÉS A LEUR TRIBUNAL,

AUQUEL ON A JOINT

1° UN EXTRAIT, PAR ORDRE ALPHABÉTIQUE, DE TOUT CE QUI CONCERNE LES JUSTICES DE PAIX, DANS LA COLLECTION GÉNÉRALE DES LOIS, DÉCRETS ET ORDONNANCES PUBLIÉS DEPUIS 1789, JUSQUES ET COMPRIS 1831, ET EN OUTRE UN CHOIX DES CIRCULAIRES ET INSTRUCTIONS MINISTÉRIELLES INTERVENUES SUR LE MÊME SUJET ;

2° UN RECUEIL DISPOSÉ DANS L'ORDRE DES CHAPITRES DU CODE DE PROCÉDURE ET AUTRES CODES, DE FORMULES OU MODÈLES DES ACTES NÉCESSAIRES POUR METTRE CES LOIS EN PRATIQUE TANT AU CIVIL QU'AU CRIMINEL.

## DIXIÈME ÉDITION,

REVUE, CORRIGÉE ET CONSIDÉRABLEMENT AUGMENTÉE,

## Par M. DE FOULAN,

Ancien président du Tribunal civil de Moulins, membre de la Légion-d'Honneur, de l'Académie des Arcades de Rome, auteur du Journal spécial des Justices de paix.

## TOME PREMIER.

# A PARIS,

AU BUREAU DU JOURNAL SPÉCIAL DES JUSTICES DE PAIX,

RUE NEUVE-DES-BONS-ENFANS, n° 5.

# 1831.

# AVERTISSEMENT

## DE M. DE FOULAN

### SUR CETTE DIXIÈME ÉDITION.

Voici la troisième édition donnée par nous du *Manuel des Justices de paix* de feu M. Levasseur.

La première à laquelle nous ayons travaillé a été publiée, le 1ᵉʳ novembre 1826, en un seul volume. Elle est reconnaissable à notre signature, qu'elle porte à la fin de la dernière page. Elle fut la septième dans l'ordre de date des éditions que d'autres avaient publiées de ce livre avant la nôtre.

En 1828, les libraires Roret et Rondonneau en ont fait paraître une huitième.

Et nous, en 1830, une *neuvième* en deux volumes, qui n'est qu'une réimpression pure et simple de la septième, sans aucune addition ou changement. Elle est également reconnaissable à notre signature, placée à la fin du dernier volume.

Celle que nous publions ici est donc la *dixième* en ordre de date, et la troisième à laquelle nous ayons travaillé. Elle a été considérablement augmentée ; car elle renferme un volume de plus que les précédentes. Elle portera également notre signature à la fin du dernier volume, pour éviter les contrefaçons.

Voici maintenant quelques renseignemens sur l'ouvrage original et sur les additions que nous y avons faites.

L'auteur de ce *Manuel*, feu M. Levasseur, était avocat au parlement de Paris lorsque la révolution de 1789 eut lieu. Il est mort en 1808, sans avoir jeté aucun éclat au barreau ou dans le monde; mais, s'il n'avait aucun talent pour la plaidoirie, il était doué d'un esprit juste et méthodique qui a produit deux excellens ouvrages : l'un, c'est un *Code Hypothécaire* fort estimé dans son temps; l'autre, c'est le présent *Manuel des Justices de paix*, qui lui valut l'amitié du bon et judicieux Pigeau, et mérita que ce savant professeur annonçât, dans l'avertissement de son grand ouvrage in-4° sur la *Procédure civile*, « qu'il ne parlerait pas de la procédure des justices de paix, parce que cette matière était traitée dans un Manuel fait exprès par M. Levasseur. »

Cette recommandation de Pigeau et le mérite réel du livre valurent au *Manuel des Justices de paix* deux éditions du vivant de l'auteur.

Il mourut en 1808, comme nous l'avons déjà dit (1), c'est-à-dire avant la promulgation du Code d'instruction criminelle, du Code pénal, et d'une foule de lois, de décrets, d'ordonnances, d'arrêts, qui, depuis 23 ans, ont changé presque en entier l'état des justices de paix depuis la mort de Levasseur. Par conséquent, son *Manuel*, tel qu'il l'a laissé, ne peut être aujourd'hui que fort incomplet et fort défectueux ; ce qui n'a pas empêché divers libraires d'en publier plusieurs éditions depuis sa mort, en laissant croire qu'elles étaient retouchées et augmentées par Levasseur lui-même, dont ils ont eu soin de taire le décès et de laisser le nom au frontispice en ces termes :

---

(1) A Paris rue Chanoinesse, n° 11, le 10 janvier 1808, à l'âge de 61 ans, sans femme, sans enfans, sans parens, et dans un état voisin de l'indigence. Son ami M. Pigeau lui fit rendre les derniers devoirs.

*Manuel des Justices de paix*, ou *Traité*, etc.,

auquel on a joint un recueil des Lois, Décrets et Ordonnances du roi depuis 1790, et un extrait des cinq Codes (1).

*Par M.* LEVASSEUR, *ancien Jurisconsulte.*

Qui n'eût cru, en lisant un titre imprimé et disposé ainsi, que Levasseur était vivant, et que c'était lui qui était l'auteur de toutes les éditions qui ont paru depuis sa mort, et qui portent toutes ce frontispice ?

Or, il en a été publié quatre depuis les deux que l'auteur avait données de son vivant.

La première de ces quatre éditions, ou la troisième, a paru chez Garnery, libraire, en 1812;

La quatrième, chez Roret, en 1822;

La cinquième, chez le même Roret, en 1824 ou 1825;

La sixième, chez le même, en janvier 1826.

C'est après la publication de celle-là qu'informés que l'ouvrage original était tombé dans le domaine public, c'est-à-dire n'était plus la propriété privée de personne (comme il arrive à tout livre dont l'auteur est mort il y a dix ans, conformément à la loi du 19 juillet 1793), nous nous décidâmes à retoucher et perfectionner ce *Manuel*, dont le plan était excellent et la vogue soutenue, malgré les nombreuses erreurs et lacunes que les nouveaux éditeurs y avaient laissées ou placées.

Telle est l'origine de la septième édition, qui, comme nous l'avons déjà dit, parut le 1er novembre 1826, sous le titre de NOUVELLE *Édition, revue par M. de Foulan* (1826). Nous avions tellement changé, retouché et augmenté le travail de Levasseur, que ce *Manuel* était

---

(1) Or, précisément Levasseur est mort avant la promulgation des deux derniers Codes; comment peut-on annoncer qu'il en a fait l'extrait ?

devenu un ouvrage tout nouveau, et qui devait faire oublier les éditions précédentes de Garnery et Roret.

Le public paraît en avoir jugé ainsi : car notre édition ayant été rapidement épuisée, et Roret et Rondonneau en ayant publié une huitième en 1828, de nombreuses demandes nous ont forcé de réimprimer, en 1830, sans aucun changement, celle que nous avions donnée en 1829. Elle a paru en deux volumes, sous le titre de NEUVIÈME *Édition*, et vient encore d'être épuisée ; ce qui nous fait donner la présente dixième avec augmentation d'un volume.

2° Le lecteur pourra juger d'un coup-d'œil des changemens et additions que nous avons faits au texte ou corps de l'ouvrage de Levasseur : car nous avons fait séparer ces additions du texte original par ce signe (☞), et nous les avons terminées par les lettres initiales J. F.

3° C'est surtout dans le Recueil des lois qui composent la seconde partie de ce livre, et dans celui des formules, qui forme la troisième, que nous avons fait des augmentations : nous avons plus que doublé le nombre des lois et presque triplé celui des formules.

4° Le texte sur lequel nous avons travaillé est celui des sixième et huitième éditions, données en 1826 et 1828 par les libraires Roret et Rondonneau : ainsi, ceux qui achèteront notre édition se trouveront posséder aussi la leur, augmentée de 500 pages que nous y avons ajoutées.

5° Dans ces notes et augmentations, nous avons toujours pris pour devise le vers si connu :

  Indocti discant et ament meminisse periti.

En conséquence, nous avons constamment supposé que le lecteur est promu de la veille, par exemple, à l'emploi qu'il occupe, et qu'il n'a aucune ou presque aucune notion, ni du droit en général, ni des lois, ni des fonctions particulières de juge de paix, greffier ou huissier, auxquelles il vient d'être appelé. Cette remarque était nécessaire pour justifier ce que des lecteurs éclairés pourraient trouver de trop simple ou de trop élémentaire dans certains passages.

6° Nous avons mis cette dixième édition en rapport et concordance (par des renvois aux différens volumes des trois éditions de ce Journal) avec le *Journal spécial des Arrêts concernant les Justices de paix*, que nous publions depuis onze ans. Notre intention a été de faire que les deux ouvrages se servissent de complément et d'introduction l'un à l'autre, en ce sens que le *Manuel* renferme une collection de lois et un ensemble de principes qui manquent au Journal, et dont on a cependant un besoin habituel pour l'intelligence des arrêts, et qu'à son tour le Journal contient un recueil d'arrêts sans les connaissances desquels on n'a qu'une intelligence imparfaite des lois et des principes dont la jurisprudence est le plus sûr interprète. On pourra penser que les notices et dates de ces arrêts insérées dans le *Manuel* peuvent tenir lieu des faits, des motifs et des réflexions qu'on trouvera dans ce Journal. Mais ce serait une grave erreur où tombent tous ceux qui, par une fausse économie, achètent des tables de vingt, de trente ans, de notices d'arrêts. Les notices séparées des faits de la cause et des motifs de la décision ne sont pas plus les arrêts que des jalons placés sur une route pour la tracer ne sont la route, qu'un squelette décharné n'est l'image d'un corps plein de vie.

7° Ces signes : J. Sp., 1, 2, 3, etc., pag., veulent dire : *Journal spécial des Justices de paix*, tome *un*, ou *deux*, ou *trois*.

8° La lettre R signifie *réimpression* ou nouvelle Édition économique qui a eu lieu du même Journal, et le chiffre qui suit la lettre R indique à quelle page des volumes de cette réimpression ou nouvelle édition se trouve l'article auquel on renvoie : car la réimpression n'a pas la même série de pages que les précédentes éditions, mais elle a le même nombre de volumes.

9° Nous avons suivi le plan et la division des matières de l'auteur dont nous retouchons l'ouvrage.

En conséquence, ce *Manuel* reste toujours divisé en trois parties :

La première, ou tome 1ᵉʳ, traite des fonctions civiles et de police, des juges, greffiers et huissiers des justices de paix ;

La deuxième, ou tome IIᵉ, contient le Recueil chronologique des lois, décrets et ordonnances qui concernent sa justice depuis 1789 jusques et compris 1831 ;

La troisième, ou tome IIIᵉ, renferme l'instruction du procureur du roi de Paris à ses officiers de police auxiliaires, l'extrait développé des dispositions des six Codes, nécessaires aux juges de paix, et une collection complète des formules d'actes relatifs à leur juridiction, tant au civil qu'au criminel.

10° On a employé, pour la collection des lois et formules, un caractère plus gros et moins fatigant pour la vue que celui de la neuvième édition, et l'on s'est servi d'un papier collé, pour que le lecteur puisse écrire, à son gré, des notes marginales.

11° Nous croyons devoir répéter que la dernière page du IIIᵉ tome sera signée par nous, pour éviter les contrefaçons.

A Paris, le 1ᵉʳ août 1831.

# MANUEL

## DES

# JUSTICES DE PAIX.

<hr>

## PREMIÈRE PARTIE.

### DES FONCTIONS CIVILES DES OFFICIERS PUBLICS ATTACHÉS A LA JUSTICE DE PAIX.

---

## NOTIONS PRÉLIMINAIRES.

---

☞ La plus nécessaire à toute personne appelée aux fonctions de juge de paix, sans avoir fait dans sa jeunesse un cours de droit (1), c'est une notion préliminaire de ce droit. On entend d'ordinaire dans le monde, par savoir le droit, avoir une connaissance générale des lois, des auteurs qui les expliquent, et de la jurisprudence, c'est-à-dire des décisions des tribunaux qui les appliquent. La science de ces trois choses n'est pas indispensable pour être un bon juge de paix, n'est guère même possible à acquérir pour la plupart. Ils trouveront les arrêts, à mesure qu'ils en auront besoin, dans les journaux de jurisprudence, et notamment dans celui qui a été entrepris

---

(1) Nous voulons dire, sans avoir été reçu avocat, ou avoué, ou notaire, ou du moins sans avoir travaillé un certain temps dans un cabinet, une étude ou un greffe.     J. F.

spécialement pour eux (1). Quant aux auteurs, parmi ceux qui, en très grand nombre, ont écrit sur les matières du droit, il en est qui ont traité spécialement celles qui concernent les juges de paix. A la tête de ces écrivains on doit placer M. Carré, professeur à la faculté de droit de Rennes, et M. Henrion de Pensey, mort premier président de la cour de cassation. Il faut y joindre Levasseur, que nous conseillons de lire d'abord, comme plus élémentaire et plus facile. Si l'on ajoute à ces trois auteurs un exemplaire des six Codes et le recueil des *Motifs* (2), c'est-à-dire des discours des membres du conseil-d'état et du corps-législatif qui ont proposé et discuté les divers chapitres de ces Codes, on aura la bibliothèque indispensable à tout juge de paix, quelque économe qu'il puisse être.

☞ Les lecteurs qui viseront moins à l'économie et au choix des livres qu'à l'universalité, seront peut-être bien aises de trouver ici la liste à peu près complète des auteurs qui ont écrit sur la justice de paix. La voici dans l'ordre de date de la publication de leurs ouvrages :

Code de la Justice de paix, par M. Guichard, avec des modèles d'actes; 1790, 2 vol.

Traité du Tribunal de famille, par le même M. Guichard, avec formules d'actes; 1791, 1 vol.

Code de police et Code criminel, par le même; 1792, 2 vol.

Code de la Justice de paix, suivi d'une Instruction sur la forme de procéder, avec des modèles d'actes, ladite Instruction vue et approuvée par le comité de constitution; chez Tarbé, imprimeur à Melun; 1791, 1 vol.

Traité manuel du dernier État des Justices de paix au 30 floréal an X, par M. Bergier, député du Puy-de-Dôme; prairial an X, 1 vol.

---

(1) C'est notre Journal des Justices de paix, qui est déjà à sa onzième année, et qui renferme le recueil exclusif et spécial des *arrêts* relatifs à ces justices.

(2) Ils ont été recueillis en plusieurs volumes qu'on trouvera chez Firmin Didot, imprimeur-libraire, rue Jacob, à Paris.

Manuel spécial des Tribunaux de police simple, par le même M. Bergier; prairial an X, 1 vol.

Code de la Tutelle et de la Curatelle, par M. Lebrun, juge de paix, avec formules; an XI, 1 vol.

Traité de la Tutelle et de la Curatelle, par M. Vermeil, 1 vol.

Manuel des Justices de paix, par M. Levasseur, avocat, 1803, 1 vol.

Traité de la compétence des Juges de paix, par M. Henrion de Pensey, avocat; 1805, 1 vol.

Manuel des Justices de paix, ou Traité des Servitudes foncières et de la Tutelle, à l'usage des Juges de paix, par M. Tarrible, tribun; 1806, 1 vol.

Manuel pratique des Juges de paix et Greffiers, par Lepage; 1807, 1 vol.

Nouveau Manuel pratique des Juges de paix, de leurs Greffiers et Huissiers, par M. Daubenton; 1807, 1 vol. in-12.

Juridiction des Maires de village, ou Traité des Contraventions de police, par Victor Loiseau, 1 vol. in-12.

Manuel des Justices de paix, des Maires, des Adjoints de Maires et des Commissaires de police, par Léopold; 1811, 1 vol. in-12.

Essai sur les matières de simple police, par M. Biret, juge de paix à La Rochelle; 1811, 1 vol.

Traité des attributions des Juges de paix, par M. Barbedette-Chermelaye, avocat: 1811, 1 vol.

Des fonctions des Juges de paix en matière civile non contentieuse, par M. Bousquet, juge de paix à Montpellier; 1813; 1 vol.

Traité des Tutelles et Curatelles, par le même M. Bousquet, 1 vol.

L'Indicateur des Juges de paix, par M. Lebrun, juge de paix; 1813, 1 vol.

Recueil général et raisonné de la Jurisprudence et des attributions des Juges de paix, par M. Biret; 1819, 2 vol.

Procédure complète et méthodique des Justices de paix, par le même; 1819, 1 vol. in 8°.

Essais sur les Tribunaux de paix en matière civile contentieuse ( anonyme); 1823, 1 vol.

Des Juges de paix en France, ce qu'ils sont, ce qu'ils devraient être, par M. Billion, juge de paix à Lyon; 1824, 1 vol.

Code des Justices de paix annoté par M. Biret; 1825, 1 v. in-8°.

Code des Justices de paix annoté par M. Lepine, avoué à Rocroi; 1827, 1 vol.

Questions possessoires, par M. Guichard; 1827, 1 vol. in-8°.

Dictionnaire de Police municipale, par Leclerc Joly, huissier à Bray-sur-Seine; 1827, 1 vol.

De la Juridiction civile et judiciaire des Juges de paix, par M. Brossard, docteur en droit; 1824, 1 vol.

De l'Institution judiciaire des justices de paix en France, par M. Bottin-Desylles, juge de paix; 1828, 1 vol.

Cours de Droit français appliqué aux Justices de paix, par M. Carré, professeur de procédure à Rennes; 1828, 4 vol.

Notes sur les matières civiles et de police de la compétence des Juges de paix, par M. Bard, avocat; 1830, 1 vol.

Législation et Jurisprudence des Tribunaux de simple police, par M. Daussy, avocat; 1830, 1 vol.

On annonce un Dictionnaire des Justices de paix, par M. Longchamp, avocat.

Mais les arrêts des tribunaux et les écrits des jurisconsultes ne sont que des applications et des interprétations ou commentaires des lois. Le point essentiel, le préalable à toute autre étude est donc la connaissance des lois.

Elles se divisent en deux classes : naturelles et immuables, ou écrites et arbitraires. Cette dernière espèce est contenue dans nos Codes et dans les volumineux recueils péniblement enfantés par les divers gouvernemens qui se sont succédés depuis 1789, jusqu'à la promulgation des cinq Codes, c'est-à-dire du Code civil terminé en 1804, du Code de procédure civile promulgué en 1807, du Code de commerce qui date aussi de 1807, de celui d'instruction criminelle publié à la fin de 1808, et enfin du Code pénal, qui a paru en 1810.

Les lois naturelles ( dont la première est de traiter le prochain comme on voudrait en être traité) sont gravées dans le cœur de tous les hommes, par la nature et la raison, ou, pour mieux dire, par l'auteur de la nature et de la raison. Elles servent de guide dans la plupart des actions de la vie, comme de règle dans la plupart des procès, lorsque la loi écrite se trouve obscure ou muette. Elles ont été l'objet de la

méditation et des écrits des philosophes anciens et modernes,
et tous les législateurs en ont fait la base de leurs Codes, où
elles sont mêlées et confondues avec des lois et règlemens arbitraires et variables au gré du génie des peuples et des différens climats.

☞ Les lois naturelles ne s'apprennent pas, à proprement
parler, chacun en trouvant dans soi-même comme un dépôt
et un magasin que la raison et l'éducation ont successivement
formés.

☞ Toutefois, si l'on désire quelque chose de plus positif, on
peut lire et méditer le très court essai sur le droit naturel, en
trente ou quarante pages in-4°, qu'a écrit, pour l'instruction de
ses enfans, le célèbre chancelier d'Aguesseau, c'est-à-dire le
plus grand magistrat des temps modernes, l'homme dont le
seul nom rappelle l'union la plus rare de la science et de la
vertu (1).

☞ Les lois écrites et arbitraires, autrement dites lois civiles, sont innombrables. Les Hébreux, les Égyptiens, les
Grecs, les Romains, dans les temps anciens, et pour se borner
à la France, parmi les nations modernes, nos rois avant 1789,
et depuis cette époque les divers corps législatifs qui se sont succédés jusqu'à cette année 1831, en ont produit d'immenses
recueils.

☞ Ceux que les Romains nous ont laissés ont été jugés si
supérieurs aux autres en sagesse et en étendue de cas prévus et
décidés, qu'ils ont mérité le titre de raison écrite, ou de trésor du sens commun.

☞ Les assemblées législatives de la France ont puisé à
pleines mains dans ce trésor pour en composer nos cinq Codes,
qu'on peut considérer comme un extrait ou abrégé des lois
romaines, approprié à nos mœurs et à nos usages.

☞ Dans l'impuissance où sont la plupart des juges de paix,
et même des juges quelconques, de faire une étude approfondie des lois romaines qui serviraient cependant à décider une

---

(1) Sans acheter les œuvres entières de ce grand génie, qui sont
fort chères, et composent treize volumes in-4°, on peut lire ou
copier l'Essai sur le Droit naturel, dans quelque bibliothèque publique.

foule de cas sur lesquels nos Codes sont muets ou peu clairs, c'est à nos six Codes, et surtout au Code civil, qu'un juge de paix nouvellement nommé peut se borner.

☞ Or, voici dans quel esprit cette étude doit être faite :

☞ Il faut d'abord, suivant l'excellent conseil de La Bruyère, prendre une connaissance générale et rapide, mais complète, des textes (1). Pour cela faire, on les lira tout de suite une première fois, et sans s'inquiéter de ne pas les comprendre dans cette première lecture. L'ensemble de ces textes et la jurisprudence éclairciront plus tard ce qu'on aura trouvé d'abord obscur.

☞ Voici maintenant l'ordre de ces lectures. Il faudra les commencer par celle d'un ouvrage excellent et fort court qui leur servira d'introduction, et qui donnera tout de suite une idée générale et juste de la théorie de la législation, et du plan sur

---

(1) L'étude des textes ne peut jamais être assez recommandée ; c'est le chemin le plus court et le plus agréable pour tout genre d'érudition. Ayez les choses de la première main : puisez à la source, maniez, remaniez le texte ; apprenez-le de mémoire ; citez-le dans les occasions ; songez surtout à en pénétrer le sens dans toute son étendue et dans ses circonstances ; conciliez les principes qui semblent se contredire, tirez vous-mêmes les conclusions ; les premiers commentateurs se sont trouvés dans le cas où je désire que vous soyez ; n'empruntez leurs lumières et ne suivez leurs vues qu'où les vôtres seraient trop courtes ; leurs explications ne sont pas à vous, et peuvent aisément vous échapper ; vos observations, au contraire, naissent de votre esprit et y demeurent ; vous les retrouvez plus aisément dans la discussion, dans la consultation et dans le jugement ; ayez le plaisir de voir que vous n'êtes arrêté dans la lecture que par les difficultés qui sont invincibles, où les commentateurs eux-mêmes demeurent courts ; si fertiles d'ailleurs, si abondans et si chargés d'une vaine et fastueuse érudition dans les endroits clairs, et qui ne font de peine ni à eux ni aux autres. Achevez ainsi de vous convaincre, par cette méthode d'étudier, que c'est la paresse des hommes qui a encouragé le pédantisme à grossir plutôt qu'à enrichir les bibliothèques, à faire périr le texte sous le poids des commentaires, et qu'elle a en cela agi contre soi-même et contre ses plus chers intérêts, en multipliant les lectures, les recherches et le travail, qu'elle cherchait à éviter. (LA BRUYÈRE, au chapitre intitulé : *Quelques usages.*)

lequel la société civile est ordonnée. Cet ouvrage est le *Traité des Lois,* par Domat, servant de préliminaire à son grand *Traité des lois civiles dans leur ordre naturel.* Ce Traité, écrivait M. le chancelier d'Aguesseau à son fils, est le plan général de la société civile le plus achevé et le mieux fait qui ait jamais paru, et il est capable de former non seulement un magistrat, mais un législateur (1). Après la lecture du Traité de Domat, on passera à celle des lois antérieures à la promulgation de nos Codes, c'est-à-dire qui ont été rendues entre 1789 et 1804. On en trouvera l'extrait, en ce qui est nécessaire aux juges de paix, dans la seconde partie de ce *Manuel.*

☞ 2° On lira de suite, et sans rien passer, nos six Codes actuels : on fera précéder cette lecture par celle du célèbre Discours préliminaire servant d'instruction au Code civil, par M. Portalis. On le trouve chez Firmin Didot, libraire, rue Jacob.

3° On finira par une lecture rapide aussi de tout ce qui concerne les justices de paix dans les lois particulières, décrets, ordonnances, instructions survenues depuis 1804 jusques en 1827, et qui ne se trouvent pas dans les six Codes. Cet extrait est fait dans la seconde partie de ce Manuel, ou en entier ou par renvoi au *Bulletin des Lois,* qui se trouve entre les mains de chaque juge de paix, puisque le gouvernement l'adresse à chacun d'eux.

☞ Cette lecture du texte pur des lois, indépendamment de leur intelligence, peut être achevée dans six mois ou un an, sans rien déranger, du moins nous le pensons, à l'exercice des fonctions journalières du magistrat nouvellement nommé.

☞ Cette première lecture terminée, afin de la rendre véritablement utile, il faudra la recommencer de la manière suivante :

☞ On relira le Traité des lois de Domat, puis le Discours préliminaire du Code civil, puis les six Codes avec les motifs ou discours des membres du conseil d'état et du corps légis-

_______

(1) On peut faire pour ce Traité des Lois de Domat comme pour l'Essai sur le Droit naturel de M. d'Aguesseau, se borner à le lire ou à le faire copier dans quelque bibliothèque, bien que l'ouvrage volumineux dont il est le préambule soit un chef-d'œuvre que tout magistrat doive désirer avoir en sa possession.

latif, ce qui ne laisse pas d'être long : car, comme nous l'avons dit, ces motifs composent dix à douze volumes in-12.

. ☞On pourrait, pour abréger, se borner à étudier, avec les discours qui s'y rattachent, les chapitres de nos Codes que nous avons indiqués dans la seconde partie de ce Manuel, comme concernant plus spécialement les justices de paix. Nous disons *étudier*, parce qu'il ne s'agira point, cette seconde fois, de parcourir rapidement ces chapitres et ces discours, mais d'en faire une méditation approfondie, et de se les rendre propres et familiers. On étudiera de même le Manuel de Levasseur, l'excellent Cours de Droit français appliqué aux justices de paix, par M. Carré, et le savant Traité (peut-être trop savant) de M. le président Henrion de Pensey, sur la compétence des juges de paix.

☞On aura soin ensuite de se procurer un Recueil d'arrêts sur les mêmes matières, afin de joindre les leçons de l'exemple et de la pratique à la théorie et aux préceptes. Dans le choix à faire entre les divers Recueils ou Journaux d'arrêts qui existent, il nous sera peut-être permis d'indiquer le nôtre comme spécial et moins coûteux; de même que dans la foule des auteurs nous avons indiqué comme les plus utiles aux juges de paix ceux qui ont écrit spécialement sur leur juridiction.

☞Ce Journal, ainsi que les autres ouvrages ci-dessus désignés, devra être lu une première fois dans son entier : il suffira ensuite de le consulter dans les occasions.

☞Ces travaux achevés, et il ne faudra pas épargner le temps pour les bien faire, on sera devenu un juge de paix éclairé et capable de décider avec sagacité et sécurité les contestations courantes que chaque jour voit naître et mourir entre les mains d'un magistrat populaire et instruit, et même des procès plus difficiles, qui se présentent de temps en temps.

☞Mais, va dire plus d'un lecteur, un semblable plan d'études n'exige-t-il pas plus de travail et de temps que celui dont peut disposer un juge de paix entraîné par le tourbillon sans cesse renouvelé des procès, des conciliations, des scellés, des transports sur les lieux, des devoirs civils ou de famille? Toutes ces lectures, diront plusieurs autres, sont-elles donc nécessaires à un magistrat *bien intentionné*, qui n'a besoin que de sa probité et de ses lumières naturelles pour s'acquitter de ses fonctions simples et paternelles?

☞ Nous n'ignorons pas que ce dernier préjugé, entre autres, est universellement répandu, et c'est ce qui fait que tant de gens briguent ces places, qu'on voit honorées et honorables, qui, malgré toutes les brèches faites à leurs prérogatives premières, ne laissent pas que de donner du pouvoir et de la considération, surtout dans les campagnes, et qu'on croit si faciles. Mais qu'un gentilhomme, un militaire, un homme de lettres y soit nommé, qu'il en essaie six mois, et il en saura, comme on dit, des nouvelles.

☞ Au reste, nous répondrons à ceux qui croient qu'un juge de paix n'a pas besoin d'études, comme à ceux qui pensent qu'il n'en a pas le temps, par ce passage de la préface du célèbre ouvrage de M. le président de Pensey.

☞ Sans doute (dit ce juge si compétent en ces matières, ch. 1ᵉʳ, § 7) : « Sans doute ce n'est pas trop présumer d'un » tel fonctionnaire que de croire qu'en entrant dans une car- » rière aussi honorable, et qui donne des jouissances si dou- » ces et si multipliées, il consacrera quelques années à l'étude, » et ne sera rebuté ni par le style gothique des anciens au- » teurs, ni par la sécheresse des modernes (1), ni par la dif- » ficulté de pénétrer le véritable esprit des lois romaines (2) » et de percer l'obscurité qui, quelquefois, les environne. »

Revenons maintenant au texte de Levasseur.          J. F.

1. La justice de paix, conservée par l'article 6 de la charte constitutionnelle, se compose du juge de paix, de deux suppléans, d'un greffier et d'un huissier; ☞ lisez et d'un ou deux huissiers, car l'art. 5 de la loi du 28 floréal an **X** autorise les juges de paix à s'en attacher deux, et un très grand nombre en ont deux en effet.          J. F.

Le juge de paix est l'officier principal de cette justice. On peut dire, en un sens, qu'il en est le seul magistrat : car les autres officiers qui remplissent les mêmes fonctions que lui ne peuvent opérer que pour le suppléer en cas d'absence ou d'empêchement.

---

(1) Notre étude continuelle est d'éviter ce défaut.—    J. F.

(2) Nous sommes moins exigeans que le savant auteur, et nous n'avons demandé au juge de paix studieux que de se pénétrer du véritable esprit des lois françaises.    J. F.

Cette distinction n'est pas exacte, car, en matière de police, le juge de paix n'est pas seul magistrat : son tribunal se compose alors d'un officier du ministère public, sans les conclusions duquel il ne peut juger, à peine de nullité du jugement, suivant arrêts du 15 octobre 1818 et 15 juillet 1820. J. sp. ; et en outre du greffier, qui fait partie intégrante et nécessaire de ce tribunal, à peine de nullité, aussi suivant arrêt du 25 février 1819. J. sp. 9. p. 77; R. 43. On ne sait ce que veut dire l'auteur par ces officiers, qui, *remplissant les mêmes fonctions que lui, ne peuvent opérer, etc.*

Car les deux suppléans que la loi lui accorde ne peuvent remplir ses fonctions que dans son absence ou empêchement. Il n'en était pas ainsi dans l'origine de l'institution : les suppléans se nommaient assesseurs, et le juge de paix ne pouvait rien faire sans leur concours.          J. F.

Le juge de paix, au moment de son institution, était un fonctionnaire public dans l'ordre civil seulement. Depuis il lui a été conféré différentes attributions dans l'ordre criminel. Ces attributions ont été diminuées par la suite, puis supprimées entièrement. Enfin le Code d'instruction criminelle lui en rend quelques unes, en le rangeant au nombre des officiers de police judiciaire.

C'est-à-dire des officiers chargés de recevoir les dénonciations des crimes et délits, d'en rassembler les preuves, et de commencer l'instruction : le Code criminel lui donne une autre attribution bien plus importante, et d'une application bien plus journalière. Il le constitue juge de toutes les infractions de police, et de tous les délits que la loi punit d'un emprisonnement qui n'excède pas cinq jours, et d'une amende qui ne passe pas quinze francs.          J. F.

2. Le juge de paix doit-il être considéré comme juge ordinaire ou comme juge extraordinaire?

Le juge ordinaire est celui institué (1) par le législateur pour décider, en général, de toutes les contestations ; le juge extraordinaire est celui auquel telle matière est spécialement attribuée; cette matière n'appartient pas au juge ordinaire;

---

(1) *Celui institué* n'est pas français. Il fallait dire le magistrat, ou le juge institué. On remarquera ici, une fois pour toutes, et le lecteur qui sait écrire l'aura remarqué avant nous, que le style de ce Manuel est aussi lourd qu'incorrect. Pour y remédier, il faudrait récrire en entier ce livre.          J. F.

elle est retranchée de son attribution générale ; mais aussi tout ce qui n'est pas spécialement attribué à un autre reste dans sa compétence.

Dans l'état actuel, la distribution de la justice civile et celle de la justice criminelle sont attribuées à des tribunaux différens. ☜ Erreur ! Cette séparation existait au moment où l'auteur écrivait. L'erreur appartient à ses continuateurs. Du vivant de Levasseur, il existait en effet des cours d'appel civiles, et des cours de justice criminelle. Cette distinction a cessé depuis 1810. La justice civile et la justice criminelle sont rendues par des tribunaux d'arrondissement et des cours royales, dont quelques membres, qui ne sont jamais les mêmes, se réunissent momentanément pour former, quand il y a lieu, une cour d'assises.                                        J. F.

Dans l'une et l'autre partie, il y a des juges ordinaires et des juges extraordinaires.

Dans les matières civiles, la justice de paix est un tribunal extraordinaire. Le tribunal civil est la juridiction ordinaire de première instance. Il connaît (loi du 16 — 24 août 1790, Tit. 4, art. 4.) « De toutes les affaires personnelles, réelles et mixtes en toutes matières, excepté seulement celles attribuées aux juges de paix. »

Dans les matières criminelles, le tribunal de police est juridiction extraordinaire : « Il connaît seulement des délits dont la peine n'excède ni une certaine amende, ni *trois jours* d'emprisonnement. »

☜ Comment peut-on si mal citer le Code pénal actuel ? L'auteur étant mort avant sa promulgation, la faute est évidemment du fait de ses éditeurs. Le Code pénal actuellement en vigueur accorde aux juges de paix, jugeant en tribunal de simple police, la connaissance des contraventions dont la peine n'excède ni 15 fr. d'amende, ni *cinq* jours, et non pas *trois* jours d'emprisonnement.                                        J. F.

Ainsi, sous tous les points de vue, le juge de paix exerce toujours une juridiction extraordinaire, puisque, soit en matière civile, soit en matière criminelle, il est juge d'attribution.

☜ Le juge ordinaire, ou juge du territoire, est celui qui a la plénitude de juridiction sur tous les habitans de ce territoire. C'est en France, dans l'état actuel de l'administration de la justice, le tribunal d'arrondissement. Toutes les autres juridictions ne sont qu'une émanation, qu'une portion détachée de la sienne. Telles sont celles des justices de paix et des tribunaux de commerce, à qui le législateur a attribué la connaissance d'une classe d'affaires limitée, expressément désignée, et qu'il a exceptée de la juridiction générale du juge ordinaire. Voilà pourquoi les tribunaux de paix, de commerce et autres, tels que les conseils de prud'hommes, ou de préfecture, par exemple, sont qualifiés de tribunaux d'attribution ou d'exception.

De là naissent plusieurs conséquences importantes dont on trouvera le développement dans la suite de ce Manuel. La plus remarquable est que les tribunaux d'exception ne peuvent pas sortir sans excès de pouvoir des bornes strictes de leur compétence, et ne sauraient connaître des matières qui ne leur sont pas nominativement et expressément attribuées. Le juge ordinaire, au contraire, connaît de tout, même des causes attribuées aux tribunaux d'exceptions, toutes les fois que son incompétence n'est pas proposée. C'est ainsi que le tribunal civil d'arrondissement peut statuer sur les questions commerciales portées devant lui, lorsque le défendeur ne décline pas sa compétence, et que même il y statue de droit, d'après une disposition précise de la loi, dans les villes où il n'existe pas de juges de commerce.

Le tribunal de commerce, au contraire, commet un excès de pouvoir, s'il prononce sur une affaire civile, telle qu'une question de testament, d'hypothèque, etc. Il en est de même des juges de paix. Leur pouvoir est borné aux matières que le législateur a nominativement placées dans leur ressort. Nous disons *nominativement* à dessein. C'est la règle la plus sûre pour éviter l'excès de pouvoir : cette règle exclut de leur juridiction la requête civile, les saisies de tous genres, en un mot, les suites et l'exécution de leurs jugemens. Nous savons que quelques juges de paix, qui ont fait des livres, prétendent qu'ils sont, en certains cas, compétens pour connaître de cette exécution; mais cette opinion est erronée; elle est combattue par l'article 553 du Code de procédure; par l'article 4, Titre IV de la loi du 24 août 1790; par MM. Henrion de Pensey et Merlin; par deux arrêts de la cour de Turin, des 6 mai et 30 juillet 1813, et par un autre de la cour de Bruxelles, du 28 juillet même année. J. sp., tome 2, pag. 373 et suiv.; R. 177; et tome 1 pag. 26; R. 12.

La première partie du présent Manuel se divise naturellement en deux titres. Dans le premier, il sera traité des fonctions civiles; et dans le second, des fonctions criminelles des officiers attachés à la justice de paix.

## TITRE PREMIER.

### DES FONCTIONS CIVILES DES OFFICIERS ATTACHÉS A LA JUSTICE DE PAIX.

### CHAPITRE PREMIER.

#### *De l'institution des Justices de paix.*

3. Le juge de paix est un magistrat établi spécialement pour maintenir la paix parmi les citoyens, soit en décidant sommairement les contestations, soit en essayant de concilier les parties qui sont sur le point de comparaître devant les tribunaux civils, soit en les invitant en cas de non conciliation (*Constitution du 22 frimaire an VII, art* 60.) à se faire juger par des arbitres. Ainsi la justice de paix se divise *en justice de paix proprement dite, ou tribunal de paix, et en bureau de conciliation.*

Le juge de paix remplissait originairement ces deux fonctions, assisté de deux assesseurs; maintenant il les remplit seul (*Loi du 29 ventôse an IX, art.* 2). Il a en outre des fonctions particulières distinctes du contentieux et de la conciliation.

Il n'y a pas de ministère public près de la justice de paix. Il y a près le tribunal de simple police, dont il sera question dans la seconde partie, un officier chargé de remplir les fonctions du ministère public.

☞ La création des justices de paix a eu lieu le 16 août 1790, par décret de la première de nos assemblées législatives, connue depuis sous le nom d'assemblée constituante, bien que la constitution qui fut son ouvrage, presque morte en naissant, soit aujourd'hui complètement oubliée.

☞ Le roi Louis XVI approuva, le 24 août, le décret qui instituait les justices de paix, ce qui fait qu'on donne indifféremment à cette institution la date du 16 et celle du 24 août.

☞ Le nom de juge de paix fut emprunté (comme presque tout ce que l'on faisait alors) à l'Angleterre. Ce pays avait des juges de paix depuis 1275. Ce fut le roi Édouard Ier. qui créa cette magistrature, destinée principalement à maintenir la paix et la tranquillité dans les provinces , en faisant arrêter les délinquans de toute espèce, en rassemblant les preuves du délit, et les jugeant en premier ressort, non point par un juge de paix seul, mais en assise composée de plusieurs juges de paix.

Cette définition montre qu'en Angleterre ces magistrats sont uniquement juges du criminel , tandis qu'en France ils le sont presque uniquement du civil.

On n'emprunta donc à nos voisins que le nom , et l'on n'imita point la chose. On prit dans nos anciennes institutions judiciaires le type de la nouvelle.

On imita et multiplia l'auditeur au châtelet. On sait qu'avant 1789 le tribunal du châtelet était à Paris ce qu'est aujourd'hui le tribunal de première instance. Or, il y avait à ce châtelet , depuis nombres d'années , un magistrat qui jugeait seul et sommairement à l'audience les causes purement personnelles , dont l'objet n'excédait pas la valeur de cinquante livres. Cette juridiction fut le modèle de celle qu'on établit dans dix mille endroits de la France. On appela ces endroits des chef-lieux de cantons, et ces juridictions *justices de paix*. On leur donna le droit de juger en dernier ressort jusqu'à cinquante livres ( ou francs ), et jusqu'à cent livres à charge d'appel , les causes purement personnelles et mobilières.

On innova ensuite sur les anciennes fonctions de l'auditeur du châtelet ; on imagina de transformer les juges de paix en conciliateurs des procès portés devant les autres juges. Enfin, on leur attribua la connaissance des actions possessoires, si difficiles et si nombreuses.

Plus tard , les lois des 18 et 28 juillet 1791 ajoutèrent à ces attributions le redoutable droit de décerner *seuls* les mandats d'amener et les mandats d'arrêt, et aussi de juger *seuls* les délits de police correctionnelle.

Plus tard encore, ces attributions dangereuses furent retirées aux justices de paix; et à notre avis, elles y ont plus gagné que perdu. En compensation, on leur a rendu, et elles conservent encore la connaissance des délits de simple police, qui , jusque-là , avaient été jugés par les officiers municipaux , contre la règle qui veut que celui qui fait le règlement ne soit pas chargé d'en punir l'infraction.

Enfin , les législatures ont ajouté successivement d'autres attributions à ces attributions déjà nombreuses, et ne cessent d'y en ajouter encore chaque année; ensorte qu'on peut dire que nuls autres juges, dans le royaume, ne sont plus chargés d'ouvrage que les juges de paix. Les brevets d'invention, les douanes, les conseils de famille, les scellés, la contrainte par corps, et une foule d'autres matières rentrent en certains cas dans leur compétence.

☞ Au reste, pour prendre une idée exacte de l'origine de cette institution, de ce qu'elle est en Angleterre, comparativement avec ce qu'elle est en France, de son esprit, de ses prérogatives, on ne peut mieux faire que de recourir au chapitre I<sup>er</sup> du Traité de la compétence, par M. Henrion de Pensey.          J. F.

Trois chapitres particuliers traiteront : 1° de la juridiction contentieuse du juge de paix; 2° du bureau de conciliation; 3° des autres fonctions du juge de paix.

## CHAPITRE SECOND.

*De la nomination de chacun des officiers attachés à la justice de paix, et de quelques autres objets qui les concernent.*

Il sera traité dans autant de sections de leur nomination, de l'exercice de leurs fonctions, de leur traitement; enfin des incompatibilités de leurs fonctions avec d'autres fonctions publiques.

### SECTION PREMIÈRE.

*De la nomination des juges de paix, de leurs suppléans, et des greffiers et huissiers attachés à la justice de paix.*

4. Chaque ressort de justice de paix a une assemblée de canton ( *Sénat.-consul. organ. de la constitution*, 16 *thermidor an X*, 4 *août* 1802, *art.* 1).

L'assemblée de canton désigne deux citoyens sur lesquels le premier consul choisit le juge de paix du canton(*Ibidem*, art. 8.).

Le citoyen nommé doit prêter serment à l'audience publique du tribunal civil de l'arrondissement communal ( Loi du 29 ventôse an IX, art. 8 ).

Ce serment prêté, il est installé par le sous-préfet (*ibid.*), et à l'instant il entre en fonctions. Avant l'installation, le sous-

préfet, lui fait prêter la promesse de fidélité au roi et d'obéissance à la charte constitutionnelle et autres lois de l'état. ( Loi
du 21 nivôse an VIII. ) Il est du tout dressé procès-verbal, qui
reste au greffe de la justice de paix.

Tout cela est changé depuis l'article 67 de la charte
constitutionnelle, portant : « Que la justice de paix est conservée, et que les juges de paix sont nommés par le roi », sans
que l'article ajoute aucune condition. Le gouvernement royal
paraît avoir considéré comme abrogé le senatus-consulte ci-
dessus rapporté. Les juges de paix sont choisis comme les autres juges, sur une liste de candidats présentés par les chefs
des cours et tribunaux, souvent aussi par les préfets ; souvent
enfin tel est nommé qui n'est sur aucune de ces listes.
Cela dépend absolument du bon plaisir.

Le serment se prête toujours au tribunal d'arrondissement, en vertu et dans les termes d'une ordonnance royale du
3 mars 1815. Il est vraiment curieux de voir les continuateurs
de Levasseur lui faire dire que le serment d'obéissance au roi
et à la charte constitutionnelle doit être fait en vertu de la loi
du 21 nivôse an VIII. Le serment prescrit par l'ordonnance
du 3 mars 1815 est bien plus étendu ; le juge nommé jure
« d'être fidèle au roi, de garder et faire observer les lois du
» royaume, ainsi que les ordonnances et règlemens, et de se
» conformer à la charte constitutionnelle que le roi a donnée à
» ses peuples. »

Ce serment ne se prête point entre les mains du sous-
préfet, comme on le fait dire à Levasseur. Il suffit qu'il ait été
fait à l'audience publique du tribunal d'arrondissement. Le
sous-préfet, d'après une circulaire du ministre de l'intérieur,
du 22 novembre 1824, n'installe même plus les juges de paix,
à moins de délégation expresse de M. les garde-des-sceaux.
Cette circulaire, l'ordonnance sur le serment, et toutes les
autres lois que nous citerons par la suite, se trouvent à leur
ordre chronologique dans la seconde partie de ce Manuel.
Nous en prévenons le lecteur une fois pour toutes.        J. F.

5. Les deux suppléans du juge de paix sont nommés de la
même manière que lui. L'assemblée de canton désigne pour
chaque place vacante (*Sénatus-org.*, 16 *therm. an X, art.* 8.)
deux citoyens, parmi lesquels *le roi*, le premier consul,
choisit.

Les suppléans ne peuvent se dispenser, avant de commencer l'exercice de leurs fonctions, de faire la déclaration de fidélité et d'obéissance à laquelle la loi du 21 nivôse an VIII assujettit nommément tous les fonctionnaires publics de *l'ordre judiciaire.*

Le vœu de la loi paraît être que les suppléans, à l'instar du juge de paix, prêtent serment devant le tribunal civil de l'arrondissement, et se fassent installer par le sous-préfet : il est à propos qu'ils s'y conforment.

☞ Tout cela est encore changé ; et il en est des suppléans comme des juges de paix. Les suppléans, d'ailleurs, n'ont jamais dû être installés par le sous-préfet, comme le dit Levasseur ; toute leur installation consiste à prêter serment au tribunal, qui les déclare, en conséquence, suppléans de juge de paix de tel canton.

☞ Il y a, ce que ne dit pas Levasseur, un premier et un second suppléant. Le premier fait tout, et le second n'est qu'un suppléant du suppléant, ce qui ne laisse pas de produire de temps en temps des difficultés, faute d'explication positive de la loi qui a créé ces suppléans. C'est celle du 29 ventôse an IX. Elle porte, art. 3 et 4 : « En cas de maladie, » absence ou autre empêchement du juge de paix, ses fonc- » tions seront remplies par le suppléant. Chaque juge de paix » aura deux suppléans. Ils seront désignés par *premier et se-* » *cond.* » La loi n'ajoute rien de plus.            J. F.

Comme la loi ( celle que nous venons de citer ) n'impose pas aux suppléans l'obligation précise de prêter serment, on ne croyait pas pouvoir arguer de nullité les actes qu'ils auraient faits sans avoir rempli cette formalité. Mais un arrêt de la cour de cassation, ☞ section criminelle, du 12 janvier 1809, 9. p. 78 ; R. 44, a décidé que les suppléans de juges de paix ne peuvent, à peine de nullité, faire aucun acte d'autorité publique, ni rendre de jugement, s'ils n'ont au préalable prêté le serment de fidélité ordonné par la loi.

Un autre arrêt du 6 août 1819 ☞ J.sp. 1. p. 47 ; R. 23, décide 1° que les actes faits par un suppléant de juge de paix, bien qu'ils n'indiquent pas la cause légale de l'empêchement, ne sont pas nuls. pour présomption légale de remplacement sans nécessité : la présomption de droit étant pour l'empêchement, sauf la preuve contraire. 2° Que bien qu'il existe une cause d'empêchement légal, la citation doit toujours être donnée devant le juge de paix, et non devant le suppléant *de plano*, sauf au juge de paix à se faire remplacer.

Il existe bien d'autres arrêts sur le fait des suppléans : voici la notice de ceux qui nous sont connus. La sixième édition de ce Manuel, laquelle nous sert de texte, aurait bien dû les citer, puisqu'elle est imprimée en 1826, et qu'elle indique, comme on vient de le voir, un arrêt de 1819, qui, certes, n'a pas été connu de Levasseur, mort en 1808.

L'art. 11 de la loi du 28 floréal an X veut que l'affirmation des procès-verbaux des gardes champêtres et forestiers puisse être reçue par les suppléans, pour les délits commis dans le territoire de la commune où ils résident, lorsque cette commune n'est pas celle où réside le juge de paix. Le 25 octobre 1824, la cour de cassation a jugé que cette affirmation pouvait être reçue par les suppléans, quoique la loi n'en dise rien, dans la commune même de la résidence du juge de paix et aussi dans tout le canton, toutes les fois que le juge est empêché. J. sp. 5, pag. 200; R. 103.

Cette cour a jugé aussi, le 19 novembre 1818, J. sp. 3., 107; R. 52, qu'un suppléant, après avoir rendu un jugement préparatoire ou interlocutoire, par lequel il aurait, par exemple, ordonné son transport sur les lieux, avait consommé son ministère; que le juge de paix pouvait, sans nullité, prendre la suite de l'affaire, et rendre le jugement définitif. Il est évident que ce droit est réciproque : nous pensons aussi qu'un juge de paix peut très valablement lever des scellés apposés par son suppléant.

On a douté si les suppléans étaient exempts du service de la garde nationale. L'ordonnance du 17 juillet 1819, art. 26, les en exempte expressément. Nous les croyons aussi dispensés des fonctions de juré. La loi du 22 mars 1831, art. 11, maintient cette exception.

Le maire ou l'adjoint d'une commune de quatre mille âmes peut-il être suppléant d'un juge de paix, et les jugemens qu'il rendrait en cette qualité ne seraient-ils pas nuls, comme émanant d'un juge *sans pouvoir?* Voyez sur cette question, J. sp. 6., p. 23; R. 14.

Le juge de paix délégué par un tribunal ou cour ne peut déléguer lui-même son suppléant, cass., 17 mars 1819, 1, 247; R. 121, J. sp.        J. F.

Lorsque la place de juge de paix vient à vaquer, par mort, démission ou autrement, avant l'expiration du temps de son exercice, comment sera-t-il pourvu à son remplacement?

Il faut distinguer si le temps qui reste à s'écouler de son exercice est au-dessus ou au-dessous d'une année.

Au premier cas, le premier suppléant exerce de droit ses fonctions pendant le temps qui reste à courir jusqu'à la prochaine assemblée (Loi du 28 floréal an X, art. 1.); et il est remplacé, en cas d'empêchement, par le second suppléant, devenu premier.

Au second cas, il doit être procédé à une nouvelle nomination de juge de paix, pour le temps qui reste à expirer.

Cette nouvelle nomination se fait comme la première. Les citoyens du canton y procèdent selon les formes établies. (loi du 28 floréal an X, art. 44. ) En conséquence, suivant le sénatus-consulte de la constitution, rendu quelques mois après, le 16 thermidor an X, art. 8, l'assemblée désigne deux sujets, parmi lesquels le roi choisit.

Comment sera-t-il pourvu au remplacement du suppléant en cas de vacance, soit par sa promotion de droit à la place de juge de paix, ainsi qu'il vient d'être expliqué, soit de toute autre manière?

La loi du 28 floréal an X distinguait si le procès-verbal de la première élection, faisant mention du citoyen qui avait le plus de voix après les deux suppléans élus, énonçait que le nombre de voix par lui obtenu s'élevait à vingt au moins, ou si le nombre était moindre; dans le premier cas, elle voulait que le citoyen qui avait cet avantage fût proclamé suppléant par le sous-préfet de l'arrondissement; au second, elle déférait à sa majesté (1) la nomination du suppléant qui exercerait jusqu'aux prochaines élections.

Mais le sénatus-consulte organique de la constitution, du 16 thermidor an X, ayant réglé que l'assemblée de canton présenterait deux sujets au roi pour chaque place vacante de suppléant de juge de paix, le remplacement de droit, par le citoyen qui avait le plus de voix après celui à remplacer, souffre difficulté, parce qu'il n'y aurait plus la désignation du roi sur ces deux sujets présentés ; il y a donc lieu, depuis ce

_______________

(1) Il n'y avait pas de majesté en l'an X, mais une république. J. F.

sénatus-consulte , de laisser au roi , dans les deux cas que dis·tinguait la loi du 28 floréal , la pleine nomination du suppléant.

☞Toutes ces discussions sont aujourd'hui oiseuses. 1° Les suppléans sont nommés par le roi , et les assemblées de canton n'ont pas lieu. 2° Quand une place de juge de paix vient à vaquer par quelque raison que ce soit , c'est le premier suppléant qui le remplace , jusqu'à la nomination du successeur , et on ne fait nulle attention à l'expiration ou non expiration du temps de son exercice.        J. F.

8. Dans l'origine , la loi ( ☞du 24 août 1790 ) laissait au juge de paix la faculté d'avoir un greffier, ou de s'en passer , s'il voulait rédiger lui-même les actes de sa compétence. Mais on a bientôt senti la nécessité d'avoir un fonctionnaire chargé de rédiger , sous l'inspection du juge de paix , les différens actes , et de conserver provisoirement les minutes , jusqu'à ce qu'elles soient placées à demeure dans un dépôt public. Aussi la loi du 6 — 27 mars 1791 a-t-elle statué qu'il y aurait un greffier attaché à chaque justice de paix : l'article 4 astreint le juge de paix à en nommer un.

En effet , dans tous les actes judiciaires , la fonction du greffier est nécessaire. C'est un témoin que la loi donne au juge de tous ses actes. C'est pour cela que la loi défend au juge en fonction de rien écrire lui-même , et l'astreint à faire écrire par son greffier , à peine de nullité.

☞Nous ne connaissons pas cette loi , et nous l'avons cherchée vainement. Nous pensons que c'est là une de ces erreurs qui , avec beaucoup d'autres , se sont glissées dans l'ouvrage que nous retouchons. Au reste , si une telle loi existe , elle n'est guère appliquée : car il nous est arrivé plus d'une fois, soit en qualité de président d'une cour prévôtale , soit comme président d'un tribunal civil , d'écrire des ordonnances et même d'autres actes , par motifs de célérité ou d'absence momentanée du greffier , sans que personne ait argué ces actes de nullité.        J. F.

9 et 10. Les greffiers des justices de paix n'étaient pas du nombre des fonctionnaires que la loi du 27 ventôse an VIII assujettissait (art. 97. ) à un cautionnement. Mais ils y sont assujettis par l'article 3 de la loi du 28 floréal an X. Le même article en fixe le montant , proportionnellement à la population du lieu où siége le tribunal. La fixation définitive des caution-

nemens a été réglée par la loi des finances du 28 avril 1816 ( ☞ Art. 88, 89, 90 et 91.), Puisque les continuateurs citaient cette loi, comment est-il concevable qu'ils aient négligé de parler de l'innovation si digne de remarque, et si importante pour les greffiers, qu'elle a faite, en rétablissant la vénalité des offices, à l'austérité des principes **dont se glorifiait la révolution**? et cette vénalité est réellement **rétablie** par la loi du 28 avril 1816, quant aux offices des greffiers, huissiers, notaires, avocats à la cour de cassation, etc. Tous ces officiers peuvent maintenant disposer de leurs charges, et les aliéner sous forme de présentation d'un successeur à l'agrément du roi.     J. F.

Originairement ( ☞ d'après l'article 5, Titre IX de la loi du 24 août 1790. J. F.) c'étaient les juges de paix qui nommaient leurs greffiers. Depuis la loi du 27 ventôse an VIII, il s'était élevé des doutes sur la question de savoir s'ils conserveraient toujours cette faculté. Il ne peut plus y en avoir : la loi du 28 floréal an X veut que tous les greffiers des juges de paix soient nommés par *le roi*.

☞ Il est curieux de voir que le roi soit pour quelque chose dans une loi de l'an X, c'est-à-dire de la république. Au reste, tout cela est oiseux et devait être supprimé dans les éditions postérieures à la charte, qui donne au roi la nomination de tous les offices judiciaires.     J. F.

11. Le juge de paix peut-il avoir pour greffier un de ses parens dans les degrés ordinairement prohibés?

On dira pour la *négative*. — L'art. 4 de la loi du 6 — 27 mars enjoint aux juges de paix « de nommer un greffier, lequel ne pourra être son parent jusqu'au troisième degré. » L'art. 1<sup>er</sup>. de la loi du 27 germinal an VII porte que nul ne peut être élu greffier, ou commis greffier assermenté d'un tribunal auquel la loi attribue la nomination du premier de ces fonctionnaires, s'il est parent ou allié jusqu'au troisième degré de l'un des juges... Ces deux lois avaient pour but d'empêcher que les juges ne pussent avoir pour greffiers des gens qui, à cause de la proximité de parenté, seraient trop à leur discrétion, et de la facilité desquels ils pourraient abuser au préjudice des parties. Que le greffier soit nommé par les juges eux-mêmes, ou par une autorité étrangère au tribunal, la proximité de parenté entre eux a le même inconvénient; le motif d'exclusion subsiste;

point de loi qui révoque cette exclusion ; elle continue don<sup>c</sup> d'avoir lieu. Si donc, par événement, le roi nomme pour greffier un parent au troisième degré du juge de paix, on peut lui faire des représentations à l'effet de faire révoquer la nomination.

On dira pour l'*affirmative*. — Le principal motif de la loi a été l'inflence résultante de la nomination que le juge fait de son greffier ; la loi a redouté cette influence, non seulement de la part du juge de paix qui nomme seul, mais de la part du juge du tribunal qui ne fait que concourir, même de la part de celui qui, après avoir sollicité ses confrères, s'abstient de voter (27 germinal an VII, art. 1). La nomination ayant été transportée à une autorité étrangère au tribunal (au chef du gouvernement), le motif des deux lois citées ne subsiste plus, et les deux parens peuvent simultanément exercer leurs fonctions. C'est par cette raison de défaut de concours à la nomination, que la loi opposée, du 27 germinal an VII, décide, *même art.* 1, que, si un parent ou allié du greffier ou commis-greffier vient à être nommé juge, ils peuvent simultanément exercer leurs fonctions respectives.

Cette dernière opinion mérite la préférence.

Je ne suis point de cet avis, ajoute un des continuateurs de Levasseur. Je préfère la première opinion. Il est de principe que l'officier qui fait un acte ne peut prendre pour témoin un de ses parens dans les degrés prohibés. Cette règle a lieu à l'égard des notaires ; à plus forte raison doit-elle être suivie par les juges. Si dans les tribunaux composés de plusieurs juges le greffier peut être parent de l'un d'eux, c'est que le nombre des magistrats détruit l'influence de la parenté ; mais le juge de paix étant seul, la règle ne peut pas fléchir.

☞ Toutes ces questions nous semblent oiseuses et tranchées par l'art. 63 de la loi du 20 avril 1810, sur l'organisation judiciaire, qui ne distingue pas les tribunaux de paix d'avec les autres, et qui porte : « Les parens et alliés jusqu'aux degrés d'oncle et de neveu inclusivement ne pourront être simultanément » membres du même tribunal, soit comme juges, soit comme » greffiers, etc. » D'où il semble résulter que la parenté du juge, à l'égard du greffier, cesse d'être une exclusion passé le degré d'oncle et de neveu. Voy., au reste, J. sp. 6, pag. 283 ; R. 147.

☞ La loi du 16 ventôse an XI exige qu'un greffier de juge de paix ait au moins vingt-cinq ans. Doit-il en être de même des commis-greffiers ? nous penchons pour l'affirmative, J. sp. 6, pag. 283; R . 147. Le roi peut accorder des dispenses d'âge ; mais nous savons que, d'après les dernières instructions de M. le garde-des sceaux , comte de Peyronnet, on n'en accorde plus. Le greffier peut se faire suppléer dans toutes ses fonctions par des commis-greffiers assermentés. Le greffier , aussi bien que son commis, doit prêter serment entre les mains de son juge de paix , avant que d'entrer en fonction ; et c'est ce magistrat qui l'installe. Nous n'ignorons pas que dans plusieurs arrondissemens du royaume les tribunaux de première instance se sont arrogé le droit, et sont dans l'usage de recevoir ce serment , et qu'il ont dépouillé les juges de paix de cette prérogative honorable , que la loi du 24 août 1790, Tit. IX , art. 5, leur accorde, et qu'aucune autre loi ne leur a ôtée. Une lettre de M. le garde des sceaux , en date du 13 novembre 1821 , la leur confirme. A la suite d'une assemblée de chambres , provoquée en 1822 par un article de notre Journal spécial , qui fit connaître cette décision du ministre , le tribunal de la Seine a délibéré de rendre, et a rendu en effet, le droit de recevoir le serment de leurs greffiers nouvellement nommés aux juges de paix de Paris, qui s'en étaient laissé dépouiller. J. sp. 2, p. 124; R. 67. On peut voir, au sujet du serment des greffiers de paix, une dissertation très étendue , J. sp. 1 , pag. 267; R. 131 , et 2 , pag. 31 , où l'on trouvera imprimée la lettre du ministre ci-dessus citée.

☞ Les commis-greffiers sont entièrement à la disposition et dans la dépendance du greffier , et révocables à volonté par lui. Il existe à ce sujet une circulaire du ministre de la justice, du 24 pluviôse an XII. J. sp. 1 , pag. 575; R. 184. Ils le remplacent dans toutes ses fonctions, même pour le visa des procès-verbaux de saisies immobilières , pour lesquels l'art. 667 du Code de procédure exige , à peine de nullité, la signature du greffier de paix, ce dernier point est tranché en faveur des commis-greffiers, par un arrêt de la cour de cassation, du 6 novembre 1817. J. sp. 2, pag. 22; R. 9.

☞ Si le greffier et ses commis sont empêchés , ils peuvent être momentanément remplacés par toutes personnes jouissant des droits de cité , que le juge de paix nommera et admettra au serment. Quoique le greffier soit fonctionnaire public , il n'est pas *agent du gouvernement* dans le sens de l'art. 75 de la constitution du 22 frimaire an VIII. Il peut être poursuivi pour faits relatifs à ses fonctions, sans autorisation préalable du conseil d'état, comme l'a jugé la cour de cassation, par arrêt du 15 décembre 1807. J. sp.

☞ Le tribunal d'arrondissement n'a pas de juridiction de discipline à exercer sur les greffiers des juges de paix, et la cour royale du ressort se rend propre le même excès de pouvoir, en statuant par voie d'appel. Arrêt du 4 novembre 1823. J. sp. 4, pag. 31; R. 15.

☞ C'est le juge de paix qui, seul, peut avertir ou réprimander son greffier; et, s'il y a lieu, le dénoncer au ministre de la justice. Loi du 28 avril 1810, art. 62.

☞ Les déclarations de reconnaissance d'enfans naturels peuvent être faites par le père devant le greffier (et par conséquent devant le commis) d'une justice de paix. Le procès-verbal dressé par ce greffier, et placé au rang de ses minutes, est authentique et valable. Sect. civ.; arrêt du 15 juin 1824. J. sp. 4, pag. 330; R. 167.

☞ Le greffier d'un juge de paix peut, sans contredit, prendre exécutoire de son juge contre les parties pour les droits d'enregistrement qu'il a avancés d'après l'art. 30, Tit. V de la loi du 22 frimaire an VII. Peut-il prendre ce même exécutoire pour tant d'autres frais qu'il est dans le cas d'avancer, tels que ceux de papier timbré, de scellés, de gardiens, d'extraits d'opposition, etc. ? Nous sommes portés à le penser. Toutefois il faut remarquer que la cour de cassation a jugé, le 20 août 1821, (J. sp. 2; pag. 107; R. 50) que les frais d'apposition de scellés ne peuvent être alloués sur la vente du mobilier du défunt qu'après que les droits du propriétaire de la maison ou de la ferme ont été prélevés. Nous avons fortement combattu cette doctrine, pag. 311, id. Elle vient toutefois d'être de nouveau consacrée par arrêt de la cour de Lyon.

☞ Est-il dû des droits et honoraires aux greffiers de paix en matière criminelle, en cas de transport, et aussi lorsque leurs juges de paix instrumentent comme officiers de police judiciaire ? Voyez J. sp. 1, pag. 189; R. 94.

☞ Les tribunaux de police correctionnelle ne sont pas compétens pour statuer sur les contraventions des greffiers de paix au tarif, et même sur les bris de scellés qui leur sont reprochés. Arrêts de la cour royale de Metz, 6 juin 1821. J. sp. 2, p. 334; R. 158.

☞ Sont-ils fondés, ainsi que leurs juges de paix, à répéter

contre les parties leurs honoraires, frais et vacations, lorsqu'en vertu d'une ordonnance du président du tribunal civil, ils ont procédé à l'inventaire des titres et papiers d'un greffe? Arrêt du 7 mai 1823. J. sp. 3, pag. 179; R. 88.

La circulaire ministérielle du 21 février 1817, qui leur défend de vendre leurs offices à un prix au-dessus du produit du greffe pendant deux années, est-elle obligatoire pour les tribunaux au point d'autoriser la résiliation ou la réduction d'un traité fait de bonne foi a un prix plus élevé? Arrêt du 20 juin 1820. J. sp. 5, pag. 238; R. 121.

Depuis l'ordonnance du 17 juillet 1825, les greffiers de paix sont assujettis, pour percevoir leurs émolumens et même leurs déboursés, à beaucoup de formalités, dont la principale est de ne pouvoir rien toucher sans que leur état de frais ait été visé et vérifié par le juge de paix.

Les greffiers ont-ils droit à une pension de retraite comme les juges? Non. Parce que l'ordonnance du 23 septembre 1814 n'établit pas de retenue sur leurs traitemens. Nous savons d'ailleurs qu'à la chancellerie on n'a jamais liquidé de pension pour eux. Le motif de douter, c'est qu'à la différence des huissiers, avoués, notaires, ils ont un traitement fixe du gouvernement et des profits variables. Leur état est donc mixte et pourrait mériter une exception. J. sp. 6, pag. 353; R. 182. J. F.

12. Il n'y a point d'huissier en titre auprès de la justice de paix : chaque juge de paix commet, pour être attachés particulièrement à son tribunal, un (ou deux) des huissiers déjà reçus par les cours royales ou tribunaux de première instance, pourvu qu'il réside dans le ressort de sa justice. (Loi du 28 floréal an X, art. 5 et 6.).

Il n'y a plus, depuis longtemps, d'huissiers reçus par les cours royales. Depuis le décret du 14 juin 1813, tous les huissiers sont reçus par le tribunal de première instance dans l'arrondissement duquel ils résident. J. F.

13. Si cependant il n'y a point d'huissier résidant dans le canton, le juge de paix peut nommer tous autres citoyens (ibidem); mais ils ne peuvent entrer en exercice qu'après que le tribunal de première instance, s'étant fait rendre compte de leurs mœurs et de leur capacité, aura confirmé leur nomination.

Cela est changé; nul *citoyen* ne peut être aujourd'hui nommé huissier par le juge de paix, s'il n'est huissier immatriculé au tribunal d'arrondissement dans le ressort duquel so trouve le juge de paix. Si aucun de ces huissiers ne réside dans le chef-lieu du canton, l'art. 18 du décret du 14 juin 1813 dispose ainsi qu'il suit : « Si des circonstances de localité ne permettent point l'établissement d'un huissier ordinaire au chef-lieu de canton, le tribunal de première instance le fixera dans l'une des communes les plus rapprochées du chef-lieu. »

☞ Les juges de paix n'ont pas droit d'ordonner (par ordonnance écrite), par mesure préventive des procès, que leurs huissiers ne donneront de citations qu'avec une permission de leur part. Arrêt du 7 juillet 1817. J. sp. 1, pag. 303; R. 149. — Cependant c'est ce que les juges de paix font tous les jours, sans ordonnance écrite, et notamment à Paris, où nul huissier de justice de paix ne signifiera une citation sans qu'au préalable le citant n'ait appelé son adversaire devant le juge de paix, à fin de conciliation, par une invitation sans frais, appelée billet d'avertissement. Certes, si les huissiers se soumettent à ce préalable, c'est par un ordre tacite du juge, et dans la crainte de se voir remplacer, s'ils n'obéissent pas. Cet usage est avantageux au public, s'il ne l'est pas aux huissiers; et il est à désirer qu'il s'établisse partout. Voyez à ce sujet, J. sp. 2, page 28.

☞ Les juges de paix peuvent-ils refuser à un huissier de l'accompagner, pour arrêter un débiteur, dans une maison habitée? Ils le peuvent par plusieurs raisons, et notamment parce qu'une circulaire de M. le garde-des-sceaux, du 20 mai 1822, et un décret du 14 mars 1808, ont déclaré qu'ils le peuvent; mais, en cas de refus, l'on peut appeler de leur ordonnance. Cette question a été traitée à fond. J. sp. 1, pag. 35; R. 17; 2, pag. 149; R. 70, et 4, pag. 125; R. 64.

☞ Les juges de paix peuvent révoquer leurs huissiers et les remplacer par d'autres, sans qu'aucune loi les oblige à rendre compte de leurs motifs, d'après une circulaire du 14 prairial an V, du ministre de la justice (M. Merlin).

☞ Les huissiers peuvent-ils défendre les parties en justice de paix? Non, suivant un arrêté du mois de fructidor an XI, et suivant une circulaire de M. le garde-des-sceaux, de l'année 1821. — Oui, suivant la lettre et l'esprit du Code de procédure, qui a révoqué les défenses faites à cet égard par l'art. 16 de la loi du 27 mars 1791, mais non pas dans leur propre justice. — Nous sommes du dernier avis.      J. F.

14. Pour pouvoir être nommé aux différentes places de la jus-

tice de paix , il y a diverses conditions exigées par la loi , et dont plusieurs sont communes à tous les fonctionnaires publics, ainsi qu'il suit :

Primo , être citoyen : on ne peut nommer celui qui ne jouit pas du droit de cité (Loi du 19 octobre 1792, art. 6);

Soit, 1°. parce qu'il n'a jamais été citoyen français (Voy. les articles 2 et 3 de l'acte constitutionnel du 22 frimaire an VIII);

Soit, 2°. parce qu'il a perdu cette qualité (Voy. ibid, art. 4);

Soit, 3°. parce que l'exercice de ses droits se trouve sus-pendu (Ibid., art. 5).

Secundo, il faut n'être pas en état de domesticité ou de men-dicité (ibid.);

Tertio, il faut être âgé de trente ans accomplis (Loi du 27 ventôse an VIII, art. 4). Or, cet article s'observe avec une telle rigueur, que MM. Dupont et Barthe ont révoqué des juges déjà nommés et en fonctions , lorsqu'il a été connu qu'ils n'a-vaient pas 30 ans.                                        J. F.

En vain dirait-on que ces deux conditions, n'étant pas exi-gées par la loi du 28 floréal an X, relatives aux justices de paix, ne sont plus nécessaires. Cette loi ne déroge pas aux lois précédentes, sur les conditions d'éligibilité : l'article final , au contraire, contient la disposition expresse que les lois relatives à l'organisation des justices de paix continueront d'être exécutées.

On opposerait aussi vainement que le sénatus-consulte orga-nique du 16 thermidor an X n'exige pas les conditions ci-des-sus détaillées. Ce sénatus-consulte n'a pas eu pour but d'établir les conditions d'éligibilité, qui sont un objet purement règle-mentaire; il a seulement voulu assurer au chef du gouverne-ment la nomination des juges de paix à désigner entre les deux sujets qui lui seront présentés par les assemblées du canton.

La loi du 19 octobre 1792, art. 6, veut que le candidat promu à la place de juge de paix soit résidant depuis un an dans l'étendue de la justice; mais cette condition n'est plus néces-saire. Elle est implicitement révoquée par l'article de la loi du 28 floréal an X, qui prévoit le cas où le juge de paix ne rési-dera pas dans le canton au moment de sa nomination.

15. Si, par événement, le roi nomme un greffier, ou un juge de paix, qui n'ait pas les qualités requises, c'est à sa majesté seule qu'il faut s'adresser pour la supplier de révoquer sa nomination.

16. Les conditions qui viennent d'être détaillées suffisent »

Il n'est pas nécessaire d'être inscrit sur la liste communale de l'arrondissement. « L'inscription sur une liste d'éligible n'est » nécessaire (Acte constitutionnel du 22 frimaire an VIII, art. » 14) qu'à l'égard de celles des fonctions publiques pour les- » quelles cette condition est expressément exigée par la constitu- » tion ou par la loi. » Pareille condition n'est exigée pour les fonc- tionnaires attachés à la justice de paix, ni par la constitution (art. 60 et autres), ni par aucune loi subséquente.

Les fonctions du ministère public près le tribunal de police ne sont pas remplies par un fonctionnaire spécial ; mais elles sont exercées par les commissaires de police et les adjoints du maire, ainsi qu'il sera expliqué en la deuxième partie.

SECTION II.

*De l'exercice et de la durée des fonctions publiques attachées à la justice de paix.*

17. Le juge de paix est magistrat. Il est juge. Il remplit seul les fonctions, soit judiciaires, soit de conciliation et autres qui sont attribuées aux justices de paix par les lois (29 ventôse an IX, art. 2).

En cas de maladie, absence ou autre empêchement, il est remplacé par un suppléant (Ibid., art. 3).

☞ Et si les deux suppléans sont empêchés, ainsi que lui, par récusation ou autre cause, le tribunal d'arrondissement, averti, renverra les parties devant le juge de paix le plus voi- sin (Loi du 16 ventôse an XII).                J. F.

18. Le greffier rédige, sous l'inspection du juge, les diffé- rens actes. Il en délivre les expéditions nécessaires. Il en con- serve provisoirement les minutes ainsi qu'on le verra dans le cours du présent ouvrage.

L'huissier attaché au tribunal fait le service d'huissier au- diencier.

19. Le juge de paix doit être assidu à l'exercice de ses fonc- tions. Il doit de même se pénétrer de l'importance de la magis- trature dont il est revêtu. C'est une des plus salutaires qui exis- tent. Le juge de paix est un père que la loi indique à tous les habitans du canton. Elle le charge de prévenir leurs contesta- tions, d'arranger leurs différends. Il doit toujours être prêt à les entendre. Son cabinet doit leur être ouvert à tout instant. C'est

pour cela que la loi l'oblige de résider dans le canton (art. 8 de la loi, du 28 floréal an X). En cas de non-résidence, ou d'absence longue, on peut lui appliquer l'art. 13 de la loi des 29 mars et 12 septembre 1791, qui répute démissionnaires, et ordonne le remplacement des fonctionnaires publics qui ne résident pas dans le chef-lieu de leurs fonctions.

La loi du 28 floréal an X pourvoit en ce cas au remplacement du juge de paix, de la manière suivante :

Tout juge de paix qui, après sa nomination, ne réside pas dans le canton, doit être averti, par le procureur du roi près le tribunal de première instance, d'y fixer son domicile dans le mois de l'avertissement (art. 8). — Passé ce délai, le procureur du roi dénonce la non-résidence au sous-préfet (ibid.). — A la diligence de ce dernier, il est pourvu, conformément à l'article premier, au remplacement du juge de paix, considéré comme démissionnaire (ibid.). ☞ Tout cela est changé : ce ne sont plus ces lois surannées qui font la règle en tout cas pareil ; c'est l'art. 58 de celle du 20 avril 1810, sur l'organisation judiciaire : il porte : « Que les juges qui s'absenteront sans un congé délivré suivant les règles prescrites par la loi ou les règlemens seront privés de leur traitement pendant le temps de leur absence ; si leur absence dure plus de six mois, ils pourront être considérés comme démissionnaires, et remplacés. Ils pourront même, après un mois d'absence, être requis par le procureur général de se rendre à leur poste, et, faute par eux d'y revenir dans le mois, il en sera fait rapport au ministre, qui pourra proposer au souverain de les remplacer comme démissionnaires. J. F. L'absence du canton est réputée cessation de résidence ; mais on ne peut considérer comme cessation de résidence l'absence autorisée (ibid. art. 9).»

Lorsqu'un juge de paix veut s'absenter de son canton, il doit se munir d'une autorisation du procureur du roi, près le tribunal civil de son arrondissement (ibid.). — Lorsqu'il a besoin de s'absenter plus d'un mois, il doit s'adresser au ministre de la justice pour en obtenir un congé (ibidem). Dans les deux cas, il doit joindre à sa demande un certificat du premier suppléant, et, à son défaut, du second, constatant que le public n'en souffrira point (ibid.). Voyez une ordonnance du roi, du 6 novembre 1822, qui contient quelques nouvelles dispositions sur les congés ; ☞ elles se réduisent, en ce qui concerne

les juges de paix et leurs greffiers , à l'avis qui doit être donné à
M. le garde des sceaux des moindres congés que les chefs du tribunal leur accordent.          J. F.

20. Les autres officiers de la justice de paix sont pareillement
assujettis à la résidence dans l'étendue de la juridiction. Comment, en effet, pourraient-ils vaquer à leurs fonctions , s'ils
résidaient dans un autre canton ?

Les suppléans sont astreints, pour la résidence, aux mêmes
règles que les juges de paix. L'art. 8 de la loi du 28 floréal an
X, ci-dessus cité, pour ces derniers , leur est commun.

La nature des fonctions du greffier l'oblige aussi à résider
dans le canton. Il doit être à la proximité du juge de paix ,
pour recevoir ses ordres, et l'accompagner dans la plupart de
ses opérations. — Aussi les art. 5 , 6 et 7 de la loi du 28 floréal an X veulent-ils que les juges de paix n'aient pour greffiers que des personnes résidantes dans le canton.

21. Le juge de paix n'est pas obligé de résider dans la commune du chef-lieu. Il suffit qu'il réside dans le canton.

Le juge de paix doit indiquer au moins deux audiences par
semaine (Code de proc. civile , art. 8).

Outre ces audiences, il peut en donner d'extraordinaires, à
tels jours et heures que bon lui semble : « Il peut juger tous
» les jours : même ceux de dimanche et fête , le matin et l'a-
» près-midi (ibid.).

» Il peut donner audience chez lui , en tenant les portes
» ouvertes (ibid.) , pour qu'il y ait publicité.

» Peut-il tenir chez lui les audiences ordinaires ? »

La loi du 29 ventôse an IX l'obligeait (art. 9) à donner ses
audiences au chef-lieu du canton. Il ne pouvait juger ailleurs
que dans des cas particuliers. L'article cité , du Code de procédure civile , lui accorde, d'une manière générale et sans
restriction, la faculté de donner audience chez lui ; et, par suite,
celle de donner audience hors de la commune du chef-lieu ,
lorsque par événement il n'y demeure pas.

☞ C'est une erreur partagée par beaucoup de juges de
paix, comme nous l'a appris notre correspondance. La faculté accordée à ces magistrats de donner audience chez
chez eux, en tenant les portes ouvertes, ne s'étend point à
ceux qui n'habitent pas le chef-lieu du canton. Ce point a été
démontré sans réplique. J. sp. 3, pag. 90 ; R. 43. Une lettre

de M. le garde des sceaux, en date du 23 avril 1822, appuie positivement notre opinion. On la trouvera, ibidem, 3, p. 95; R. 46.        J. F.

22. Un arrêté du 4 nivôse an V établit un mode de corres-pondance entre les ministres..... et les juges de paix et autres autorités constituées résidantes dans les lieux qui ne sont pas servis directement par la poste.

L'ordonnance du roi du 17 août 1817, renouvelée par une seconde ordonnance du 14 décembre 1825, concernant les fran-chises et contre-seings, prend des mesures pour ne pas laisser à la charge du juge de paix le port des lettres qu'ils reçoivent concernant le service public.

On voit par l'état annexé à cette ordonnance que le gouver-nement a étendu sa sollicitude jusqu'aux officiers qui exercent les fonctions du ministère public près le tribunal de police municipale.

☞Il résulte du silence de la nouvelle ordonnance sur les franchises et contre-seings, en date du 14 décembre 1825, que les états de crédit des juges de paix chez les directeurs de postes sont supprimés. On nous l'a certifié ainsi dans les bu-reaux de comptabilité du ministère de la justice, au mois d'oc-tobre 1826.        J. F.

23. Le juge de paix est du nombre des fonctionnaires pu-blics auxquels le Bulletin des lois doit être envoyé (loi du 12 vendémiaire an IV, art. 4).

La justice de paix doit recevoir de trois mois en trois mois, comme les autres tribunaux, dans la personne de son greffier, (ibid., art. 6), un cahier de lois rendues pendant le dernier trimestre, ainsi qu'un exemplaire de chacun des recueils de lois, par ordre de matières, quand il est formé.

Ces cahiers et recueils destinés pour le service de la justice de paix passent de greffier en greffier, et restent au greffe à perpétuelle demeure (ibidem), sans être envoyés au dépôt des minutes établi par la loi du 5 frimaire an IV, dont il sera parlé ci après, chap. I, art. 5, § III.

24. Les officiers de la justice de paix sont tenus, avant d'en-trer en fonctions, de faire la déclaration de fidélité au roi, et obéissance à la charte constitutionnelle et aux lois de l'état, en exécution de la loi du 21 nivôse an VIII.

☞Lisez, en exécution de l'ordonnance du 3 mars 1815.

Voyez ce qui a été dit à ce sujet, ci-dessus, à l'égard du juge de paix et de ses suppléans.        J. F.

Le greffier fait sa déclaration devant le juge de paix, ainsi qu'il avait été réglé dans l'origine pour le serment (Loi du 16-24 août 1790, Titre V, art. 5).

☞ Nous avons traité ce point plus haut.        J. F.

L'huissier de la justice de paix n'est pas dans le cas de faire cette déclaration avant de pouvoir entrer en exercice pour la justice de paix : car, étant choisi parmi les huissiers attachés aux autres tribunaux, il l'a précédemment faite.

Mais, lorsqu'à défaut d'huissier résidant dans le canton, le juge de paix se trouve dans le cas de nommer un autre citoyen du canton, ainsi qu'il y est autorisé par l'art. 7 de la loi du 28 floréal an X, le citoyen nommé par le juge de paix, et approuvé par le tribunal civil d'arrondissement, ne peut se dispenser, avant d'entrer en fonctions, de promettre fidélité au roi, obéissance à la charte, etc.

☞ Tout cela est suranné et faux aujourd'hui : les juges de paix, comme nous l'avons remarqué, ne pouvant plus nommer d'autres *citoyens* pour huissiers que les huissiers ordinaires du tribunal d'arrondissement.

25. Les juges de paix et leurs suppléans sont nommés pour dix ans ( Sénat.-organ. du 16 therm. an X, art. 3 ). Le greffier n'est pas institué ( 28 *floréal an X*, art. 3) pour un temps déterminé. Nommé par le roi, il n'exerce ses fonctions que pendant le temps qu'il plaît à sa majesté. Il est révocable à sa volonté,

☞ Cela n'est pas constant. Il faut en général un jugement. Depuis que la loi du 28 avril 1816 a rendu les offices transmissibles, ils sont devenus, sous plusieurs rapports, des propriétés dont on ne saurait ou du moins dont on ne *devrait* pas pouvoir être dépouillé arbitrairement.   J. F.

26. La loi du 8 pluviôse an IX a ordonné la réduction du nombre des justices de paix, d'après les bases qui y sont posées. D'après ces bases aussi, ont été rendus successivement différens arrêtés qui fixent, dans chaque département, le nombre des justices de paix, leurs chefs-lieux et les communes de leurs arrondissemens.

☞ La loi du 24 août 1790 avait établi un nombre excessif de juges de paix et de cantons. Cette division de territoire était plus nuisible qu'utile , et augmentait les procès au lieu de les diminuer. Dans l'état où la loi du 8 pluviôse an IX a laissé les justices de paix, état qui subsiste encore aujourd'hui , il en existe en France environ 2,800.     J. F.

SECTION III.

*Du traitement des juges de paix et de leurs greffiers et huissiers , et des droits qui leur sont attribués sur différens actes de leur compétence.*

27. Le juge de paix a un traitement fixe plus ou moins considérable, suivant que l'importance du canton donne lieu de présumer que ses dépenses sont plus fortes et ses occupations plus multipliées.

Ce traitement est réglé, par la loi du 8 ventôse an VII , ainsi qu'il suit :

Pour Paris . . . . . . . . . . . . . . . . . . . . 2,400 fr.

Dans les communes où la population excède 100,000 âmes . . . . . . . . . . . . . . . . . . 1,600

Dans celles de 50,000 âmes et au-dessus, jusqu'à 100,000 âmes . . . . . . . . . . . . . . . . 1,200

Dans celles de 30,000 âmes et au-dessus, jusqu'à 50,000 âmes. . . . . . . . . . . . . . . . . . 1,000

Dans les communes au dessous de 30,000 âmes. 800

☞ Le traitement fixé pour les juges et greffiers de paix par la loi du directoire ci-dessus rapportée, en date du 8 ventôse an VII , n'a pas été augmenté depuis cette loi (il y a vingt-sept ans), bien que la valeur de toutes choses soit presque doublée depuis cette époque, où l'on sortait du règne des assignats, et où l'argent monnayé était fort rare. Il est même digne de remarque que le décret du 20 juin 1806, qui augmenta le traitement de tous les juges, et porta celui des membres des tribunaux de première instance de 1,000 à 1,250 francs; de 1,200 à 1,500 francs, n'a rien statué en faveur des juges de paix. Leur traitement est resté si modique, que beaucoup de gens pensent qu'il vaudrait mieux, pour la dignité de l'institution, qu'elle fût comme celle des maires, sans émolumens aucuns ; plutôt que d'en avoir de si chétifs.     J. F.

28. Outre le traitement fixe, il y a des rétributions casuelles pour les scellés et pour les avis de parens.

| La rétribution est fixée, pour l'apposition des scellés, à deux francs pour une vacation de trois heures, et un franc pour toutes les vacations suivantes; de manière qu'une apposition de scellés ne coûte pas plus de trois francs (Loi du 6—27 mars 1791, art. 8). Il en est de même de celles employées aux avis de parens (ibid.).

Les droits sont de moitié en sus dans les villes au-dessus de 25,000 âmes (ibid.).

Ils sont du double à Paris (ibid.).

☞ Cela n'a plus de sens et de vérité aujourd'hui. Ce n'est point la loi du 27 mars 1791 qui fait aujourd'hui la règle des taxes et vacations des juges de paix, c'est le tarif du 16 février 1807, annexé au Code de procédure civile actuel. On ne saurait s'expliquer l'ignorance ou l'incurie des prétendus réviseurs de ce Manuel, qui ont laissé subsister, dans les trois ou quatre éditions avec lesquelles on a abusé le public, des absurdités semblables à celles que nous relevons ici. — Le tarif de 1807 accorde à Paris 5 francs; dans les villes où il y a tribunal de première instance, 3 fr. 75 c.; dans les autres villes et cantons ruraux, 2 fr. 50 c. pour *chaque* vacation d'apposition, reconnaissance et levée de scellés, quel que soit le nombre de ces vacations. Le président du tribunal civil est seulement autorisé à réduire ce nombre, s'il paraît excessif.   J. F.

29. Suivant cette loi (ibidem), la rétribution pour la levée des scellés était fixée, comme celle de l'apposition, à deux séances au plus. Cette disposition n'aurait pas dû être adoptée, parce que l'opération de la levée des scellés est naturellement aussi longue que l'inventaire des effets mis sous les scellés, et qui doivent être décrits à l'instant de la levée. De ce précepte, qui n'avait point été assez réfléchi, il résultait un abus très dangereux. Lorsque l'inventaire devait durer plusieurs jours, le juge de paix, qui ne pouvait exiger plus de deux vacations, reconnaissait les scellés, les levait en entier et se retirait, laissant opérer le notaire seul. Ainsi, de ce moment jusqu'à la fin de l'inventaire de plusieurs jours, quelquefois de plusieurs semaines, il n'existait plus sur les effets et titres à inventorier de scellés qui empêchassent le divertissement, au moyen de quoi ils devenaient à peu près inutiles.

Le Code de procédure a corrigé cet inconvénient : « Les scel» lés sont levés successivement, à fur et à mesure de la confec-

34. Il ne peut instrumenter pour les matières relatives à la justice de paix que dans le ressort de sa justice (loi du 19 vendémiaire an IV, art. 27). Mais il y instrumente pour le contentieux et le bureau de conciliation, à l'exclusion des autres huissiers (*ibid.*); il a été maintenu dans cette compétence exclusive par l'arrêté du conseil des cinq-cents du 18 *pluviôse an V*, qui passe à l'ordre du jour sur la pétition de plusieurs huissiers qui demandaient le rapport de l'art. 27 qui vient d'être cité. Il y est encore maintenu par le Code de procédure civile.

35. En cas de contravention au même art. 27, l'huissier contrevenant est condamné, par le juge de paix des villes, à une amende de 6 francs (loi du 6—27 mars 1791, art. 13), dont la moitié applicable à son huissier, l'autre moitié à verser dans la caisse du receveur des amendes. ☞ Cela est changé. J. F.

Cette disposition n'a été décrétée qu'en faveur des juges de paix des villes, parce que les juges de paix des campagnes ne pouvaient pas alors commettre d'huissiers pour leurs justices. Maintenant qu'il y a des huissiers près les juges de paix des campagnes, il paraît naturel d'étendre en leur faveur la disposition ci-dessus, et il ne peut plus y avoir de doute, d'après les dispositions du Code de procédure civile, comme nous le verrons ci-après.

36. Une question plus importante est celle de savoir si les notifications faites en contravention au même article, par un huissier autre que celui attaché à la justice de paix, sont nulles.

L'art. 13 de la loi du 6—27 mars 1791, relative aux huissiers des juges de paix des villes, portait : « Les citations et jugemens » des juges de paix seront signifiés par eux, et non par autres » huissiers, à peine d'amende de six livres.... » Cette loi, n'envisageant que l'intérêt pécuniaire de l'huissier, s'était contentée, dans la phrase qui contenait la prohibition, d'une amende contre le contrevenant, sans parler de la nullité de l'acte; et, par cette raison, on ne pouvait la prononcer.

Il n'en est pas de même de la loi du 19 vendémiaire an IV, faite pour régler des objets majeurs d'ordre public, entre autres pour régler l'organisation judiciaire dont fait partie le pouvoir accordé aux huissiers d'exploiter dans tel arrondissement, dans les matières qui appartiennent à tel tribunal. L'exploit fait en contravention à ces dispositions est nul, comme fait par un officier sans pouvoir et sans qualité. La nullité de pareil exploit est d'ailleurs préjugée par l'art. 16 du Code de procédure civile, dont il sera question ci-après, en parlant de l'appel, chap. IV, sect. VII.

☞ L'auteur se trompe sur ce point ; mais il est parfaitement excusable : il n'a pas connu, ou n'a connu qu'à peine le Code de procédure. Mais ses continuateurs auraient dû relever cette erreur, et dire que depuis le Code de procédure, art. 1030, aucun exploit ou acte ne peut être déclaré nul, à moins que la nullité n'en soit formellement prononcée par la loi. Or, nulle loi, que nous sachions, n'annulle la citation signifiée pour comparaître en justice de paix, soit au civil, soit en simple police, par un huissier qui n'est pas celui du juge de paix. Le juge de paix peut seulement, par le même jugement qui statue sur la cause, condamner l'huissier qui a empiété sur les droits du sien à une amende de 5 fr. à 100 fr., conformément au même art. 1030 ; c'est ce que la cour de cassation a jugé trois fois : le 2 frim. an XIII, le 23 mai 1817, et récemment le 5 décembre 1822. Voy. J. sp. 3, p. 55 et suiv. ; R. 15 et suiv.     J. F.

## SECTION IV.

*Des incompatibilités prononcées contre les fonctionnaires publics attachés à la justice de paix.*

37. D'après la loi du 24 vendémiaire an III, qui déroge (Tit. IV, art. 4) aux dispositions contraires des lois précédentes, le juge de paix ne peut cumuler avec ses fonctions celles des places suivantes :

1° De membre des administrations de département (Tit. I, art. 1) ;

2° D'officier municipal, maire ou adjoint (*ibid.*) ;

3° De commissaire du gouvernement près ses administrations (*ibid.*), et par suite, dans l'état actuel, de préfet ou sous-préfet ;

4° De greffier des administrations ci-dessus nommées (*ib.*) ;

5° De notaire (*ibid.*, art. 2) ;

6° De membre d'une administration forestière (*ibid.*) ;

7° De receveur de l'enregistrement (*ibid.*) ;

8° D'employé dans le service des douanes, postes et messageries (*ibid.*) ;

9° De fonctionnaire public dans une place sujette à une comptabilité pécuniaire (*ibid.*) ;

10° De membre de la cour de cassation (*même loi, Titre 1, art. 1*);

11° De juge des tribunaux civils (*ibid.*), de première instance et cours d'appel, et des tribunaux criminels (*ibid.*);

12° De juge d'un tribunal de commerce (*ibid.*);

13° De procureur du roi près un tribunal quelconque (*ibid.*);

14° De greffier d'aucun tribunal, ou commis-greffier salarié (*ibid.*);

15° D'instituteur salarié (*ibid.*); (*Tit. IV, art. 1*);

58. Les greffiers des justices de paix sont exclus des mêmes fonctions que les juges de paix (*ibid.*, aux endroits cités).

La loi du 29 ventôse an IX, qui a créé les suppléans de juges de paix, ne dit rien sur l'incompatibilité de leurs fonctions avec d'autres fonctions publiques. Il paraît raisonnable de leur appliquer les incompatibilités prononcées contre les juges de paix qu'ils sont appelés à remplacer. Elles avaient été étendues aux assesseurs, par la loi ci-dessus citée, du 24 vendémiaire an III (*Tit. I, art. 1*). Il y a même raison.

*Nota.* Un arrêt de rejet de la cour de cassation, du 2 frimaire an IV, décide qu'il n'y a pas d'incompatibilité entre les fonctions de juge suppléant près le tribunal civil, et celles de suppléant de juge de paix. ☞ J. sp.

☞ L'usage et les ordonnances du prince, qui sont les meilleurs interprètes des lois, n'ont pas admis l'exclusion des notaires pour les places de suppléans que propose ici M. Levasseur. Chaque jour ces fonctions sont conférées à des notaires.                                           J. F.

59. Un ministre du culte catholique peut-il être juge de paix?

Plusieurs raisons doivent détourner les ministres du culte catholique d'accepter les places de juges de paix. Ils doivent tout leur temps aux fonctions ecclésiastiques dont ils sont chargés. Ils sont en trop petit nombre, eu égard à celui des places à remplir. Les fonctions conciliatrices de juge de paix conviennent à la vérité à leur caractère; mais les fonctions contentieuses civiles répugnent aux paroles de paix et d'union qu'ils doivent annoncer, encore plus les fonctions de police et les fonctions criminelles.

Néanmoins, il n'y a pas d'obstacle légal à la réunion des deux états.

*Tome I.*                                                          4

A la vérité, la loi du 2—11 septembre 1790, faisant suite à celle du 16 août précédent, portait, art. 1 : « Les ecclésias- » tiques ne peuvent être élus aux places de juge, dont les fonc- » tions sont déclarées incompatibles avec celles de leur mi- » nistère. » Mais cette disposition a cessé, lorsque le gouverne- ment n'a plus reconnu de culte religieux exclusif : aussi la loi ci-dessus citée, qui règle les incompatibilités des différentes fonctions publiques, n'en fait aucune mention.

Maintenant le gouvernement, sans reconnaître un culte do- minant, laisse à différens cultes un exercice public. La religion catholique est la plus répandue ; elle est professée par le roi, par la maison royale et par la plus grande partie des fonction- naires publics de tout genre ; ses ministres reçoivent un hono- raire du gouvernement ; mais il n'a pas été prononcé à leur égard d'incompatibilité. On ne peut les assimiler aux institu- teurs salariés.

Il est certain qu'il n'y a point ici incompatibilité de droit ni canonique ni civile. Il n'y en a point de canonique, parce qu'aucun canon ne prononce de prohibition à cet égard, si ce n'est pour l'administration de la justice au grand criminel. Il n'y en a point de civile, et il y avait autrefois dans les tribu- naux royaux une partie des places affectées à des clercs.

Mais il y a incompatibilité de fait, parce que chacune des fonctions dont il s'agit demande tout le temps de celui qui se charge de la remplir. Un curé n'aurait aucun instant à donner à la justice de paix, *et vice versâ*. Il faut nécessairement opter. Point de doute qu'un ecclésiastique ne puisse être juge de paix. Mais alors il doit s'en tenir là. Il ne peut plus exercer le mi- nistère.

## CHAPITRE III.

*De la juridiction contentieuse du juge de paix.*

40. Nous examinerons successivement qu'elles affaires sont de la compétence de la justice de paix, la demande à former, l'instruction, les incidens qui peuvent survenir, le jugement, les dépens ; enfin les suites du jugement.

### SECTION PREMIÈRE.

*Quelles affaires sont de la compétence de la justice de paix.*

Nous considérerons séparément les attributions primordiales

de la justice de paix, et les attributions qui lui ont été faites depuis l'origine.

### §. I<sup>er</sup>.

*Attributions primordiales de la justice de paix.*

41. La compétence primordiale de la justice de paix a été réglée par la loi du 16—24 août 1790, Tit. III.

Le juge de paix connaît de toutes les causes purement personnelles et mobilières, 1° sans appel, jusqu'à la valeur de 50 francs; 2° à la charge de l'appel, jusqu'à la valeur de 100 francs.

42. Nous disons 50 *francs* et 100 *francs*, quoique la loi porte 50 *livres* et 100 *livres*. La *livre* et le *franc* exprimaient autrefois, et encore à l'époque de la loi, l'une et l'autre, la somme de 20 sous. Il n'en est plus de même. Le franc vaut $\frac{81}{80}$ de la livre, ou $\frac{1}{80}$ de plus que la livre, ce qui fait 20 sous 3 deniers de l'ancienne monnaie. Les 50 francs valent 50 livres 12 sous 6 deniers; les 100 francs 101 livres 5 sous. La livre ne vaut pas le franc en entier; mais les $\frac{80}{81}$ du franc, ou en fractions décimales, les 0,9876432 du franc. Les 50 livres ne valent pas 50 francs, mais 49,382716; les 100 livres ne valent pas 100 francs, mais 98,765432. Malgré ces légères différences, on n'a pas hésité à penser que le juge de paix pouvait connaître sans appel jusqu'à la concurrence de 50 francs, et à la charge d'appel, jusqu'à concurrence de 100 francs; telle est l'intention manifeste des lois qui ont changé la dénomination des monnaies.

43. Dans les demandes en congé de location, faut-il avoir égard au prix du terme, ou au prix de l'année entière, pour décider la compétence de la justice de paix?

A défaut de bail écrit, les parties ne sont liées que pour un terme; elles ne sont réciproquement engagées que pour le terme suivant. La demande en validité de congé a pour objet la valeur d'un seul terme. C'est donc par la valeur du terme de 50 francs et au-dessus, ou de 100 francs et au-dessus, qu'il faut déterminer la compétence de la justice de paix. Ainsi décidé par M. Merlin, alors ministre de la justice, dans une circulaire du 23 thermidor an IV.

☞ Nous connaissons cette circulaire. Nous en adoptons les motifs; nous nous rangeons entièrement à l'avis du plus fameux jurisconsulte de nos jours. Nous jugerions comme il le conseille dans l'intention de trancher le procès dans sa racine; mais nous ne devons pas dissimuler qu'il s'élève beaucoup de contradictions contre cette compétence : force gens pensent qu'on ne peut pas scinder le bail par termes; la cour de cassation même semble de cet avis : car, dans les observations qu'elle adressa au gouvernement, sur le Code de procédure, et qu'on trouve rappelées dans un très bon ouvrage de M. Billion ( juge de paix à Lyon ), la cour demande que la juridiction des juges de paix soit étendue jusqu'à connaître des demandes en congé de locations verbales, lorsque le terme n'excède pas cent francs, ce qui prouve que la cour n'est pas de l'opinion de M. Merlin.                    J. F.

44. La loi dit les actions *mobilières;* ainsi les actions immobilières, quel que soit leur peu d'importance, ne sont pas de la compétence de la justice de paix : telles que les demandes en revendication.

: La loi dit les actions *purement personnelles :* ainsi, malgré le peu d'importance d'une action, on ne peut porter devant le juge de paix ni les actions purement réelles, comme l'action hypothécaire, contre le tiers détenteur, ni les actions mixtes qui sont tout-à-la-fois personnelles et réelles, comme les actions en partage.

☞ Il y aurait eu bien des développemens à donner à ce peu de mots actions *purement personnelles et mobilières,* dans l'intérêt de l'instruction des juges de paix nouvellement nommés. Il aurait fallu définir les *actions;* expliquer que toute action dirigée contre la personne, *in personam,* est personnelle, comme toute action dirigée contre la chose, *in rem,* est réelle; dire que les personnelles sont pures, personnelles ou mixtes. Par exemple, les actions à fin de plantations de bornes entre des héritages voisins sont mixtes. Elles sont réelles, en ce qu'elles ont pour objet l'immeuble qu'il s'agit de borner; elles sont personnelles, en ce qu'on ne manque jamais d'y joindre des demandes en dommages-intérêts pour les fruits usurpés par le déplacement des bornes.

Il aurait fallu définir aussi l'action *pure mobilière;* mais ces doctrines étant un peu arcanes et longues pour un *Manuel,* nous prévenons le lecteur qu'il les trouvera supérieurement exposées aux chapitres XI et XVI du Traité de M. le président

Henrion. Les arrêts serviront ensuite d'application et d'explication à ce que les théories de ce profond magistrat pourraient avoir de trop obscur à une simple lecture.    J. F.

45. La justice de paix connaît de même, sans appel, jusqu'à la valeur de 50 francs; et à la charge de l'appel, à quelque somme que la demande puisse monter :

PRIMO, des actions pour dommages faits, soit par les hommes, soit par les animaux, aux champs, fruits ou récoltes (Loi du 16—24 août 1790, art. 10).

Le juge de paix est compétent pour statuer sur une question de dommages causés aux champs, non seulement lorsqu'il s'agit de constater l'existence et quotité d'un dommage causé par le fait immédiat et nuisible d'un homme ou d'un animal, mais encore lorsqu'il s'agit de décider si ce dommage est un tort, s'il est la violation du droit de la partie endommagée, ou le simple exercice d'un droit de propriété appartenant à l'auteur du dommage, lorsque le défendeur répond : *jure feci*. Par exemple, lorsqu'un propriétaire riverain, en tenant ses écluses fermées en temps d'orage, inonde les champs du voisin. Arrêt de la cour de cassation, du 18 novembre 1817. J. sp. 5, p. 336; R. 171.

☞ Et encore lorsque le dommage est arrivé par un incendie, un cas fortuit quelconque survenu ou aggravé par le fait de l'homme : l'action est alors civile, et le juge peut statuer à quelque somme que s'élève le dédommagement demandé. J. sp. 5, pag. 336; R. 171.    J. F;

Ces dommages et intérêts donnent presque tous lieu à la partie lésée d'intenter à son choix deux sortes d'actions, l'une civile, devant la justice de paix, l'autre criminelle, qui, suivant la peine du délit, se forme devant le tribunal de simple police, ou devant le tribunal de police correctionnelle.

La partie lésée peut directement intenter son action devant ces derniers tribunaux. Un jugement rendu par un juge de paix sur une matière de valeur excédant sa compétence n'est pas *nul* et *sans effet*, il est seulement *annulable*. Si donc ce jugement n'est pas attaqué dans les délais, ou s'il est acquiescé, il acquiert l'autorité de la chose *jugée*.

L'hypothèque est acquise et valablement inscrite en vertu d'un tel jugement. (Arrêt de la cour de Toulouse, du 24 février 1821.) J. sp. 5, pag. 161; R. 86.

☞ Cette citation d'un arrêt de 1821 est évidemment étrangère à M. Levasseur, mort treize ans avant sa date ; mais l'arrêt est mal cité, et ne dit pas du tout ce qu'on lui fait dire. Dans l'espèce, le juge de paix n'avait point, comme on vient de le lire, sa compétence d'autorité privée ; elle avait été prorogée par la volonté des parties ; il avait été autorisé par elles à statuer sur une créance de 700 francs ; son jugement n'était donc pas *nul*, comme le dit le continuateur de Levasseur. Il était parfaitement régulier et valable, il a pu et dû conférer l'hypothèque. Ce n'était pas un arrêt isolé de cour royale qu'il fallait citer pour établir ce favorable et important principe.

La cour de cassation l'a confirmé par nombre d'arrêts probablement ignorés du continuateur.

1° Le 3 frimaire an IX, au rapport de M. Muraire, et sur les conclusions de M. Merlin. J. sp. 4, pag. 144 ; R. 73.

2° Le 22 décembre 1806. J. sp. 4, pag. 151 ; R. 77.

3° Le 10 janvier 1809. J. sp. 4, pag. 158 et suiv. ; R. 80.

De ces arrêts, de l'art. 7 du Code de procédure, de l'opinion de M. Merlin, de l'avis de M. le président Henrion, qui fut d'abord opposé à celui de M. Merlin, qui s'y est rangé plus tard,

Il résulte 1° *que la compétence* des juges de paix ne peut jamais être prorogée, par la volonté des parties, *de re ad rem*, c'est-à-dire ne peut être étendue à des matières réelles sur lesquelles ces magistrats n'ont aucun principe de compétence : telles que des questions d'état, de testament, d'hypothèque ;

2° Mais qu'elle peut toujours l'être *de quantitate ad quantitatem*, c'est-à-dire qu'il dépend toujours des parties d'autoriser les juges de paix à statuer sur les demandes personnelles et mobilières excédant leur ressort, à quelques sommes que la valeur en puisse monter.

Dans ce cas, le jugement à intervenir sera solide et régulier, et il emportera hypothèque.

Faut-il que les parties signent toujours leur consentement ou que le juge le constate pour que le jugement soit valable ? Non : ce consentement peut être tacite et dépendre des circonstances de la cause. C'est l'avis de la cour de cass., arrêt du 22 décembre 1806. J. sp. 4, pag. 151 ; R. 6 ; et de la cour de Paris, arrêt du 5 août 1809. J. sp. 4, pag. 165 ; R. 84. C'est aussi le conseil de la raison et de l'équité.

On trouvera sur tous ces points délicats, nouveaux, et que per-

sonne que nous sachions n'avait encore traités à fond avant nous,
une dissertation très étendue dans notre J. sp. 4, p. 129; R. 66.

On peut voir aussi, dans le même journal, 5, pag. 161; R.
83. Mémoire de la chambre des notaires de Reims, contre un
abus qu'ils prétendent commun dans cette ville, et qui consiste à passer, au préjudice des droits des notaires, des obligations déguisées sous la forme d'un jugement de juge de paix rendu
sur les plus fortes sommes, du consentement des parties.     J. F.

L'incompétence du juge de paix dérivant seulement de l'objet demandé, et non de la nature de la demande, *ex ratione
materiæ*, peut être néanmoins considéré comme étant d'ordre
public. En conséquence, elle est proposable, nonobstant tout
acquiescement des parties (*Cour de Riom, arrêt du* 21 *juillet* 1823.).

☞ Cet arrêt est fort mal à propos proposé comme autorité
par les continuateurs de ce Manuel : car il est contraire aux
vrais principes que nous venons d'exposer, et à la jurisprudence constante de la cour de cassation, qui était évidemment
ignorée de ceux qui l'ont cité.

☞ Le passage qu'on se fraie dans la mauvaise saison sur
un champ ensemencé, pour éviter la boue, donne-t-il lieu à
une action devant le juge de paix, bien qu'il soit allégué qu'il
n'existe pas de chemin public praticable? J. sp. 1, pag. 161;
R. 80.

☞ L'action civile en dommages-intérêts pour dégâts faits
aux champs, fruits et récoltes, montât-elle à cent mille francs,
peut être portée devant un juge de paix qui est, en pareil cas,
compétent pour constater l'existence du délit, afin de parvenir
à déterminer l'intérêt civil litigieux. Arrêt du 26 juillet 1813
(J. sp. 3, p. 141; R. 68.)

Ce principe est très important pour les juges de paix nouvellement nommés. Plusieurs peuvent avoir des doutes sur le
point de savoir s'ils sont en droit, lorsqu'il a été commis un
délit rural, et que la partie lésée ni le ministère public ne pour-
suivent pas le délit en tribunal de police, s'ils sont en droit, disons-nous, pour fixer l'évaluation des dommages réclamés par
action civile devant eux, et pour reconnaître s'il en est dû, de
faire constater le corps du délit, et d'en ordonner la preuve,
comme aurait pu le faire le juge criminel. L'arrêt ci-dessus
daté ne laisse pas d'incertitude à ce sujet : le fait était clair.

Des troupeaux avaient fait des dégâts sur les propriétés d'un sieur Veneziani ; il fit citer les maîtres des troupeaux devant le juge de paix, et réclama contre eux des dommages-intérêts. Des experts furent nommés pour estimer le dégât, et, sur leur rapport, le juge accorda 450 francs de dédommagement au sieur Veneziani.

Il est à remarquer que son action était purement civile, et qu'il n'y avait eu aucune poursuite du délit par action publique. Cela servit de grief d'appel aux maîtres des troupeaux : ils soutinrent que tant que le délit pour raison duquel on réclamait contre eux une réparation civile ne serait pas prouvé juridiquement, l'action en réparation civile devait être déclarée non recevable. Or, selon eux, la preuve légale de l'existence du délit ne pouvait résulter que d'une action publique intentée devant les tribunaux criminels compétens.

Mais la cour de cassation proscrivit ce système et décida : « Qu'aucune action publique n'ayant été dirigée à raison du délit dont se plaignait le demandeur, rien ne s'opposait à ce qu'il en poursuivît la réparation civile. »

☞ La constatation et réparation des dommages causés aux héritages des voisins par les gaz nuisibles qui s'échappent de certaines usines est de la compétence des juges de paix. Arrêt du 19 juillet 1826. J. sp. 6, p. 276 ; R. 143.

☞ Les dégâts faits par les bestiaux laissés à l'abandon donnent lieu à des dommages intérêts, alors même que la propriété n'a été endommagée *qu'à défaut de clôture usitée et obligée*. Cass., 16 juillet 1824. J. sp, 5, p. 25 ; R. 14.

☞ Quelle différence y a-t-il entre *laisser* passer ou *faire* passer ses bestiaux sur le terrain du voisin, ou les y *faire*, ou *laisser* paître, ou les laisser à l'abandon de manière qu'ils s'y introduisent. V. cass., 18 sept. 1829. J. sp. x, p. 199, et 15 oct. 1829. id, p. 117, avec nos observations. V. aussi cass., I<sup>er</sup> fév. 1822. J. sp. 2, p. 338 ; R. 160, id. 27 août 1819, 7, 379 ; R. 196 etc. et nos obs., id. p. 57 ; R. 30.

46. La partie lésée ne peut exercer concurremment les deux actions civile et criminelle qui, à son égard, tendent au même but ; c'est-à-dire la réparation du dommage qui a été causé ; il lui suffit d'exercer une des deux.

Lorsqu'elle prend la voie criminelle, le ministère public doit être entendu : il requiert la punition du délit.

Cette réquisition n'est cependant pas absolument nécessaire. Il suffit que la partie civile se soit pourvue devant ces tribunaux pour qu'ils puissent et doivent même appliquer la peine. C'est ce qui a été jugé par un arrêt de la cour de cassation du 22 février 1811. ☞ Nous doutons qu'il existe. **J. F.**

La partie civile avait fait citer devant le tribunal de police correctionnelle pour un délit de pêche. Le tribunal, en accordant les dommages-intérêts, avait condamné le délinquant en l'amende portée par l'ordonnance des eaux et forêts.

Sur l'appel, la cour de justice criminelle avait infirmé, quant à cette dernière disposition, sur le motif que la citation de la partie n'avait saisi le tribunal que de l'action civile, et que le ministère public, qui seul pouvait exercer l'action publique, n'ayant point été partie, la peine n'avait pu être prononcée.

On s'est pourvu en cassation, et elle a été prononcée, attendu que, par la citation de la partie, le tribunal avait été suffisamment saisi de l'action criminelle; que le ministère public est la partie de droit, dès qu'un délit est dénoncé; et qu'en conséquence la peine doit être appliquée, quoiqu'il n'ait point été entendu, parce que ses fonctions sont acquittées solidairement par tous les membres du tribunal. ☞ Nous hésitons à croire qu'aucun arrêt ait consacré ce faux principe. **J. F.**

47. Lorsque la partie lésée poursuit son action par la voie civile, et qu'elle renonce entièrement à exercer celle criminelle, le ministère public n'en est pas moins recevable à poursuivre l'action publique qui a pour objet de faire punir l'atteinte portée à l'ordre social.

Une loi du 5 vendémiaire an III le décide nommément au deuxième cas; et pour le délit de simple police, la raison est la même : «Les délits, porte le considérant de la loi, sont poursuivis... moins parce qu'ils lèsent les intérêts particuliers, que parce qu'ils blessent l'ordre public... Sous ce dernier rapport, il ne dépend pas des citoyens, quand même ils sont désintéressés subséquemment à une accusation par eux intentée, d'arrêter la vindicte publique, qui ne peut être satisfaite que par un jugement. »

Le Code d'instruction criminelle consacre d'ailleurs cette maxime d'une manière qui s'applique aux simples délits comme aux crimes qualifiés.

En vain dira-t-on que les délits de simple police, légers de leur nature, n'intéressent que faiblement l'ordre social, et ne méritent pas la vindicte publique, quand la partie lésée renonce à la poursuite criminelle.

Tout délit, quelque léger qu'il soit, intéresse directement la société entière, outre le particulier lésé. Il y a d'ailleurs nombre de délits de simple police qui concernent principalement l'ordre public, comme la dégradation de la voie publique, la divagation des furieux, des animaux malfaisans ou féroces, etc.

Au reste, quand on ne se plaint pas, la conduite du ministère public doit lui être tracée par la prudence.

Il y a véritablement des délits qui ne blessent que l'intérêt particulier directement, et que, pour cette raison, les Romains appelaient délits privés, *delicta privata*, et qui en conséquence ne donnaient d'action qu'à celui qui en avait souffert.

Dans ce cas, le ministère public garde ordinairement le silence, parce que la société n'est blessée qu'indirectement d'une manière éloignée, et qu'il est de son intérêt même de ne pas multiplier les procès qui alimentent les haines particulières.

Lorsque la partie lésée ayant pris la voie civile, le ministère public intente l'action publique, alors l'exercice de l'action civile est suspendu, tant qu'il n'a pas été prononcé définitivement sur l'action publique ( *Code d'instruction criminelle.* ).

Dans ce cas, si la partie lésée veut obtenir plus promptement la réparation du délit, elle peut, en abandonnant son action civile, intervenir dans l'instance formée par le ministère public, pour réclamer son indemnité. Il n'y a point de loi qui l'empêche de prendre ce parti. Lorsqu'un juge de paix a été saisi comme tribunal civil, il ne peut dépouiller ultérieurement sa qualité de juge civil, se transformer en tribunal de police, et prononcer une peine. *Cour de cassation*, req. 12 pluviôse an x, J. sp., t. 10, p. 300.

☞ Ni réciproquement il ne peut pas, lorsqu'il s'est déclaré incompétent pour réprimer, comme juge de police, une contravention, il ne peut pas statuer ensuite sur la même contravention comme juge civil. Cass., 22 février 1825. J. sp. 5, p. 306; R. 156. J. F.

48. SECUNDO. Les juges de paix connaissent de toutes les actions possessoires. (Loi du 16—24 août 1790, tit. 3, art. 10.)

La loi en détaille plusieurs. 1° Les déplacemens de bornes

faits dans l'année ; 2° les usurpations de terres, arbres, haies, fossés, et autres clôtures commises dans l'année ; 3° les entreprises sur les cours d'eau servant à l'arrosement des prés, commises pareillement dans l'année. La loi ajoute : *Et de toutes autres actions possessoires* ; ainsi celles non détaillées dans l'article sont pareillement de la compétence de la justice de paix.

49. Les actions possessoires ont lieu en faveur de celui qui est troublé dans sa possession. S'il est troublé sans violence, on donne à son action le nom de *complainte ;* s'il est troublé par violence ou voie de fait, l'action qu'il intente s'appelle *réintégrande.*

Celui qui est troublé dans sa possession doit intenter son action possessoire dans l'année du trouble. S'il laisse passer l'année sans actionner au possessoire, il n'a d'autre ressource que celle d'actionner le nouveau possesseur au *pétitoire.* Cette action, qui concerne la propriété, se porte au tribunal civil de première instance.

Celui qui a été dépossédé par violence ou voie de fait a dans l'origine le choix de deux actions. Il peut demander la réintégrande par action civile et ordinaire, ou extraordinairement par action criminelle. Mais ces deux actions n'ont pas la même durée : l'action civile ne dure qu'un an ; l'action criminelle dure trois ou dix ans, suivant la nature et les circonstances du fait (Code d'instr. crim., 637 et 638). Elle devient l'unique ressource au possessoire de celui qui a été dépossédé par violence, après l'année pendant laquelle il pouvait intenter l'action civile.

☞ 1° Qu'entend-on par actions possessoires ?

☞ 2° Quels objets peuvent donner lieu aux actions possessoires ?

☞ 3° Comment s'introduisent les actions possessoires ?

☞ 4° Dans quel cas les juges de paix connaissent-ils en dernier ressort des actions possessoires ?

☞ 5° Résumé de l'état actuel de la jurisprudence sur les actions possessoires ?

☞ § 1er. Le législateur lui-même a pris soin d'expliquer ce que c'est que l'action possessoire en disant « que les juges de paix connaîtront des entreprises sur les cours d'eau, commises dans l'année, et de toutes autres actions possessoires. »

Toute entreprise commise dans l'année sur une chose donne en effet naissance à l'action possessoire en faveur de celui qui souffre de l'entreprise.

S'il n'est que troublé dans la possession de la chose, d'une maison, par exemple ; si on se borne à vouloir l'habiter en commun avec lui, à encombrer les appartemens d'objets qui le gênent, l'action possessoire que la loi lui accorde pour faire cesser le trouble s'appelle complainte ; s'il est dépouillé de la chose, qu'on s'empare de la maison, l'action possessoire qu'il a pour se faire réintégrer dans sa jouissance prend le nom de réintégrande.

L'action en réintégrande est une, parce qu'il n'y a qu'une manière d'être dépouillé. Il y a une infinité de complaintes. On est troublé dans la possession d'un pâturage, d'un cours d'eau, d'une forêt, d'un droit de chasse, de pêche, d'invention, et on est troublé d'une foule de manières différentes. On est troublé par la construction d'un mur que le voisin fait élever chez lui, par une fenêtre qu'il fait ouvrir, par des arbres qu'il plante, en un mot, par quelque nouvel ouvrage que ce voisin peut faire chez lui. On l'en avertit, on lui dénonce le tort qu'on prétend éprouver par son innovation, et la complainte prend alors le nom de dénonciation du nouvel œuvre.

§ 2. Tous les objets ne peuvent pas donner lieu à l'action possessoire ; elle n'est accordée que pour les immeubles ou droits immobiliers. En fait de meubles, la possession vaut titre, c'est-à-dire que le possesseur est propriétaire, tandis que la possession en fait d'immeuble ne prouve pas du tout qu'on soit propriétaire, et peut être jugée en faveur de celui qui ne l'est pas. En d'autres termes, la possession et la propriété sont deux choses tout-à-fait distinctes.

Tous les droits immobiliers même ne donnent pas lieu à l'action possessoire. Les servitudes, par exemple, qui sont des charges imposées sur un héritage pour l'usage et l'utilité de l'héritage d'un autre, qui sont par conséquent des droits réels, c'est-à-dire établis *in re*, sur la chose, ne donnent pas toutes ouverture à la complainte. En général, on ne peut intenter la complainte qu'à raison des choses que la loi déclare susceptibles d'être acquises par la possession de trente ans, autrement dite prescription. Or, les servitudes non continues, quoique apparentes, et les servitudes discontinues, apparentes et non apparentes, telles qu'un droit de passage, de pacage, ne sont pas prescriptibles, et ne peuvent être l'objet de l'action possessoire. Il y a cependant à cet égard certaines distinctions que la jurisprudence apprendra.

Les art. 688 et 689 du Code civil expliqueront suffisamment les différens caractères des servitudes.

☞ § 3. L'action possessoire n'est accordée que pendant un an, à compter du jour du trouble ou de la spoliation et éviction.

☞ L'année expirée, celui qui a été troublé ou dépouillé ne peut plus réclamer que la propriété; c'est ce qu'on appelle agir au *pétitoire;* il n'est plus admis à contester la possession de son adversaire. Le *pétitoire* et le *possessoire* sont donc deux droits distincts et indépendans; l'un est la possession, et l'autre la propriété. *Le possessoire et le pétitoire ne peuvent jamais être cumulés;* c'est l'axiome ou principe fondamental de la matière que nous traitons : il signifie qu'on ne peut jamais réclamer en même temps, et devant les mêmes juges, la possession et la propriété. Les juges de paix connaissent exclusivement du possessoire, et les tribunaux civils exclusivement du pétitoire. Celui qui commence par élever la question de propriété s'exclut à jamais du droit de réclamer la possession devant le juge de paix. C'est ce qu'on a résumé dans un autre axiome, portant que *le demandeur au pétitoire ne sera plus recevable à agir au possessoire.* Le demandeur au possessoire, au contraire, est toujours le maître de se pourvoir au pétitoire. En effet, bien qu'il n'ait pas la possession, il peut se faire adjuger la proprié-té; qui la lui rendra et dépouillera l'usurpateur qui l'a dépouillé lui-même?

☞ Pour faire recevoir son action possessoire, ce n'est pas assez de prouver au juge qu'on l'a formée dans l'année du trouble; il faut encore lui prouver que depuis cette année au moins on était en possession paisible de l'objet contesté par soi ou les siens à titre non précaire, c'est-à-dire à tout autre titre que la prière ou la complaisance.

☞ Si la possession ou le trouble sont niés et contestés, le juge ordonnera une preuve respective, tant par titre que par témoins; mais il aura soin de ne faire porter l'enquête que sur les faits de possession ou de trouble, et jamais sur le fond du droit, à peine de cassation de son jugement, pour avoir confondu la propriété avec la possession, et *cumulé le péti-toire avec le possessoire,* malgré l'axiome qui le défend.

☞ § 4. Depuis un arrêt solennel de la cour de cassation du 25 mai 1822 (J. sp., 2, p. 200; R. 94), chambres assemblées sous la présidence de Mgr. le garde des sceaux, on peut dire que les juges de paix ne peuvent plus juger en dernier ressort une seule action possessoire, excepté peut-être quelques demandes en réintégrande.

☞ Avant cet arrêt, et depuis environ trente ans, ils étaient juges sans appel de presque toutes ces actions, de toutes celles du moins, et c'était le plus grand nombre, où le demandeur n'évaluait le trouble par lui souffert qu'à 50 fr. C'était conforme à la disposition de la loi du 24 août 1790, qui, en attribuant la connaissance des actions possessoires au juge de paix, avait ordonné qu'il les jugerait *sans appel jusqu'à la valeur de* 50 *livres*. Pendant long-temps on a pensé que cette valeur devait être déterminée par les conclusions du demandeur; et que, s'il ne réclamait que 50 *livres* ou *moins* pour dédommagement du tort qu'il disait avoir éprouvé dans sa possession, l'objet de l'action n'excédait pas 50 *livres*, et que tout juge de paix pouvait prononcer en dernier ressort. Une instruction du comité de législation, en date du 18 nov. 1790, imprimée page 18 de la 2ᵉ partie de ce Manuel, le décidait ainsi, et semblait le meilleur interprète de la loi du 24 août 1790, puisque c'était ce comité qui avait préparé et présenté la loi.

☞ Depuis trois ans la cour de cassation a changé sa jurisprudence, et décidé que l'action possessoire, bornée à moins de 50 fr. par les conclusions du demandeur, devait être augmentée de toute la valeur de l'immeuble, ou droit réel dont la possession est contestée. Or, comme cette valeur est toujours indéterminée, ou, quelque faible qu'elle soit, excède à coup sûr toujours 50 fr., il s'ensuit que nulle complainte n'est plus jugée en dernier ressort par aucun juge de paix. Or, il est impossible, à notre avis, que telle ait été l'intention du législateur, lui qui a institué les justices de paix pour trancher dans leur racine tous ces petits différens sur la possession d'une prise d'eau, d'un pâturage, qui troublent le repos des habitans des campagnes, et qui deviennent leur ruine, si cette jurisprudence subsiste; nous faisons des vœux pour qu'elle soit réformée; mais, en attendant, nous avons dû la faire connaître.

☞ § 5. Nous passons au résumé que nous avons annoncé de l'état actuel de la jurisprudence, sur une foule d'autres questions qui divisent les meilleurs esprits en fait d'actions possessoires. Cette matière est la plus usuelle, la plus importante et la plus difficile de la juridiction des juges de paix. On ne sera donc pas surpris qu'elle ait donné lieu à un très grand nombre d'arrêts de la cour de cassation. Ce nombre est tel qu'il faudrait employer le reste de ce volume à les recueillir tous, si l'on voulait les raconter comme ils doivent l'être pour devenir utiles et instructifs; c'est-à-dire avec le détail entier des faits, avec les motifs et le dispositif.

☞ La concision qu'exige ce Manuel ne nous permet que d'énoncer la question jugée, la date, et la page de notre Journal spécial, où l'on trouvera l'arrêt entier avec toutes les notes et observations dont il est susceptible. Nous ne craignons pas de dire que quiconque aura fait une lecture attentive de tous les articles des onze volumes de ce Journal, auxquels nous renvoyons, connaîtra à fond, et sera capable de juger presque toutes les difficultés possessoires.

☞ La notice des décisions que nous allons donner est loin d'offrir cet avantage. Telle qu'elle est, cependant, nous pensons qu'elle pourra servir comme table au Répertoire d'arrêts. Dans tous les cas, elle sera, du moins, bien autrement complète que celle qu'ont placée en cet endroit de leur sixième et huitième édition les *réviseurs* de ce Manuel, et que nous supprimons.

En ce moment (fin 1830), il est demeuré constant que les jugemens rendus en matière de complainte possessoire, par les juges de paix, sont sujets à l'appel, bien que le demandeur n'ait évalué les dommages-intérêts qu'à 50 fr. Ce n'est pas l'évaluation des dommages, c'est la valeur de l'immeuble, dont la possession est contestée, qui doit être prise en considération pour déterminer le dernier ressort. Cassation, chambres réunies, 25 mai 1822, 2, 200; R. 94.

— Arrêts conformes, cass. civ., 15 décembre 1824, 5, 104; R. 54. *Id.* 11 avril 1825, 5, 355; R. 181. *Id.* 14 février 1826, 6, 366; R. 189.

— Arrêts contraires et qui décident que le jugement est en dernier ressort lorsque le demandeur n'a conclu qu'à 50 fr. Cass., req., 20 thermidor an XII, 2, 214; R. 100. *Id.* civ., 23 fructidor an XII, 2, 214; R. 101. *Id.* civ., 20 ventôse an XIII, 2, 216; R. 102, *Id.*, 6 frimaire an XIV et 6 octobre 1807, 2, 216; R. 102. *Id.* req., 28 octobre 1808, mêmes tom. et pag. *Id.* civ. 13 novembre 1811, 2, 218; R. 103. *Id.* civ., 1er juillet 1812, 2, 220; R. 104. *Id.* civ., 31 décembre 1821, 2, 70; R. 33.

— Observation de l'éditeur sur cette contrariété d'arrêts, 2, 222; R. 105.

Il y a cette différence entre la complainte et la réintégrande, 1°. que c'est la quotité des dommages-intérêts demandés qui détermine la compétence en fait de réintégrande, et que, s'ils n'excèdent pas 50 fr., le jugement sera en dernier ressort. Cass. civ., 10 nov. 1819, 2, 239; R. 123. 2°. Que tout possesseur précaire, tel qu'un fermier par exemple, peut intenter la réintégrande, même arrêt, mêmes pages. 3°. Qu'il n'est nullement besoin de la justifier de la possesion annale pour agir en réintégrande, mais seulement de la possession de fait au moment de la spoliation. Id., id. — Id., cass.. req., 28 décembre 1826, 7, 164; R. 86.

Arrêts contraires. Cass., req., 5 mars 1828, 8, 241; R. 147. Id., civ., 11 juin 1828, 8, 268; R. 162, Id., req. 10 mars 1829, 9, 166; R.

N. B. Le point est demeuré douteux. Voyez les observations faites, 8, 241 et 272; R. 147, 162.

L'action possessoire relative à une servitude continue non apparente n'est pas toujours non recevable. Toutes les fois qu'on l'appuie d'un titre, le juge de paix doit examiner ce titre, et, s'il lui semble applicable ou du moins apparent, il doit se déclarer compétent et ordonner une enquête, sauf tous les droits des parties au pétitoire. Il peut sans doute, si le titre lui paraît d'une application trop douteuse, renvoyer au pétitoire; mais il n'y est pas obligé. - Cass., civ., 24 juillet 1810, 1, 328; R. 161. Id., id., 6 juillet 1812, 1, 342; R. 168. Id., req., 2 mars 1820, 1, 31; R. 15. Id. civ., 17 mai 1820, 1, 198; R. 98. Id., du même jour, 1, 318; R. 156. Id. req., 4 février 1829, 9, 217; R.      10, 73; R. Id., req., 30 mars 1830, 10, 275; R.      Id., civ., 8 février 1830, 10; R.

N. B. Ce point (fin 1830) est hors de toute contestation.

Le contraire a lieu, et le juge de paix doit se déclarer incompétent, si l'action possessoire intentée à raison d'une servitude discontinue n'est appuyée d'aucun titre : en ce cas, la voie du pétitoire est la seule ouverte à celui qui réclame la servitude, comme à celui qui s'en défend. Cass., req., 2 février 1820, 1, 285; R. 139.

— Le trouble dans la possession d'escaliers et de lavoirs continuellement existans sur le terrain d'autrui ne donne pas lieu à l'action possessoire. Cass., req., 21 octobre 1807, 4, 34; R. 17.

La possession de 30 ans et plus d'une servitude discontinue, même dans les départemens où le Code civil maintient celles qui ont été acquises de cette manière, ne peut jamais donner lieu à l'action en complainte. Cass., civ., 13 août 1810, 5, 255; R. 132. *Id., id.,* 10 février 1812, 5, 261; R. 135. *Id.* 3 octobre 1814, 5, 269; R. 138. *Id.*, 17 février 1815, 10, 336. *Id.*, 2 juillet 1823, 3, 226; R. 111.

Un sentier d'exploitation pour les vignes d'un canton suppose nécessairement une convention antérieure entre les propriétaires, qui suffit, en cas de trouble dans la possession du sentier, pour autoriser l'action possessoire. Cass., req., 29 novembre 1814, 2, 184; R. 87. *Id.*, 29 novembre 1814, 4, 220; R. 111. *Id.*, req., 11 décembre 1827, 8, 187; R. 119;— req., 19 novembre 1828, 9.

Arrêts contraires, civ., 20 mai 1828, 8, 352; R. 207. *Id.*, 26 août 1829, 9, 359; R.

*N. B.* Le point reste douteux.

1°. L'action possessoire est admissible en faveur du propriétaire d'un fonds enclavé, qui a joui pendant an et jour d'un passage sur le fonds du voisin.

2°. Le juge de paix appelé à statuer sur une demande de cette nature a droit de faire constater le fait d'enclave pour reconnaître s'il y a en effet nécessité de passage et servitude fondée sur la situation des lieux, par conséquent prescriptible quoique discontinue. Premier arrêt, qui juge la négative, cass., req., 7 février 1811, 5, 24; R. 14. Deuxième arrêt conforme au premier. *Id.*, 8 juillet 1812, 5, 52; R. 31. Troisième arrêt contraire aux précédens. *Id.* civ., 16 juillet 1821, 5, 84; R. 47. Quatrième arrêt conforme au précédent; cour R. d'Amiens, 19 mars 1824, 5, 90; R. 47. Cinquième arrêt conforme au précédent, cour de Lyon, 12 juin 1824, 5, 92; R. 49. Sixième arrêt conforme, cass., req., 7 mai 1829, 9, 328; R. — Septième arrêt conforme, *Id.*, req., 16 mars 1830, 10, 294.

*N. B.* Ces cinq derniers arrêts étant tous uniformes pour l'affirmative de la question, on doit tenir pour constant (fin 1830) que l'action poss. est recevable en fait d'enclave, et que le juge de paix peut faire vérifier et constater si l'enclave existe. Voy. tom. 5, 151; R. 79.

*Tome I.*                                              5

Celui qui, à raison de l'enclave de son fonds, a un droit de passage sur le fonds de son voisin, peut être attaqué au possessoire, s'il passe ailleurs que dans l'endroit convenu, et qui est susceptible du moindre dommage. Cass., civ. 24 juin 1828, 9, 320; R.

1°. La simple dénonciation de nouvel-œuvre ne suffit plus, comme sous les lois romaines, pour obliger celui à qui elle est adressée de cesser les travaux commencés; il faut encore l'intervention du juge. Cass., civ., 11 juillet 1820, 1, 16; R. 8.

2°. La dénonciation de nouvel-œuvre, c'est-à-dire l'action qui a pour objet de faire cesser les travaux que le voisin exécute, non sur notre fonds, mais sur le sien, est une action possessoire, et doit être introduite, instruite et jugée comme telle. Même arrêt, même page. Deuxième arrêt, 28 février 1814, 5, 145; 75. Troisième arrêt, 15 avril 1819, 3, 289; R. 145.

L'action possessoire connue sous le nom de dénonciation de nouvel-œuvre a deux conditions qui lui sont propres : l'une, qu'elle ne peut plus être exercée après qu'on a laissé achever le nouvel ouvrage ; l'autre, qu'elle se borne à arrêter la continuation de l'ouvrage commencé, jusqu'à la décision du juge du pétitoire, et que le juge de paix n'a pas droit d'ordonner la destruction de l'ouvrage continué, malgré la dénonciation du nouvel-œuvre. Cass. req., 15 mars 1826, 6, 219; R. 114.

L'action possessoire en dénonciation de nouvel-œuvre ne peut plus être exercée après qu'on a laissé achever la construction dont on se plaint. Cass., req., 14 mars 1827, 7, 185; R. 96.

*N. B.* Tous ces principes sur l'action en dénonciation de nouvel-œuvre sont constans (fin 1830).

Lorsque le nouvel-œuvre du voisin ne me cause aucun préjudice, le juge de paix, après avoir vérifié le fait, peut me déclarer non recevable dans ma demande possessoire en rétablissement des lieux. Cass., civ., 27 août 1827, 8, 87; R. 56; *id.*, req., 6 déc. 1827, 8, 342; R. 201.

Le possesseur d'une vue droite, établie depuis trente ans sur l'héritage du voisin, sans grillage, et plus rapprochée que ne le permet le Code civil, peut agir en complainte, s'il est troublé dans sa possession, et doit y être maintenu. Cass., civ., 9 août 1813, 10, 317; R.

Si le voisin sur le jardin duquel vous avez une vue droite, vous en prive par quelque construction, vous pouvez, tant que la construction n'est pas achevée, la faire suspendre par voie d'action possessoire; mais, si la construction est faite à la distance de six pieds, votre action doit être déclarée non recevable, du moins au pétitoire. Cass., civ., 24 juin 1823, 10, 389; R.

La disposition de l'article 678 du Code civ. qui défend d'ouvrir des vues droites ou fenêtres d'aspect sur l'héritage de son voisin, s'il n'y a pas six pieds de distance entre le mur où on les pratique et l'héritage du voisin, est absolue, et s'applique même au cas où il existe une ruelle publique ou non entre les deux héritages. Cour de Nancy, 25 novembre 1816, 10, 395; R.

En fait d'action possessoire, la règle générale est que le juge de paix peut consulter les titres de propriété toutes les fois qu'il le juge utile, pourvu qu'il ne s'en serve que comme d'un moyen d'éclaircir le fait de la possession, et qu'il évite de prononcer sur la propriété. Cass., req., 21 décembre 1820, 3, 525; R. 160.

La demande en maintenue possessoire ne change pas de nature parce que le demandeur allègue qu'il est non seulement possesseur, mais encore propriétaire. Cette allégation de propriété ne fait qu'ajouter à la force du droit du complaignant, et ne rend pas le juge de paix incompétent, pourvu qu'en appréciant les titres de propriété il s'abstienne de statuer sur la propriété même, et se borne à adjuger la possession. —Cass., civ., 30 nov. 1818, 6, 539; R. 176. *Id.*, 1<sup>er</sup>. mars 1819, 3, 321; R, 158. *Id.* 9 février 1820, 9, 504.

L'acquéreur a droit de se prévaloir de la possession de son vendeur pour établir qu'il possède depuis an et jour; en ce cas, le juge de paix doit consulter et apprécier les titres de vente. Cass., civ., 16 janvier 1821, 1, 66; R. 32.

— En cas de mutation récente de l'immeuble qui donne lieu à l'action possessoire, le juge de paix peut asseoir sa décision sur le titre translatif de propriété, et il peut compter au nouveau propriétaire la possession de son auteur comme temps utile pour compléter la possession annale. Cass., civ., 15 déc. 1812, 4, 289; R. 146.

L'acquéreur qui veut se mettre en possession et se voit

troublé par un fermier en vertu d'un bail antérieur à la vente peut se prévaloir de la possession de son vendeur, et dire que, se continuant en sa personne, cette possession remonte à an et jour, bien que la vente soit faite la veille, par exemple. Cass., civ., 6 frimaire an xiv, 7, 350; R. 183.

Entre deux acquéreurs d'un même bien, demandeurs en complainte l'un contre l'autre, la préférence est due à celui dont le titre a acquis le premier une date certaine, lors même que l'autre aurait déjà été mis en possession. Cass., req., 12 fructidor an x, 8, 203; R. 127.

Celui qui possède appuyé d'un titre n'a rien à prouver. Cas. req. 21 novembre 1826, 7, 282; R. 198.

Arrêt contraire. Bien que les actes de possession annale soient établis, le défendeur à la complainte a le droit de contester le caractère et la nature de la possession, et de soutenir qu'elle n'a lieu qu'à titre précaire. Cass., civ., 9 novembre 1825, 6, 343; R. 178.

Quand les deux parties allèguent et prouvent des actes de possession, le juge de paix doit consulter les titres de propriété, et adjuger la possession à celle des parties qui a un titre ou qui a le titre le plus apparent. L'intérêt de la paix publique ne permet pas de laisser la possession douteuse et en suspens; il vaut mieux en ce cas mal juger que de ne pas juger du tout et de se déclarer incompétent. Cass., req., 19 juill. 1830, 10, p. 328; R.

*N. B.* C'est là la plus saine et la plus récente jurisprudence, et ce principe doit être tenu pour constant (fin 1830), quoique contrarié en apparence par les arrêts qui vont suivre.

Le juge de paix doit se déclarer incompétent toutes les fois que le résultat de l'enquête est que ni le demandeur ni le défendeur ne peuvent justifier d'une possession annale, comme dans le cas où deux acquéreurs d'un même immeuble s'en disputent la possession, et où il devient nécessaire d'entrer dans l'examen au fond des titres de propriété. Cass., civ., 11 août 1819, 1, 250; R. 123.

Lorsque la possession paraît douteuse de part et d'autre, le juge de paix peut déclarer qu'il maintient les deux parties dans leur jouissance, ou, ce qui revient au même, il peut déclarer qu'il n'y a lieu à statuer entre elles au possessoire, et qu'elles doivent se pourvoir au pétitoire. Cass., req., 28 avril 1813, 7, 357; R. 185.

Lorsque, sur une instance au possessoire, la possession paraît douteuse au juge de paix, il doit renvoyer les parties à se pourvoir au pétitoire et se déclarer incompétent. Cass., req., 17 mars 1819, 8, 208; R. 130. *Id.*, 29 juin 1824, 5, 346; R. 176.

Lorsque sur une instance au possessoire ni le demandeur, ni le défendeur ne prouvent une jouissance exclusive pendant un an, le juge de paix doit en conclure que le fonds dont il s'agit est possédé en commun par les parties, et condamner celle qui a changé les lieux à les rétablir dans leur premier état. Cass., civ., 8 décembre 1824, 5, 117; R. 61.

Le cumul du possessoire et du pétitoire ne vicie les jugemens de la justice de paix qu'autant que ce cumul a lieu dans le dispositif du jugement; peu importe que dans ses motifs le juge ait embrassé le pétitoire, si au fond il n'a statué que sur la possession. Cass., civ., 18 mai 1813, 3, 102; R. 49. *Id.*, *Id.*, 24 juin 1828, 8, 356; R. 198.

Lorsque dans une instance introduite au possessoire il s'élève un litige incident sur la propriété, cette circonstance ne doit pas empêcher le juge de paix de statuer sur la possession, pourvu qu'il s'abstienne de statuer sur la question de propriété. Cass., civ., 23 février 1814, 4, 260; R. 132. *Id.*, *Id.*, 11 juin 1816, 4, 256; R. 130.

Le juge de paix ne peut pas admettre le défendeur au possessoire à prouver que le complaignant n'est pas propriétaire de l'immeuble qu'il possède, et par conséquent qu'il ne jouit pas *animo domini*. Cass., civ., 18 juin 1816, 4, 292; R. 148.

Lorsque les parties sont déjà en instance au pétitoire, celle qu'on trouble dans sa possession pendant le procès ne peut porter sa demande en maintenue devant le tribunal saisi du pétitoire; ce tribunal ne peut y statuer, et doit renvoyer la cause devant le juge de paix. Cass., 28 juin 1825, 6, 27; R. 16.

Lorsque les parties sont déjà en instance au pétitoire, celle qu'on trouble dans sa possession pendant le procès peut intenter la complainte; c'est devant le juge de paix et non devant le tribunal saisi du pétitoire que la citation doit être donnée. Cass., req., 7 août 1817, 3, 257; R. 127. *Id.*, 30 mars 1830, 10, 275; R.

On ne peut pas éluder la juridiction du juge du possessoire en citant directement au pétitoire celui qu'on a troublé dans sa posssession d'an et jour. Cass., req., 8 avril 1823, 3, 193; R. 95.

L'instruction d'une action pétitoire ne doit pas être suspendue, ni le jugement retardé par une demande possessoire survenue pendant le pétitoire et à raison du même objet. Le demandeur au pétitoire, condamné sur le chef de la possession, peut poursuivre son procès relatif à la propriété, sans être tenu préalablement de justifier qu'il a exécuté les condamnations possessoires. Cour de Riom, 29 juin 1809, 10, 323; R.

Ni les tribunaux d'arrondissemens, ni les cours royales, n'ont le droit, lorsqu'une question de propriété s'agite à leur audience, d'accorder la jouissance provisoire à l'une des parties; il y a cumul en pareil cas, et c'est empiéter sur les droits du juge de paix. *Id., Id.*, 4 août 1819, 5, 139; R. 72.

Les actions possessoires, notamment les demandes en réintégrande, peuvent-elles être portées en référé devant les présidens des tribunaux d'arrondissement, sur le motif qu'elles sont urgentes et que les présidens connaissent de tous les cas d'urgence. Cour de Rouen, 25 avril 1826, 7, 162; R. 84.

Il n'y a pas violation de la règle des deux degrés de juridiction, ni cumul du possessoire avec le pétitoire, lorsque le défendeur à une action en complainte, prenant lui-même cette action pour trouble à sa possession, forme une demande en réintégrande, et que les juges, prenant en considération ses titres de propriétés seulement, pour déterminer le caractère de sa possession, le maintiennent dans cette possession sans rien préjuger sur le pétitoire. Cass., req., 31 juillet 1828, 9, 113; R.

Le tribunal d'arrondissement, saisi de l'appel d'un jugement possessoire, ne peut, lorsque le trouble et l'innovation sont reconnus constans, refuser la maintenue possessoire, et, évoquant le principal, renvoyer les parties au pétitoire, sous prétexte que la question de possession dépend de l'appréciation des titres de propriété. Cass., civ., 29 décembre 1828, 9, 118; R.

Le juge de paix cumule le pétitoire avec le possessoire lorsque, par le dispositif de son jugement, il maintient le demandeur en complainte dans la possession, tant annale qu'immémoriale de l'objet contesté. C'est là statuer sur la propriété : il en serait différemment et le jugement serait régulier, si, dans les motifs seulement et non dans le dispositif, le juge s'autorisait de la possession immémoriale qu'il reconnaîtrait au demandeur, pour le déclarer possesseur annal. Cass., req., 15 juillet 1829, 9, 338; R.

Le trouble dans la possession dans les cours d'eau vive donne lieu à complainte. Cass., req., 24 février 1808, 4, 47; R. 23. *Id., Id.,* 19 juin 1810, 4, 53; R. 26.

L'usage de l'eau d'une source qui naît dans le fonds d'autrui peut s'acquérir par la prescription, et donner lieu à l'action possessoire, s'il existe sur le terrain où naît l'eau des ouvrages que l'inspection des lieux prouve avoir été faits pour conduire l'eau chez le voisin, et n'avoir pu être faits que pour cela; un aquéduc souterrain peut être considéré comme l'un de ces ouvrages. Cass., civ., 12 avril 1830, 10; 290.

Toute entreprise faite dans l'année sur un cours d'eau découlant par ouvrage de mains d'hommes sur le terrain du voisin autorise une action en complainte de la part de ce voisin. Cass., civ., 15 avril 1822, 2, 178; R. 84.

J'introduis dans mon fonds l'eau d'une rivière qui le borde. Après qu'elle l'a arrosé, elle descend dans le vôtre; je la détourne et vous en prive; vous êtes non recevable à agir contre moi au possessoire, quelque durée qu'ait eue votre possession, si vous ne prouvez pas que le fossé, écluse, vanne ou autre ouvrage par lequel l'eau s'introduit de mon héritage dans le vôtre a été fait sur mon fonds par vous ou par moi, mais dans votre intérêt. Cass., civ., 25 août 1812, 5, 271; R. 138. *Id., Id.,* 20 mars 1827, 7, 193; R. 100. *Id.,* req., 6 juillet 1825, 6, 223; R. 116. Cass., civ., 28 avril 1829, 9, 206; R.

*N. B.* Ce principe est constant (fin 1836). Voyez cependant en sens contraire les arrêts qui suivent.

Quoiqu'il n'ait été fait sur le fonds supérieur aucun ouvrage apparent pour recevoir une source qui de ce fonds vient se rendre dans un canal appartenant au propriétaire inférieur, il suffit que ce dernier ait la possession annale des eaux du canal., et produise à l'appui de sa possession des titres que le juge de paix a droit d'apprécier, pour que ce juge admette l'action possessoire tendant à arrêter les travaux qui pourraient changer le cours de la source. Cass., req., 4 février 1829, 10, 73.

La simple possession annale de l'eau d'un ruisseau donne le droit d'agir en complainte contre le riverain supérieur qui trouble cette possession, encore que le demandeur n'ait fait aucun ouvrage apparent pour faciliter l'entrée ou le passage des eaux sur son fonds. Cass., req., 13 avril 1830, 10, 268.

Toute entreprise faite dans l'année sur un cours d'eau donne lieu à l'action possessoire. Le novateur dirait en vain que l'eau est commune, qu'il y a lieu à règlement : ce sont là des moyens du pétitoire qu'il sera temps d'alléguer quand le possessoire sera jugé et parfourni. Cass., civ., 13 juiu 1814, 5, 368; R. 187.

Les entreprises faites sur un canal d'irrigation, et qui, sans absorber entièrement les eaux, en diminuent assez le volume pour nuire à la jouissance des riverains inférieurs, peuvent donner lieu à l'action possessoire. Cass., req., 3 décembre 1828, 8, 360; R. 211.

Les propriétaires du lit d'un ruisseau qui borde deux héritages peuvent, s'ils agissent de concert, disposer des eaux comme ils le jugent convenable, sans autre obligation que celle de les rendre à leur cours naturel, au point où leurs terres cessent de border le ruisseau de chaque côté; ainsi ils peuvent faire de concert, sur le ruisseau, tous les ouvrages ayant pour objet de leur faciliter l'usage de l'eau, bien que par là ils en diminuent le volume et qu'ils en ralentissent le cours au préjudice des propriétaires inférieurs. Cour de Besançon, 24 mai 1828, 9, 242; R.

Les tribunaux ne peuvent autoriser celui qui n'est propriétaire que d'une seule des rives d'un ruisseau à appuyer un barrage sur l'autre rive, contre la volonté du voisin, auquel elle appartient, bien qu'à raison de la situation des lieux l'absence du barrage soit un obstacle à ce que le premier propriétaire puisse faire usage du ruisseau. Cour de Rouen, 6 mai 1828, 9, 247; R.

Le riverain d'un cours d'eau, qui fait sur sa propriété des ouvrages pour user de cette eau, donne lieu à l'action en complainte contre lui de la part de l'autre riverain, si les ouvrages qu'il établit sont de nature à porter atteinte à la possession annale de cet autre riverain; l'article 644 du Code civil, d'après lequel celui dont la propriété borde une eau courante peut se servir de cette eau à son passage, doit s'entendre, sauf les droits acquis à des tiers. Cass., req., 20 mai 1829, 9, 306; R.

Les canaux de dérivation, creusés de mains d'hommes, ou cours d'eau artificiels établis pour le service d'une usine ou autre usage, ne sauraient être considérés comme une eau courante dont les riverains puissent se servir à son passage; l'action possessoire est ouverte au propriétaire du canal contre les riverains qui se permettraient d'y faire des saignées pour l'utilité de leur fonds. Cass., civ., 28 novembre 1815, 9, 225; R. *Id.*, *Id.*, 9 décembre 1818, 9, 231; R.

L'action en complainte est recevable entre propriétaires dont les fonds bordent les rives opposées d'une rivière non navigable ni flottable, lorsque des travaux entrepris par l'un des riverains dans le lit de la rivière sont de nature à nuire plus tard au voisin; en d'autres termes, le dommage futur est un motif d'action possessoire. Cass., civ., 1 décembre 1829, 10, p. 61.

C'est devant le juge de paix, et non devant l'autorité administrative, que doivent être portées les demandes possessoires relatives aux changemens, dont les propriétaires des fonds inférieurs croient avoir à se plaindre de la part de leurs voisins dans le cours des rivières non navigables. Cass., civ., 4 février 1823, 3, 163; R. 83.

Dans les contestations qui s'élèvent sur la possession d'un chemin de hallage établi sur le bord d'un fleuve, le conseil de préfecture est seul compétent; mais, si on allègue qu'une portion du chemin est propriété privée, c'est le juge de paix qui doit statuer. Arrêt du conseil-d'État du 30 septembre 1814, 3, 263; R. 130.

Les tribunaux peuvent-ils connaître d'un litige relatif à des intérêts privés prétendus lésés par des plantations faites sur les bords d'une rivière navigable? la question n'est-elle pas exclusivement de la compétence administrative? Cass., civ., 23 août 1819, 3, 317; R. 156.

Les concessions de prises d'eau, ventes et autres actes de l'autorité administrative, ne sont pas un titre qui affranchisse l'examen de la question de propriété par l'autorité judiciaire : l'administration n'a pu céder plus de droits qu'elle n'en a. —Cass., req., 14 mai 1823, 3, 252; R. 124.

Bien que la concession de prise d'eaux dans les rivières navigables soit essentiellement dans les attributions de l'autorité administrative, cependant, lorsque la concession est faite, s'il s'élève des difficultés d'intérêts privés entre les concessionnaires sur l'étendue de leurs titres respectifs, la connaissance du litige est dévolue aux tribunaux et non à l'administration, surtout s'il s'agit d'une simple action possessoire. Conseil-d'État, 10 septembre 1808, 7, 298; R. 155.

Les eaux d'une rivière qui n'est ni navigable ni flottable restant dans le domaine privé, il s'ensuit que toutes les contestations entre particuliers, relatives à ces eaux, doivent être soumises aux tribunaux, suivant leurs compétences respectives, et par conséquent aux juges de paix en cas de complainte. Conseil-d'État, 6 décembre 1820, 5, 94; R. 49.

Les lais et relais de la mer étant déclarés aliénables par la loi du 16 septembre 1807, ils sont prescriptibles, et peuvent, en conséquence, donner lieu à l'action possessoire. Cass., civ., 3 novembre 1824, 5, 110; R. 57.

Questions de compétence élevées à l'occasion de changemens dans des cours d'eaux. Cass., civ., 9 février 1825, 7, 155; R. 71.

Quelque longue qu'ait été la possession d'une chaussée ou barrage sur ruisseau ou rivière non navigable, est-il vrai que le trouble dans cette possession ne puisse être réprimé par voie de complainte, et qu'il faille nécessairement recourir à l'administration, seule compétente, pour fixer la hauteur des canaux d'irrigation, quels qu'ils soient ? Cass., req., 19 déc. 1826, 7, 201; R. 105.

Lorsqu'une entreprise sur un cours d'eau se compose d'actes isolés, interrompus, et dont le dernier seul a été connu de la partie troublée, cette partie peut prendre ce dernier acte pour point de départ du délai annal dans lequel doit être exercé la complainte possessoire. Cass., req., 17 janvier 1829, 9, 4; R.

Les actions possessoires ou pétitoires relatives aux cours d'eaux qui naissent sur les grandes routes sont de la compétence des tribunaux; l'administration n'a pas droit de disposer de ces eaux entre les particuliers qui se les disputent. Conseil-d'État, 13 mai 1818, 9, 190; R.

L'action possessoire à un cours d'eaux est du ressort du juge de paix et non de l'autorité administrative, bien qu'une commune ait intérêt à ce cours d'eaux. Conseil-d'État, 16 juin 1808, 9, 134; R.

La possession d'un cours d'eau, en vertu du droit commun et des dispositions de la loi, c'est-à-dire en vertu de la situation naturelle des lieux et des obligations auxquelles le Code civil assujettit les propriétaires des fonds inférieurs et supérieurs les uns envers les autres, est aussi valable que la possession fondée sur un titre, et autorise la complainte. Cass., req., 1 mars 1815, 4, 358; R. 182.

La possession annale ou même immémoriale de la récolte née sur le terrain qui environne un lac ou un étang ne saurait jamais autoriser l'action possessoire contre le propriétaire du lac ou de l'étang, s'il établit que l'eau peut couvrir ce terrain quand elle est à la hauteur de la décharge. Cass., civ., 23 avril 1811, 4, 227; R. 115.

Celui qui se prétend troublé dans la possession de partie des eaux d'une rivière qui n'est ni navigable ni flottable peut agir contre le novateur; celui-ci s'autoriserait en vain d'une ordonnance qui aurait permis le nouvel-œuvre; ces ordonnances, lorsqu'elles permettent l'établissement d'une usine sur des cours d'eaux qui ne sont pas du domaine public, ne sont que de simples permissions de police, et ne sauraient préjudicier aux droits des tiers. Conseil-d'État, 13 février 1828, 10, 212; R. et 11 février 1829, 9, 352; R.

Lorsqu'il y a lieu de supprimer une vanne établie avec l'autorisation de l'administration sur un canal flottable, la contestation doit être portée devant la justice administrative, bien que la question de possession ou de propriété soit née entre particuliers. Il y a dans ce cas mélange indivisible des droits administratifs avec les droits privés. Conseil-d'État, 18 nov. 1818, 9, 193; R.

Une demande de 49 francs pour dommages-intérêts à raison du préjudice causé par une prise d'eau dans une rivière qui alimentait une usine du demandeur n'est point de la compétence du juge de paix, parce qu'elle n'est ni possessoire ni personnelle. Cass., req., 8 avril 1829, 9, 222; R. de l'obligation

Les juges de paix peuvent-ils connaître des actions possessoires relatives à la hauteur des chaussées des moulins ? Ne sont-ce pas des matières du ressort de l'administration ? En d'autres termes, quand un arrêté du préfet a fixé la hauteur d'une chaussée, peut-on, par voie de complainte, demander, tant que l'arrêté subsiste, l'abaissement de la chaussée? Cass., civ., 13 mars 1810, 10, 311; R.

Les actions relatives aux prises d'eaux nécessaires à l'exploitation des mines ne sont point de la compétence des tribunaux; la connaissance en est réservée exclusivement à l'administration, par les lois des 28 juillet et 6 octobre 1791. Cass., civ., 6 mai 1806, 10, 315; R.

Un particulier dont les propriétés sont traversées par un ruisseau peut être soumis, pour l'irrigation de ses propriétés, à un règlement administratif. Conseil d'état, 3 juin 1811, 10, 336; R.

Le droit de puiser de l'eau à une fontaine n'est pas une servitude prescriptible et qui puisse donner lieu à la complainte. Cass., civ., 23 novembre 1818, 4, 29; R. 14.

Des propriétaires qui ont un intérêt commun dans l'usage d'un cours d'eau, et qui nomment des syndics pour représenter en justice la masse des intéressés dans une action possessoire, ne doivent pas être considérés comme une section de commune, et n'ont pas besoin d'autorisation pour agir. Cass. req., 3 décembre 1828, 8, 360; R. 211.

Celui qui, depuis plus d'an et jour, est en possession de s'approprier les eaux pluviales qui coulent à sa portée, s'il est troublé dans cette possession, n'a pas le droit d'intenter la complainte. En d'autres termes, la complainte n'a pas lieu en fait d'eaux pluviales. Cass., civ., 13 juin 1814, 4, 10; R. *Id, id.* 14 janvier 1823, 4, 1; R. 1. *Id., id.*, 21 juillet 1825, 6, 31; R. 18. Cour de Rennes, 10 février 1826, 8, 545; R. 202.

*N. B.* Fin 1830, ce principe est constant.

Distinctions faites par la jurisprudence sur le fait des eaux pluviales. Dangers des conclusions mal prises. Cass., civ., 5 juin 1827, 7, 284; R. 147.

Nulle servitude, par conséquent nulle prescription, par conséquent nulle action possessoire n'est admissible en fait d'eaux ménagères et d'égouts des toits ; personne ne peut conduire cette espèce d'eaux chez le voisin, à quelque titre et sous quelque prétexte que ce soit : on doit les faire écouler chez soi ou dans la voie publique. Cass., req., 15 mars 1830, 10, 262; R.

L'action possessoire doit être intentée dans l'année du trouble, même du trouble de droit, bien que le trouble ait été exercé contre un fermier qui n'en a pas averti le propriétaire, sauf le recours de celui-ci contre son fermier. Cass., civ., 12 octobre 1814, 2, 344; R. 163.

L'action possessoire doit être intentée dans l'année du trouble, même du trouble de droit, bien que le trouble ait été exercé contre un fermier qui n'en a pas averti le propriétaire, sauf le recours de celui-ci contre son fermier. Cass. civ,, 12 oct. 1814, 2, 344; R. 163.

L'action possessoire ne peut être intentée par un fermier, mais la citation devient valable et la procédure régulière, si le propriétaire intervient et prend le fait et cause de son fermier avant le jugement. Cass. req., 8 juillet 1819, 1, 261; R. 128.

Le fermier par bail emphytéotique peut intenter l'action possessoire. Cass. civ., 26 juin 1822, 2, 303; R. 143.

Lorsqu'un fermier dont le bail est expiré prétend se maintenir en possession contre le gré du nouveau propriétaire, celui-ci peut exercer l'action en complainte contre le fermier. Cass. civ., 6 frimaire an XIV, 4, 264, R. 134.

Les juges de paix sont compétens pour connaître de l'action possessoire entre les particuliers et les fermiers ou régisseurs du domaine public; que la propriété en litige appartienne à l'état ou à une commune, peu importe. Conseil d'état, 28 août 1827; R. 8, 330; R. 195. *Id.* 19 décembre 1827, 8, 263; R. 159.

Une action en complainte possessoire est valablement exercée contre le fermier et pour un fait de trouble personnel à celui-ci; et s'il n'a pas appelé le propriétaire en garantie, il n'est pas fondé à requérir sa mise hors de cause; seulement le propriétaire pourra attaquer par voie de tierce-opposition le jugement rendu contre son fermier; — 2° Le trouble à la possession d'un chemin d'exploitation suffit pour autoriser l'action en complainte. Cass., req., 19 nov. 1828, 9, 71; R.

Arrêt de la cour de cassation, qui décide que celui qui a la nue propriété ne doit pas être considéré comme possesseur civil pendant la durée de l'usufruit, et que par conséquent il ne peut pas intenter la complainte tant que l'année qui suit le décès de l'usufruitier n'est pas révolue. Cass. civ., 6 mars 1822, 2, 175; R. 85.

Observations de l'Éditeur et de divers juges de paix contre cet arrêt qui est isolé et qui paraît ne pas devoir tirer à conséquence, 2, 286; R. 136.

L'article 3 du Code de procédure, qui attribue aux juges de paix la connoissance des usurpations de terre commises dans l'année, n'est pas applicable au cas où le demandeur, renonçant au possessoire, s'est pourvu directement au pétitoire. Il importe peu que le défendeur soit un fermier; cette qualité ne fait point fléchir la règle, qui veut que chacun soit maître de choisir l'action qui lui convient. Cass., civ. 3 oct. 1810, 4, 233; R. 118.

1° La décision du point de savoir si un cours d'eau doit être considéré comme navigable ou flottable à partir de quel lieu et dans quelle partie est une question préjudicielle à la décision possessoire, et dont la solution est réservée exclusivement à l'administration. Conseil d'état, 22 janvier 1808, 7, 369; R. 191.

2° Au contraire, tout ce qui touche aux intérêts des propriétaires riverains est du ressort des tribunaux. *Id.*, *id.* V. ci-dessus, p. 11 et suiv.

L'action en complainte contre une communauté est recevable de la part de l'un des communiers qui se prétend troublé dans sa possession d'an et jour de la chose commune. Cass., civ., 7 juin 1820, 3, 293; R. 145.

Celui qui, cité en police correctionnelle par le ministère public, à raison d'une prétendue usurpation d'un terrain communal, se déclare propriétaire du terrain, peut agir par voie de complainte contre la commune. Cass., civ., 10 janv. 1827, 7, 204; R. 106.

Les biens communaux donnent ouverture à l'action possessoire entre les communiers lorsque quelque trouble est apporté à leur jouissance. Cass., civ. 10 nov. 1812, 4, 55; R. 27.

La règle générale qui fait maintenir ou restituer par le juge celui qui a la possession annale est applicable au communier qui s'est approprié une partie du fonds commun, et qui en jouit privativement et individuellement depuis an et jour. Cass., civ., 1er avril 1806, 4, 265; R. 134.

Les usurpations de biens communaux ne sont de la compétence de l'autorité administrative que lorsque la qualité communale du terrain n'est pas contestée ; si elle l'est, les tribunaux deviennent seuls compétens pour statuer soit au possessoire soit au pétitoire. Conseil d'état, 10 février 1816, 9, 135 ; R.    ; *Id.*, 4 juillet 1827 ; 7, 362 ; R. 134.

L'action possessoire a lieu entre communiers ; en d'autres termes, le copropriétaire possesseur par indivis d'un terrain avec d'autres particuliers, s'il fait des actes qui troublent la jouissance commune, comme par exemple s'il entoure d'une haie, d'un fossé ou d'un mur, une partie du terrain indivis, peut être cité en complainte ou en réintégrande par les autres copropriétaires. Cass., civ., 27 juin 1827, 7, 315, R. 164.

L'état de vaine pâture du terrain joui en commun, ni le défaut de culture, ne changent pas la nature de l'action, *id.*, civ., 19 nov. 1828, 9, 65 ; R.

Quelques uns des communiers ne peuvent intenter l'action possessoire ; il faut que la demande soit formée par le maire ou l'adjoint de la commune. Cass., req., 25 juillet 1826, 7, 67 ; R. 35.

Jusqu'où s'étend la compétence des juges de paix en fait de chemins publics. Conseil d'état, 14 déc. 1825, 6, 257 ; R. 133.

*N. B.* La jurisprudence du conseil d'état et de la cour de cassation a varié : en ce moment (fin 1830), on est d'accord que les juges de paix sont compétens pour connaître, dans la limite de leur juridiction, de toutes actions relatives aux dégradations causées aux particuliers par les entrepreneurs publics des chemins communaux ou vicinaux. Voyez au mot *Chemin.*

La question de savoir si un passage ou chemin public réclamé par les habitans d'une commune est ou n'est pas une servitude établie sur le terrain d'un particulier, et si ce particulier, en vertu de ses titres, a pu supprimer ce passage, est de la compétence des tribunaux et non de l'administration. Conseil d'état, 21 novembre 1818, 9, 186 ; R.

Lorsque par un arrêté administratif le public a été maintenu en jouissance du passage sur un terrain qu'un particulier prétend lui appartenir jusqu'à décision des tribunaux sur la question de propriété, le juge de paix peut-il refuser de prononcer sur le possessoire, et renvoyer les parties à se pourvoir devant l'autorité administrative supérieure ? Conseil d'état, 18 juillet 1821, 5, 61 ; R. 32.

Un maire de commune fait afficher qu'il a l'intention d'établir un chemin vicinal sur un terrain dont je me crois propriétaire; il y fait même planter des bornes pour indiquer la largeur du chemin futur; ne puis-je pas prendre ces faits pour trouble à ma possession annale, et citer en complainte devant le juge de paix? Cass., req., 26 déc. 1826, 7, 157; R. 82.

Lorsque l'autorité administrative a décidé qu'un chemin est public mais inutile, et qu'en conséquence elle a autorisé le propriétaire sur la terre de qui ce chemin est établi à le supprimer, l'autorité judiciaire ne peut examiner si l'un des voisins est fondé à réclamer l'usage de ce chemin par voie d'action possessoire. Conseil d'état, 19 août 1808, 9, 91; R.

La déclaration qu'un chemin est vicinal, faite par l'autorité, est un fait d'administration qui ne change rien au droit privé, et qui laisse intact tout droit à l'indemnité préalable et au bénéfice de la possession annale. Cass., civ., 8 juillet 1829, 9, 372; R.

Nul particulier, pas même un hospice, n'a qualité pour demander isolément que le public ne soit pas empêché de passer dans une rue ou ruelle prétendue usurpée sur la voie publique par un autre particulier: l'action n'appartient qu'à la communauté des habitans, représentée par son maire. Cass., req., 11 juillet 1826, 10, 326; R.

Ni un particulier ni plusieurs n'ont qualité pour demander isolément, soit au possessoire, soit au pétitoire, qu'un chemin communal ou voie publique qu'il prétend usurpé par un autre particulier soit rendu à la circulation; l'action n'appartient qu'à la commune, représentée par son maire. Cass., req., 23 février 1825, 10, 358; R.

Les juges de paix sont juges exclusifs des actions possessoires intentées à raison des domaines nationaux. L'autorité administrative n'a droit de connaître que des actions relatives à la propriété de ces domaines, c'est-à-dire qu'elle est restreinte à statuer sur le pétitoire seulement. Décret impérial du 24 mars 1806, 4, 73; R. 37. *id.* du 9 septembre 1806, 5, 136; R. 71.

Arrêt du 15 prairial an XII. Cass., 5, 252; R. 129. Autre arrêt du 28 août 1810. Cass., civ.. 4, 73; R. 37..

Les juges de paix sont compétens pour statuer sur les actions possessoires intentées à raison soit des domaines nationaux vendus avant comme après la charte, soit des biens communaux.

du voisin, sans qu'il s'en soit aperçu ou plaint; les travaux continuent, il s'en aperçoit enfin, et conclut, par action possessoire, à la destruction de la partie seulement faite depuis an et jour. Le juge de paix qui l'ordonne n'excède pas sa compétence. Cass., civ., 14 février 1814, 7, 217; R. 113.

Le voisin qui possède par suite d'usurpations faites graduellement en labourant doit être réputé n'avoir qu'une possession clandestine, laquelle ne peut servir de base à la prescription, ni par conséquent à l'action pétitoire ou possessoire. Cour royale de Paris, 28 février 1821, 8, 189; R. 120.

Le droit de percevoir une taxe pour la location des places dans une halle ou marché est susceptible de prescription, par conséquent peut donner lieu à l'action possessoire. Cass., req., 1er août 1809, 8, 210; R. 131.

Le propriétaire d'un four banal ou autre droit de banalité peut-il se pourvoir au possessoire s'il est troublé dans son droit? Cass., civ., 5 février 1826; 8, 215; R. 133.

Le juge de paix saisi d'une demande possessoire peut connaître en même temps d'une demande en garantie formée par le défendeur contre son vendeur. Cass., 11 janvier 1809, 4, 282; R. 145.

1° L'action en garantie peut être exercée par celui qui est attaqué en complainte possessoire. 10, 137; R.

2° Si le garant se présente et déclare prendre fait et cause du défendeur au possessoire, et si le juge accorde délai au garant pour réunir ses moyens de défense, le délai expiré sans résultat, le juge peut-il statuer sur la demande principale et sur la demande en garantie, sans accorder nouveau délai? Cass., civ. 10 mars 1829, 10, 137; R.

Lorsque, pour obtenir réparation de la voie de fait par laquelle il a été troublé dans sa possession annale, un particulier a adopté la voie criminelle, et que les parties ont été renvoyées à fins civiles sur la question préjudicielle de propriété, le demandeur originaire n'est plus recevable à agir par la voie civile de complainte ou de réintégrande. Cass., civ., 18 août 1823, 4, 38, R. 19.

Second arrêt contraire. Cass., civ., 20 janvier 1824, 4, 87; R. 44.

L'action en complainte possessoire et l'action correctionnelle sur un même fait sont exclusives l'une de l'autre. — Qui cite en police correctionnelle ne peut plus citer au possessoire, et réciproquement. Cass., crim., 7 mai 1828, 10; 27; R.

Celui qui, ayant été condamné sur le pétitoire, continue de posséder durant an et jour, n'a qu'une possession précaire. La loi ne lui accorde aucune action en complainte en cas de trouble. Cass., civ., 12 juin 1809, 1, 249; R. 120.

Il en est de même si la condamnation a eu lieu au possessoire: ni le condamné ni son acquéreur ne peuvent plus posséder que précairement. Cass., req., 17 mars 1819, 1, 247; R. 121.

Quand une année s'est écoulée depuis le trouble, le juge de paix doit déclarer le demandeur en complainte non recevable, nonobstant toute preuve qu'il pourrait faire de la possession annale, et même de son droit de propriété. Cass., req., 6 avril 1824, 4, 202; R. 103.

1° Le possesseur dont le titre est conforme à sa possession ne doit rien prouver; le demandeur qui l'attaque est seul chargé de la preuve.

2° L'impossibilité même de prouver ne fait pas tort aux droits du possesseur, et ne décharge point le demandeur de l'obligation de prouver lui-même sa possession.

Le possesseur actuel peut faire valoir sa possession non seulement contre celui de qui il la tient, mais encore contre les créanciers de celui-ci, et en général contre tous ceux qui l'attaquent en qualité de demandeurs. Cass., req., 21 nov. 1826, 7, 382; R. 197.

Le dommage futur est un motif d'action possessoire; en d'autres termes, l'action en complainte est recevable quand les travaux entrepris dans le lit d'une rivière sont de nature à nuire dans la suite aux autres riverains. Cass., civ., 1ᵉʳ décembre 1829, 10, 161; R. Cour de Nismes, 27 juillet 1829, 10, 168; R.

Un possesseur troublé réclame des dommages au-dessous de 50 fr., sans prendre de conclusions au possessoire. Le défendeur nie le trouble, et ajoute qu'au surplus il n'aurait fait qu'user de son droit, et ne prend pas non plus de conclusions au possessoire; le juge de paix peut-il statuer en dernier ressort sur un tel état de choses? Cass., civ., 15 décembre 1824, 5; 104; R. 54.

Celui qui, dépossédé par violence, au lieu de se borner à demander d'être réintégré, allègue une possession annale tout-à-fait inutile à l'action en réintégrande, qui n'exige qu'une possession de fait, s'expose à se faire déclarer non recevable s'il ne parvient pas à prouver la possession d'an et jour dont il s'est vanté. Cass., req., 16 mai 1827, 7, 278; R. 145.

1° Le juge de paix, lorsqu'il est convaincu de la réalité de la possession annale articulée par le demandeur, peut statuer en faveur de la demande sans enquête préalable. Cass., req., 25 juillet 1826, 7, 67; R. 35.

Lorsque, sur une demande en complainte, le défendeur nie la compétence du juge de paix, ce juge peut ordonner une vérification des lieux avant de statuer sur sa compétence et pour s'éclairer sur la nature exacte de l'affaire. Cass., req., 7 janvier 1829, 10, 310; R.

Lorsque, pour repousser un action en dommages civils, à raison de quelques voies de fait, le défendeur allègue un droit de possession annale, le juge de paix peut statuer sans excès de pouvoir par un seul et même jugement, tant sur l'action possessoire que sur la demande principale en dommages intérêts : compétent sur la demande originaire, il le devient sur l'exception. Cass., req., 1 février 1830, 10, 171; R.

Lorsque le défendeur à une action possessoire se rend demandeur en reconvention, et prétend que c'est lui et non le demandeur qui a été troublé, le juge de paix ne peut pas séparer les causes, statuer sur la demande, et se déclarer incompétent sur l'exception. La demande et la réponse ne font qu'un seul litige, sur lequel un seul jugement doit être rendu. Cass. req., 11 novembre 1829, 10, 174; R.

Une citation est valable, donnée par les syndics d'une association de propriétaires; elle est nulle, donnée par les fondés de pouvoirs de cette même association. Cass., req., 11 nov. 1829, 10, 174; R.

(L') action possessoire a lieu entre les maires, comme représentans de leurs communes. Cass., civ., 17 nov. 1823, 4, 70; R. 35.

Est-il vrai que les communes peuvent former des demandes possessoires, et notamment en réintégrande, sans autorisation préalable? (Résolution négative.) Tribunal de police de Buchy, 7, 216; R. 113.

Pour intenter l'action possessoire, soit en réintégrande, soit en complainte, toute commune ou section de commune a besoin d'une autorisation du conseil de préfecture. Pour intenter la même action contre une commune ou section de commune, les particuliers n'ont besoin d'aucune autorisation. Conseil d'état, avis du 3 juillet 1808, 8, 52; R. 34.

Pour intenter l'action possessoire, soit en réintégrande, soit en complainte, toute commune ou section de commune a besoin d'une autorisation du conseil de préfecture; mais la nullité du jugement qui intervient peut être couverte, même sur l'appel, par une autorisation ultérieure. En conséquence, les juges à qui la commune demande un délai pour se faire autoriser doivent ou du moins peuvent l'accorder. Cass., req., 24 décembre 1828, 10, 153.        J. F.

50. Le créancier de la rente foncière peut-il se pourvoir au possessoire, soit contre le débiteur de la rente, soit contre un tiers qui prétend avoir droit de la percevoir?

Dans l'ancien régime, la rente foncière était immeuble comme étant une portion de la propriété que s'était réservée le bailleur dans l'héritage baillé à rente; en conséquence, elle était de sa nature non-recevable, et la faculté contraire s'éteignait, malgré la convention, faute de l'avoir exercée dans un temps limité. Ainsi, comme immeuble, elle pouvait donner lieu à l'action possessoire.

En est-il de même sous la législation actuelle?

L'auteur de la *Compétence des juges de paix* (M. Henrion de Pensey) est d'avis de l'affirmative, d'après nos anciens auteurs.

La solution de la question dépend de la nature actuelle des rentes réservées dans la concession d'un fonds, et que, pour cela, on appelait rentes *foncières*.

Au conseil d'état on discuta longuement, à la séance du 15 ventôse an XII, les avantages et les inconvéniens du rétablissement des rentes *foncières;* il fut décidé qu'elles ne seraient pas rétablies.

Dans la loi du 30 de ce mois (séance du 26), on décréta sur les rentes, pour être inséré après le 529° article du Code civil, un nouvel article qui porte : « Toute rente établie à perpétuité pour le prix de la vente d'un immeuble, ou comme condition de la cession, à titre onéreux ou gratuit d'un fonds immobilier, est essentiellement rachetable. » Le législateur évite le mot *rente foncière.* Il déclare essentiellement rachetables toutes rentes créées pour cession d'un fonds immobilier. Il leur enlève le caractère distinctif de la rente foncière. Il a donc entendu les classer parmi les meubles, quoiqu'il ne les ait pas expressément déclarées meubles. On ne peut douter que ce ne soit son intention, ayant placé le nouvel article entre le 529 et le 531, relatifs à des objets déclarés meubles, l'ayant placé sous le chapitre des meubles.

Les rentes constituées pour cession des fonds, qui sont les seules auxquelles convient le nom de foncières, étant meubles, celui qui est troublé en la possession ne peut se pourvoir au possessoire devant le juge de paix. (Ici un des continuateurs de Levasseur a placé la note suivante) :

« Cette question est encore controversée. L'opinion du plus grand nombre des jurisconsultes est, à la vérité, conforme à celle de M. Levasseur; mais celle des plus graves lui est contraire.

» Il est difficile, en effet, d'imaginer comment la rente, qui est par elle-même le prix d'un héritage, qui en est inséparable, qui le suit dans les mains de tous les possesseurs, qui fait en conséquence une partie de la propriété que conserve le créancier de la rente, ne peut pas être un immeuble.

» La question n'est pas résolue par les termes du Code civil.

» La dernière disposition de l'art. 529 ne déclare meubles que les rentes sur l'état, ou sur particulier, c'est-à-dire les rentes constituées, sur la nature desquelles les anciennes lois varient. Or les rentes dont il s'agit ne sont ni sur l'état, ni sur particulier. Elles sont dues par la terre même. Elles sont donc d'une nature différente, ce n'est pas la faculté du rachat qui peut déterminer leur nature, c'est leur assiette. La rente assise directement sur un immeuble doit être immeuble. »

☞ Malgré la note du continuateur anonyme et malgré l'avis de M. le président Henrion, qui nous paraît errer sur ce point comme sur certains autres, nous pensons avec M. Merlin, avec M. Barbedette Chermelais, président actuel du tribunal de Fougères, etc., que la rente foncière dans l'état actuel de la législation ne saurait donner lieu à l'action possessoire. — Au reste toutes ces questions sont à peu près oiseuses, aujourd'hui que les rentes foncières sont presque inconnues et hors d'usage.             J. F.

51, 52. Nous avons dit que la dénonciation de nouvel-œuvre était une action possessoire. Cette action, d'un genre à part, mérite quelques explications que voici :

La dénonciation de nouvel-œuvre, connue chez les Romains sous le nom de *Novi operis nuntiatio*, est la déclaration que fait un voisin à un autre qu'il s'oppose à la continuation du nouvel-œuvre, c'est-à-dire de la nouvelle construction qu'il a commencée, comme opérant un trouble à ses droits. Elle est accompagnée ou suivie d'assignation en justice, pour voir dire que le voisin sera tenu de cesser l'ouvrage commencé. A défaut d'assignation de la part de celui qui fait la dénonciation, le voisin s'adresse à la justice pour être autorisé à continuer l'ouvrage commencé.

Dans ces deux cas, le demandeur se plaint du trouble à lui fait dans sa propriété. Il exerce une action possessoire. Il doit la porter devant le juge de paix du lieu de la situation des ouvrages à la continuation desquels il s'oppose.

Pour autoriser la dénonciation du nouvel-œuvre, il faut le concours de cinq conditions :

1° Que l'ouvrage soit fait sur le fonds du voisin et non sur le nôtre, sans quoi il y aurait lieu à l'action en complainte pure et simple.

2° Que l'ouvrage soit joint au sol et y soit adhérent, de manière que la face du terrain ou de l'édifice éprouve quelque changement ou altération par le fait de l'ouvrage commencé. S'il s'agissait d'une moisson ou d'un abattis d'arbres, ce ne serait pas la dénonciation du nouvel-œuvre, mais une autre action.

3° Que le nouvel ouvrage ne soit pas encore achevé, car autrement la dénonciation du nouvel-œuvre ne serait pas praticable, puisqu'elle ne pourrait produire aucun effet. C'est une précaution introduite contre un mal futur, et non un remède contre un mal déjà fait.

4° Que l'ouvrage opère une innovation quelconque dans l'état des lieux.

5° Que cet ouvrage ne soit pas du nombre de ceux qui ne souffrent aucun retard ni suspension, comme l'étaiement d'une maison qui menace d'une ruine prochaine, ou toute autre opération qui intéresse la sûreté publique.

Cette action a pour objet, ou de se conserver sur l'héritage voisin un droit acquis que le nouvel ouvrage compromettrait, comme la servitude de vue, de passage, d'égoût, etc., ou d'éloigner de son propre fonds un dommage dont il est menacé par le résultat de l'ouvrage commencé.

La dénonciation du nouvel-œuvre appartient à toute personne qui a intérêt de prendre cette voie, même à l'usufruitier.

Elle peut être faite non seulement à un voisin immédiat, mais même à un voisin médiat qui entreprend un ouvrage dont l'inconvénient peut se faire sentir à celui qui fait la dénonciation.

Il suffit que la dénonciation soit faite à celui qui entreprend l'ouvrage, quoiqu'il ne soit pas propriétaire du fonds; mais elle doit être faite à la requête de tous les copropriétaires indivis du fonds que le nouvel ouvrage intéresse. S'il y en a plusieurs, elle serait nullement faite à la requête de l'un d'eux seulement.

La dénonciation du nouvel-œuvre n'appartient pas à l'un de plusieurs copropriétaires du même fonds contre les autres; il y a dans ce cas une autre action.

Elle peut être valablement faite au domicile de celui qui a commandé le nouvel-œuvre. Elle peut l'être aussi à l'architecte ou entrepreneur chargé de l'exécution; mais alors il faut nécessairement que la signification soit faite sur le lieu même des travaux, parce que, dans ce cas, elle se fait moins à la personne qu'à la chose.

L'acte de dénonciation doit contenir la désignation précise de l'objet sur lequel porte l'opposition, la nature des ouvrages commencés, le lieu de leur situation, afin d'éviter au voisin toute méprise, et de le mettre à portée de connaître la portion de travaux qu'il doit suspendre, et celle qu'il peut continuer.

On conçoit que si l'opposition frappe sur l'universalité des travaux commencés, il n'est pas nécessaire de prendre tant de précautions pour l'indication, et qu'il suffit de désigner l'édifice ainsi que sa situation.

Le dénonçant doit prendre la précaution de faire constater sur-le-champ par un procès-verbal l'état des travaux commencés; et pour cela il doit se munir de l'ordonnance du juge.

Le propriétaire qui commence un ouvrage à la continuation duquel on s'oppose doit, aussitôt que la dénonciation lui est légalement connue, le faire cesser. S'il conteste la validité ou la justice de l'opposition, c'est la matière d'une discussion judiciaire qui se porte devant le juge de la situation du lieu où l'ouvrage est commencé, mais sous la condition que cet ouvrage sera suspendu. Si, au mépris de la dénonciation, il avait fait continuer l'ouvrage, toute audience lui doit être déniée, jusqu'à ce qu'il ait remis les choses dans l'état où elles étaient lorsqu'elle lui a été faite. Son existence suffit pour qu'on ordonne provisoirement la démolition de ce qui a été fait depuis, sans examiner si elle est bien ou mal fondée.

☞ Tout cela était vrai avant 1789, et semble très sage et très conforme au respect dû à la justice, car c'est la braver que de continuer un travail commencé au mépris de l'appel fait à son autorité pour qu'elle décide s'il y a lieu ou non de le continuer, toutes choses demeurant *en état*, c'est-à-dire suspendues jusques à ce qu'elle ait prononcé.

Mais la jurisprudence de la cour de cassation et les lois nouvelles paraissent avoir apporté de grands changemens à tout ce que vient de dire ici Levasseur sur le caractère et la nature des dénonciations de nouvel-œuvre. M. le président Henrion semble lui-même s'être trompé sur ce point.

La dénonciation de nouvel-œuvre, dans les termes où l'a ramenée la cour de cassation, n'est en général aujourd'hui, tantôt qu'un acte extrajudiciaire, qui n'a aucun effet que d'avertir le voisin que son nouvel ouvrage pourra donner lieu à un procès, tantôt qu'une action possessoire ordinaire qui n'empêche pas le voisin de continuer sa bâtisse, qui n'autorise pas le juge de paix à ordonner la destruction des travaux faits depuis la dénonciation, encore moins à refuser toute audience, jusqu'à ce qu'ils soient détruits.

C'est ce qui résulte de plusieurs arrêts dont la notice va suivre :

Dans cet état de choses, l'expression de dénonciation de nouvel-œuvre est dangereuse, en ce qu'elle rappelle l'idée, non de ce qu'est véritablement cette action, mais de ce qu'elle fut : cela considéré, il serait prudent de la proscrire du langage actuel de la jurisprudence.

☞ Dans une affaire sur appel à raison d'une dénonciation d'un nouvel-œuvre, le tribunal d'arrondissement de Castres rendit, le 13 septembre 1817, le jugement dont voici les motifs :

« Considérant qu'on ne trouve dans le Code civil aucune disposition qui fixe la marche à suivre dans la dénonciation de nouvel-œuvre; que dans le silence du Code, il faut avoir recours plutôt aux lois romaines qui contiennent à cet égard des règles positives, qu'à la jurisprudence des arrêts, toujours variable et incertaine; que d'après ces lois la dénonciation peut se faire par acte extra-judiciaire, et aussitôt que cet acte est signifié, tous les travaux doivent cesser; que le juge, sans entrer dans la discussion du fond, ni chercher à reconnaître si l'opposition est bien ou mal fondée, doit ordonner la démolition des ouvrages, si aucun a été fait depuis que la dénonciation a eu lieu, et doit refuser l'audience jusqu'à ce qu'on ait remis les choses dans l'état où elles étaient; que dans l'espèce le juge de paix s'étant rigoureusement conformé à ces principes, il y a lieu de maintenir en tout son contenu sa décision : »

Par ces motifs, le tribunal dit qu'il a été bien jugé.

Un pourvoi en cassation ayant eu lieu, la cour a décidé que d'après l'art. 1041 du Code de procédure, toutes les lois, coutumes, usages et règlemens antérieurs, et ceux relatifs à la dénonciation de nouvel-œuvre comme les autres avaient été abolis; que dès lors le tribunal de Castres avait eu tort de dénier justice au demandeur en cassation, tant qu'il n'aurait pas remis les choses au même état où elles étaient lors de la dénonciation de nouvel-œuvre, malgré laquelle il avait continué ses constructions.

Que la procédure en fait de dénonciation de nouvel-œuvre était une simple citation en justice de paix, comme dans toutes les autres actions possessoires, et que la dénonciation du nouvel-œuvre était aujourd'hui sans effet, ou n'en avait d'autre que de constituer le défendeur en demeure.

L'arrêt est du 20 janvier 1820. On le trouvera avec nos observations. J. sp. 1, pag. 16; R. 8.

☞ Il en est intervenu depuis un autre qui juge que l'action dont nous traitons a deux conditions qui lui sont propres : l'une qu'elle ne peut plus être exercée après qu'on a laissé achever le nouvel ouvrage, l'autre qu'elle ne laisse le droit au juge de paix que d'ordonner la suspension de l'ouvrage, jusqu'après le jugement du pétitoire, et nullement celui de faire détruire les constructions continuées malgré la dénonciation de nouvel-œuvre. — 15 mars 1826. J. sp. 6, page 219. — R. 114.

☞ On voit que l'action dont il s'agit tend à faire cesser le trouble causé par les travaux que le voisin exécute, non sur notre propre fonds, mais sur le sien; c'est ce qu'explique très bien un arrêt du 13 avril 1819. — J. sp. 3, page 289; R. 143. Enfin on verra par la notice d'arrêts ci-dessus, imprimée n° 49, quel est le dernier état de la jurisprudence sur les dénonciations de nouvel-œuvre au moment où nous écrivons. J.F.

53. La possession, pour pouvoir servir de base à l'action possessoire, ne doit être ni violente, ni clandestine, ni précaire.

Non violente, cela est évident.

Non clandestine, parce que celui qui se cache ne possède pas de bonne foi, et ne peut en conséquence acquérir aucun droit.

Un particulier qui avait ouvert une carrière sur son fonds la poussa sous celui de son voisin. Il y avait plus de dix ans qu'il en extrayait de la pierre, et il était mort lorsque le voisin s'aperçut de la fraude que continuaient les héritiers du défunt. Une voiture de pierres arrêtée donna lieu de la part de ceux-ci à une demande en complainte et maintenue devant le juge de paix. Le propriétaire lésé les soutint non recevables, attendu que la possession dont ils argumentaient et qu'ils offraient de prouver était clandestine, et il demanda lui-même la maintenue. Toutes ses conclusions lui furent adjugées par un jugement confirmé sur l'appel.

La possession ne doit point être précaire, parce que cette possession n'en est point une, mais une simple détention. Ainsi le fermier ne peut pas donner la demande en complainte ou *réintègrande*. Le juge devait le déclarer purement et simplement non recevable.

☞ Erreur! Le fermier peut, comme tout autre possesseur précaire, agir en réintégrande. La possession de *fait* suffit pour cette action : c'est la complainte qu'il ne peut pas intenter. Voyez arrêt du 10 novembre 1819, cité ci-dessus. J. sp. 2, p. 259; R. 123.      J. F.

Mais le fermier doit dénoncer au propriétaire le trouble qu'il éprouve (☞ en cas de complainte, J. F.); et s'il ne le fait pas, il s'expose à des dommages-intérêts.

☞ 54. La valeur de la possession réclamée dans une action en réintégrande ne doit pas être prise en considération comme dans l'action en complainte pour déterminer les bornes du dernier ressort. C'est la quotité des dommages-intérêts demandés : s'ils n'excèdent pas 50 fr., le jugement sera en dernier ressort. Cass. civ., 10 nov. 1819, 2, p. 259; R. 123. *Id.*, req., 28 déc. 1826, 7, p. 164; R. 86. — Arrêt en sens contraire, 5 mars 1828, 8, p. 241; R. 147. — 11 Juin 1828, 8, p. 268; R. 162. — 10 Mars 1829, 9, p. 166; R. 89.

Au moment où nous écrivons, tout est douteux sur les questions de réintégrande. Voy. nos observations, tom. 8 du J. sp., p. 248 et 272; R. 147 et 165.      J. F.

54 *bis.* Les juges de paix connaissent encore des réparations locatives des maisons et fermes (loi du 16—24 août 1790, tit. III, art. 10), et à cet égard la compétence n'est pas limitée ni bornée à une certaine somme.

☞ Les dégradations survenues pendant l'appel du jugement rendu sur les réparations locatives ne sont pas de la compétence des juges de paix. Cass., 15 juin 1819. J. sp. 1, p. 50; R. 24. Obs. de l'éditeur, id. p. 57; R. 28.      J. F.

La fixation des indemnités prétendues par le fermier ou locataire, pour non jouissance, lorsque le droit de l'indemnité ne sera pas contesté, est aussi du ressort des juges de paix: ainsi ils ne peuvent pas statuer sur la question de savoir s'il est dû ou non une indemnité; mais seulement en fixer la quotité, quand le droit est avoué. Si l'indemnité est contestée, alors l'action, pour raison de cette indemnité, suit les règles de l'action purement personnelle.

Les juges de paix connaissent des dégradations alléguées par le propriétaire.

☞ Cette attribution n'a lieu que contre le fermier ou locataire. Elle ne s'étend pas au cas où le litige existe entre le nu propriétaire et l'usufruitier. Cass., 10 janvier 1808. J. sp., 4, p. 285; R. 145.

☞ Les soustractions faites par un fermier, de foins et de pailles, ainsi que les ensemencemens de terres sans engrais suffisans, sont des dégradations dont les juges de paix connaissent. Cass., 29 mars 1820. J. sp. 1, p. 202; R. 100. — Autre arrêt sur des questions de dégradation. Id., p. 11; R. 5.

☞ L'action exercée contre le fermier sortant d'un domaine

pour le faire condamner à rapporter les pailles ou fumiers qu'il devait y laisser, à faire aux terres et aux bâtimens *toutes les réparations* de culture et d'entretien, ainsi que son bail lui en imposait l'obligation, ne peut pas être considérée comme une action en dégradation, et sort de la compétence des juges de paix. Cass. 13 juillet 1807. J. sp.

Les juges de paix connaissent aussi des salaires des gens de travail, d'après la même loi du 24 août 1790, ☞ des gages des domestiques et de l'exécution des engagemens respectifs des maîtres avec leurs domestiques et gens de travail.   J. F.

☞ L'exécution d'un marché à forfait pour creuser une pièce d'eau n'est pas de la compétence des juges de paix. On n'entend par *gens de travail* que les ouvriers ou domestiques que le maître emploie au jour le jour, et renvoie à sa volonté. Cass., 28 nov. 1821. J. sp. 2, p. 68; R. 32.

☞ Malgré cet arrêt, il nous semble que l'on peut agir devant un juge de paix par voie d'action *personnelle et mobilière*, pour le salaire d'un ouvrage à forfait dont le prix n'excède pas 100 f. Comme si Pierre convient avec un maçon que celui ci lui bâtira dix mètres de mur pour 40 fr. Pourquoi le maçon, en ce cas, ne pourrait-il pas saisir le juge de paix de sa demande en paiement des 40 fr.? L'arrêt ci-dessus ne semble pas contraire à cette compétence; il n'est pas dit que le prix du forfait fût au-dessous de 100 fr.

☞ Les juges de paix ne doivent point accueillir les demandes en paiement de salaires d'ouvriers et gens de travail, lorsque le défendeur oppose qu'il y a six mois écoulés depuis la cessation des travaux. La prescription est acquise en ce cas, et le tribunal ne peut refuser d'accueillir cette exception. Cass., 7 janvier 1824, J. sp., 4, p. 171; R. 87.

☞ Lorsqu'à la demande des salaires se joint celle de fournitures, et que le tout réuni excède 100 fr., le juge de paix doit se déclarer incompétent pour le tout. Il pourrait bien disjoindre, c'est-à-dire prononcer sur les salaires, à l'égard desquels il est compétent en premier ressort sans limites, et renvoyer à d'autres juges la question des fournitures; mais il est plus prudent de renvoyer sur le tout au juge ordinaire, c'est-à-dire à celui qui a la plénitude de juridiction.   J. F.

Les juges de paix connaissent des gages des domestiques ou gens de travail, autres néanmoins que les fabricans, car aujourd'hui ces contestations se portent devant les prudhommes (Loi du 24 août 1790).

☞ Le principe qui régit presque toutes les questions de maîtres à domestiques, c'est l'art. 1781 du Code civil, portant :

« *Le maître* en est cru sur son affirmation pour la quotité des gages, pour le paiement du salaire de l'année échue, et pour les à-comptes donnés pour l'année courante. »

☞ L'attribution faite aux juges de paix de la connaissance des engagemens de maîtres à domestiques s'étend-elle à ce point, que si la demande des gages renferme en outre celle du paiement d'un billet souscrit par le maître pour argent prêté ou toute autre cause étrangère à l'état de domestique, le juge de paix puisse en connaître? Cass., 22 frimaire an IX, J. sp. 4, p. 365; R. 184.

☞ Lorsqu'un domestique qui a reçu de l'argent de son maître pour acheter les provisions du ménage garde l'argent et prend à crédit chez les divers marchands les objets dont le maître a besoin, celui-ci est-il responsable vis-à-vis les fournisseurs qui ont eu confiance au domestique? Cass., 22 janvier 1812. J. sp.　　J. F.

Le juge de paix connaît enfin des actions pour injures verbales, dires et voies de fait pour lesquels les parties ne se seraient pas pourvues par la voie crim. (Même loi, 24 août).

☞ Les juges de paix sont compétens en pareil cas, à quelque somme que les dommages-intérêts s'élèvent; peu importe qu'ils ne puissent pas connaître de l'affaire comme juges de police, parce qu'elle excéderait leur ressort, par exemple comme dans le cas de calomnie. Cass., 21 décembre 1813. J. sp.

☞ Arrêt *id.* du 11 avril 1822 (J. sp., 4, p. 204; R. 104), qui juge que des injures proférées dans la rue contre un juge de paix doivent être regardées comme proférées dans un lieu public, et ont pu être punies de 100 fr. d'amende, par application de la loi du 17 mai 1819.

☞ Tant que le tribunal de simple police n'a pas statué au fond, le demandeur est le maître de convertir son action criminelle en action civile, et de la porter devant le même juge de paix. Cass., 21 nov. 1825. J. sp. 6, p. 287; R. 149.　J. F.

55. C'est la quotité de la somme demandée, et non pas la quotité de la somme adjugée, qui fixe la compétence du tribunal, soit en dernier ressort, soit à la charge de l'appel; ainsi:

1° La demande en paiement d'une somme de 90 fr. doit être jugée à la charge de l'appel, quand même le tribunal aurait adjugé une somme de 45 fr., ou toute autre au-dessous de 50 fr.

L'appel en ce cas a lieu, tant en faveur du demandeur qu'en faveur du défendeur, qui soutient devoir moins ou ne rien devoir. La loi attribue à la charge de l'appel la connaissance des causes dont l'objet est de 50 fr. à 100 fr. Le jugement du tribunal ne peut influer sur sa compétence une fois fixée par la demande originaire.

2° La demande en paiement d'une somme de 120 fr. n'est pas de la compétence de la justice de paix; le jugement par lequel il aurait condamné le défendeur à une somme au-dessous de 100 fr. ou de 50 fr. n'en serait pas moins incompétemment rendu.

☞ Le demandeur est maître d'augmenter et de diminuer ses conclusions, en un mot de les modifier jusqu'au jugement. C'est donc le dernier état de ces conclusions, au moment où le juge va statuer, qui fixe le ressort. Si le demandeur, après avoir cité en paiement de 99 fr., par exemple, restreint à l'audience ses conclusions à 50 fr., le jugement sera en dernier ressort. Cass., 9 mars 1825. J. sp. 6, p. 76; R. 41.      J. F.

56. *Quid* des demandes dont l'objet est d'une valeur indéterminée?

La demande ne fixant pas la somme demandée ne peut être portée au tribunal d'exception auquel la connaissance des affaires est attribuée seulement jusqu'à la concurrence d'une somme déterminée. Il n'est pas certain, lors de la demande, si son objet est dans la limite de la compétence; dans cette incertitude, elle doit être portée au tribunal ordinaire, dont l'attribution indéfinie ne laisse aucun doute sur la compétence. C'est par cette raison que, sous l'ancienne législation, les demandes dont l'objet était une somme indéterminée ne pouvaient être jugées présidialement.

Le même principe doit régler sous la législation actuelle la compétence des demandes dont l'objet est de valeur indéterminée. Il faut à cet égard distinguer si la compétence est limitée, tant en dernier ressort, qu'à la charge de l'appel; ou si elle est limitée seulement pour le dernier ressort. 1°. Dans les matières où la compétence de la justice de paix est limitée, tant en dernier ressort qu'à la charge de l'appel, la demande dont l'objet est indéterminé ( par exemple , la demande en paiement, suivant le règlement à faire, d'ouvrages de menuiserie contenus dans un mémoire ) doit être portée devant un tribunal de première instance : elle ne peut être de la compétence de la justice de paix. Le jugement qui interviendrait en ce tribunal serait nul, quand même il ne serait dû qu'une somme au-dessous de 100 francs ou au-dessous de 50 francs : quand même le prix des ouvrages serait réglé à une somme au-dessous de 100 francs ou au-dessous de 50 francs , ces circonstances particulières ne peuvent conférer la compétence que refuserait l'état de la demande.

Sous l'empire du Code de procédure, art. 453, les jugemens de justice de paix, quoique qualifiés en derniert ressort, sont susceptibles d'être attaqués par la voie de l'appel (*Arrêt de la cour de cassation du* 15 *décembre* 1821).

☞ Mauvaise citation. L'arrêt est du 31 et non du 15 décembre. Voyez le J., sp. 2, pag. 72; R. 33. Il est important, parce qu'il résout en outre une grave question de réintégrande.

J. F.

Le juge de paix ne doit juger à la charge d'appel les demandes en dommages-intérêts, inférieures à 50 francs, qu'autant que son jugement peut avoir effet sur le fond du droit de propriété, c'est-à-dire qu'autant que la propriété ou la possession annale a été formellement contestée par le défendeur, et qu'elle se trouve jugée par le jugement qui accorde des dommages-intérêts (*Arrêt de la cour de cassation du* 15 *décembre* 1824).

☞ Galimathias double, auquel personne ne peut rien comprendre, à commencer, 1°. par l'anonyme qui a copié cette question dans le recueil de M. Sircy ; 2°. par celui qui a posé la question dans le recueil dont il s'agit. Voyez au surplus cet arrêt J. sp., 5, p. 104; R. 54, et les observations que nous y avons jointes, et dont la substance est « qu'il est tout-à-fait fondé sur les circonstances particulières, bizarres et difficiles à rencontrer de nouveau; qu'il nous paraît du nombre de ceux qui ne doivent pas tirer à conséquence, qui ne font pas jurisprudence, et dont on peut dire : « bon pour celui qui l'a obtenu » : la question qui en résulte est à peu près celle-ci :

*Tome I.*

7

« Un possesseur troublé réclame des dédommagemens au-dessous de 5o fr. sans prendre de conclusions au possessoire. Le défendeur nie le trouble, et ajoute qu'au surplus il n'aurait fait qu'user de son droit, et il ne prend pas non plus de conclusions au possessoire. Le juge de paix peut-il statuer en dernier ressort sur un tel état de cause ?        J. F.

57. Dans les matières où la compétence de la justice de paix, à la charge de l'appel, est indéfinie quant à la quotité de la somme demandée, comme réparation locative et autres objets marqués en l'article 10 du titre 3 de la loi du 16-24 août 1790, la demande dont l'objet est une somme indéterminée doit être jugée dans tous les cas à la charge de l'appel, quand même il ne serait adjugé au demandeur qu'une somme de 5o fr.

58. En fait d'injures verbales, on serait porté à croire que la justice de paix ne saurait en connaître qu'à la charge de l'appel, parce que la réparation d'injures n'est pas appréciable à prix d'argent, ou au moins qu'elle ne peut en connaître sans appel, lorsque la personne injuriée a conclu pour réparation à une somme au-dessus de 5o fr.

Malgré ces considérations, la quotité de la somme adjugée suffit pour déterminer la compétence en dernier ressort. Le législateur a voulu que pareilles affaires fussent jugées, autant qu'il serait possible, par le tribunal paternel de la justice de paix : en conséquence, il suffit, pour affranchir de l'appel les jugemens rendus « par les justices de paix en cette matière, que les condamnations pécuniaires qu'ils contiennent n'excèdent pas 5o francs ». Ce principe est textuellement consacré dans le considérant d'un décret du 19 pluviôse an II ( à nous inconnu) qui a déclaré nul et non avenu un jugement du tribunal de cassation qui avait déclaré sujets à l'appel trois jugemens d'un juge de paix, rendus en matières d'injures verbales, et dont le prononcé ne s'élevait pas au-dessus de 5o fr.

59. La justice de paix ne peut connaître de l'inscription de faux incident à une contestation de sa compétence. Lorsqu'une partie déclare vouloir s'inscrire en faux, il lui en est donné acte ( *Cod. de proc. civ., art.* 14). Le juge de paix paraphe la pièce arguée de faux, et renvoie la cause devant les juges qui en doivent connaître (*Ibid.*); il ne pourrait pas la retenir, même en vertu du consentement des parties. L'incompétence à cet égard est absolue. En effet, il n'aurait aucune juridiction, au-

cun pouvoir, pour contraindre les dépositaires des pièces de comparaison à les rapporter, etc.

Il en est de même de la dénégation d'écriture. La justice de paix ne peut ordonner la vérification de l'écriture déniée. Il est donné acte de la dénégation; le juge paraphe la pièce dont l'écriture est déniée, et l'instance sur la dénégation est renvoyée devant le tribunal qui en doit connaître (*Ibid.*).

Dans ces deux cas, l'instance sur le fond reste suspendue, jusqu'à la décision de l'instance sur l'incident : la justice de paix ne peut connaître du principal qu'après le jugement sur l'incident.

6o. Les parties peuvent se présenter, sans citation, devant le juge de paix, et lui déclarer qu'elles demandent jugement (*Cod. de proc. civ., art.* 7).

En ce cas, il juge leur différent, soit en dernier ressort, si les lois où les parties l'y autorisent, soit à la charge de l'appel (*Ibid.*).

L'art. disant, *les lois ou les parties,* il en résulte que les parties qui comparaissent devant le juge de paix, sans citation, comme ici, ou même avec citation préalable, peuvent renoncer devant lui à la faculté d'appeler de son jugement.

Par la soumission volontaire des parties, le juge de paix devient juge compétent, encore qu'il ne soit leur juge naturel, soit à raison du domicile, soit à raison de la situation de l'objet litigieux (*Ibid.*).

61. La déclaration des parties qui demandent jugement doit être signée par elles (*Ibid.*).—A défaut de signature, mention sera faite qu'elles n'ont pu signer (*Ibid.*).

Pareille déclaration peut-elle rendre le juge de paix compétent pour connaître des matières qui ne sont pas de la compétence générale de la justice de paix, telles que les causes mobilières et personnelles au-dessus de cent francs, les actions qui concernent la propriété des immeubles ?

La loi ne lui donne pas cet effet : elle ne peut le produire. Au silence de la loi se joint son intention manifeste de ne pas augmenter la compétence générale du juge de paix, dont, malgré la soumission volontaire des parties, elle soumet la décision à l'appel (*Ibid.*), conformément aux règles ordinaires.

Si les parties consentent à ce que le juge de paix termine un différent qui n'est pas de sa compétence générale, alors il ne le décide pas comme juge de paix, mais comme particulier. C'est un arbitrage ordinaire qui suivra toutes les règles du compromis. Le juge de paix devant lequel les parties comparaissent pour se concilier peut être choisi par elles *arbitre* de leur différent (*Arrêt de la cour de Colmar, du* 21 *décembre* 1815). J. sp., 9, 262 ; R. 138.

Ainsi les parties peuvent amplier, c'est à-dire augmenter par leur consentement la compétence du juge de paix, et se soumettre à sa juridiction pour des objets et des sommes qui, sans cela, ne seraient pas de son ressort.

C'est ainsi que, par arrêt du 5 mars 1807, la cour de cassation a jugé qu'un juge de paix avait pu prononcer du consentement des parties sur un droit de parcours.

Il y en a un autre de la même cour, du 21 germinal an X.

La cour de Rouen a jugé la même chose, le 18 janvier 1806. Autre arrêt de la cour de cassation, du 10 janvier 1809. J. sp., 4, 158 ; R. 80. Il y a un autre arrêt de la cour de Paris, rendu en 1810. Ainsi la jurisprudence est fixée sur ce point d'une manière irrévocable, et la maxime est constante. Les parties peuvent proroger *ad libitum* la juridiction du juge de paix, dans tous les cas où elle n'est pas restreinte.

☞ Nouveau galimathias, dont la cause est que ce malheureux manuel est formé de lambeaux mal cousus et rattachés, comme on l'a pu, au premier travail de l'auteur. On lui fait dire, dans les lignes qui précèdent notre présente note, précisément le contraire de ce qu'il a dit quelques lignes plus haut ; ce qui fait que l'article entier est inintelligible.

☞ Nous avons consacré nous-même trente-cinq pages du tom. IV de notre Journal, p. 129 et 569 ; R. 66 et 187, à traiter, avec tout le soin qu'il nous a été possible d'y mettre, cette matière tout-à-fait neuve de la prorogation de compétence des juges de paix, par l'effet de la volonté des parties, et de l'art. 7 du Code de procédure. Nous y renvoyons le lecteur, ainsi qu'au résumé que nous avons fait de cette discussion, pag. 44 ci-dessus. Nous ajouterons toutefois ici qu'il dépend des parties d'autoriser un juge de paix à prononcer en dernier ressort, et *sans recours en cassation*, non seulement sur les demandes personnelles et mobilières, quelle qu'en soit la valeur, mais encore sur toutes autres matières de valeur indéterminée, dont les juges de paix ne connaissent qu'à charge d'appel, telles que les actions possessoires, réparations locatives, injures verbales, dommages aux champs.

☞ Ainsi la volonté des parties peut étendre indéfiniment la juridiction des juges de paix, tant sous le rapport du *degré* que sous celui de la *valeur*, dans toutes les matières sur lesquelles la loi leur accorde un *principe ou commencement de compétence*. Car on ne proroge, on n'étend que ce qui existe déjà. *Prius est esse quàm prorogari.*

☞ Il est bien entendu qu'il ne s'agit ici que du point de savoir jusqu'où peut s'étendre la juridiction d'un juge de paix en tant que *juge;* et en vertu de l'art. 7 du Code de procédure : car, en tant qu'*arbitre*, il est universellement reconnu : 1° qu'un juge de paix, comme tout autre magistrat, peut être nommé *arbitre ;* 2° qu'en cette qualité, il peut prononcer sur toute espèce de différens, de valeurs et de matières, soit en premier, soit en dernier ressort, si le compromis passé entre les deux parties l'y autorise, sous la seule condition que ces parties soient maîtresses de leurs droits, et que le compromis ait lieu sur des matières placées dans le commerce. Dans tous les cas de ce genre, il y a *arbitrage*, et nullement prorogation de juridiction, seul objet qu'il s'agisse d'examiner en ce moment.

☞ Pour que cette prorogation devienne véritablement utile, il faut que le juge de paix soit autorisé à juger non seulement en dernier ressort, mais même sans recours en cassation. C'est ce qu'on ne manque jamais de proposer aux parties à Paris; il y a même des modèles tout dressés et imprimés à cet effet qu'on leur donne à signer lorsqu'elles viennent prier un juge qu'elles estiment de statuer sur leurs différens. MM. les juges de paix des départemens ne doivent point, à notre avis, hésiter à adopter, autant que possible, cette sage mesure, et à employer toute leur influence sur les justiciables, pour les porter, puisqu'ils ont confiance en eux, à leur conférer, dans toute son étendue, le pouvoir que l'art. 7 du Code de procédure permet de leur accorder ; c'est le vrai moyen de tarir le procès dans sa source.

☞ Le consentement des parties doit être constaté par leur signature ou par la mention qu'elles n'ont pu, su ou voulu signer.

☞ Toutefois, nous l'avons déjà dit, beaucoup de cas peuvent se présenter où ce consentement est tacite et résulte des circonstances. Il n'en est pas moins bon et valable.    **J. F.**

☛ Les aveux et conventions des parties, faits à l'audience et constatés par le juge de paix qui leur en donne acte, n'ont pas besoin de la signature de ces mêmes parties ou de leurs fondés de pouvoir pour avoir la force d'un contrat judiciaire. Cass. , 3 octobre 1808. J. sp. 4, pag. 297; R. 150. Observ. de l'édit. id. , pag. 300; R. 150.

☛ Lorsqu'un juge de paix est compétent, à raison de la demande principale, et que le défendeur oppose une exception reconventionnelle qui, réunie à la demande originaire, excède 50 francs, le juge doit ou se déclarer incompétent ou ne statuer qu'à la charge de l'appel. Cass. , 4 fév. 1824. J. sp. 4, page 180; R. 91.       **J. F.**

62. La décision du juge de paix, rendue sans citation préalable, est un jugement. Il doit en être fait minute, laquelle sera placée avec les autres au greffe.

Il doit aussi être fait minute de la déclaration préalable des parties qu'elles demandent jugement; le juge de paix la fait signer aux parties ou reçoit leur déclaration qu'elles ne savent signer; il la signe lui-même. C'est cet acte qui établit son droit de juger sans citation.

Ces deux actes ne peuvent être dressés par le juge de paix seul, sans être assisté de son greffier.

Le même article place dans l'exception les requêtes auxquelles, dans la justice de paix, répond la cédule.

63. Dans les matières de peu de conséquence, il arrive fréquemment qu'on ne rédige ni la déclaration, ni le jugement. Les parties exécutent de bonne foi, et souvent sur-le-champ, la décision verbale. Il n'y a pas d'inconvénient dans cette marche, qui ménage le temps précieux des juges de paix, très occupés, surtout dans les villes.

Si l'une des parties requiert la rédaction par écrit, le juge de paix ne doit pas s'y refuser.

En matière sujette à l'appel, la rédaction par écrit est indispensable, quoique le jugement soit exécuté sur-le-champ.

64. La déclaration faite par les parties au juge de paix, qu'elles lui demandent jugement sans citation préalable, a, comme on vient de le voir, à certains égards, l'effet du com-

promis. Elle ne peut régulièrement se faire que par ceux qui sont entièrement maîtres de leurs droits.

Les mineurs, les hospices, les tuteurs, les administrateurs des biens d'autrui, qui ne peuvent compromettre, ne peuvent passer pareille déclaration. Il faut, à leur égard, citation préalable, et ils ne peuvent pas proroger la juridiction.

Néanmoins, lorsque le jugement rendu sur une pareille déclaration est d'ailleurs conforme à tous égards aux règles de l'ordre judiciaire, le tuteur et l'administrateur seraient non recevables à s'en plaindre, parce que le défaut de citation n'a apporté aucun changement aux droits de ceux dont ils défendent les intérêts.

65. Il en est de la justice de paix comme de tous les autres tribunaux. Elle ne peut connaître en aucune manière des matières administratives, et ce, quand même la modicité de la somme paraîtrait lui en attribuer la connaissance.

## § II.

*Des attributions faites à la justice de paix depuis son origine.*

66. Outre les attributions primordiales du juge de paix, il en est d'autres qui lui ont été successivement faites.

L'art. 10 du titre 2 de la loi du 14-25 mai 1791 autorise le propriétaire d'un brevet d'invention, troublé dans l'exercice de son droit privatif, à se pourvoir devant le juge de paix, pour faire condamner le contrefacteur aux peines prononcées par la loi.

Levasseur ne consacre que ce peu de lignes à la juridiction attribuée aux juges de paix sur les brevets d'invention. C'est pourtant une matière assez importante et usuelle dans les grandes villes; les perfectionnemens de l'industrie, ou si l'on veut de la soif du gain, parvenue à son dernier période, ont donné de l'intérêt et de la fréquence à ce genre d'affaires. Le public, généralement parlant, est dupe de cette pluie de brevets qui tombe sur lui : ce bon public ignore en effet que le gouvernement, en délivrant le brevet, ne garantit (ce sont les termes de la loi du 5 vendémiaire an IX) *ni la priorité, ni le mérite, ni le succès* de la prétendue invention; le gouvernement, de son côté, délivre de ces patentes tout autant qu'on lui en demande, et pour les choses les plus futiles comme les plus absurdes;

pour un secret de prendre des puces , comme pour un moyen de traverser l'air en volant, ainsi que les oiseaux. Il s'en montre d'autant plus prodigue, que d'abord, comme on l'a vu, il ne garantit rien ; qu'ensuite cela lui rapporte beaucoup d'argent : car il faut payer pour avoir un brevet.

☞ Les prétendues contrefaçons de ces prétendues inventions ( car tels sont la plupart des procès de ce genre ) donnent lieu à un très grand nombre des questions nées de l'obscurité des lois organiques de la matière , en date des 7 janvier et 25 mai 1791 , lesquelles , comme toutes celles de cette époque , sont d'un laconisme outré , mais outré avec bonne intention : car on se figurait que les procès en deviendraient plus rares.

Nous avons traité un grand nombre de ces questions. J. sp. Tom. 6 , depuis la pag. 152 jusqu'à la pag. 180; R. 80.

Nous avons prouvé surtout , contre l'opinion de quelques écrivains , *qu'en aucun cas les juges de paix ne sont compétens pour prononcer la déchéance d'un brevet d'invention.* En aucun cas, c'est-à-dire , ni par suite d'une action directe et principale , ni par voie d'exception contre une plainte en contrefaçon.

Une plainte de ce genre a tous les caractères d'une action possessoire : si le défendeur prouve que la possession du bréveté est entachée de quelqu'un des vices qui empêchent la possession d'être valable , il pourra conclure non à la déchéance , ce qui est la question de propriété , laquelle est placée hors de la compétence du juge du possessoire , mais à ce que le porteur du brevet soit déclaré non recevable dans sa plainte en contrefaçon , attendu que son brevet , par exemple , a été surpris , que le procédé était connu auparavant , et autres motifs qui font que la possession en a été subreptice et clandestine , et le juge de paix devra lui adjuger ses conclusions par les mêmes motifs.

☞ Si ce magistrat va plus loin , s'il prononce la déchéance , il statue sur la question de propriété et commet un excès de pouvoir ; il cumule le possessoire avec le pétitoire ; il usurpe les droits des tribunaux qui ont la plénitude de juridiction , c'est-à-dire des tribunaux d'arrondissemens , et il rend un jugement qui mérite d'être annulé par ces tribunaux pour cause d'incompétence absolue.

☞ Le fabricant , poursuivi pour avoir mis en usage le procédé garanti au porteur d'un brevet, peut être autorisé par le juge de paix à prouver par témoins que le procédé était connu et pratiqué par d'autres avant la délivrance du brevet. Il n'est pas nécessaire qu'il fasse ou offre cette preuve par lui-même. Cass., 19 mai 1821. J. sp. 1, pag. 209; R. 103.

A quels caractères peut-on distinguer les contrefaçons d'avec les perfectionnemens apportés à l'invention pour laquelle il a été accordé un brevet? Id., cass., 22 frimaire an X, J. sp. — Id., 2 mai 1822. J. sp. 3, pag. 57; R. 27.

Sur quels objets peut porter la saisie provoquée par le breveté. Id., 31 décembre 1822. J. sp. 3, pag. 129; R. 62.

C'est aux tribunaux et non à l'administration qu'il appartient de statuer sur les demandes en déchéance des brevets accordés par cette même administration. Cass., 21 avril 1824. J. sp. 6, pag. 245; R. 127.

A quels caractères peut-on distinguer dans les instances en contrefaçon les jugemens interlocutoires d'avec les préparatoires? id., id.

Le porteur d'un brevet encourt-il la déchéance de son droit exclusif pour en avoir laissé partager à d'autres la jouissance pendant plusieurs années? id., 28 nivôse an XI. J. sp.

La preuve par témoins d'une possession antérieure au brevet, offerte pour repousser une demande en contrefaçon, est admissible; id., 9 messidor an XI, et 20 décembre 1808; R. 10. J. sp. 209; R. 103.

L'obtention du brevet devient inutile et sans effet si l'invention est devenue publique auparavant par le fait de l'inventeur lui-même; id., 10 février 1810. J. sp.

En cette matière, les preuves admissibles varient, selon qu'il s'agit de déchéance ou de contrefaçon.

S'il s'agit de déchéance contre le breveté (action qui est toujours hors de la compétence du juge de paix), il faut faire preuve contre lui par ouvrages imprimés et publiés.

Si c'est le breveté qui poursuit en contrefaçon, le défendeur peut établir, par témoins, qu'antérieurement au brevet il avait la possession ou l'usage du procédé prétendu inventé; id., 30 août 1810. J. sp.

En matière de contrefaçon, les tribunaux de paix peuvent ordonner, non seulement la confiscation, mais encore l'impression et l'affiche de leurs jugemens; id., 31 décembre 1822. J. sp., 5, pag. 129; R. 62.

☞ Ceux qui désireront plus de détails sur cette matière peu connue peuvent consulter le curieux et instructif traité de M. Renouard, avocat à la cour royale de Paris, et devenu au moment où nous écrivons secrétaire-général du ministère de la justice et conseiller d'état.  J. F.

Une autre attribution est faite aux juges de paix, par la loi du 13 août 1791, sur la police de la navigation et les ports de commerce. Dans tous les cantons où n'est pas situé le tribunal de commerce, les juges de paix connaissent, 1° *sans appel*, des demandes de salaires d'ouvriers et gens de mer; 2° de la remise des marchandises et de l'exécution des actes de voiture et autres objets de commerce, *pourvu que la demande n'excède pas leur compétence.*

En matière de douanes, le juge de paix connaît, 1° de la saisie des marchandises pour contravention (*Loi du 4 germinal an II, titre VI, art.* 12) : il en connaît (*Ibid., art.* 16), à la charge de l'appel au tribunal supérieur, qui est maintenant le tribunal civil de première instance.

2° Pareillement à la charge de l'appel, du refus de payer les droits (*Loi du 14 fructidor an III, art.* 10); du non-rapport des acquits à caution, et des affaires relatives aux douanes (*Ib.*).

Voyez, dans le recueil chronologique, la loi du 9 floréal an VII, dont le titre IV renferme plusieurs dispositions sur la législation des douanes, et une lettre du ministre de la justice, du 11 floréal an IV.

En matière de douanes, les marchandises saisies doivent être déposées dans le bureau le plus voisin, à moins d'empêchement. Le dépôt fait à un autre bureau, sans motif valable, ne donne point juridiction au juge de paix dans le ressort duquel il est placé, pour prononcer sur la validité de la saisie (*Arrêt de rejet de la cour de cassation, du 3 décembre* 1817). J. sp.

☞ Il y a une foule d'autres choses à dire sur les douanes : le plan de ce Manuel ne permettant pas de tout énoncer, nous nous bornerons à quelques observations.

1° Depuis les lois citées par M. Levasseur, il en est intervenu sur les douanes plusieurs qu'on trouvera, en leur ordre, dans la deuxième partie de ce Manuel. La plus notable est celle du 17 décembre 1814.

☞ 2° Une contravention, en général, est ce qui est fait au mépris d'une loi. Dans notre droit français, c'est l'infraction aux lois de simple police; en fait de douanes, c'est l'infraction aux lois sur l'entrée, la sortie ou la circulation des marchandises, quand cette infraction est indiquée par ces lois mêmes, comme ne devant donner lieu qu'à des *réparations civiles*.

☞ Ces derniers mots font déjà connaître la différence qui existe entre une contravention de douane et une contravention ordinaire. Celle-ci donne ouverture à des *peines*, et l'action pour l'application de ces peines n'appartient qu'aux fonctionnaires publics, auxquels elle est confiée par la loi. Cette action est exercée dans l'intérêt de l'ordre public.

☞ En douane, au contraire, une simple contravention ne donne pas lieu à des *peines*, mais à une réparation civile du dommage causé à l'état. La cour de cassation a décidé plusieurs fois, et notamment dans ses deux arrêts des 6 juin 1811, et 8 octobre 1812, que l'amende, en matière de douane, n'était pas une peine proprement dite, mais une réparation civile. L'action qui naît de cette contravention est tout-à-fait étrangère au ministère public; elle appartient exclusivement à l'administration qui exerce en son nom et à son profit : c'est une action civile.

☞ Les contraventions ordinaires se prouvent, soit par des procès-verbaux, soit par des témoins (Code d'instruction criminelle, art. 154). Celles de douanes ne peuvent s'établir que par des procès-verbaux rédigés et affirmés dans les formes tracées par le titre IV de la loi du 9 floréal an VII; et il y a cela de remarquable que, si le procès-verbal est nul, l'action est éteinte : de sorte qu'il est vrai de dire qu'en matière de contraventions aux lois de douanes l'action repose moins sur le fait même que sur l'acte régulier qui le constate. Cependant on verra, plus bas, que cette nullité du procès-verbal, dans certains cas, en éteignant l'action personnelle, n'éteint point l'action réelle.

☞ Les procès-verbaux rédigés par les officiers de police ayant reçu par la loi le pouvoir de constater les contraventions jusqu'à inscription de faux, font foi en justice des faits qu'ils constatent, tant qu'ils ne sont pas impugnés par l'inscription de faux. Il en est de même de ceux faits par les préposés aux douanes, pour établir une contravention particulière à leur service (même titre IV de la loi du 9 floréal an VII ; art. 11). Mais les premiers peuvent n'être rédigés que par un seul officier public, tandis que les autres doivent l'être au moins par deux employés (même titre, même loi, art. 1). Par arrêt du 4 juillet 1812, la Cour de cassation a décidé que, si le fait établi dans un procès-verbal n'était attesté que par un seul des verbalisans, ce procès-verbal n'avait plus foi en justice jusqu'à inscription de faux, et que la preuve testimoniale était admise contre la circonstance y relatée.

☞ Deux citoyens français peuvent aussi constater une contravention aux lois de douanes (Loi du 9 floréal an VII, art. 1, titre IV) ; mais, alors, leur rapport ne fait pas foi en justice jusqu'à inscription de faux : la preuve testimoniale peut être invoquée, soit contre les faits qu'il contient, soit à leur appui.

☞ On a dit que l'action née d'une simple contravention appartenait à l'administration. Pour exercer ce droit, elle *cite* le prévenu, à sa requête, devant le tribunal *compétent*.

☞ La citation doit être donnée par le procès-verbal., à peine de nullité (Loi du 9 floréal an VII, art. 1, titre II) ; et ce mode, comme on voit, est encore une exception aux règles générales de la procédure.

☞ Les tribunaux compétens pour connaître de presque toutes les contraventions de douanes sont, en première instance, les tribunaux de paix, et sur appel, les tribunaux civils d'arrondissement (Lois du 14 fructidor an III, art. 6 et 10, et du 17 décembre 1824, art. 16) ; d'où résulte encore la preuve que l'action exercée est une action purement civile. Cette compétence pour les affaires de douanes est déterminée, non pas *à raison de la personne*, mais *à raison de la matière*, et encore avec une exception, en certains cas, au principe relatif à cette dernière nature de compétence. En effet, on ne cite pas le prévenu devant le juge de son domicile, on ne saisit même pas toujours le tribunal dans le ressort duquel le fait a été commis ; c'est le juge de paix dans l'arrondissement duquel se trouve le bureau de douane où la marchandise est déposée qui peut seul statuer sur la contravention (Lois du 17 déc. 1814, art. 16, et du 27 mars 1817, art. 14 et 15).

☞ Il y a des contraventions simples, puisqu'elles n'entraînent pas de peines corporelles, et qui, cependant, sont portées devant les tribunaux correctionnels : telles sont les saisies de grains à l'exportation, quand ces mêmes grains sont prohibés (Loi du 2 ventôse an V) ; telles sont aussi les saisies de tissus exercées dans l'intérieur du royaume, en vertu du titre VI de la loi du 28 avril 1816. Dans ces sortes d'affaires, bien que l'action soit propre à l'administration, elle est néanmoins exercée, à son profit, par le ministère public (même loi, art. 65 et 66).

☞ D'après les règles ordinaires de la procédure tant civile que criminelle, les citations sont faites à personne ou à domicile, et en cas d'absence ou de domicile inconnu, suivant les formes tracées par les art. 69 et suivans du Code de procédure. En matière de contraventions aux lois de douanes, la citation, c'est-à-dire la copie du procès-verbal qui la contient, est remise au prévenu, s'il est présent à la rédaction du rapport, et qu'il veuille la recevoir. Mais, s'il est absent, et quel que soit son domicile, elle est affichée à la porte du bureau du receveur dépositaire des marchandises (Loi du 9 floréal an VII, art. 6, tit. IV); et il a été décidé par la cour de cassation, dans son arrêt du 13 prairial an IX, que l'apposition de cette affiche n'avait pas besoin d'être constatée par un acte séparé.

☞ Le moindre délai d'une citation, en matière ordinaire, est un jour franc entre celui où elle est donnée et celui indiqué pour la comparution (Code de procédure, art. 5, et Code d'instruction criminelle, art. 146). En matière de douane, la citation est à comparaître dans les vingt-quatre heures. Un arrêt de la cour suprême, en date du 3 juin 1806, a même reconnu que cette citation ne devait pas être considérée comme nulle, si le délai pour se présenter devant le juge était abrégé de quelques heures. La cour s'est appuyée sur les termes textuels de l'article 6, déjà cité, de la loi du 9 floréal an VII, lequel ne dit pas que la citation sera donnée à *24 heures*, mais à comparaître dans les *24 heures*.

☞ A la première audience, ou au plus tard dans *les trois jours suivans*, le jugement doit être rendu (Loi du 9 floréal an VII, art. 13, titre IV). Si, cependant, ce délai de trois jours était outre-passé, l'action de l'administration ne serait pas éteinte. La cour de cassation l'a formellement reconnu par l'arrêt du 5 mars 1810, lequel est ainsi conçu :

« Attendu que l'art. 15, titre IV de la loi du 9 floréal an VII, n'a évidemment pour objet que d'assurer une plus prompte expédition des affaires de douanes ; que l'obligation qu'il impose est personnelle aux juges, et établie dans l'intérêt de l'administration ; qu'il ne peut donc être interprété à son préjudice, lorsque le jugement n'a pas été rendu dans le délai indiqué ; — que, d'ailleurs, la loi ne portant pas que, ce délai passé, l'action demeure éteinte, le juge de paix et les juges d'appel ont fait une fausse application de la loi, et commis un excès de pouvoir, en prononçant une extinction d'action qui n'est établie ni autorisée par la loi : — la cour de cassation, etc. »

Il résulte bien clairement de cet arrêt que l'action de l'administration n'est pas éteinte par cela seulement que le délai dont il s'agit est outre-passé avant que le jugement soit rendu ; mais nous pensons que, si le retard provenait de l'administration, qui ne se serait pas présentée au jour indiqué, à l'effet de prendre jugement, l'audience ne pourrait être ressaisie que par une nouvelle citation, donnée à un délai d'un jour franc ; et cette opinion paraît aussi être celle de la cour de cassation, d'après les dispositions d'un autre arrêt qu'elle a rendu, le 3 prairial an XI. J. sp.

Quant aux condamnations qu'entraîne une contravention aux lois de douanes, elles sont, en général, la confiscation des marchandises, ainsi que celle des voitures, chevaux ou bâtimens servant au transport, quand ces mêmes marchandises sont prohibées, et une amende plus ou moins forte, selon les cas déterminés par la loi. Elles participent aussi de la nature exceptionnelle de la contravention elle-même : car on voit que les juges de paix, en vertu de cette attribution spéciale qui leur est donnée en matière de douanes, peuvent prononcer des condamnations beaucoup plus fortes qu'en matière civile et en matière de police. Par exemple, lorsqu'on saisit, à bord d'un navire, des marchandises prohibées, dont l'introduction était tentée dans un port ouvert au commerce, le juge de paix compétent pour connaître de cette affaire, quelle que soit la valeur de ces marchandises, prononce leur confiscation, ainsi que celle du bâtiment, quelle que soit aussi sa valeur, et ce, indépendamment de l'amende de cinq cents francs.

Nous avons dit que, dans certains cas, la nullité du procès-verbal ne détruisait pas entièrement l'action. Cette action, en effet, se subdivise en personnelle et en réelle; la première s'exerce sur la personne qu'on fait condamner à l'amende; la seconde, sur la chose, c'est-à-dire sur l'objet saisi dont on poursuit la confiscation. Or, d'après le vœu du décret du 15 août 1793, et de l'art. 23, du titre X, de la loi du 22 août 1791, quand la marchandise est prohibée, elle doit toujours être confisquée, bien que le procès-verbal soit nul, mais alors sans amende. Si la marchandise n'est pas prohibée, la nullité du procès-verbal entraîne la nullité de la saisie; de sorte que, dans cette dernière hypothèse, cette nullité du procès-verbal éteint toute l'action, et que dans l'autre elle n'éteint, comme on l'a déjà dit, que l'action personnelle, et non l'action réelle.

 Quand le jugement est intervenu, il faut, pour qu'il acquière force de chose jugée et devienne exécutoire, qu'il soit signifié, comme tout autre jugement rendu en matière civile. Mais par une disposition exceptionnelle de la loi du 14 fructidor an III, art. 2, cette signification n'est faite à la partie, à son domicile, que si elle en a un réel ou élu dans le lieu de l'établissement du bureau où l'objet saisi est déposé; sinon à celui du maire de la commune où est situé ce même bureau. Ce point de procédure, spécial aux domaines, est tellement constant, que la cour de cassation a jugé, le 28 octobre 1811, que la signification d'un jugement du tribunal de paix, fait au domicile du maire de la commune où était établi le bureau, faisait légalement courir le délai de l'appel, quoique le prévenu eût un domicile élu dans la commune même où résidait le juge de paix qui avait rendu la sentence.

 Ce délai d'appel est de huit jours, et l'acte de déclaration d'appel doit contenir assignation à trois jours, devant le tribunal civil dans le ressort duquel se trouve le tribunal de paix, d'où émane le jugement (Loi du 14 fructdor an III, art. 6). Ces trois jours doivent être trois jours *francs*, sinon l'assignation est nulle (Arrêt de la cour de cassation du 13 thermidor an IX), et la nullité de l'assignation sur appel entraîne celle de l'acte d'appel (Autre arrêt de la même cour, du 26 brumaire an VIII). Ce principe de procédure générale, qu'on ne peut interjeter appel d'un premier jugement *par défaut* rendu par un tribunal de paix, pendant le délai de l'opposition, s'applique également en matière de douanes.

 La procédure sur appel devant le tribunal civil est la

même qu'en matière ordinaire, sauf que l'administration, en produisant un mémoire, est dispensée de se servir du ministère d'un avoué. Cela résulte de la loi du 4 germinal an II, spéciale aux douanes, et dont l'art. 17 du titre VI porte qu'en première instance et sur appel l'instruction sera verbale et sans frais. La cour de cassation l'a ainsi jugé le 1er germinal an X.

☞ Les jugemens sur appel se signifient dans la même forme, indiquée plus haut, que ceux du juge de paix. La loi du 14 fructidor an III ne fait pas de distinction; elle dit : «tous jugemens rendus sur une saisie seront signifiés, etc. »

☞ Enfin, en matières de douanes, les jugemens sont exécutoires *par corps;* et cette disposition s'applique même aux cautions sous la garantie desquelles on aurait remis provisoirement un objet saisi dont la confiscation serait ensuite prononcée (Loi du 22 août 1791, art. 16, tit. XII, et la loi du 4 germinal an II, art. 14, tit. VI).

☞ L'existence du fait matériel de la contravention suffit pour obliger le juge de paix d'y appliquer la peine. La régie peut seule la modérer ou la remettre. Cass., 6 sept. 1821. J. sp. 2, pag. 42; R. 19.

☞ Voyez sur les douanes d'autres arrêts des 23 janvier 1821. J. sp. 1, 216; R. 107.—19 Juillet 1821. Id., 2, 37; R. 17.— 8 Juillet 1822, Id., 2, 276; R. 132. —30 Juillet 1822, id. 3, 97; R. 46. — 16 Juin 1823, id., 4, 43; R. 21. — 2 Octobre 1824, id., 5, 194; R. 100, avec observations de l'éd. — 2 Mai 1826, id. 6, 259; R. 134.   J. F.

68. Le décret du 1er octobre 1793 attribuait à la justice de paix (art. 45) la connaissance provisoire des contestations qui pourraient survenir, relativement aux ventes des prises. Si les parties ne déféraient pas au jugement, elles devaient (ibid.) nommer les arbitres. Depuis est survenue la loi du 9 ventôse an IV, qui a aboli les arbitrages forcés.

La matière des prises a un rapport particulier au gouvernement : aussi lui a-t-elle été dévolue en entier par la loi du 26 ventôse an VIII, qui a ôté aux tribunaux la connaissance des contestations relatives aux prises maritimes. Ainsi les juges de paix ont perdu l'attribution que leur avaient donnée à cet égard les lois précédentes. Mal-à-propos voudrait-on objecter que la loi du 26 ventôse révoque la compétence des tribunaux pour les contestations relatives *à la validité* des prises seulement, et non pas pour les contestations relatives *à la vente* des marchandises prises, attribuées au juge de paix ; d'où l'on conclurait que sa compétence n'est pas révoquée.

Ce subterfuge ne peut tenir contre l'intention manifeste du législateur, de rendre cette matière purement administrative ; en conséquence, c'est le cas de laisser à l'administration le pouvoir de décider, sans aucune exception, de toutes les contestations relatives aux prises.

69. Suivant la loi du 6 frimaire an IV, les citoyens , exerçant sans patentes les professions qui y sont sujettes , étaient poursuivis en première instance devant les juges de paix (*art.* 17 ), sauf l'appel ( *ibid*). Cette loi a été abrogée par celle du 1er. brumaire an VII, art. 1er. Suivant cette dernière loi , les citoyens, connus pour exercer des professions sujettes à patentes , sont compris dans un rôle et taxés d'office : ceux qui croient avoir des réclamations à faire se pourvoient ( *ibid.*, *art.* 23) par voie administrative.

70. La justice de paix connaissait en première instance des oppositions aux mariages (loi du 20 septembre 1792 , titre IV, sect. 3, art. 7 ) sauf l'appel au tribunal supérieur.

Maintenant c'est le tribunal de première instance qui connaît , sauf l'appel, de la demande en main-levée de l'opposition faite à un mariage ( Code civil, art. 177 ).

71. La loi du 27 vendémiaire an VII a ordonné , art. Ier., qu'il serait perçu, au profit de la commune de Paris, un octroi de bienfaisance spécialement destiné à ses dépenses locales, et de préférence à celles des hospices et secours à domicile. Des lois subséquentes ont accordé à plusieurs communes de pareils octrois destinés aux mêmes objets.

Le mode suivant lequel doivent être jugées les contestations relatives à ces droits a été réglé d'une manière uniforme par la loi du 2 vendémiaire an VIII.

Les contestations *civiles* qui peuvent s'élever sur l'application du tarif ou sur la quotité des droits doivent être portées « devant le juge de paix de l'arrondissement, à quelque somme que le droit contesté puisse s'élever, pour être par lui jugées sommairement et sans frais , soit en dernier ressort , soit à la charge de l'appel , suivant la quotité de la somme » (art. 1er). Mais les amendes encourues sont prononcées par le tribunal de simple police ou de police correctionnelle , suivant la quotité de la somme ( art. 2 ).

La loi distingue les contestations civiles et les contestations pour amendes encourues. Les premières , relatives à l'application du tarif à la quotité des droits , doivent être portées devant le juge de paix , tenant le tribunal de la justice de paix. Il en connaît en dernier ressort ou à la charge de l'appel , suivant la quotité de la somme , c'est-à-dire en dernier ressort , lorsqu'il s'agit d'un objet de 5o francs et au-dessous , et à la charge de l'appel , l'orsqu'il s'agit d'un objet de 51 francs. Elles ne doivent pas être portées devant lui comme tenant le tribunal de police, ainsi que le décidaient les différentes lois intervenues sur cette matière , dont les dispositions se trouvent abrogées.

Lorsqu'il y a lieu à contestation sur l'application du tarif ou la quotité du droit, le porteur ou conducteur d'objets compris dans le tarif est tenu de consigner entre les mains du receveur le droit exigé ( art. 3 ).

Il ne peut être entendu qu'en rapportant au juge qui doit en connaître la quittance de la consignation ( *Ibid.* ).

☞ Il est facile de voir que cet article sur les octrois est écrit il y a quinze ou vingt ans, sans quoi l'on y aurait fait mention des règlemens et lois postérieures à celle du 2 vendémiaire an VIII, qui sont celles des 19, 27 frimaire, 5 ventôse même année; un arrêté du 13 thermidor an VIII, un décret en 169 articles du 17 mai 1809, et une ordonnance du 9 décembre 1814 en 106 articles.

☞ Il faut ajouter une circulaire très importante du ministre de la justice, du 14 germinal an X, J. sp., 6, pag. 141; R. 74.

☞ Au reste nous avons consacré un long article à ces matières; tom. 6 de notre journal, pag. 125 et suiv.; R. 66. On y trouvera un résumé de l'état actuel de la législation et de la jurisprudence sur le fait des octrois, en ce qui concerne les justices de paix. Nous y renvoyons le lecteur.

Il en résulte 1°. que les juges de paix sont juges exclusifs et sauf l'appel de toutes les contestations civiles relatives à l'application des tarifs et à la quotité du droit, à quelque somme que la demande puisse s'élever. La loi a dérogé, pour cette attribution spéciale qu'elle leur accorde, au principe général qui limite leur compétence en matière civile et personnelle à la somme de 100 francs. Mais cette étendue d'attribution est presqu'une illusion pour les justiciables qui n'y ont presque jamais recours, et cela par la raison tranchante, qu'obligés de *consigner* d'avance les droits contestés, ils n'ont guère plus d'intérêt de recourir à la justice et de risquer les chances et les *frais* d'un procès douteux, pour obtenir une modique réduction de taxe. Aussi trouve-t-on dans les annales de la jurisprudence très peu d'arrêts sur les octrois en fait de contestations civiles.

On verra, en second lieu, qu'en fait de fraude, de contraventions, de saisies et d'amendes, ce qui est le cas le plus ordinaire des contestations sur le fait des octrois, les juges de paix sont encore compétens comme tenant le tribunal de simple police, mais seulement lorsque l'amende à prononcer n'excède pas 15 fr. Ils doivent renvoyer l'affaire au tribunal de police correctionnelle dès que l'amende est au-dessus de 15 fr.

Quelle est cette amende et à quel taux se monte-t-elle?

Elle est égale *à la valeur de l'objet soumis aux droits* et qu'on aurait tenté d'y soustraire; telle est la règle sur laquelle tous les tribunaux de simple police doivent modeler leurs jugemens. Si l'estimation donne à l'objet une valeur au-dessus de 15 francs, ils doivent se déclarer incompétens sans hésiter. Mais ces affaires doivent être rares, car cette amende est tellement exorbitante, que les porteurs ou conducteurs d'objets soumis à l'octroi doivent presque toujours préférer faire l'abandon de ces objets lorsqu'ils ont été saisis : c'est plus court et plus sûr que de s'exposer à en payer la valeur sous forme d'amende, vu les difficultés et les doutes qui ne peuvent manquer de s'élever constamment sur cette valeur.

Quant aux règles à suivre par les juges de paix jugeant en procès civil sur l'interprétation des tarifs d'octroi, voyez arrêt de cass., 27 juil. 1825, J. sp., 6, p. 113; R. 60.        J. F.

72. La loi du 24 ventôse an X, concernant la construction à Paris, sur la Seine, de trois nouveaux ponts pour le passage desquels il est établi une taxe, veut, art. 9, que les contestations sur le paiement de la taxe soient jugées comme celles sur la perception de l'octroi de bienfaisance, c'est-à-dire ainsi qu'il vient d'être expliqué, pour ledit octroi, par le juge de paix tenant le tribunal de la justice de paix.

73. Suivant l'article 27 du titre I<sup>er</sup> de la loi du 28 juillet 1791, et les décrets des 27 mars, 15 juin et 12 juillet, les contestations relatives aux mines, demandes en règlement d'in-

demnité et autres sur l'exécution de cette loi sont portées pardevant les juges de paix suivant l'ordre de compétence prescrit par les lois sur l'ordre judiciaire.

74. Le juge de paix peut-il connaître du possessoire d'une
mine ?

Sans examiner ici si le droit du concessionnaire est immeuble, et peut donner lieu à l'action possessoire, il est une raison
particulière qui met le possessoire des mines hors de la compétence judiciaire.

Les mines sont un objet d'administration. On ne peut y avoir
droit sans la concession du gouvernement. La maintenue en
possession d'un mine est, à cause de cela, du ressort de l'autorité administrative, ainsi qu'on le voit par le décret donné dans
les circonstance suivantes :

Le sieur Calmuth se prétendait concessionnaire de la mine
de fer dite *Inbrcith* : il était en contestation avec les propriétaires du terrain. — 8 Germinal an XIII, jugement du juge de
paix de Gemund, qui le maintient en possession de la mine
dont il s'agit. — 31 Janvier 1806, un décret déclare ce jugement comme non avenu, sauf aux parties à se pourvoir devant
l'autorité administrative. — Le motif énoncé dans le considérant
est « que le juge de paix de Gemund, en maintenant ce particulier en *possession* de ladite mine, a excédé ses pouvoirs, puisqu'il a, de fait, créé une concession qui ne peut être accordée
que par l'autorité administrative. »

SECTION II.

*De la Demande.*

75. La demande est formée devant la justice de paix par
un exploit auquel on a donné le nom de *citation*.

76. Le Code de procédure civile détaille ce qui doit être
énoncé en la citation. Elle doit contenir :

1° La date des jours, mois et an (*Code de proc. civ., art.* 1).

2° Les nom, demeure et domicile du demandeur (*ibid.*);

Il est à propos d'y énoncer le prénom, quoique la loi ne le
dise pas. Cette énonciation devient nécessaire lorsque plusieurs
frères du même état, demeurant dans la même maison, ne
sont distingués que par leurs prénoms;

3° Les nom, demeure et matricule de l'huissier (*ibid*);

4°. Les nom et demeure du défendeur (*ibid.*);

5°. L'objet de la demande (*ibid.*).

La somme demandée doit y être énoncée en francs, décimes et centimes, et non en monnaie ancienne, comme livres, sous et deniers; ni en monnaie étrangères dans les pays réunis, comme florins et autres.

Il faut pareillement énoncer les mesures nouvelles dont on peut seulement exprimer le rapport avec les anciennes.

6° L'énonciation sommaire des moyens (*ibid.*);

7° Le juge de paix qui doit connaître de la demande (*ibid.*);

8° Le jour et l'heure de la comparution (*ibid.*);

9° Le nom, au moins l'indication de la personne à qui la copie est remise au domicile.

Quoique le Code de procédure n'ordonne pas expressément cette indication, elle n'en doit pas moins être observée. En cas de non-comparution, elle devient nécessaire pour constater que le défendeur a été légalement averti par la copie de l'original représenté.

77. La citation doit être notifiée par l'huissier de la justice de paix du défendeur ( art. 4 ), exclusivement à tous autres; en sorte qu'il y aurait nullité si elle était signifiée par un autre huissier, sans commission du juge de paix.

☞ Nous avons dit et prouvé plus haut que l'acte ne serait pas nul, mais que l'huissier signataire pouvait être condamné à une amende.     J. F.

En cas d'empêchement, elle est notifiée par celui qui est commis par le juge (*ibid.*). Ce juge est le juge de paix du défendeur. C'est à lui qu'appartient la faculté de donner pouvoir d'instrumenter dans le ressort de sa justice.

Un des principaux empêchemens est celui de la parenté. L'huissier de la justice de paix ne peut (*ibid.*) instrumenter 1° pour ses parens en ligne directe, ses frères et sœurs; 2° pour ses alliés aux mêmes degrés. Il faut ajouter, ni contre eux, parce que cela est contraire aux bonnes mœurs et à l'honnêteté publique. Il y en a plusieurs arrêts.

La copie doit être laissée à la partie (*ibid.*). Elle peut être remise à sa personne, quelque part qu'on la trouve hors de son domicile.

Si la copie n'est pas remise à la personne du cité, elle peut être laissée à toute autre personne trouvée en son domicile, et ayant avec lui des relations soit de parenté, soit de domesticité.

S'il ne se trouve personne à son domicile, la copie sera laissée au maire ou adjoint de la commune, qui vise l'original sans frais (*ibid.*). Il n'est pas nécessaire alors de recourir au voisin. L'huissier peut, après avoir constaté qu'il n'a trouvé personne, se retirer de suite pardevant le maire ou adjoint.

78. En matière purement personnelle ou mobilière, la citation est donnée devant le juge de paix du domicile du défendeur (art. 2). —S'il n'a point de domicile, devant le juge de paix de sa résidence (*ibid.*).

Lorsque l'action pour injures verbales se poursuit par la voie civile, c'est une action purement personnelle. La citation doit être donnée devant le juge de paix du domicile du défendeur.

79. La citation est donnée devant le juge de paix de la situation de l'objet litigieux, lorsqu'il s'agit :

1° Des actions pour dommages aux champs, fruits et récoltes (art. 3);

2° Des déplacemens de bornes, des usurpations de terres, arbres, haies, fossés et autres clôtures commises dans l'année ; des entreprises sur les cours d'eau faites pareillement dans l'année (*ibid.*), et de toutes autres actions possessoires (*ibid.*);

3° Des réparations locatives (*ibid.*);

4° Des indemnités prétendues par le fermier ou locataire pour non-jouissance, lorsque le droit ne sera pas contesté (*ib.*), — et des dégradations alléguées par le propriétaire (*ibid.*).

80. Il doit y avoir un jour au moins entre celui de la citation et celui indiqué pour la comparution. Si la partie est domiciliée dans la distance de trois myriamètres (6 lieues), art. 5, la citation à comparoir le 4 doit être notifiée au plus tard le 2 : elle ne serait pas valablement notifiée le 3, quand même il y aurait un intervalle franc de 24 heures; comme si l'assignation était donnée le 3 à sept heures du matin pour comparoir le 4, heure de midi.

81. Lorsque la partie est domiciliée au-delà de trois myriamètres, il doit être ajouté au délai un jour de plus pour trois myriamètres (*ibid.*). En conséquence, de 3 à 6 myriamètres, il faut au moins deux jours d'intervalle entre la citation et le jour de la comparution; de 6 à 9 myriamètres, il en faut trois; de 9 à 12 il en faut quatre, et ainsi de suite : la citation à comparoir le 14 doit être notifiée au plus tard le 11 dans le premier cas, le 10 dans le second, le 9 dans le troisième.

82. La distance dont il est ici question est celle qui se trouve entre le domicile du défendeur et le lieu de la comparution, c'est-à-dire le lieu des séances du tribunal. Dans les occasions où la personne est citée à comparaître sur les lieux contentieux, la distance dont il est ici question est celle qui se trouve entre le domicile de la personne citée et le lieu contentieux.

83. Le délai est réglé en raison du domicile : ainsi quand le même citoyen, domicilié à plus de trois myriamètres, serait cité en parlant à sa personne trouvée au lieu de... dans l'étendue des trois myriamètres, on ne doit pas moins lui accorder le délai légal, à raison de l'éloignement de son domicile.

— Observez que tous ces délais doivent être francs.

84. Dans le cas où le délai de la loi n'a pas été observé, le défendeur, au jour indiqué, comparaît ou ne comparaît pas.

S'il se présente, sa comparution prouve qu'il a été averti à temps pour connaître l'objet de la demande et se présenter ; elle couvre le vice de la citation, et le rend non-recevable à alléguer le défaut d'intervalle légal.

Lorsqu'il ne comparaît pas, le juge de paix ordonne d'office qu'il sera réassigné (art. 5). — Les frais de la première citation restent à la charge du demandeur (*ibid.*).

85. Dans les cas urgens, le juge de paix peut prolonger les délais. Il donne à cet effet une cédule (art. 6). —Il peut même, suivant les circonstances, permettre de citer dans le jour et à heure indiquée (*ibid.*).

86. La citation n'est pas absolument nécessaire pour saisir le juge de paix. Les parties peuvent se présenter devant lui, en déclarant qu'elles lui demandent jugement. Sur les effets d'une pareille déclaration, voyez ce qui a été dit ci-dessus.

SECTION III.

*De l'instruction.*

87. Au jour fixé par la citation ou convenu entre les parties, elles comparaissent en personne ou par leurs fondés de pouvoir ( Code de proc. civ. , art. 9.).

88. La loi n'exige pas un pouvoir pardevant notaire : ainsi un pouvoir sous seing-privé suffit dans les cas ordinaires.

Mais comme un pareil pouvoir ne présente pas à la partie adverse une certitude entière, à cause du désaveu que le mandant peut faire de sa signature, le juge de paix décidera, d'après les circonstances particulières du fait, si le pouvoir représenté est suffisant.

Le porteur ne peut se refuser à certifier véritable la signature du pouvoir qu'il représente.

Cette certification que la signature est véritable n'est pas nécessaire pour rendre le porteur responsable de la véracité de la procuration. Il contracte cette responsabilité par le seul fait de la présentation. Aussi est-il à propos que le jugement fasse mention des prénoms, nom, profession et demeure du fondé de pouvoir.

89. Le pouvoir sous seing-privé doit être sur papier timbré.

Il doit être enregistré, d'après l'art. 23 de la loi du 22 frimaire an VII, qui défend de faire usage en justice d'un acte sous seing-privé sans qu'il ait été préalablement enregistré.

90. Les parties ne peuvent signifier aucunes défenses (*ibid.*) sous le titre de requêtes, mémoire ou autres ; mais elles doivent s'expliquer verbalement, ce qui n'exclut pas la faculté de lire la défense préparée par écrit.

91. Suivant la loi des 14, 18 et 26 oct. 1790, les parties ne pouvaient (tit. III, art. 1), se faire représenter ni même assister par aucune des personnes attachées, à quelque titre que ce fût, à l'ordre judiciaire. Cette exclusion avait pour motif de bannir de la justice de paix tout esprit de chicane. Elle était assez mal observée dans la pratique. C'était assez souvent des praticiens qui se présentaient comme fondés de pouvoir.

L'expérience a fait connaître que si, d'une part, la comparution des personnes attachées à l'ordre judiciaire peut donner lieu à des chicanes et à de mauvaises contestations, d'une autre part, l'homme simple, dénué de défenseur, est exposé à être la victime de la finesse et de l'astuce de sa partie adverse. En conséquence, le Code de procédure civile (art. 9) n'a pas exclu les personnes attachées à l'ordre judiciaire de la faculté de représenter ou assister les parties en la justice de paix.

92. Lorsque le défendeur ne comparaît pas, le juge de paix examine si les délais de la loi entre la citation et le jour de la comparution ont été observés ou non.

Au premier cas, la cause est jugée par défaut (art. 19) ; et les conclusions sont adjugées au demandeur si elles paraissent justes et raisonnables.

Au deuxième cas, le juge de paix ordonne un réassigné à délai compétent (art. 5), ainsi qu'il a déjà été dit.

Lorsque le demandeur ne comparaît pas, la cause est jugée par défaut (art. 19), et pour le profit le défendeur obtient congé de la demande, sans entrer dans le mérite du fond.

Lorsque ni l'une ni l'autre des parties ne comparaissent, il ne peut y avoir de jugement, et la citation est comme non avenue.

Lorsque les deux parties sont présentes à l'audience par elles-mêmes ou par leurs fondés de pouvoir, elles sont entendues contradictoirement (art. 15).

La cause peut être jugée sur-le-champ (ibid.), si le juge de paix se trouve suffisamment instruit.

Il peut aussi remettre le jugement à la première audience (ibid.) et, dans ce cas, s'il le croit nécessaire, il se fait remettre les pièces (ibid.).

Plusieurs circonstances peuvent empêcher de juger la cause sur-le-champ; notamment lorsqu'il est nécessaire, pour l'instruction, d'accorder un délai pour présenter des pièces dont les parties ne se trouvent pas saisies, d'ordonner une enquête, ou la visite des lieux contentieux.

94. Les parties sont tenues de s'expliquer avec modération devant le juge de paix, et de garder en tout le respect dû à la justice (art. 10). Si elles y manquent, le juge de paix les rappelle d'abord par un avertissement (ibid.).

En cas de récidive (ibid.), elles peuvent être condamnées à une amende qui n'excède pas la somme de dix francs, avec affiches du jugement, dont le nombre ne peut surpasser celui des communes du canton. Il ne faut pas conclure de là qu'il doit y avoir une affiche dans chacune des communes du canton; le juge de paix peut les faire placarder toutes dans le lieu de sa résidence : il s'ensuit seulement qu'il ne peut pas en faire placarder plus qu'il n'y a de communes dans son canton.

Dans le cas d'insulte ou irrévérence grave, le juge de paix en dresse procès-verbal, et peut condamner à un emprisonnement de trois jours au plus (art. 11). Le procès-verbal est exigé, pour mettre le juge supérieur en état de décider si la condamnation est juste ou non. A défaut de procès-verbal, l'emprisonnement pourrait donner lieu à la prise à partie contre le juge de paix.

Les jugemens rendus dans ces différens cas sont exécutoires par provision (art. 12).

Un juge de paix est dans l'exercice de ses fonctions lorsqu'il

accorde à un particulier qui lui demande un entretien relatif
à un jugement de la justice de paix, dans lequel ce particulier
est partie. L'outrage qu'il reçoit alors rentre dans l'application
des lois pénales. Celui qui dit publiquement à un juge de paix
*qu'il ne remplit pas ses devoirs, qu'il n'a aucun ménagement
à garder envers un homme tel que lui, et qu'il ne le craint
pas,* ne commet que le délit d'*injure.* Il n'y a point de *diffamation* dans le sens de l'art. 13 de la loi du 17 mai 1819,
*Cour de cassation,* 11 *avril* 1822. —J. sp. 4, pag. 204; R. 104.

☞ Voyez un jugement du tribunal d'arrondissement de Dijon qui condamne à cinq ans de prison, pour avoir frappé un
jnge de paix en fonction. 31 juillet 1824. —J. sp. 4, pag. 252;
R. 128.   J. F.

95. Dans le cas où un interlocutoire aurait été ordonné, la
cause sera jugée définitivement, au plus tard, dans le délai de
quatre mois, du jour du jugement interlocutoire (*art.* 15.).

Après ce délai, l'instance est périmée de droit (*ibid.*). S'il
est rendu successivement plusieurs jugemens interlocutoires,
ce qui arrive quelquefois, le délai de quatre mois ne commence
à courir que du jour du dernier de ces jugemens, car le juge
ne peut être obligé de prononcer que quand la cause est en état.

Le jugement qui serait rendu sur le fond, après l'expiration
de ce délai, est nul. Il est sujet à l'appel, même dans les matières dont le juge de paix connaît en dernier ressort (*ibid.*).
Il doit être annulé (*ibid.*), sur la réquisition de la partie intéressée.

Cette annulation doit être prononcée, sans entrer dans le mérite du fond, le jugement ayant été rendu par suite d'une demande qui n'avait pas d'existence légale.

Pour la péremption, la loi ne distingue pas si c'est par la faute
des parties, qui n'ont pas mis la cause en état, que le jugement
définitif n'a pas été rendu dans les quatre mois du jugement
interlocutoire, ainsi elle a lieu dans les deux cas. Mais, au second cas, où l'instance est périmée par la faute du juge, il est
passible des dommages et intérêts (*ibid.*).

Pour les faire prononcer, il faut intimer le juge de paix sur
l'appel, cela est évident : par conséquent il faut en obtenir la
permission du tribunal où l'appel sera porté, dans les formes
prescrites pour la prise à partie : car la demande à la fin de
dommages-intérêts en est une véritable.

96. Il y a une circonstance particulière où la péremption d'instance n'a pas lieu après les quatre mois du jugement interlocutoire ; c'est lorsque l'instance est suspendue jusqu'après le jugement à prononcer par un autre tribunal sur l'inscription de faux, ou la dénégation d'écriture, ainsi qu'on a vu ci-devant. Dans ce cas, tant que l'instance préjudicielle dure, il est impossible de juger la première, qui, par cette raison, ne peut tomber en péremption dans le laps de quatre mois. Sous le Code de procédure, le délai de quatre mois n'emporte péremption d'une instance de justice de paix qu'autant qu'il a couru depuis un jugement interlocutoire, rendu dans l'instance. Un simple jugement préparatoire (par exemple, celui qui ordonne la remise des pièces) ne fait point courir le délai de la péremption. *Cass.*, 11 *février* 1822. J. sp.

97. La péremption précédemment établie par la loi du 14 et 18-26 octobre 1790, *titre* 7, *art.* 7, et celle établie par le Code de procédure civile *art.* 15, conviennent en ce que l'une et l'autre ont lieu par le délai de quatre mois ; mais elles diffèrent notamment sur les deux points, que :

1° Dans la première, le délai courait du jour de la notification de la citation ; dans la seconde, il court du jour du jugement interlocutoire.

2° La première entraînait l'extinction de l'action, au lieu que la seconde laisse subsister l'action.

L'effet naturel de la péremption d'instance est d'anéantir l'instance, et non pas l'action, si on est encore à temps de l'exercer. Elle anéantit l'exercice déjà fait de l'action par l'exploit introductif de l'instance, sans anéantir l'exercice à faire de la même action par un nouvel exploit : en conséquence, le demandeur a la faculté de l'intenter de nouveau. Cette faculté lui avait été ôtée par la loi de 1790, qui portait en termes exprès : *l'instance sera périmée de droit.*

SECTION IV.

*Des Enquêtes.*

98. Pour qu'il y ait lieu à une enquête devant le juge de paix, il faut :

1° Que les parties soient contraires en faits de nature à être constatés par témoins (*Cod. de proc. civ.*, *art.* 34) ;

2° Que le juge de paix trouve la vérification utile et admissible (*ibid.*).

La loi des 14 et 18-26 octobre 1790, *titre 4, art.* 1 *et* 2, exigeait, outre les deux conditions ci-dessus, que le juge avertît les parties qu'il y avait lieu de procéder par enquête, et les interpellât de déclarer si elles voulaient faire preuve de leurs faits, et que, sur cette interpellation, les parties, ou au moins une d'elles, requissent d'être admises à la preuve. Le Code de procédure civile n'ayant point parlé de cette formalité, elle est abrogée de droit, et les deux premières conditions suffisent pour qu'il puisse admettre la preuve. Il peut l'ordonner d'office, sans qu'elle lui ait été demandée : c'est la disposition de l'art. 254, pour les enquêtes, devant le tribunal civil : point d'obstacle à ce qu'elle reçoive son application pour l'enquête en la justice de paix.

Le jugement qui ordonne l'enquête doit en fixer précisément l'objet (*Code proc. civ., art,* 34).

99. La preuve contraire est de droit. C'est le cas d'appliquer à la justice de paix cette disposition de l'art. 256, pour les enquêtes devant les tribunaux civils. Il y avait lieu, sous la loi de 1790, d'en refuser la faculté à celui qui ne l'avait pas requise ; mais cette raison ne subsiste pas sous le Code.

100. Le juge de paix délivre cédule pour faire citer les témoins.

La cédule de citation fait mention (*art.* 29) de la date du jugement, du lieu, du jour et de l'heure à laquelle l'enquête ordonnée aura lieu. Elle doit aussi faire mention des faits sur lesquels portera l'enquête, afin que les témoins ne soient pas embarrassés de répondre relativement à des faits qu'ils n'ont pas prévus.

101. Au jour indiqué, les témoins comparans déclinent leurs nom, profession, âge et demeure ; id. , art. 35.

Ils font serment de dire vérité ; ils déclarent s'ils sont parens, alliés des parties et à quel degré, s'ils sont leurs serviteurs, ou domestiques.

Ils sont entendus séparément, art. 36 ; ils sont entendus en présence des parties, si elles comparaissent.

102. Ils sont ordinairement entendus à l'audience.

Néanmoins ils peuvent être entendus sur le lieu contentieux, si le juge le croit utile , art. 38.

103. Chacune des parties est tenue de fournir ses reproches contre chaque témoin, et de les signer, art. 36. Ils ne peuvent être reçus après la déposition commencée, qu'autant qu'ils sont justifiés par écrit.

104. Lorsque le juge de paix trouve que les reproches sont fondés, doit-il entendre le témoin ou passer à un autre?

☞ Le Vasseur fait, à ce sujet, une assez longue dissertation, qu'il termine par conclure qu'on ne doit pas entendre le témoin. Le Code de procédure prouve qu'il se trompe. On doit entendre le témoin justement reproché, sauf à avoir tel égard que de raison à son témoignage. Cass., 8 juillet 1819. J. sp. 1, pag. 261; R. 128.

☞ Lorsqu'une enquête se trouve nulle par la faute du juge de paix, les frais de la nouvelle enquête sont-ils à sa charge? même arrêt, même page. Oui, suivant arrêt de la cour de Limoges du 4 juillet 1827. J. sp. 8, 304; R. 182.

105. En cas d'enquête, les causes à juger en dernier ressort et les causes sujettes à l'appel suivent différentes règles.

Dans les causes de nature à être jugées en dernier ressort, il n'est pas nécessaire de dresser procès-verbal de l'enquête (*art.* 40). — Mais le jugement énoncera (*ibid.*), 1° les nom, âge, profession et demeure des témoins; 2° leur serment; 3° leur déclaration, s'ils sont parens, alliés, serviteurs ou domestiques des parties; 4° les reproches; 5° le résultat des dépositions.

106. Dans les causes sujettes à l'appel.

1°. Le greffier dressera procès-verbal de l'audition des témoins. — Cet acte contiendra (*art.* 39) 1° leur nom, âge, profession et demeure; 2° leur serment de dire la vérité; 3° leur déclaration, s'ils sont parens, alliés, serviteurs ou domestiques des parties; 4° les reproches qui auraient été fournis contre eux.

2° Lecture sera faite à chaque témoin, pour la partie qui le concerne (*ibid.*). — Il signera sa déposition, ou mention sera faite qu'il ne sait, ou ne veut pas signer (*ibid.*).

3° Le procès-verbal sera, en outre, signé par le juge et par le greffier (*ibid.*).

La loi des 14 et 18-26 octobre 1790 n'ordonnait, pour l'enquête, aucune signature, ni du témoin, ni du juge, ni du greffier. Ce dernier pouvait se contenter de rédiger de simples notes. Le Code de procédure a sagement proscrit l'usage de ces notes informes, dont nous avions observé les inconvéniens dans la première édition de cet ouvrage.

107. Après enquête, il est procédé immédiatement au jugement de la cause, ou, au plus tard, à la première audience

suivante (*ibid.*). Quoique la loi ne contienne cette disposition que pour les causes sujettes à l'appel, il faut l'étendre aux causes de nature à être jugées en dernier ressort; il y a même raison. Pourquoi retarder le jugement, lorsque la cause est instruite? L'art. 4 du titre IV de la loi des 14 et 18—26 octobre 1790 ordonn it, sans distinction, de procéder au jugement aussitôt après l'audition des témoins.

Le jugement, pouvant être rendu immédiatement après l'enquête, peut être rendu sur le lieu contentieux, dans le cas où les dépositions y sont reçues, ainsi qu'il a déjà été observé.

☞ Voyez une foule d'arrêts sur les enquêtes. J. sp. t. 8, 9 et 10.          J. F.

## SECTION V.

*De la visite du lieu contentieux, et des appréciations.*

108. Lorsqu'il s'agit, soit de constater l'état des lieux, soit d'apprécier la valeur des indemnités et dédommagemens demandés, le juge de paix ordonne que le lieu contentieux sera visité par lui, en présence des parties (*art.* 41.).

109. Si l'objet de la visite ou de l'appréciation n'exige que des connaissances familières au juge de paix, il peut procéder par lui-même et seul aux visites et expertises ordonnées.

Si, au contraire, l'objet de la visite ou de l'appréciation exige des connaissances qui lui sont étrangères, il ordonne que des gens de l'art feront la visite avec lui, et lui donneront leur avis (*art.* 42).

Les gens de l'art doivent être nommés par le jugement même qui ordonne la visite (*ibid.*).

Les gens de l'art prêtent serment de bien s'acquitter de leurs fonctions (*art.* 42 *et* 43).

La loi dit (*art.* 42) qu'ils donneront leur avis : ainsi leur opinion n'est pas une règle absolue de la décision du juge de paix. Celui-ci est autorisé, suivant les circonstances, à y avoir tel égard que de raison.

Aussitôt après la visite et le rapport des gens de l'art, le juge de paix peut procéder, sur le lieu même, au jugement définitif sans désemparer (*ibid.*).

110. Dans les causes sujettes à l'appel, procès-verbal de la visite est dressé par le greffier (*ibid.*).

Les experts ne peuvent rédiger eux-mêmes leur avis; mais il est rédigé par le greffier, sous leur dictée.

Le procès-verbal constate le serment prêté par les experts (*ibid.*).

Il est signé par le juge et par le greffier.

La loi des 14 et 18—26 octobre 1790 n'exigeait pas la signature des experts. Mais le Code de procédure veut (*ibid.*) que le procès-verbal soit signé par les experts. Si, par événement, ils ne savent ou ne peuvent signer, il en est fait mention (*ibid.*).

111. Dans les causes non sujettes à l'appel, il n'est point dressé de procès-verbal de l'avis des experts (*art.* 43). — Mais le jugement énonce les noms des experts, la prestation de leur serment, et le résultat de leur avis (*ibid.*).

SECTION VI.

Des incidens.

Il n'est pas nécessaire d'entrer ici dans le détail de tous les incidens qui peuvent survenir. Ils sont, en général, moins fréquens dans les justices de paix que dans les autres tribunaux civils. Il sera question ici des trois principaux, l'appel en garantie, la récusation et le déclinatoire.

112. Il peut se rencontrer des affaires pour la connaissance desquelles il y ait empêchement légitime du juge de paix et de ses deux suppléans. Alors les parties n'ont pas de juge. La loi du 16 ventôse an XII pourvoit, en ce cas, au remplacement des juges empêchés.

Le tribunal de première instance dans l'arrondissement duquel est située la justice de paix renvoie les parties devant le juge de paix du canton le plus voisin (*art.* 1).

Ce jugement de renvoi est rendu sur la demande de la partie la plus diligente, sur simple requête (*art.* 2). — La partie adverse est présente, ou dûment appelée (*ibid.*). — Le procureur du roi donne ses conclusions.

La distance d'une justice de paix à l'autre est réglée d'après celle de leurs chefs-lieux (*art.* 3).

§ PREMIER.

De l'appel en garantie.

113. Le défendeur qui veut mettre un garant en cause en forme la demande à sa première comparution.

Cette forme, pour appeler le garant, est particulière au tribunal de paix. La partie qui prétend avoir un garant à mettre en cause doit le déclarer à la première audience, et demander délai suffisant. Le jugement qui accorde ce délai ne doit point être levé. L'assignation est donnée au garant, sans qu'il soit nécessaire de le lui signifier. Si le jugement était levé et signifié, ces frais n'entreraient point en taxe.

Le demandeur principal peut-il interjeter appel du jugement? Nul doute pour l'affirmative, s'il prétend qu'il n'y a pas lieu au délai; et alors il doit lever le jugement pour le produire.

Sur la demande faite par le défendeur de mettre le garant en cause, la faculté lui en est accordée, et la cause renvoyée à un autre jour.

Il doit être tel que le défendeur puisse commodément aller, ou envoyer sur le lieu, charger quelqu'un de faire, à temps utile, la citation dans laquelle les délais prescrits par la loi soient observés.

Ce délai se compose de deux parties : l'une fixée par la loi, qui comprend le temps du voyage, le jour de la citation et la comparution; l'autre variable à l'arbitrage du juge, qui comprend le temps nécessaire pour se procurer la commodité d'aller ou d'envoyer sur les lieux. Cette seconde partie du délai est plus courte pour les endroits proches, et avec lesquels les communications sont aisées; elle est plus longue pour les autres.

Un exemple suffira : il sera aisé d'appliquer à deux cas la règle qui vient d'être établie.

Supposons que le garant demeure à 14 myriamètres (28 lieues) : entre le jugement qui autorise la mise en garantie et le jour qu'il indique pour la nouvelle comparution, il faut au moins treize jours, savoir : 1° cinq jours pour le voyage nécessaire pour aller ou envoyer sur les lieux, charger l'huissier, à trois myriamètres par jour, conformément à l'art. 2035; 2° le jour de la citation; 3° cinq jours pour le délai accordé au défendeur pour comparaître, à raison également de trois myriamètres par jour (*art.* 51); en tout onze jours. A ces onze jours, il faut ajouter au moins deux jours et quelquefois davantage, parce qu'on trouve rarement sur-le-champ une occasion pour partir soi-même, ou envoyer à quatorze myriamètres. Si le jugement est rendu le premier de ce mois, le jour de la nouvelle comparution doit être fixé au 15, et quelquefois reculé à un terme plus éloigné, en cas de mauvais chemin ou de défaut de communication.

114. Le défendeur originaire forme sa demande en garantie par une citation libellée (*art. 32*).

— Il n'est pas nécessaire, comme sous la loi de 1790, qu'elle soit précédée d'une cédule.

— Il n'est pas non plus nécessaire de notifier au garant le jugement qui ordonne sa mise en cause (*art. 32*).

115. Si la mise en cause n'a pas été demandée à la première audience, ou si la citation n'a pas été faite dans le délai fixé, il est procédé sans délai au jugement de l'action principale (art. 33).

Dans ces deux cas, le défendeur est privé de la faculté de joindre l'instance en garantie à l'instance principale; mais il conserve celle de faire statuer séparément sur sa demande en garantie (*ibid.*). Alors, c'est une action principale qu'il doit intenter à l'ordinaire devant le juge du domicile du garant; car il n'a plus le droit de le distraire de son juge naturel.

116. Lorsque le défendeur qui a obtenu la permission d'appeler le garant l'a fait citer dans les délais, il se trouve trois parties dans la cause : le demandeur originaire, le défendeur originaire, demandeur en garantie, et le défendeur à la garantie.

A l'audience indiquée, si le défendeur originaire est renvoyé de la demande, l'action en garantie s'évanouit; s'il succombe, alors il faut faire droit sur la garantie.

117. Lorsqu'il y a lieu à faire droit sur la demande en garantie en même temps que sur la demande principale, l'assigné en garantie comparaît ou ne comparaît pas.

Lorsqu'il ne comparaît pas, il est donné défaut contre lui : il est condamné à indemniser le garant si la demande formée contre lui paraît fondée.

Lorsqu'il comparaît, le juge de paix est ou n'est pas suffisamment instruit pour prononcer sur la demande en garantie.

Au *premier* cas, il fait droit par le même jugement, et sur la demande principale et sur la demande en garantie.

Au *second*, il prononce seulement sur la demande principale, dont le jugement ne doit pas être retardé par la contestation incidente.

Quant à l'incident, il faut distinguer suivant que la demande

*Tome I.*                                                    9

en garantie formée par l'action principale serait ou ne serait pas de la compétence du même juge de paix, à raison du domicile du défendeur en garantie.

Au premier cas, il prononce l'interlocutoire nécessaire.

Au second cas, il renvoie le demandeur en garantie à se pourvoir devant les juges qui en doivent connaître.

## §. II.

### *De la Récusation.*

118. Le juge de paix peut être récusé toutes les fois qu'il est présumé ne pouvoir agir avec l'impartialité qui caractérise un juge et préside à ses décisions. Le Code de procédure détermine cinq cas où il peut être récusé :

1° Quand il a un intérêt personnel à la contestation (*Code de proc. civ., art.* 44) ; ce qui est évident.

2° Quand il est parent ou allié d'une des parties, jusqu'au degré de cousin issu de germain inclusivement (*ibid*). Ce qui a lieu, soit que le juge de paix soit cousin issu de germain de la partie, ou la partie cousin issu de germain du juge : la proximité de parenté est la même dans les deux cas.

119. 3° Si, dans l'année qui a précédé la récusation, il y a eu procès criminel entre lui et l'une des parties ou son conjoint, ou ses parens et alliés en ligne directe (*ibid.*).

L'article comprend dans sa disposition :

1° La partie ;

2° Les père, mère, et autres ascendans de la partie ;

3° Le second conjoint de l'un des ascendans de la partie ;

4° Les descendans de la partie ;

5° Les conjoints des descendans de la partie ;

6° Le conjoint de la partie ;

7° Les ascendans du conjoint de la partie ;

8° Le second conjoint de l'un des ascendans de la personne unie avec la partie par les liens du mariage ;

9° Les descendans du conjoint de la partie ;

10° Les conjoints des descendans de la personne unie avec la partie par les liens du mariage.

Toutes les fois que, dans l'année qui a précédé la récusation, il y a eu procès criminel entre l'une de ces personnes et le juge de paix, celui-ci peut être récusé.

Il doit en être de même lorsque, dans l'année qui a précédé la récusation, il y a eu procès criminel entre l'une de ces personnes et la femme du juge de paix. La loi ne le dit pas précisément, mais c'est son esprit : le mari ne peut manquer d'être affecté du procès criminel fait à sa femme, autant et de la même manière que de celui fait à lui-même.

120. 4° S'il y a procès civil existant entre le juge de paix et l'une des parties et son conjoint (*ibid.*).

Le procès criminel intéresse la famille, le procès civil n'intéresse que les parties. C'est par cette raison que le législateur, qui, au cas d'un procès criminel, étend la faculté de récuser le juge de paix, la restreint au cas du procès civil.

121. 5° S'il a donné un avis écrit dans l'affaire (*ibid.*), il n'importe comment, des lettres par lesquelles il aurait manifesté son opinion suffiraient pour fonder la récusation.

Une contestation s'étant élevée entre deux voisins, relativement à une fenêtre que l'un voulait conserver, et que l'autre soutenait devoir être bouchée, le juge de paix écrivit à celui-ci en faveur du propriétaire qui voulait conserver sa fenêtre. Ce dernier ayant depuis donné demande en complainte, le juge de paix fut récusé sur le fondement de ses lettres, et la récusation fut admise.

Il en serait de même s'il avait donné un avis verbal, avec cette seule différence que la déclaration du juge de paix qu'il n'a pas donné d'avis verbal suffit pour écarter toute récusation. On ne pourrait point admettre la preuve testimoniale de ce fait.

122. La partie qui veut récuser un juge de paix est tenue d'en former la demande, et d'en exposer les motifs par un acte rédigé en forme d'exploit (*art.* 45), qui est assujetti à des formalités particulières.

1° Il est notifié au greffier de la justice de paix ;

2° Celui-ci vise l'original ;

3° L'exploit est signé, sur l'original et la copie, par la partie, ou par son fondé de pouvoir spécial (*art.* 45).

45. Si le récusant ne sait ou ne peut signer, la déclaration de l'huissier qu'il ne sait ou ne peut signer ne suffit pas. La loi ne lui donne pas la faculté de la recevoir. Elle veut impérieusement que l'exploit de récusation soit signé par la partie ou son fondé de pouvoir spécial. Celui qui ne sait ou ne peut signer a la ressource de donner pouvoir spécial à l'effet de la

récusation ; le fondé de pouvoir signe l'original et la copie ; le vœu de la loi est rempli.

L'acte de récusation peut et doit être notifié (*ibid.*) par le premier huissier requis. Il serait à craindre que l'huissier particulièrement attaché à la justice de paix ne voulût pas s'en charger.

La copie de l'exploit est déposée au greffe (*ibid.*).

123. La copie déposée est communiquée (*ib.*) au juge de paix.

Le juge de paix est tenu de donner au bas de cet acte, dans le délai de deux jours, sa déclaration par écrit (*art.* 46), portant ou acquiescement à la récusation, ou son refus de s'abstenir, avec ses réponses aux moyens de récusation.

La récusation notifiée est déposée à l'effet de suspendre le jugement de la cause.

Lorsque le juge de paix déclare acquiescer à la récusation, il ne peut rester juge. Il est remplacé par l'un de ses suppléans, qui connaît de l'affaire.

124. Dans les trois jours de la réponse du juge qui refuse de s'abstenir, ou faute par lui de répondre, expédition de l'acte de récusation, et de la déclaration du juge, s'il y en a, est envoyée par le greffier, sur la réquisition de la partie la plus diligente, au procureur du roi près le tribunal de première instance dans le ressort duquel la justice de paix est située (*art.* 45.).

La récusation y est jugée en dernier ressort dans la huitaine, sur les conclusions du procureur du roi. (*ibid.*).

Il n'est pas besoin d'appeler à ce jugement les parties (*ibid.*) soit le récusant, soit l'autre partie. Rien ne les empêche néanmoins de se présenter à l'audience et d'y proposer leurs moyens. La loi ne le défend pas. Mais ils ne doivent signifier aucune requête ni écritures : elles n'entreraient point en taxe.

Il ne convient pas que le juge de paix essuie un procès personnel pour soutenir son droit de connaître de l'affaire ; ainsi il ne doit être appelé qu'autant que le tribunal le jugera nécessaire pour décider du mérite de la récusation ; mais jamais il ne doit être appelé comme partie.

125. Pendant l'instance en récusation, l'instance principale reste en suspens pour être finalement décidée par le juge de paix, si la récusation est rejetée, ou par un de ses suppléans, en son lieu et place, si elle est admise.

126. La récusation doit être faite avant la première audience de la cause à laquelle comparaît le récusant. Lorsque le défen-

deur figure dans la cause, qu'il accepte le juge de paix pour juge, il renonce tacitement aux moyens de récusation qu'il pourrait avoir contre lui ; il devient non recevable à les proposer à une seconde audience.

La loi n'ayant fixé aucun délai pour la récusation, le récusant qui n'a pas encore comparu à l'audience est recevable à la faire en tout temps, même le jour indiqué pour la comparution des parties, pourvu que ce soit hors de l'audience.

Nous disons *pourvu que ce soit hors de l'audience*. Elle ne peut pas être faite à l'audience : cette manière peu respectueuse n'est pas autorisée par la loi, qui exige une déclaration par exploit, déposée au greffe.

☞ Un juge de paix peut-il, s'il n'est récusé par aucune des parties, connaître d'un procès porté devant lui au nom d'un bureau de bienfaisance dont il est le président ? Cass., 21 avril 1812. J. sp. 5, page 297; R. 151. J. F.

## §. III.

### Du déclinatoire.

127. Toutes les fois que le défendeur propose un déclinatoire, le juge de paix doit y faire droit : et, si l'affaire n'est pas de sa compétence, il doit la renvoyer devant les juges qui en doivent connaître.

Cette formule, *devant les juges qui en doivent connaître,* doit être adoptée par le juge de paix, même dans le cas où il voit clairement quel tribunal doit juger de l'affaire. Il n'a pas à décider cette question; et, en la décidant, il excéderait son pouvoir, parce que son jugement contiendrait règlement de juges.

La seule question qu'il puisse décider est celle de savoir s'il est compétent. Lorsqu'il est incompétent, il doit renvoyer l'affaire sans décider quel tribunal doit en connaître.

128. Le demandeur est dans tous les cas non-recevable à proposer le déclinatoire; par sa demande il a saisi le tribunal.

Lorsque le demandeur veut abréger les délais de la citation, le juge de paix auquel il demande cédule connaît par l'exposé de l'affaire si elle est ou non de sa compétence. Dans le deuxième cas, il peut refuser la cédule, en expliquant au demandeur la raison de son refus.

129. Le juge de paix est-il tenu de prononcer l'incompétence non proposée par les parties ?

Il faut distinguer, à cet égard, l'incompétence des matières dont la justice de paix en général ne peut pas connaître, et l'incompétence des matières dont le juge de paix devant lequel est donnée la citation ne peut connaître à raison du domicile du défendeur, ou de la situation du lieu contentieux, quoiqu'elles soient de la compétence générale de la justice de paix.

Le juge de paix doit prononcer d'office la première incompétence, quoique non demandée ; il commettrait excès de pouvoir en jugeant une matière dont la connaissance ne lui est attribuée en aucune manière.

130. Le juge de paix n'est pas obligé de prononcer la deuxième incompétence. Quand le défendeur comparaît à l'audience sans l'objecter, il se soumet à son jugement : le demandeur s'y est soumis par citation. Cette soumission tacite ne blesse point l'ordre public des juridictions, parce que l'objet de la contestation est une matière dont la justice de paix connaît en général : ainsi elle rend le juge de paix compétent.

Peut-être dira-t-on que la comparution sans réclamation ne doit pas produire les mêmes effets que la soumission expresse, parce que, dans le second cas, les parties ont une volonté déterminée, et que, dans le premier, elles n'ont pas la volonté de se soumettre au tribunal incompétent.

La volonté de se soumettre au tribunal, devant lequel la citation est donnée, est certaine de la part du demandeur. Le défendeur ne peut ignorer ni son propre domicile, ni le canton dans lequel est situé l'objet contentieux, les deux seules circonstances qui déterminent la compétence. Sa comparution volontaire sans réclamation, soit dans le cas auquel il est domicilié dans un autre canton, soit dans le cas où l'objet contentieux est situé dans un autre canton, est de sa part un véritable acquiescement à ce que le tribunal, saisi par la citation, prononce sur la contestation.

131. Il n'en est pas de même quand le défendeur ne comparaît pas. Point de consentement tacite qui puisse couvrir l'incompétence.

Le tribunal doit la prononcer d'office, et renvoyer le demandeur à se pourvoir devant les juges qui en doivent connaître.

☞ Les jugemens en dernier ressort, que les juges de paix rendent sur leur compétence, sont aujourd'hui sujets à l'appel depuis un arrêt très important de la cour de cassation, en date du 22 avril 1811, confirmé plus tard par beaucoup d'autres. J. sp. 3, p. 21; R. 10.

☞ Avant cet arrêt, ces jugemens ne donnaient ouverture qu'au pourvoi en cassation : la cour l'avait jugé vingt fois, notamment le 25 nivôse an XII. J. sp. 3, p. 18; R. 8.

☞ Et c'était la disposition de l'art. 77 de la loi du 27 ventôse an VIII «qui voulait qu'aucun tribunal d'arrondissement ne pût recevoir l'appel, sous prétexte d'incompétence, d'un jugement rendu en dernier ressort par un juge de paix, et que la voix de la cassation fût la seule ouverte, quel que fût l'excès de pouvoir auquel se serait porté le juge de paix. »

☞ Aujourd'hui l'on prétend que cette disposition de la loi, du 27 ventôse an VIII, est abolie par l'art. 454 du Code de procédure. Depuis l'adoption de ce nouveau système, le droit de juger en dernier ressort, accordé aux juges de paix par la loi qui les a créés, n'est guère plus qu'une illusion.

☞ Tout plaideur mécontent d'un jugement en dernier ressort ne manque jamais d'appeler, sous prétexte d'incompétence, et les procès ne finissent plus.

☞ C'est un grand malheur, à notre avis, que cette nouvelle jurisprudence. On peut voir nos observations à ce sujet, même tom. 3, p. 27; R. 13.                 J. F.

## CHAPITRE IV.

### DÉS JUGEMENS.

152. Nous examinerons successivement les règles communes à tous les jugemens; les règles particulières aux jugemens par défaut, aux jugemens sur action possessoire, aux jugemens qui ne sont pas définitifs; enfin ce qui concerne les minutes et expéditions des jugemens.

*Règles communes à tous les jugemens.*

Les juges de paix doivent tenir des audiences régulières dont ils déterminent le jour et l'heure.

Ces audiences régulières sont plus ou moins fréquentes, sui-

vant le nombre d'affaires que le canton peut produire. Le juge
de paix doit en indiquer au moins deux par semaine. (Art. 8.)
Elles ne doivent pas être fixées au dimanche.

Les audiences régulières n'empêchent pas que le juge ne
puisse accorder des audiences extraordinaires; « il peut juger
tous les jours, même ceux de dimanches et fêtes, le matin et
l'après-midi (*ibid*). »

L'audience est tenue, soit dans un lieu particulier à ce destiné, soit chez le juge de paix; ainsi que la loi l'y autorise
(*ibid.*). Mais alors il est obligé de tenir les portes ouvertes (*ibid.*).

133. Le juge de paix entend tous les jours ceux qui se présentent sans citation préalable.

Les juges de paix de Paris donnent en plusieurs occasions
(☞ lisez, donnent toujours, J. F.) au demandeur un billet
à remettre au défendeur, portant invitation à se rendre chez
eux. Le défendeur y manque rarement, et souvent l'affaire se
conclut sans aucun frais.

134. Dans les villes, l'huissier rapporte à chaque audience
les originaux des citations qu'il a faites, sur lesquels il appelle
les causes par ordre de date. (Loi des 14 et 26 octobre 1790,
tit. 10, art. 6).

135. Lorsque le grand nombre des causes ne permet pas de
les décider toutes, elles doivent néanmoins être appelées. Celles
qui ne peuvent être jugées sont remises à la prochaine audience, lors de laquelle elles seront réappelées.

La marche que nous venons d'indiquer n'est pas celle prescrite par la fin de l'article 6 ci-dessus cité. On y lit : « S'il y
a quelques affaires qui n'aient pas été en tour d'être appelées
à la première audience, elles seront remises à la prochaine, et
appelées les premières. » Cette rédaction est des plus vicieuses.
La remise de la cause, sans qu'elle ait été appelée, est contraire à l'ordre judiciaire.

Trois cas peuvent se présenter : ou les parties étaient toutes
les deux présentes, ou l'une des deux seulement était présente,
ou aucune des deux n'était présente.

1° Au premier cas, la cause étant remise sans appel, rien ne
constate la présence des parties à la première audience. Celle des
deux qui ne comparaîtra pas à la seconde audience peut dénier
sa présence à la première, et soutenir qu'elle a été jugée à un

jour dont il ne lui a pas été donné connaissance. Le jugement de remise qui intervient sur l'appel de la cause constate sa présence, et l'empêche de recourir à un pareil subterfuge.

☞ Les quinze ou vingt lignes ci-dessus n'ont plus de sens aujourd'hui : tout cela est vieux, suranné. C'est le Code de procédure, et non la loi d'octobre 1790; c'est le décret du 30 mars 1808, qui règlent la police et l'ordre des audiences. J. F.

2° Lorsqu'une seule des deux parties était absente à la première audience, elle est très fondée à dire qu'elle a été jugée par défaut à la seconde, sans avoir été prévenue du jour où sa cause serait appelée.

Au même cas, si le demandeur ne comparaît pas à la première audience, le défendeur requiert congé de la demande, qui doit lui être accordé dans l'examen de la cause; ainsi, point de raison pour remettre.

3° Lorsqu'aucune des parties ne se présente à l'audience le jour indiqué pour la comparution, il existe encore moins de raisons d'appeler la cause à l'audience suivante : la citation est comme non avenue.

136. L'ordre qui a lieu dans les justices de paix des villes pour l'appel des causes n'est pas suivi dans les justices de paix des campagnes, où les affaires sont moins multipliées : les parties sont entendues à mesure qu'elles se présentent.

☞ Toutes ces distinctions ne sont plus d'usage.     J. F.

137. Le juge de paix peut ordonner que les pièces et actes, dont les parties se sont respectivement servies pour leur défense, lui seront remis, s'il le croit nécessaire (Cod. proc. civ., art. 13), pour, par lui, en être délibéré; il n'est pas astreint, comme sous la loi de 1790, à vider le délibéré sur-le-champ. Il peut remettre (ibid.) le jugement de la cause à la première audience.

☞ Cette tolérance de la loi s'est changée à Paris, et peut-être ailleurs, en un abus criant. Presque nulle cause n'est jugée audience tenante. Ce qui retarde l'expédition des affaires, dégoûte les plaideurs qui étaient présens pour recevoir jugement, et fait toujours craindre et quelquefois dire à chaque partie que le jugement a été retardé pour consulter quelque influence étrangère.     J. F.

138. La rédaction des jugemens rendus par les tribunaux civils doit contenir (art. 141) : « Les noms des juges, du pro-

cureur du roi, s'il a été entendu, ainsi que des avoués; les noms, professions et demeures des parties, leurs conclusions, l'exposition sommaire des points de fait et de droit, les motifs et les dispositifs des jugemens. » Quoique cet article soit étranger aux justices de paix, il faut néanmoins s'y conformer le plus qu'il est possible. Il est quatre choses dont l'énoncé est absolument indispensable : les noms et demeures des parties, leurs conclusions, les motifs et le dispositif.

139. 1° Au commencement du jugement, il faut énoncer les prénoms, nom, profession et demeure du demandeur avec ses conclusions; faire mention de l'exploit de citation qui les contient, et de son enregistrement; il faut aussi faire mention de la cédule qui aurait été donnée à l'effet d'abréger les délais;

2° Énoncer pareillement les prénoms, nom, profession et domicile du défendeur, avec ses conclusions.

Il est quelquefois à propos de rédiger sommairement les dires des parties pour l'intelligence de la cause : ce qui dépend de la sagacité du juge.

3° Viennent ensuite les motifs : lorsque l'affaire est un peu compliquée, il est commode d'énoncer séparément les motifs tirés du droit, et les motifs tirés du fait en cette matière. « Considérant, dans le droit, 1°...... 2°....... 3°.....; dans le fait, 1°.... 2°.... 3°..... »

4° Le dispositif contient la décision du tribunal, la liquidation des frais adjugés, le nom du juge qui a prononcé et la date du jugement.

☞ C'est une rédaction emphatique et presque ridicule que de dire, en jugeant au civil, *le tribunal... a dit, fait, ordonné...* Lorsqu'on juge tout seul, c'est se donner trop d'importance que de se qualifier de tribunal et surtout d'ajouter, comme nous en avons vu plus d'un exemple, que le tribunal en *a délibéré;* est-ce qu'on a besoin de dire qu'on a pensé avant de parler ?

☞ Le mot tribunal suppose en général une réunion de juges, et la mention qu'ils ont délibéré avant le jugement annonce qu'ils n'ont pas été d'accord à l'audience, et qu'il y a eu discussion dans la chambre du conseil pour concilier les opinions. Les juges de paix, statuant au civil, doivent parler d'eux en disant : « *nous, juges de paix,* estimons, ordonnons, etc. »

☞ Il est vrai qu'on dit et écrit le *tribunal* de police simple, mais c'est avec raison : car vingt arrêts ont jugé que le greffier et le ministère public en font partie intégrante à peine de nullité. Il se compose donc de trois membres ; il y a donc agrégation de personnes, et le mot *tribunal* peut s'employer en ce cas.

☞ Quant à la position des questions, c'est une fort mauvaise méthode que celle de les multiplier et diviser à l'infini : cela ne sert qu'à obscurcir et à embrouiller le point de droit et à grossir les rôles d'expédition.

☞ Notamment, il ne faut jamais faire des *dépens* une question, parce qu'elle est toute résolue par l'art. 130 du Code de procédure, portant que toute partie qui succombera sera condamnée aux dépens.

☞ Au reste, toutes ces questions et plusieurs autres sur la procédure sont traitées dans notre J. sp., 6, pag. 163 et suiv.; R. 86.                                                J. F.

140. Les art. 47 et 48 de la loi du 22 frimaire an VII sur l'enregistrement sont communs à tous les juges : ils s'appliquent aux juges de paix et à leurs suppléans comme aux autres juges; ainsi,

1° Il est défendu aux juges de paix et à leurs suppléans de rendre aucun jugement sur des actes non enregistrés, à peine d'être personnellement responsables des droits (*art.* 47).

2°. Toutes les fois qu'une condamnation est rendue sur un acte enregistré, le jugement doit énoncer le montant du droit payé, la date du paiement, et le nom du bureau où il aura été acquitté ( art. 48 ).

Les juges de paix ne peuvent pas connaître de l'exécution de leurs jugemens, encore qu'il s'agisse de sommes au-dessous de 100 francs (*Cour de Turin*, 6 mai 1813). J. sp. 2, p. 373; R. 177.

☞ Voyez pag. 12 ci-dessus.

## SECTION II.

### *Des jugemens par défaut.*

141. La partie condamnée par défaut peut former opposition dans les trois jours de la signification du jugement (art. 20). La signification étant faite le premier, l'opposition doit l'être au plus tard le 4; elle ne serait pas régulièrement formée le 5

Pour faire courir le délai, il faut que le jugement soit signifié par l'huissier de la justice de paix dont il est émané, ou à son défaut par un huissier commis par le juge de paix ( Cod. proc. civ., art. 20).

Autrement la signification serait nulle ( ☞ non pas nulle, mais comme non avenue. J. F.), et la partie condamnée serait toujours recevable à former opposition.

A ces trois jours, il faut ajouter le délai que nécessite l'éloignement des domiciles respectifs, à raison de 3 myriamètres par jours, toutes les fois que le défaillant ne sera pas domicilié dans la même commune que celui qui a obtenu le défaut. Si, par exemple, il y a trois myriamètres de distance entre le domicile du défaillant et celui du demandeur, il faudra ajouter un jour de plus; la signification ayant été faite le premier, l'opposition doit être formée au plus tard le 5; elle ne serait pas régulièrement formée le 6.

L'auteur du *Nouveau style de procédure civile*, pag. 19, pense, au contraire, dans le cas proposé, que l'opposition peut être formée le 6, et que c'est le sept seulement qu'on n'est plus à temps. Il se fonde sur l'art. 1033 du Code de procédure; il ne faut compter, dit-il, dans le délai de l'opposition ni le jour de la signification, ni celui de l'échéance.

Nous estimons que son avis ne doit pas être suivi.

L'art. 1033 porte : « Le jour de la signification ni celui de l'échéance ne sont jamais comptés pour le délai général fixé pour les ajournemens, les citations et autres actes faits à personne ou domicile; » il concerne les actes par lesquels le notifiant somme l'adversaire de se présenter au bout du délai réglé par la loi. Il s'agit ici du délai accordé au sommé. Mais le même article ne concerne pas les actes par lesquels le notifiant est tenu de remplir telles formalités dans le délai voulu par la loi. Il ne règle pas le délai du notifiant.

Pour le régler, il faut recourir à d'autres principes. Toutes les fois que la loi enjoint de remplir une formalité *dans* tel délai, le jour auquel on la remplit est nécessairement compris dans le délai. Si on la remplit le lendemain de l'expiration, la formalité, remplie hors du délai, n'est pas remplie *dans* le délai; le notifiant s'est écarté de la loi, il n'en a pas rempli le vœu.

L'opposition à un jugement doit être formée dans le courant

du délai indiqué, au plus tard le dernier jour; le lendemain elle n'est plus recevable. Ainsi il faut s'en tenir, pour l'opposition au jugement de la justice de paix, au calcul ci-dessus.

Dans l'art 1033. le jour de la signification est le jour duquel part le délai du notifié; le jour de l'échéance est celui auquel finit ce même délai. Dans l'opposition, au contraire, le jour de la signification n'est pas le jour duquel part le délai accordé au notifiant, mais le jour auquel finit ce délai. Comment donc appliquer la disposition de l'art. 1033 au délai de l'opposition et à toute espèce de délai accordé au notifiant, pour remplir telle formalité?

Le Vasseur a ici parfaitement raison, et la règle à suivre en ce cas a été consacrée, suivant son avis, par arrêt de Cass. du 6 juillet 1812. J. sp. 2, pag. 270; R. 127; il en résulte « que l'article 20 du Code de procédure disposant que la partie condamnée par défaut en justice de paix pourra former opposition dans les trois jours de la signification du jugement, s'il n'est signifié le 1ᵉʳ du mois, *le délai expire le* 4, et que l'on doit compter dans ce délai même les jours fériés; en d'autres termes, les trois jours ne doivent pas être *francs,* mais *complets.* » Voy. nos observations. J. sp. 2, pag. 270; R. 127.     J. F.

142. L'opposition doit contenir sommairement les moyens de la partie, et assignation au prochain jour d'audience, en observant toutefois les délais prescrits pour les citations. (*ibid.*). — Elle indique le jour et l'heure de la comparution. — La notification est sujette aux mêmes règles que la citation (*ibid.*).

Cette opposition doit encore être signifiée par l'huissier de la justice de paix, ou, en cas d'empêchement, par un autre huissier commis par le juge. Sans cela, la signification étant comme non avenue, le délai de la notification s'accomplirait, si elle n'était pas réitérée avant son échéance, dans la forme prescrite, et le jugement ne pourrait plus être attaqué que par la voie de l'appel, dans le cas où il est admis.

143. Lorsque le juge de paix sait par lui-même ou par les représentations qui lui sont faites à l'audience, par les proches voisins ou amis du défendeur, que celui-ci n'a pu être instruit de la demande dirigée contre lui, il peut, en adjugeant le défaut, fixer pour le délai de l'opposition le temps qui lui paraîtra convenable (art. 21), sans qu'il soit tenu de déduire ni d'exprimer ses motifs. Ces représentations doivent lui être faites

à l'audience, afin que la partie présente puisse les discuter. Elles n'autorisent pas le juge de paix à refuser le défaut, mais seulement à proroger le délai de l'opposition.

Dans le cas où la prorogation n'aurait été ni accordée d'office, ni demandée, le défaillant peut être relevé de la rigueur du délai, et admis à opposition, en justifiant qu'à raison d'absence on de maladie grave, il n'a pu être instruit de la procédure.

La loi ne détermine pas la forme qu'il doit observer. Il y a lieu de croire qu'il doit l'adresser préalablement au juge de paix, et obtenir de lui la permission d'assigner, pour voir dire qu'il sera reçu opposant. L'opposition au jugement par défaut d'un juge de paix, si elle contient *citation*, peut être faite sans commission spéciale, par l'huissier du domicile de la personne citée, au lieu de l'être par l'huissier du juge de paix qui a rendu le jugement ( *Cass., 6 juillet* 1814. J. sp. ).

Les jugemens par défaut rendus en justice de paix sont comme tous autres jugemens, susceptibles d'appel après les délais de l'opposition. La publication du Code de procédure a en cela abrogé la disposition particulière de l'article 4 , titre 3 de la loi du 14—26 octobre 1790 ( *Arrêt de la Cour de cass. du 7 novembre* 1820).

☞ Il en est un antérieur qu'il fallait citer de préférence ; il est du 8 août 1815. J. sp., 4, pag. 270 ; R. 137. C'est celui qui a établi la jurisprudence nouvelle et qui a fait cesser l'ancienne, suivant laquelle tout plaideur qui, manquant au respect dû au juge de paix, ne se présentait pas devant lui pour recevoir jugement, était exclus à jamais du droit d'appeler.

Telle était en effet la disposition de l'art. 4, titre 3 de la loi du 26 octobre 1790, portant « que les tribunaux de district ne pourraient *en aucun cas* recevoir l'appel d'un jugement de juge de paix, lorsqu'il aurait été rendu par défaut. »

☞ Le plaideur contumace n'avait donc en justice de paix d'autre recours que l'opposition. On avait voulu ainsi le forcer à subir le premier degré de juridiction et la décision du magistrat populaire, dans l'intention d'étouffer, par un seul jugement, tous ces petits procès, qui naissent et meurent au pied de ce tribunal paternel.

☞ Cette intention du législateur de 1790 était évidente. L'appel qu'il défendait en justice de paix, il le permettait pour les jugemens par défaut des tribunaux ordinaires. La cour de cassation a décidé que cette prohibition salutaire était abrogée par l'art. 445 du Code de procédure, qui semble cependant étranger aux justices de paix, et qui porte « que le délai pour interjeter appel court, pour les jugemens par défaut, du jour où l'opposition ne sera plus recevable. »

☞ C'est une nouvelle atteinte portée au pouvoir et à l'utilité de cette magistrature bienfaisante, que le Code de procédure a successivement dépouillée des plus beaux fleurons de sa couronne, en supposant toutefois ( ce qui nous paraît fort douteux ), que la cour de cassation interprète sainement ce Code, soit dans le cas dont il s'agit, soit lorsqu'elle admet l'appel de tout jugement de juge de paix, sur la seule allégation de l'incompétence, et aussi de tout jugement possessoire, malgré la limitation des dommages-intérêts à 50 francs.

Il nous semble difficile de combattre avec succès la force et la clarté des argumens présentés lors de l'arrêt du 8 août 1815, cité ci-dessus par le défendeur en cassation ( qui a néanmoins succombé ), pour établir que le Code de procédure n'a point abrogé la disposition de la loi d'octobre 1790. S'il l'a abrogée, nous pensons qu'il a fait une chose très fâcheuse au bien de la justice : car nulle disposition n'était plus sage, plus avantageuse aux plaideurs, plus propre à faire respecter le tribunal de paix, que, depuis l'arrêt ci-dessus, on peut braver impunément. Mais est-il bien évident que cette abrogation résulte de toutes les inductions péniblement accumulées dans l'arrêt de la cour, et qui, toutes puisées dans la lettre de la loi, nous paraissent directement contraires à son esprit ? Quoi qu'il en puisse être, il est du moins constant que d'année en année la jurisprudence affaiblit l'autorité et la considération des justices de paix, et qu'au lieu d'être, comme on l'avait voulu d'abord, des tribunaux sans formes et sans frais, le temps en a fait un dédale de formalités, et un riche aliment pour la chicane, dont se sont avidement emparés les praticiens des tribunaux d'arrondissement.   J. F.

144. La partie opposante qui se laisse juger une seconde fois par défaut n'est pas reçue à former une nouvelle opposition.

SECTION III.

*Des jugemens sur action possessoire.*

145. L'action possessoire est celle par laquelle on agit pour

être maintenu dans la possession d'un fonds ou d'un droit réel dont un tiers veut s'emparer, ou pour y être rétabli quand on en a été privé.

Cette action s'appelle *complainte*, quand on n'a pas perdu la possession, parce qu'on se plaint du trouble qu'on éprouve ; et *réintégrande*, quand on en a été évincé, parce qu'on demande a y être réintégré.

C'est une action réelle qui doit être portée devant le juge de la situation du fonds dont il s'agit. Elle est maintenant de la compétence des juges de paix.

146. Pour qu'il y ait lieu à l'action en complainte ou en réintégrande, il faut d'abord que le demandeur soit en possession paisible et non à titre précaire, c'est-à-dire qu'il possède *animo domini*, comme propriétaire depuis un an, au moins, avant le trouble. La raison de la première règle est que pour pouvoir se plaindre du trouble apporté à sa possession il faut l'avoir. Car celui qui ne possède pas depuis un an n'a pas encore la possession de droit, mais seulement une détention de fait. Ce n'est que par la révolution d'une année que cette détention devient une possession civile. Celui qui n'a la chose qu'à titre précaire ne la possède pas, puisqu'il n'a pas l'intention de la conserver pour lui. Il est seulement, comme le disent les lois romaines, *in possessione*, c'est le propriétaire qui possède par son ministre.

La raison de la seconde règle est que celui qui a laissé écouler un an depuis qu'il a été troublé, sans donner l'action en complainte ou en réintégrande, a perdu la possession qui a passé dans la personne de l'auteur du trouble, ainsi qu'il résulte des principes ci-dessus exposés, et par conséquent c'est à celui-ci qu'appartient maintenant l'action possessoire ( *Cod. de proc.*, art. 23 ).

147. On ne peut pas cumuler le pétitoire et le possessoire (art. 25).

Le pétitoire est l'action par laquelle on réclame la propriété ; il est évident, en effet, que l'on doit d'abord statuer sur la possession, parce que la cause de celui qui possède est toujours provisoire et la plus favorable, *melior causa possidentis*. S'il s'agit d'une réintégrande, il faut avant tout rétablir le propriétaire expulsé. *Ante omnia spoliatus est restituendus.* Ce n'est qu'après ces préliminaires que l'on peut s'occuper de la question de propriété qui fait l'objet du pétitoire.

148. C'est pour cela que, si le trouble est dénié ou la possession contestée, et que l'on ordonne une enquête, il est défendu de la faire porter sur le fond du droit (art. 24); on ne doit écouter les témoins que sur le fait de la possession ou du trouble seulement, et écarter tout ce qui peut être relatif à la propriété.

En un mot, le pétitoire et le possessoire ne peuvent être cumulés d'aucune manière, ni par les parties, ni d'office par le juge, ni par un jugement de jonction. Au reste, ce dernier cas ne peut point arriver aujourd'hui, que les juges du possessoire et du pétitoire ne sont plus les mêmes.

149. Si les parties devant le juge de paix consentaient à procéder sur le pétitoire, il devrait les renvoyer à se pourvoir devant les juges qui en doivent connaître, à moins qu'elles ne consentissent à être jugées par lui sur ce point, auquel cas il ne devrait plus s'occuper du possessoire.

150. Le demandeur au pétitoire n'est plus recevable à agir au possessoire (art. 26).

Pierre forme sa demande contre Paul au pétitoire devant le tribunal civil. Depuis il intente devant la justice de paix action au possessoire contre le même Paul, soit sans s'être désisté de la première, soit après s'en être désisté ; Paul se présente devant le juge de paix, et justifie de la demande précédemment formée contre lui : Pierre doit être déclaré non recevable par le juge de paix.

☞ Toutefois, nous avons fait remarquer, lorsqu'il a été traité ci-dessus des actions possessoires, 1° que lorsque les parties sont déjà en instance au pétitoire, celle qu'on trouble durant le procès dans sa possession ne peut porter sa demande en maintenue que devant le juge de paix, et que le tribunal d'arrondissement doit renvoyer devant ce juge. Cass. , 28 juin 1825. J. sp. 6, pag. 27; R. 16.

151. Le demandeur au possessoire est recevable à agir par la suite au pétitoire, soit qu'il abandonne son action possessoire, soit qu'après l'avoir suivie il en soit débouté.

152. Le défendeur au possessoire ne peut se pourvoir au pétitoire qu'après que l'instance sur le possessoire aura été terminée (art. 27).

S'il gagne, c'est au demandeur qui a succombé à se pourvoir au pétitoire, si bon lui semble.

Lorsque le défendeur au possessoire succombe, il ne peut

*Tome I.*                                                      10

être écouté au pétitoire qu'après avoir pleinement satisfait aux condamnations prononcées contre lui ( art. 27 ); il doit préalablement réparer le trouble par lui causé. Si néanmoins la partie qui a obtenu ces condamnations est en retard de les faire liquider, le juge du pétitoire peut fixer pour cette liquidation un délai après lequel l'action au pétitoire sera reçue (ibid.).

L'héritier de celui qui possédait peut donner cette action, pourvu toutefois que ce soit dans l'année du trouble, parce qu'il représente le défunt, et que la possession de son auteur se continue en sa personne. Il faut dire la même chose du légataire ou du donataire de l'acheteur, ou de tout autre successeur à titre singulier, parce que toutes ces personnes sont au lieu de leur auteur, et reçoivent ainsi sa possession.

Pour donner lieu à la complainte, la simple détention ne suffit pas ; il faut la possession ou civile, ou actuelle ou naturelle.

De même on peut donner cette action contre les successeurs, soit à titre universel, soit à titre particulier de l'auteur du trouble.

L'année du trouble, pour donner cette action, court contre toutes sortes de personnes, mineurs, interdits ou autres, et sans espérance de restitution.

Celui qui est troublé en sa possession a, pendant l'année du trouble, le choix de se pourvoir ou au pétitoire ou au possessoire ; mais, quand il a pris le premier parti, il ne peut plus varier ni revenir à la demande en complainte. Au contraire, celui qui a donné la demande en complainte peut l'abandonner pour se pourvoir au pétitoire.

Si l'auteur du trouble avait, pour prévenir la complainte, formé la demande au pétitoire, la partie troublée qui voudrait se faire maintenir devrait, sans fournir aucune défense, intenter l'action possessoire devant le juge de paix ; et alors, sur le vu de sa citation, il faudrait suspendre l'instruction du pétitoire jusqu'après le jugement du possessoire.

On demande si la partie qui a succombé sur une demande en réintégrande, et qui est condamnée à restituer la possession qu'elle avait envahie, et qui refuse de satisfaire au jugement, peut y être contrainte par corps.

Il y a division sur cette question. Ceux qui soutiennent l'affirmative se fondent sur le terme *réintégrande*, employé dans l'article 2060 du Code civil : or, la réintégrande est une action possessoire qui n'a aucun trait avec les propriétés avec lesquelles elle ne peut pas même être mêlée.

Ceux qui sont pour la négative invoquent le terme *propriétaire* employé dans le même article, d'où ils concluent qu'il n'y a que celui qui a la propriété qui puisse demander la contrainte par corps.

Cette question se décide d'un seul mot : le Code dit que la contrainte par corps a lieu en matière de réintégrande ; donc il l'admet pour l'action possessoire, cela est indubitable ; car, dans l'article suivant, il parle du pétitoire et l'admet encore. Ainsi, il ne peut y avoir lieu à contestation.

Mais le juge de paix dont le jugement n'a point été attaqué peut-il ordonner la contrainte par corps ?

Je ne le pense pas, cela est au-dessus de ses pouvoirs ; il faut s'adresser au tribunal de première instance où il ressortit.

153. Les jugemens sur les actions possessoires sont presque toujours sujets à l'appel. La justice de paix ne peut en connaître en dernier ressort qu'autant que l'objet de la demande serait d'une valeur déterminée à la valeur de 50 francs et au-dessous ; mais la valeur du possessoire ne peut être déterminée que dans des circonstances extraordinaires.

☞ Elle l'était très facilement, et d'après la loi et d'après la jurisprudence, par la fixation des dommages-intérêts à 50 fr. L'arrêt du 25 mai 1822 a changé tout cela. J. sp. p. 2do ; R. 94.

SECTION IV.

*Des jugemens qui ne sont pas définitifs.*

154. Les jugemens non *définitifs* sont ceux qui ne terminent pas la contestation, et sont dans le cas d'être suivis d'un jugement subséquent pour la terminer. Parmi ces derniers, il faut distinguer les jugemens *préparatoires* et les jugemens *interlocutoires*, ainsi qu'il sera expliqué en traitant de l'appel au présent chapitre, art. 7, § I. La loi d'octobre 1790 n'avait pas fait cette distinction ; elle considérait tout jugement non *définitif* comme un simple *préparatoire*.

Le jugemens qui ne sont pas définitifs ne sont pas expédiés, quand ils sont rendus contradictoirement et prononcés en présence des parties (art. 28).

La prononciation en la présence des parties vaut signification; en conséquence, en cas de remise, elle vaut invitation et même citation pour se trouver à la nouvelle audience indiquée.

Dans le cas où le jugement ordonne une opération à laquelle les parties doivent assister, il indique le lieu, le jour et l'heure. La prononciation vaut citation à l'effet de s'y trouver (*ibid.*). Il n'est pas nécessaire, comme sous la loi de 1790, que les parties soient averties par le juge que la prononciation vaut citation.

Le fait que le jugement a été prononcé en présence des deux parties ne pouvant se prouver que par l'énoncé du jugement, il est nécessaire qu'il y soit consigné, quoique la loi ne le dise pas en termes précis.

155. Lorsque le jugement non définitif est rendu par défaut contre l'une des parties, ou lorsque après s'être défendue contradictoirement elle n'a pas été présente à la prononciation du jugement, il est indispensable de le signifier à la partie en l'absence de laquelle il a été prononcé, afin qu'elle soit avertie des jour, lieu et heure de l'opération ordonnée, à laquelle on lui fait sommation de se trouver.

156. Lorsque le jugement ordonne une opération par les gens de l'art, le juge délivre à la partie requérante cédule de citation pour appeler les experts (art. 29). — Elle fait mention du lieu, du jour, de l'heure, et contient le fait, les motifs et la disposition du jugement, relative à l'opération ordonnée (*ib.*).

Lorsque le jugement ordonne une enquête, la cédule de citation pour les témoins fait mention de la date du jugement, du lieu, du jour et de l'heure (*ibid.*).

157. Toutes les fois que le juge de paix se transporte sur le lieu contentieux, soit pour en faire la visite, soit pour entendre les témoins, il est accompagné du greffier qui apporte la minute du jugement qui ordonne l'opération (art. 30).

Cet apport de la minute est nécessaire pour préciser l'objet de la visite ou l'objet de l'enquête; il doit en être fait lecture aux gens de l'art et aux témoins.

## SECTION V.

### *Des minutes et expéditions des jugemens.*

158. Suivant la loi des 14 et 18-26 octobre 1790, tit. V,

art. 3, le greffier de la justice de paix devait tenir, pour chaque affaire, une minute détachée et particulière en forme de cahier, s'il était nécessaire. Sur ce cahier étaient écrits successivement, et à leur date, tous les jugemens préparatoires et le jugement définitif (*ibid.*). Dans les affaires sujettes à l'appel, étaient pareillement écrits sur le même cahier tous les actes d'instruction, de manière que le cahier présentait avec le jugement définitif le tableau de l'instruction qui l'avait précédé.

Il n'en est pas de même maintenant : le greffier de la justice de paix tient une feuille d'audience ; sur cette feuille sont portées les minutes de tous les jugemens qui y sont rendus (*Cod. de proc. civ., art.* 18).

Elles sont signées (*ibid.*) par le juge qui a tenu l'audience, soit le juge de paix, soit le suppléant qui l'a remplacé ; elles sont aussi signées par le greffier (*ibid.*).

☞ Il suffit que l'expédition énonce que le jugement a été signé par le juge et par le greffier ; il n'est pas besoin que ces signatures soient textuellement relatées. Cass., 24 mai 1821. J. sp. 1, pag. 240 ; R. 118. Obs. de l'édit., id., pag. 242.

☞ Que doit faire le greffier dans le cas où un juge de paix, après avoir prononcé un jugement, ne veut pas ou ne peut pas le signer ? J. sp., id., pag. 243.

☞ L'obligation imposée au juge de paix d'avoir assisté à toutes les audiences s'entend des audiences relatives à la décision définitive du fond de la contestation. Peu importe que le juge, auteur de la décision définitive, ait ou n'ait pas pris part à des jugemens préparatoires. Cass., 19 novembre 1818. J, sp. 3, pag. 107 ; R. 52.

☞ L'absence des motifs sur quelques chefs n'entraîne point la nullité lorsque ces chefs ne sont que des conséquences des autres chefs motivés. Id., id.

☞ Le jugement prononcé à une autre audience que celle où les parties ont pris leurs conclusions et ont plaidé ne cesse pas d'être contradictoire, parce que l'une des parties n'a pas assisté à sa prononciation. Cass., 22 mars 1825. J. sp. 5, p. 312 ; R. 159. J. F.

159. Les vues du législateur sont qu'il y ait un dépôt permanent de tous les actes de la justice de paix ; mais il n'a pas voulu confier ce dépôt permanent au greffier de la justice de paix. Cet officier est seulement dépositaire des minutes cou-

rantes. Les anciennes doivent être transférées dans un autre dépôt. Il doit remettre chaque année, au dépôt indiqué, la feuille d'audience et minutes de l'année précédente.

Cette remise ne peut être faite dans les premiers jours de l'année ; il faut que les minutes restent aux mains du greffier jusqu'à la fin des affaires courantes.

Ce n'est qu'après qu'elles sont terminées qu'il peut s'en dessaisir.

Les juges de paix peuvent, par décisions nouvelles, interpréter leurs précédentes décisions lorsqu'elles sont vagues ou obscures. Cass., 10 juillet 1817. J. sp. 3, pag. 13 ; R. 5. Obs. de l'édit., id., pag. 15 ; R. 6.   J. F.

160. Le dépôt dans lequel doivent être remises les minutes de la justice de paix n'a pas toujours été le même : c'était, dans l'origine, le greffe des tribunaux de district. A la suppression de ces tribunaux, ces actes auraient passé au greffe du tribunal civil du département qui lui était substitué, c'est-à-dire le plus souvent dans un lieu très éloigné des justiciables, et très incommode pour ceux qui ont des recherches à y faire. Le législateur ayant senti que l'institution des juges de paix étant faite pour que chaque citoyen y trouvât, comme au milieu de la famille, la justice et la paix, les actes émanés d'eux et leurs jugemens devaient toujours être à la portée des justiciables ; que le dépôt des minutes qu'il faudrait faire désormais dans le greffe des tribunaux civils de département contredirait manifestement le but de la justice de paix, puisqu'il occasionerait des frais, des pertes de temps et des suspensions de travaux qu'il est dans l'intention de la loi d'épargner ; ces motifs ont déterminé la loi du 26 frimaire an IV, qui, d'une part, ordonne (art. 21) la remise au greffier du juge de paix de tous les actes de la juridiction déposés dans les greffes des tribunaux de district ; et de l'autre, veut (art. 4) que les minutes des juges de paix en matière civile soient déposées dans un local de l'administration municipale.

Ce dépôt doit contenir toutes les minutes des juges de paix en matière civile depuis leur institution, tant celles de l'an IV et suivantes qui y ont été déposées successivement chaque année, que celles antérieures à l'an IV, qui, après avoir été rétablies au greffe des juges de paix, en vertu de la loi ci-dessus, ont dû y être déposées à la fin de l'an IV.

161. Quoique le greffier de la justice de paix ne soit pas le gardien des anciennes minutes, néanmoins c'est lui qui est chargé d'en délivrer des expéditions (*ibid.*).

162. La même loi oblige le greffier à tenir un répertoire (*ib.*, *art.* 3) coté et paraphé par le juge de paix, sur lequel il inscrit, jour par jour, les dates des actes, leur nature, celle des procès-verbaux et jugemens faits et rendus par le juge de paix, avec les noms des citoyens qui y sont parties.

Les actes à insérer sur ce répertoire sont ceux dont il reste minute au greffe, les seuls dont il puisse être fait recherche par la suite, les seuls dont s'occupe cette loi, comme on le voit par son préambule et par ses quatre articles; ainsi, mal à propos inscrirait-on sur ce répertoire les cédules, les visas et autres actes dont il ne reste pas minute.

Ce répertoire peut être tenu à trois colonnes, dont la première contiendra la date des actes, la seconde leur nature, la troisième le nom des parties.

163. La loi du 22 frimaire an VII, sur l'enregistrement, assujettit les greffiers à tenir un autre répertoire (*art.* 49); il doit être coté et paraphé par le juge de paix (*art.* 53), et tenu à colonnes (*art.* 49).

Le greffier doit écrire jour par jour sur ce répertoire, sans blanc ni interligne, et par ordre de minutes, tous les actes et jugemens qui doivent être enregistrés sur la minute, à peine d'une amende de cent francs pour chaque omission (*article* 49).

Chaque article de ce répertoire (*art.* 50) doit contenir, 1° son numéro; 2° la date de l'acte; 3° sa nature; 4° les noms et prénoms des parties et leur domicile; 5° l'indication des biens, leur situation et le prix, lorsqu'ils auront pour objet la propriété, l'usufruit et la jouissance de biens-fonds; 6° la relation de l'enregistrement.

La loi indique l'objet de chaque colonne; il faut s'y conformer.

Le greffier de la justice de paix peut, sans inconvénient, supprimer la cinquième colonne relative à l'indication des biens-fonds, parce que les juges de paix ne pouvant connaître des actions réelles concernant la propriété, l'usufruit ou la jouissance du bien-fonds. Il est vrai que le procès-verbal à dresser au bureau de paix peut contenir conciliation sur des pa reils objets : en ce cas particulier, qui se présentera bien rarement, il en sera fait mention particulière.

La quatrième colonne peut se subdiviser en deux, pour marquer, 1° le nom et le prénom, 2° le domicile des parties.

Au moyen de ce qui vient d'être observé, le répertoire contiendra six colonnes, conformément au modèle ci-après (à la suite du traité).

164. Le second répertoire diffère du premier en ce que le premier doit contenir tous les actes judiciaires; le second ne doit contenir d'actes judiciaires que ceux sujets à enregistrement sur minute. Ce premier ne contient que des actes émanés de la juridiction contentieuse; le deuxième, au contraire, comprend tous les actes sujets à enregistrement sur la minute, émanés de la justice de paix, à quelque titre que ce soit, 1° comme tribunal contentieux; 2° comme bureau de conciliation; 3° même les actes émanés des justices de paix, qui ne tiennent ni à l'une ni à l'autre de ces deux parties.

Tels sont, dans le premier cas (*ibid.*, *art.* 7), 1° les nominations d'experts; 2° les procès-verbaux et rapports; 3° les jugemens par lesquels il est prononcé des condamnations sur des conventions sujettes à l'enregistrement sans énonciation de titres enregistrés.

Dans le second cas (*ibid.*), tous procès-verbaux généralement quelconques des bureaux de paix, portant conciliation et non conciliation, défaut ou congé, remise ou ajournement.

Dans le troisième cas (*ibid.*), 1° les procès-verbaux d'apposition, de reconnaissance et de levée de scellés; 2° les oppositions à levée des scellés par comparution personnelle; 3° les nominations de tuteurs et curateurs; 4° les avis de parens; 5° les émancipations.

165. Les greffiers sont tenus, tous les trois mois, de représenter le répertoire dont il vient d'être parlé au receveur de l'enregistrement de leur résidence, qui le vise (*ib.*, *art.* 51).

Ils doivent faire cette présentation dans les dix premiers jours du mois qui commence chaque trimestre: janvier, avril, juillet et octobre, à peine d'une amende de dix fr. par chaque jour de retard (*ibid.*) (La loi dit *nivôse, germinal, messidor et vendémiaire*, pour se conformer au calendrier qui subsistait alors; nous avons fait la substitution nécessaire pour se rapporter au calendrier grégorien, dont l'usage a été rétabli à dater du 1er janvier 1806).

Ils doivent aussi, dans le cours de chaque trimestre, le communiquer au préposé toutes les fois qu'ils en sont requis (*ibid.*, art. 51).

166. Lorsqu'il n'y a pas d'appel d'un jugement définitif, il suffit de lever ce jugement seul pour le mettre à exécution (*Loi des* 14 *et* 18-26 *octobre* 1790, *tit.* 8, *art.* 6). Il en est de même, à plus forte raison, si le jugement n'est pas sujet à l'appel.

Lorsqu'il y a appel du jugement rendu en premier ressort, le greffier délivre une expédition contenant la série des jugemens préparatoires, enquêtes, procès-verbaux de visite, et autres actes qui ont formé l'instruction de l'affaire (*ibid.*).

Les expéditions sont signées du juge de paix et du greffier (*ibid., art.* 7); elles sont scellées gratuitement du sceau du juge de paix.

167. L'article 141 du sénatus-consulte organique du 28 floréal an XII s'applique à la justice de paix comme aux autres tribunaux; en conséquence, les expéditions exécutoires des jugemens émanés de la justice de paix sont rédigées suivant la formule prescrite en cet article, et qui sera détaillée aux formules d'actes qui entrent dans la seconde partie de cet ouvrage.

☞ Il s'agit bien aujourd'hui de S.-C. organique ! Il est aisé de voir que tout cela est écrit il y a quinze ou vingt ans, et n'a pas été revu depuis, malgré les annonces fastueuses du frontispice, ou, ce qui est la même chose, a été revu par des yeux incapables. C'est l'ordonnance du 30 août 1815 qui fait la règle actuelle des expéditions, tant des jugemens de justice de paix que de ceux des autres tribunaux. On la trouve à sa date, 2e part. de ce Manuel.　　　J. F.

168. Tous actes et jugemens qui ne sont pas soumis à enregistrement sur la minute le sont sur les expéditions (*loi du* 22 *frimaire an VII, art.* 7). Cette disposition générale s'applique aux justices de paix comme aux tribunaux.

*Nota.* Voyez ci-après, au recueil chronologique des lois, l'ordonnance du 5 novembre 1823, relative à la vérification des registres des actes judiciaires.

☞ Cette ordonnance mérite un peu plus de détails: elle

est très importante à connaître pour les greffiers nouvellement nommés. Elle les assujettit à des obligations rigoureuses et pénibles, tant pour eux que pour leurs juges de paix. Il est difficile de croire qu'elle soit exécutée pendant longues années : elle tombera en désuétude comme beaucoup d'autres règlemens fort beaux en théorie, inexécutables dans la pratique. J. F.

## SECTION IV.

### *Des Dépens.*

169. Celui qui succombe au tribunal de paix doit être condamné aux frais. *La loi des 14 et 18 — 26 octobre 1790 en règle (tit. 9) la taxe.* ☞ La négligence des continuateurs de ce Manuel est impardonnable en cet endroit. Il est de la dernière évidence qu'ils n'ont pas lu le livre qu'ils prétendent avoir corrigé, ou, s'ils l'ont lu, il faut qu'ils soient absolument étrangers aux principes les plus élémentaires de la procédure, pour avoir laissé subsister dans ce Manuel que la taxe des dépens en justice de paix est réglée aujourd'hui par la loi d'octobre 1790. Il est connu du dernier clerc d'avoué qu'elle l'est par le liv. 1er du décret imp. du 16 février 1807. J. F.

L'art. 1er de ce titre porte : « Les dépens qui seront adjugés à celui qui aura gagné la cause seront réduits à ceux qui seront ci-après réglés, lorsque cette partie sera domiciliée dans le canton, ou aura été représentée par un fondé de pouvoir domicilié dans le canton. »

On voit que le législateur songeait à établir des dépens plus considérables en faveur de celui qui se déplace de son canton, lui ou son fondé de pouvoir ; mais comme les articles suivans ne contiennent qu'un texte uniforme sans aucune indemnité particulière relative au déplacement, la faveur que le législateur voulait accorder est demeurée sans exécution.

Quoique la loi ne parle pas des frais du timbre et d'enregistrement, ils font partie des dépens : ils sont un déboursé réel.

170. Au-delà des frais de timbre et d'enregistrement, il ne peut être exigé des parties, ni taxé en dépens, que les sommes ci-après, savoir :

Pour chaque notification de citation ou signification de jugement, un franc (*Ibid.* art. 2.).

Pour la délivrance d'un jugement définitif, un franc (*Ibid.*).

Pour chacun des jugemens préparatoires, enquêtes, ou procès-verbaux de visite, délivrés avec le jugement définitif en cas d'appel, 50 cent. (*Ibid.*).

Pour la délivrance séparée d'un jugement préparatoire contre une partie défaillante, 75 cent. (*Ibid.*).

Pour la vacation du greffier assistant le juge de paix, lorsqu'il se transportera sur le lieu, un franc (*Ibid.*).

Pour la vacation des gens de l'art, appelés par le juge de paix; s'ils sont employés la journée entière, y compris l'allée et le retour, à chacun 3 francs (*ibid.*), et s'ils n'ont employé qu'un demi-jour, 1 fr. 50 (*ibid.*).

Le juge de paix peut augmenter cette taxe relativement aux gens de l'art d'une capacité plus distinguée (*Ibid.*).

En rapportant les dispositions ci-dessus relatives à la taxe, nous avons substitué le franc à la livre, et les centimes aux sous, c'est l'esprit des lois postérieures : lorsqu'il y a plusieurs notifications des citations à faire dans la même commune, il est payé et taxé un franc pour la première de ces notifications, et 50 cent. pour les autres (*ibid.* art. 3). La loi porte le mot de *municipalité* et non pas celui de *commune*, qui exprimait alors la même étendue de territoire, chaque commune ayant la municipalité; maintenant que plusieurs communes forment une seule municipalité, il faut substituer celui de *commune* pour avoir le vrai sens de la loi.

Tout ce qu'on vient de lire ci-dessus est un tissu d'erreurs. Cela est cependant copié dans les sixième et huitième éditions, données par les sieurs Roret et Rondonneau. C'est ainsi que le public est servi! La taxe actuelle est entièrement différente, elle se trouve dans le livre 1er du tarif du 16 février 1807, que nous ne copions point ici, pour abréger. Il y a vingt ans que ce tarif est en vigueur, et MM. les auteurs des éditions qui ont précédé la nôtre ne paraissent pas se douter qu'il existe, et ils inondent le royaume de prospectus où ils nous portent le défi de relever *une* erreur dans leurs éditions; ils ont raison, car nous en avons signalé deux cents.            J. F.

171. La loi n'accorde aucune indemnité aux témoins, ainsi elle ne peut entrer en taxe. Cette omission ne peut pas passer pour un oubli. La loi, parlant de la notification aux témoins, n'aurait pas manqué de parler de leur indemnité, si elle avait voulu qu'elle passât en taxe.

Appliquez à cette remarque notre précédente note. En

effet, il y a également vingt ans que l'art. 24 du tarif du 16 février 1807 accorde une taxe aux témoins.

☞ Voyez aussi la loi ou budget du 28 avril 1816 sur les droits de timbre et d'enregistrement des minutes et expéditions des jugemens et autres actes de la justice de paix : les lois de l'an VII avaient déjà porté une rude atteinte aux intentions paternelles des créateurs de l'institution ; mais la loi du 28 avril 1816 a enchéri et a rendu presque ridicule le fameux rapport du bon Thouret, qui annonçait à l'assemblé constituante qu'une *affaire simple* (nous copions textuellement le rapport) *ne coûterait que 3 livres, y compris la délivrance et la signification du jugement !* Voyez ci-après le tome 3 de ce Manuel, p. 251.                                            J. F.

172. Lorsque la partie à laquelle les dépens sont adjugés requiert la délivrance du jugement, elle remet aux greffiers les originaux des différentes citations et notifications qu'elle aura fait faire, tant à sa partie qu'aux témoins et gens de l'art (*Ibid.*, art. 4. ).

Sur ces pièces, le juge de paix liquide les dépens dans lesquels il comprend le coût de la délivrance et de la signification du jugement (*ibid.*).

L'expédition du jugement exprime le montant de la liquidation (*Ibid.*).

### SECTION VII.

*Des suites des jugemens.*

173. Le jugement émané de la justice de paix a différentes suites, suivant que le condamné l'exécute volontairement, le laisse exécuter ou se pourvoit contre.

Au premier cas, point de difficulté ; au second cas, l'exécution forcée ne diffère point de l'exécution forcée des jugemens rendus par les autres tribunaux. Il existe trois moyens de se pourvoir contre les jugemens de la justice de paix : l'opposition, l'appel et la cassation.

L'opposition a lieu contre les jugemens par défaut, voyez ce qui a été dit ci-devant.

L'appel et la cassation seront la matière de deux paragraphes.

174. Nous observons que les jugemens émanés de la justice de paix confèrent l'hypothèque judiciaire à l'instar des juge-

mens des autres tribunaux. L'art. 2123 du Code civil, qui fait résulter l'hypothèque des jugemens, ne fait à cet égard aucune distinction.

§. Ier.

*De l'Appel.*

175. L'appel des jugemens rendus par les juges de paix se porte devant le tribunal civil de première instance (loi du 27 ventôse an VIII, art. 7).

☞ La partie qui a été présente à l'audition des témoins produits par son adversaire, et qui a fait elle-même procéder à une contre-enquête sans protestation ni réserve, n'est plus recevable à appeler du jugement qui a ordonné l'enquête. Cass., 1er août, 1820. J. sp., 1, pag. 63 ; R. 3.

☞ La prescription de 4 mois ne court qu'à compter des jugemens interlocutoires rendus sur le fond, et n'a point lieu à l'égard de ceux qui interviennent sur les incidens. Cass., 31 août 1813. J. sp. 4, pag. 103 ; R. 52.

☞ Le défendeur qui, par les chicanes et les incidens qu'il a élevés, a donné lieu à la prolongation de l'instance, n'est point recevable à faire valoir la prescription. *Id.*, 4 février 1807. J. sp. 4, p. 108 ; R. 55.

176. L'appel n'est plus recevable après les trois mois à dater du jour de la signification faite par huissier de la justice de paix, ou tel autre commis par le juge (Code de procédure civil, art. 16).

Si la signification est faite le 12 janvier, les trois mois suivans durent jusques et compris le 12 avril : le lendemain 13, l'appel n'est plus recevable.

177. La signification faite par un huissier autre que celui de la justice de paix, ou celui commis par le juge, fait-elle courir les délais de l'appel ?

Nous avons déjà dit que la citation donnée par tout autre huissier que celui de la justice de paix ou commis, à son défaut, par le juge, était nulle ; il doit en être de même de la signification des jugemens ; elle est comme non avenue, et ne fait pas courir le délai de l'appel. C'est le sens de l'art. 16 qui vient d'être cité. Il ne fait pas courir les délais *du jour de la signification* seulement, mais *du jour de la signification faite par l'huissier de la justice de paix, ou tel autre commis par le juge.*

☞ La signification par tout autre huissier que celui de la jutice de paix ne serait pas nulle, parce que la loi ne prononce pas cette nullité; mais, émanant d'un officier sans qualité, elle serait comme non avenue. Ce serait un acte frustratoire, aux frais de l'huissier signifiant (Code de proc., art. 1031). Il laisserait à la partie condamnée le droit d'appeler indéfiniment et jusqu'à signification légale et régulière. Tout cela est traité à fond. J. sp. 3, p. 33; R. 15.

☞ Il faut distinguer entre la signification du jugement et l'exécution. Quant à la signification, elle ne peut être valablement faite pour faire courir les délais de l'appel, aussi-bien que pour rendre le jugement exécutoire, que par l'huissier du juge de paix. Tant que cet huissier ne l'a pas notifié, le jugement n'est pas complet, n'est pas exécutoire; le législateur a commis expressément l'huissier du juge de paix pour qu'il soit bien constant que le débiteur a eu connaissance de la décision portée contre lui. Mais, pour la mise à exécution de ces jugemens, une fois qu'ils ont été signifiés, tous les huissiers de l'arrondissement ont concurrence avec ceux du juge de paix.

☞ En disant que le jugement sera signifié par l'huissier de la justice de paix, le Code entend-il indiquer indifféremment ou l'huissier du juge qui a prononcé, ou celui de la justice dans le ressort de laquelle le jugement doit être notifié? Par exemple, si un jugement rendu à Lyon sur une action possessoire devait être signifié à Paris, l'huissier de Lyon devrait-il faire cent lieues pour exécuter cette signification? Non; mais le juge de Lyon ordonnerait que la signification serait faite par tel huissier qu'il plairait au juge de paix du domicile à Paris de commettre.                    J. F.

178. L'appel du jugement susceptible d'opposition n'est pas recevable pendant la durée du délai pour l'opposition (art. 455). Cet article, général pour les tribunaux inférieurs, s'applique aux justices de paix.

179. Autrefois, c'était la qualification donnée au jugement de la justice de paix qui le rendait, ou non, sujet à l'appel: était-il qualifié en premier ressort? par là même il devenait sujet à l'appel, quand même il aurait été rendu en matière qui était de la compétence en dernier ressort.

Était-il qualifié en dernier ressort? il était non sujet à l'ap-

pel , quand même il aurait été rendu en matière non sujette
au dernier ressort.

Le Code de procédure civile fait dépendre la faculté d'appeler, non de la qualification du jugement, ce qui la laissait à
la discrétion du juge qui le rendait , mais de la nature même
de l'affaire , ce qui est bien plus conforme aux principes et à
l'ordre juridictionnel.

En conséquence, le jugement est-il rendu sur une matière
où le juge ne peut prononcer qu'en première instance? l'appel
en est recevable, quand même il aurait été qualifié en dernier
ressort ( art. 453);

Le jugement est-il rendu en matière dont la connaissance
en dernier ressort appartient au premier juge? l'appel est non
recevable , quand même on aurait omis de qualifier le jugement , ou quand même il aurait été qualifié en premier ressort (*ibid.*).

180. Par suite du même principe, le jugement est-il attaqué pour cause d'incompétence? la question de compétence
qui intéresse l'ordre public doit subir deux degrés de juridiction; en conséquence, lorsqu'il s'agit d'incompétence, l'appel
est toujours recevable, encore que le jugement ait été qualifié
en dernier ressort (art. 454). La proposition d'incompétence
rend les jugemens des juges de paix soumis à l'appel , lors
même qu'il eût pu d'ailleurs être statué en dernier ressort
( *Arrêt de la cour de cassation* , du 22 avril 1811 : J. sp. 3 ,
p. 21; R. 16).

☞ Nous avons traité plus haut, p. 111, cette question
avec détails.                J. F.

181. L'appel interjeté, tant pour incompétence qu'autrement , est toujours recevable, au moins pour le premier chef.
Lorsque le tribunal civil estime que le juge de paix était entièrement incompétent , il annule le jugement incompétemment rendu.

Lorsque le tribunal civil estime que le juge était seulement
compétent pour connaître en premier ressort , il annule la
disposition qui rend le jugement souverain , et reçoit l'appel
du fond pour y statuer soit sur-le-champ , soit par la suite.

☞ Le tribunal d'arrondissement commet un excès de pouvoir, lorsqu'en infirmant la sentence il retient la cause pour
y statuer par un second jugement, après avoir ordonné par le
premier quelque opération préalable qui est ainsi soustraite à

la juridiction du juge de paix. Cass., 28 avril 1823. J. sp. 5, pag. 5; R. 4.

☞ Le tribunal d'arrondissement, lorsqu'il infirme, doit statuer sur le fond par le même jugement, ou renvoyer la cause devant un autre juge de paix. *Id.*, 2 février 1824. J. sp. 4, pag. 177; R. 90.

☞ Le tribunal d'arrondissement n'a aucun droit ni de censurer les juges de paix du ressort, ni de leur faire des injonctions. *id.*, 19 et 26 prairial an XI. J. sp. 5, pag. 77 et 81; R. 41. — Obs. de l'éd. *Id.*, pag. 83.

☞ Quelle est la voie à suivre pour obtenir la réparation des excès de pouvoir que commettent trop souvent les tribunaux d'arrondissement à l'égard des tribunaux de paix? *J.* sp. *Id.*, pag. 361; R. 184.                    J. F.

182. Dans tous les cas où l'appel, à raison de l'objet du procès, est recevable, il faut distinguer les jugemens définitifs de ceux interlocutoires ou préparatoires.

Le jugement *définitif* est celui qui résout une question élevée entre les parties. Le jugement *non définitif* est celui qui ne juge rien.

A l'égard du jugement définitif proprement dit, c'est-à-dire du dernier jugement qui termine toute la contestation, quand il n'est pas rendu ou ne doit pas l'être en dernier ressort, l'appel est toujours recevable, qu'il soit contradictoire ou par défaut.

Suivant la loi des 14 et 18-26 octobre 1790 (tit. 3, art. 4), l'appel du jugement par défaut était non recevable. Cette disposition particulière était une exception aux deux degrés de juridiction. Cette exception ne se trouve pas dans le Code de procédure : en conséquence, le jugement définitif rendu par défaut est sujet à l'appel de la même manière et dans les mêmes cas que s'il avait été rendu contradictoirement.

183. Quant aux jugemens non définitifs, la règle de l'appel n'est pas la même pour tous; il faut distinguer entre ceux qui ne sont que préparatoires et ceux appelés interlocutoires.

Les jugemens *préparatoires* sont « les jugemens rendus pour l'instruction de la cause, et qui tendent à mettre le procès en état de recevoir jugement définitif » (art. 450); c'est-à-dire qui ne décident aucune question de la cause, comme une mise en cause.

Les jugemens *interlocutoires* sont ceux par lesquels « le tribunal ordonne, avant dire droit, une preuve, une vérification, une instruction qui préjuge le fond (*ibid.*); « c'est-à-dire qui résolve une question quelconque préjudicielle, dont la décision peut influer sur le fond. ☞ Voyez J. sp. 6, pag. 167; R. 80. J. F.

La véritable manière de distinguer à laquelle de ces deux classes appartient un jugement non définitif est d'examiner s'il juge quelque question mue dans la cause, ou s'il ne juge rien; au premier cas il est *interlocutoire*, au second cas il est *préparatoire*.

Dans la seconde classe sont le jugement de délibéré, celui qui appointe en droit; ils tendent à mettre le procès prêt à recevoir jugement définitif sans rien juger.

Dans la première classe est le jugement qui rejette une exception. Il n'est pas le dernier, parce qu'il ne termine pas la contestation; il est interlocutoire, il juge une question, il influe sur le fond. Si l'exception rejetée avait été admise, il n'y aurait plus lieu à rien décider.

Dans la même classe, il faut ranger le jugement intervenu sur la défense des parties, dont l'une demande l'enquête, et l'autre soutient qu'il n'y a pas lieu à l'enquête, et qui ordonne l'enquête. Il juge une question qui est celle de savoir s'il y a lieu ou non à la preuve vocale; il influe sur le fond, dont il fait dépendre la décision du mérite des dépositions. Il décide en faveur de l'une des parties, et contre la prétention de l'autre, qu'il y a lieu à la preuve testimoniale. Il est définitif quant à la question mue et interlocutoire relativement à la contestation.

Observez que le jugement qui ordonne, avant faire droit, une opération quelconque, est tantôt purement préparatoire, tantôt interlocutoire. Il est purement *préparatoire*, lorsque les deux parties ont donné leur acquiescement à l'avant faire droit prononcé. Il est interlocutoire, lorsqu'il est prononcé sans le concours de la volonté des deux parties. L'une des parties demande une expertise ou une enquête, l'autre accède à l'expertise ou à l'enquête demandée; le jugement qui intervient est *préparatoire*. Si, au contraire, l'autre partie soutient qu'il n'y a pas lieu à l'expertise ou à l'enquête demandée, le jugement qui l'ordonne est *interlocutoire*. Les jugemens qui ordonnent une enquête par défaut ou d'office sont pareillement interlocutoires.

☞ Ici un des annotateurs de l'édition de 1812 ajoute avec raison que ce qu'on vient de lire n'est pas exact. La nature d'un

*Tome I.*

jugement ne peut pas dépendre de l'acquiescement qu'on lui donne ou lui refuse. Dans tous les cas où, sur la demande où d'après le consentement des deux parties, le juge ordonne une opération qui préjuge le fond, son jugement est interlocutoire. Seulement aucune des parties ne peut l'attaquer, parce que toutes deux y ont consenti. J. F.

184. La différence du jugement préparatoire au jugement interlocutoire étant bien saisie, la règle posée par le Code deprocédure pour l'appel du jugement définitif est d'une application facile à ceux émanés de la justice de paix; il suffit d'examiner si le jugement dont est question est interlocutoire ou préparatoire.

L'appel des jugemens *interlocutoires* est permis avant que le jugement définitif ait été rendu (*art.* 31).

Celui qui, n'usant pas de cette faculté, continue de procéder en la justice de paix pour la décision définitive, acquiesce tacitement à l'interlocutoire, il devient non recevable à en interjeter appel, conjointement avec celui du jugement définitif. S'il veut conserver cette faculté, malgré sa comparution dans la cause depuis l'interlocutoire, il faut qu'il en fasse la réserve expresse.

☞ Erreur : il n'est pas besoin de réserve. Art. 451, Code de proc. J. F. D'ailleurs cela a été jugé par un arrêt de la cour de Trèves, du 19 mars 1811.

Les sieur et dame Hurth s'étaient, par actes notariés, reconnus débiteurs du juif Hirtz d'une somme assez considérable.

Après le décret relatif aux créances des juifs, Hurth déclare pardevant notaire que l'obligation souscrite par lui et sa femme au profit de Hirtz est légitime, et que la somme qu'elle porte est réellment fournie.

Cependant, à l'échéance de l'obligation, les débiteurs invoquent le décret; ils prétendent n'avoir pu renoncer au bénéfice de cet acte du gouvernement, et ils demandent que Hirtz soit tenu de faire la preuve ordonnée par le décret.

Hirtz soutient que, d'après ladéclaration faite par Hurth, il ne peut y avoir lieu à la preuve testimoniale; elle est ordonnée par un jugement interlocutoire.

Il produit sa déclaration pour satisfaire au jugement, et s'en tient là. En définitive, le tribunal, sauf par lui d'avoir fait la preuve ordonnée, déclare l'obligation nulle.

Hirtz interjette appel tant du jugement interlocutoire que de celui définitif, et soutient que mal à propos on a ordonné une enquête sur un fait prouvé par écrit et par un acte authentique.

On ne manque pas de le soutenir non recevable dans l'appel de l'interlocutoire, non seulement à raison de l'expiration du délai; mais surtout parce qu'il y avait acquiescé en déclarant produire pour y satisfaire.

Il répond que l'art. 451 du Code de procédure porte que l'appel d'un jugement interlocutoire pourra être *interjeté avant le jugement définitif;* qu'il résulte de ces termes que l'appel est facultatif, et que la loi ne l'interdit point après le jugement rendu sur le fond.

La cour, adoptant ce motif, sans s'arrêter ni avoir égard à la fin de non recevoir, infirma l'interlocutoire avec le jugement définitif, et déclara les intimés non recevables dans leur demande principale.

☞ En général, il est prudent d'interjeter appel de l'interlocutoire avant le jugement du fond, vu que l'exécution volontaire pourrait être regardée comme un acquiescement qui interdit le recours.

Quant aux réserves conseillées par Levasseur, elles ne peuvent être d'aucun secours. Des réserves faites avant l'exécution d'un jugement qu'on n'est pas contraint d'exécuter ne servent à rien. J. F.

Il n'y a lieu à l'appel des jugemens préparatoires qu'après le jugement définitif, et conjointement avec l'appel de ce jugement (*ibid.*); mais l'exécution du jugement préparatoire ne donne aucun préjudice aux droits des parties sur l'appel, sans qu'elles soient obligées de faire à cet égard aucune protestation ni réserve (*ibid.*).

Mais il y a bien peu de cas où l'on puisse avoir un intérêt d'interjeter appel d'un jugement préparatoire, puisque ces jugemens ne décident rien.

Sur quel motif pourrait-on interjeter appel d'un jugement de remise? Si les remises devenaient trop multipliées, il y aurait alors déni de justice, et il faudrait procéder en la forme prescrite pour ce cas.

Il y a un arrêt de la cour de cassation qui a décidé qu'un jugement qui ordonne une mise en cause est un interlocutoire dont on avait pu interjeter appel; mais il y avait dans l'appel des circonstances particulières, d'après lesquelles ce jugement influait véritablement sur le fond. Dans les cas ordinaires, un jugement de mise en cause ne juge rien et ne peut faire aucun tort.

Autrefois, on pouvait interjeter appel d'une sentence qui ordonnait un appointement en droit, parce que cette instruction entraînait des faits et des longueurs considérables.

Maintenant on ne peut point interjeter appel d'un jugement qui ordonne une instruction par écrit, parce qu'il n'a pas les mêmes inconvéniens.

185. Les jugemens rendus par la justice de paix sont-ils exécutoires par provision, nonobstant l'appel? Il faut distinguer le cas où la condamnation est de 300 fr., et les autres cas.

Les jugemens de la justice de paix, jusqu'à concurrence de 300 fr., sont, de droit, exécutoires par provision, nonobstant l'appel, et sans qu'il soit besoin de fournir caution (*art.* 7, § I). En conséquence, on ne peut pas obtenir de défenses d'exécuter.

Dans les autres cas, l'exécution provisoire n'a pas lieu de plein droit ; mais elle peut être ordonnée (*ibid.*) par le juge de paix, d'où il suit que le tribunal supérieur peut accorder des défenses, s'il juge que l'exécution provisoire a été ordonnée mal à propos. Dans ces derniers cas, le juge de paix qui accorde l'exécution provisoire de son jugement doit y imposer la charge de donner caution (*ibid.*, § II).

Lorsque la condamnation est de chose dont la valeur est indéterminée (si, par exemple, le défendur est condamné à souffrir la servitude dans la possession de laquelle il a troublé le demandeur), alors l'exécution provisoire n'a lieu qu'au temps qu'elle est ordonnée, et à la charge de donner caution. La loi n'a établi l'exécution provisoire de droit, par la première disposition de l'*art.* 17, que dans le cas où la condamnation serait de 300 fr., elle en ordonne autrement *dans les autres cas*, sans aucune distinction. Cette seconde disposition doit s'appliquer aux condamnations de choses dont la valeur est indéterminée.

186. Lorsque celui qui obtient gain de cause est tenu de donner caution, il ne peut mettre à exécution le jugement qu'après avoir présenté et fait recevoir sa caution.

Elle est reçue par le juge de paix qui a rendu le jugement dont est appel.

Celui qui obtient gain de cause peut et doit, pour son intérêt, présenter sa caution au moment de la prononciation du juge-

ment; faute par lui de la présenter, il faudra subir une nouvelle instance pour la réception de caution.

### De la Cassation.

187. Les jugemens émanés de la justice de paix ne sont pas
sujets à cassation, comme ceux des autres tribunaux, pour simple contravention à la loi ou violation de la procédure; mais
ils y sont sujets pour excès de pouvoir (*Loi du 27 ventôse
an VIII, art.* 77).

☞ Cet article est ainsi conçu : «Il n'y a point d'ouverture
en cassation contre les jugemens en dernier ressort des juges de
paix, si ce n'est pour incompétence ou excès de pouvoir.» J. F.

188. Y sont-ils sujets pour incompétence? La même loi les
déclarait (*ibid.*) sujets à cassation pour cause d'incompétence;
mais à cette époque l'appel pour cause d'incompétence n'était
pas recevable. Maintenant que l'appel pour cause d'incompétence est toujours recevable, ainsi qu'il a été expliqué d'après
l'art. 454 du Code de procédure civile, les jugemens émanés
de la justice de paix ne sont pas susceptibles d'être attaqués pour
ce motif par la voie extraordinaire de cassation, puisqu'il existe
une voie ordinaire (*l'appel*) pour les faire réformer.

L'excès de pouvoir qui donne lieu à la cassation n'est pas celui résultant de l'incompétence, c'est celui qui existe sans incompétence. Le juge de paix excède ses pouvoirs en matière
compétente, toutes les fois qu'il exerce en pareille matière des
fonctions que la loi ne lui attribue pas.

La voie de cassation est ouverte au ministère public, dans
l'intérêt de la loi, même contre les jugemens de juges de paix,
bien que les recours contre ces sortes de jugemens ne soient
pas permis aux parties. (*Arrêt de la cour de cassation du* 21
*avril* 1813). J. sp. 5, 285; R. 151.

☞ Ce n'est pas d'un arrêt, c'est d'un texte précis de la loi,
de l'art. 88 du Code, du 27 ventôse an VIII, que résulte ce droit
du ministère public de se pourvoir dans l'intérêt de la loi, c'est-
à-dire de l'ordre social troublé par un mauvais jugement.

☞ Sur la distinction à faire entre les divers arrêts de la cour
de cassation, sur l'autorité plus ou moins grande dont ils sont
investis, voyez J. sp., tom. 1, p. 193; R. 95.

## SECTION PREMIÈRE.

### *Pour quelles affaires faut-il passer au bureau de conciliation, et devant quel bureau?*

189. Dans toutes les matières qui excèdent la compétence du tribunal, le juge de paix forme un bureau de paix et de conciliation. La loi du 16-24 août 1790, tit. 10, art. 1ᵉʳ, avait réglé qu'il formerait ce bureau avec deux assesseurs. Maintenant qu'il n'y a plus d'assesseurs, le juge de paix remplit seul les fonctions de conciliation (*Loi du 29 ventôse an VII, art.* 2). ☞ Lisez 29 ventôse an IX. J. F.

L'Assemblée constituante voulant tarir, s'il était possible, les procès dans leur source, a désiré que les parties comparussent devant un bureau de conciliation. C'est au demandeur à citer le défendeur pour y comparaître. Lorsque les membres du bureau parviennent à concilier les parties, le vœu de la loi est rempli; mais ce cas est infiniment rare. La non conciliation a lieu, soit à cause du défaut de comparution du défendeur, soit parce que les parties présentes n'ont pas voulu se rapprocher. Dans ces deux cas, le législateur ne met pas d'obstacle à la poursuite des droits du demandeur. Il l'oblige seulement à joindre à l'exploit qu'il fait remettre au défendeur la justification qu'il a satisfait à la loi en ce qui concerne la conciliation. En conséquence, il doit être donné avec l'exploit copie du procès-verbal de non conciliation, ou copie de la mention de non comparution, à peine de nullité (*Art.* 65).

Le défaut de tentative de conciliation est couvert par la défense au fond en première instance. Il n'est plus proposable en cause d'appel. Cass., 19 janvier 1825.

190. *Règle générale.* « Aucune demande principale introductive d'instance, entre les parties capables de transiger, et sur des objets qui peuvent être la matière d'une transaction, ne doit être reçue dans les tribunaux de première instance que le défendeur n'ait été préalablement appelé en conciliation devant le juge de paix, ou que les parties n'aient volontairement comparu (*Code de Proc. civ., art.* 48). »

Le législateur a voulu prévenir les procès en ordonnant la comparution préliminaire au bureau de paix. Mais elle devient superflue toutes les fois que la conciliation n'est pas possible. En conséquence, pour qu'il y ait lieu à la citation, il faut, comme on vient de le voir dans l'article, la réunion de trois circonstances.

1° Que la demande soit principale et introductive d'instance : il n'y a pas lieu de prévenir une instance qui existe déjà.

2° Que la demande projetée ait lieu entre parties capables de transiger ; celui qui est incapable de transiger proposerait vainement de se concilier : il n'offre aucune sûreté à son adversaire.

3° Que l'objet de la contestation puisse être la matière d'une transaction, autrement il ne peut en résulter, entre les parties, conciliation solide.

191. C'est d'après ces vœux que la loi a dispensé nombre de demandes du préliminaire de conciliation.

L'article 49 en dispense spécialement : 1° « les demandes qui intéressent l'état et les domaines, les communes, les établissemens publics, les mineurs, les interdits, les curateurs aux successions vacantes (art. 49). Elles ne pourraient être l'objet d'une transaction ; vainement donc on citerait en conciliation.

192. 2° » Les demandes qui requièrent célérité. » (ibid.) Le préliminaire de la conciliation ne servirait qu'à retarder la décision qui est instante.

3° « Les demandes en intervention ou en garantie. » Les premières ne sont ni introductives d'instance, ni principales ; les secondes sont, à la vérité, demandes principales contre le garant, mais elles ne sont pas introductives d'une instance nouvelle, parce que le garant est attiré dans une instance déjà subsistante.

193. 4° « Les demandes en matière de commerce (ibid.), » soit celles qui sont intentées devant les tribunaux de commerce, soit celles qui, à défaut de tribunal spécial pour les affaires de commerce, sont portées devant les tribunaux civils ordinaires. La loi dit : *Les demandes en matière de commerce,* sans distinguer le tribunal où elles sont portées.

194. 5° « Les demandes de mise en liberté (ibid.). » Il ne peut y avoir d'objet plus instant. — « Les demandes en matière de saisie, ou opposition, en paiement de loyers, fermage ou arrérages de rentes ou pensions (ibid.); les demandes des avoués en paiement de frais. »

195. 6° » Les demandes formées contre plus de deux parties, encore qu'elles aient le même intérêt (*ibid.*). » Il n'est pas à présumer que quatre personnes, ou plus, puissent s'accorder sur-le-champ à une conciliation. La conformité d'intérêt n'empêche pas que le refus de l'une ne mette obstacle à la conciliation des autres.

196. 7° « Les demandes en vérification d'écriture, en désaveu (*ibid.*); » l'honneur ne permet pas au défendeur de pouvoir se concilier. — « Les demandes en règlement de juge, en renvoi, en prise à partie (*ibid.*). » Ces demandes intéressent l'ordre public, sur lequel on ne peut transiger. — « Les demandes contre un tiers saisi (*ibid.*); » il ne peut pas transiger sur la déclaration à faire de ce qu'il doit — « Les demandes sur les saisies, sur les offres réelles (*ibid.*); » « les demandes sur la remise de titres, sur leur communication (*ibid.*) — Les demandes en séparation de biens, — et pareillement les demandes en séparation de corps. » Il importe à la société que l'union conjugale soit maintenue conformément à la nature des lois et à la convention première des parties. D'ailleurs, comme les séparations, soit de biens, soit de corps, ne peuvent s'opérer par le consentement des parties, elles ne peuvent transiger sur ce point; donc il ne peut y avoir de conciliation. — « Les demandes sur les tutelles et curatelles (*ibid.*); la surveillance des biens des mineurs intéresse l'ordre public, *et privatorum pactis juri publico derogari nequit,* par conséquent point de conciliation possible.

Enfin « toutes les causes exceptées par les lois (*Ibid.*). » D'où l'on voit que les exceptions ci-dessus détaillées d'après l'art. 49 du Cod. de proc. civ. ne sont pas les seules, et qu'il en existe d'autres décrétées pour des cas particuliers. C'est ainsi que l'article 718 du même Code dispense du préliminaire de conciliation toute contestation incidente à une procédure de saisie immobilière. La péremption, qui anéantit tous les actes d'une instance, ne porte aucune atteinte à la procédure de conciliation, qui a précédé l'instance. Si donc la demande est reproduite, elle n'est pas assujettie de nouveau au préliminaire de conciliation (*Arrêt de la cour de Grenoble du 6 mars 1823*).

197. La loi du 6—27 mars 1791 dispensait du préliminaire de conciliation le créancier demandeur en paiement, lorsque

le débiteur manquait de payer à l'échéance convenue devant
le bureau de paix. Quoique cette disposition ne soit pas répé-
tée dans le Code de procédure civile, elle est de droit. Il y a
eu originairement comparution au bureau de paix. La dette a
été reconnue. Le débiteur ayant manqué au délai convenu, il
doit être poursuivi sans essai d'une nouvelle conciliation, qu'on
peut regarder comme impossible, parce que le créancier re-
fusera de se prêter à un nouveau délai.

Dans tous les cas où il n'y a pas lieu à comparution au bureau de conciliation, le juge de paix devrait refuser sa cédule,
si elle lui était demandée.

Dans les mêmes cas, la non comparution de celui qui serait
appelé ne peut donner lieu à l'amende; et, si elle était prononcée, le receveur ne pourrait pas en recevoir valablement
le paiement.

198. Le bureau de paix, devant lequel on doit citer, varie
suivant la nature de l'affaire que l'on se propose de poursuivre.

Le défendeur doit être cité :

1.º « En matière personnelle et réelle, devant le juge de paix
de son domicile (art. 50). »

Le sens de la loi n'est pas en matière personnelle et réelle
tout à la fois, qu'on appelle *personnelle-réelle*, mais en matière *personnelle* et en matière *réelle*.

En matière réelle, l'ajournement doit être donné devant le
tribunal de la situation de l'objet litigieux (art. 59). En matière mixte, il est donné (*ibid.*) devant le juge de la situation,
ou devant le juge du domicile; néanmoins, dans ces deux
cas, la citation en conciliation doit être donnée devant le juge
de paix du domicile du défendeur.

Germain, demeurant à Meaux, et Philippe, demeurant à
Versailles, sont propriétaires chacun d'une maison sise à
Paris, en la Cité, voisine l'une de l'autre. Germain réclame,
sur la maison de Philippe, une servitude interrompue depuis
plusieurs années; l'action est réelle. L'ajournement doit être
donné au tribunal civil de Paris; mais la citation en conciliation doit être donnée devant le juge de paix de Versailles.

199. Lorsqu'il y a deux défendeurs, il faut, de nécessité,
les citer au même bureau de paix. Il n'y a que la comparution
simultanée de toutes les parties qui puisse amener la conciliation.

S'il y a plus de deux défendeurs, la conciliation n'a pas lieu.

« Cette citation devant le même bureau de paix ne souffre aucune difficulté, lorsque les défendeurs sont tous demeurant dans le même canton.

» Mais, lorsqu'ils sont domiciliés dans des cantons différens, on ne peut les réunir tous, en citant chacun devant le juge de paix de son domicile. Dans ce cas, la loi permet de les citer tous au bureau du domicile de l'un d'eux, à son choix (*ibid.*).

200. 2° « En matière de société autre que celle de commerce, tant qu'elle existe devant le juge de paix du lieu où elle est établie (*ibid.*). »

Observez que cela n'a lieu que pour les demandes formées contre le corps de la société en nom collectif. A l'égard de celles qui n'intéressent que quelqu'un des associés individuellement, il faut le citer devant le juge de son domicile.

La loi dit : *autre que celle de commerce,* parce qu'en matière de commerce il n'y a pas lieu à citer en conciliation, ainsi qu'il a déjà été dit.

La loi dit, *tant qu'elle existe.* Ainsi, la société étant dissoute, la citation en conciliation devant les différens associés suit les règles communes. Elle est donnée devant le juge de paix de leur domicile, s'ils sont tous domiciliés dans le même canton ; s'ils sont domiciliés dans des cantons différens, elle sera donnée devant le juge de paix du domicile de l'un d'eux, au choix du demandeur.

201. 3° En matière de succession, la citation en conciliation est donnée devant le juge de paix du lieu où la succession est ouverte.

1° Sur les demandes entre héritiers jusqu'au partage inclusivement (art. 50). 2° Sur les demandes qui seraient intentées par les créanciers du défunt avant le partage (*ibid.*).

3° Sur les demandes relatives à l'exécution des dispositions à cause de mort, jusqu'au jugement définitif (*ibid.*).

Ces règles pour la citation en conciliation sont les mêmes pour les ajournemens devant les tribunaux (art. 59). Hors les trois cas ci-dessus marqués, la citation et l'ajournement en matière de succession suivent la règle générale.

# TITRE PREMIER.

## CHAPITRE V, SECTION II.

### *De la Citation.*

Art. 202. La citation en conciliation avait lieu autrefois en vertu d'une cédule qui était délivrée par le juge de paix au demandeur ou à son fondé de pouvoir (*Loi du 26 ventôse an IV, art. 4*). Maintenant elle a lieu sans cédule ; le Code de procédure n'en a pas prescrit la nécessité.

La citation doit énoncer sommairement l'objet de la conciliation (*Code de procédure civile, art.* 52). Elle doit désigner le jour et l'heure de la comparution.

Elle a beaucoup de rapport avec l'ajournement ; elle en diffère principalement en ce que le citant, au lieu de requérir la comparution du cité, à l'effet qu'il soit condamné à ce que requiert, à l'effet de se concilier, si faire se peut, sur la demande qu'il se propose de former contre lui, tendante à ce que...

203. La citation est donnée par l'huissier de la justice de paix du défendeur (*art.* 52, *ibid.*).

Elle est par lui donnée exclusivement à tous les autres ; voyez ce qui a été dit ci-dessus, pour la citation contentieuse, et qui reçoit ici son application.

Elle est sujette au droit d'enregistrement.

204. Le délai de la citation est de trois jours au moins (*art.* 51, *ibid.*).

Ces trois jours sont francs ; la citation du premier doit être donnée pour comparaître au plus tôt le 5.

Le délai de trois jours suffit quand le cité est domicilié dans le canton de la justice de paix, au bureau de laquelle il est cité, ou dans la distance de trois myriamètres de la commune en laquelle il doit comparaître. S'il se trouve domicilié au-delà de cette distance, il faut ajouter un jour de plus par distance de trois myriamètres ; il convient d'adopter pour la citation en conciliation l'augmentation de la loi décrétée (*art.* 5, *ibid.*) pour la citation judiciaire.

205. La loi du 16-24 août 1790, *tit.* 10, *art.* 6, avait réglé que la citation suffisait *seule* pour autoriser les actes conservatoires, lorsque d'ailleurs ils étaient légitimes ; ainsi il ne pouvait,

après la citation, faire ces actes sans permission de juge. Mais le mode de procédure civile ne contient pas de disposition semblable; en conséquence, ces actes, faits depuis la citation, restent sujets à l'autorisation du juge, dans le cas où elle est nécessaire.

206. La citation faite devant le bureau de conciliation a deux effets principaux : 1° elle interrompt la prescription (*Code de proc. civ., art. 57*) sans la condamnation portée en cet article.

Anciennement, sans aucun préliminaire nécessaire, on pouvait former sa demande tel jour qu'on voulait, même le dernier jour que la prescription aurait dû s'accomplir. Il n'en est pas de même maintenant, parce que l'ajournement doit être précédé d'une citation au bureau de paix. Cette citation n'est pas une demande, elle est un simple projet de demande; ainsi, de sa nature, elle ne suffit pas pour interrompre la prescription.

Il ne serait pas juste, néanmoins, que la prescription pût courir contre celui qui a rempli le préliminaire exigé par la loi pour l'exercice de l'action qu'il se proposait d'intenter, et qu'il a effectivement intentée depuis. Aussi le législateur a-t-il décidé que la citation aurait l'effet d'interrompre la prescription lorsqu'elle aurait été suivie d'ajournement (*ibid.*).

Lorsque la citation n'a pas été suivie d'ajournement, le cité a reconnu devant le bureau de paix le droit réclamé par le citant, ou ne l'a pas reconnu.

Au premier cas, la reconnaissance du cité anéantit toute prescription.

Au second cas, le défaut d'ajournement subséquent fait regarder le projet de poursuite comme peu sérieux ou comme abandonné; ce qui a déterminé le législateur à ne pas donner en pareille circonstance, à la citation, l'effet d'interrompre la prescription.

207. Quel est l'espace de temps au bout duquel le défaut d'ajournement subséquent fait regarder le projet de poursuite comme peu sérieux ou comme abandonné ?

La loi des 14 et 18-26 octobre 1790 ne l'avait pas déterminé; il restait à la prudence du juge de l'arbitrer suivant les circonstances; ce qui pouvait donner lieu à beaucoup de difficultés pour les apprécier. Le Code de procédure l'a fixé. La citation en conciliation ne peut interrompre la prescription qu'autant que la demande est formée dans le mois, à dater du jour de la comparution ou de la non conciliation (*ibid*).

2° La citation fait (*ibid.*) courir les intérêts : cette disposition est nouvelle. Le législateur s'y est déterminé par la considération que le préjudice causé au créancier par le retard du débiteur est présumé du moment qu'il se met en mesure d'en poursuivre le paiement.

Si la demande projetée n'est pas suivie, il est à croire que le préjudice n'existait pas ; en conséquence, la citation ne fait courir les intérêts que dans le cas auquel la demande est formée dans le mois, à dater du jour de la non comparution ou de la non conciliation.

208. Peut-on valablement former sa demande après le mois, sans nouvel essai de conciliation ?

Le titre des ajournemens (*art.* 59 *et suiv.*) ne s'explique pas sur cette question. L'art. 57 ne se prononce pas en termes formels pour la négative ; mais tel est évidemment son esprit. Au bout de ce mois, il refuse à la citation en conciliation les effets d'interrompre la prescription, de faire courir les intérêts : ce refus est fondé sur ce que le projet de poursuivre est considéré comme peu sérieux ou comme ayant été abandonné. On doit par la même raison lui refuser l'effet de servir de préliminaire à la demande. Ce n'est plus l'ancien projet qu'on suit, c'est une nouvelle demande projetée pour laquelle il faut un nouvel essai de conciliation.

209. Les parties peuvent comparaître en conciliation sans citation. Aucune loi n'exige la citation à peine de nullité de comparution : il faut alors que le procès-verbal fasse une mention détaillée de la demande qu'on se propose de former.

En cas de non conciliation, cette comparution volontaire sera utile au demandeur, à l'effet de poursuivre son droit devant le tribunal civil, par un exploit en tête duquel il fera notifier le procès-verbal de cette comparution.

SECTION III.

*Du Procès-Verbal.*

210. Les parties comparaissent en personne au bureau de conciliation (*art.* 53.). — En cas d'empêchement, elles comparaissent par un fondé de pouvoir (*ibid.*).

211. Il est dans le vœu du législateur que les parties comparaissent en personne autant qu'il est possible, parce qu'on se

détermine plus aisément à sacrifier ses droits personnels que ceux de son mandant.

Cependant la loi n'exige point la preuve de l'empêchement. Les parties peuvent se faire représenter sans en donner aucun motif, et le juge de paix n'est pas en droit d'en demander.

C'est par cette raison que la loi du 6-27 mars 1791 avait cherché à faciliter le moyen de la comparution à celui qui serait exposé à l'exécution d'une contrainte par corps, pour cause civile; en ce cas, le juge de paix pouvait lui donner un sauf-conduit (*art.* 23), au moyen duquel il ne pouvait être arrêté ni le jour fixé pour sa comparution, ni pendant son voyage pour aller au bureau de paix ou s'en retourner. Le Code de procédure civile ne contient pas de dispositions pareilles. L'art. 782 ne met pas le juge de paix au nombre des fonctionnaires qui peuvent en délivrer; ainsi il ne peut plus en accorder : c'est à celui qui se trouve sujet à une contrainte par corps à se faire représenter par un fondé de pouvoir.

212. Le pouvoir donné par la partie qui ne juge pas à propos de comparaître en personne doit être suffisant à l'effet de transiger, sans quoi la comparution du fondé de pouvoir serait absolument inutile. La loi du 6-27 mars 1791 (*art.* 16) en contenait une disposition expresse.

Comme elle résulte de la nature même de l'objet de la comparution au bureau de paix, elle a encore lieu présentement, quoique le Code de procédure ne s'en soit pas expliqué.

Observez que le pouvoir général le plus étendu ne confère le pouvoir de transiger qu'autant qu'il contient une mention expresse du mot *transiger*, ou autre équivalent.

Dans les procurations générales, le pouvoir général de transiger suffit; dans les procurations particulières il faut un pouvoir spécial, à l'effet de se concilier sur l'affaire dont il s'agit.

Voyez ce qui a été dit ci-dessus sur le pouvoir donné à l'effet de procéder, devant le juge de paix, en matière contentieuse; tout cela s'applique au pouvoir donné à l'effet de comparaître au bureau de conciliation.

213. Au jour indiqué pour la comparution au bureau de conciliation, l'une des parties peut manquer. Il est fait mention de sa non comparution sur le registre du greffe de la justice de paix (*art.* 58). — Il en est aussi fait mention sur l'original ou la copie de la citation (*ibid.*). Au moyen de ces mentions, il n'est plus

besoin de dresser procès-verbal comme on le faisait autrefois.

Celle des parties qui ne comparaît pas est condamnée à une amende de 10 fr. (*art.* 56), et toute audience lui est refusée jusqu'à ce qu'elle ait justifié de la quittance (*ibid.*).

214. Lorsque c'est le citant qui fait défaut, la citation devient caduque. S'il veut intenter sa demande, il faut qu'il donne une nouvelle citation. Peut-il prétendre avoir rempli par la première le vœu de la loi, lorsque par son défaut de comparution il a mis lui même obstacle à la conciliation à laquelle il était obligé d'essayer de parvenir? Il faut répondre que non. Il ne pourra point assigner sans avoir cité de nouveau. Par cette raison, le cité présent n'a pas intérêt qu'on fasse mention, sur sa copie, du défaut de comparution du citant. On peut l'omettre sans inconvénient; mais il est indispensable de faire cette mention sur le registre, à cause de l'amende qui est encourue.

215. Lors de la comparution, le demandeur peut expliquer, même augmenter sa demande (*art.* 54). — Le défendeur peut, de son côté, former celle qu'il jugera convenable (*ibid.*). — Il est dressé procès-verbal de ces différentes demandes (*ibid.*).

Si l'une des parties défère le serment à l'autre, le juge de paix le recevra, ou il fera mention du refus de le prêter (*art.* 55.)

Mais quel sera l'effet, soit de la prestation de ce serment, soit du refus de le prêter? C'est ce que la loi ne dit pas.

Lorsque le serment est prêté devant un juge compétent, il détermine le gain de la cause pour celui qui le fait. Lorsqu'il est refusé, il entraîne la condamnation de celui qui ne veut pas le faire.

Mais le juge de paix n'est pas autorisé à prononcer; il ne peut que constater les faits. Il faut donc toujours aller devant le tribunal. Celui-ci doit-il, sur le vu du procès-verbal, condamner *de plano*, et sans instruction, l'une ou l'autre partie? Alors il était inutile d'appeler ou de se présenter devant lui.

La comparution devant le juge de paix au bureau de conciliation n'est qu'une opération préparatoire. Le serment déféré, prêté ou refusé, ne paraît pas pouvoir être d'une autre nature. Tel est même l'esprit de la loi, puisqu'elle n'autorise pas le juge de paix à prononcer; donc ce qui s'est passé devant le juge de paix n'enchaîne point la conscience du tribunal auquel l'affaire va être soumise. Si la partie qui a prêté le serment au bureau de paix ne l'invoque point, et que l'autre ne le défère plus, l'affaire doit s'instruire et se juger à l'ordinaire. Si la prestation de serment est invoquée, la partie qui l'a déféré au bureau de paix peut revenir sur ses pas, et refuser de le déférer devant le tribunal, parce que, tant que le serment n'est pas irrévocable, elle peut varier.

Il faut décider de même dans le cas où, sur la délation du serment devant le juge paix, il a été refusé. Ce refus n'emporte point condamnation, si l'adversaire ne le défère pas de nouveau.

C'est aussi ce qui a été jugé par un arrêt de la cour de cassation du 17 juillet 1810.

Une dame Lavite, débitrice d'un sieur Moreau, en vertu d'un titre écrit, prétendant, après la mort de ce dernier, s'être libérée envers lui, fit citer sa femme et ses enfans en conciliation, sur la demande qu'elle entendait former contre eux afin de quittance et de restitution du titre.

Les parties comparurent, et la dame Lavite déféra le serment, qui fut refusé.

Elle fit assigner pour voir dire qu'attendu le refus de prêter le serment, les paiemens par elle articulés seraient tenus pour avérés, et que le titre lui serait restitué.

Un jugement interlocutoire donna lieu à un appel en la cour de Dijon, qui infirma en évoquant le principal, attendu que le juge de paix n'a aucun caractère pour rendre irrévocable le refus de prêter le serment, condamna la femme Lavite à payer, aux offres faites, par la veuve et héritiers Moreau, d'affirmer qu'ils n'avaient pas connaissance des paiemens allégués.

La femme Lavite se pourvut en cassation; elle prétendit que les art. 1360, 1361 et 1564 du Code civil avaient été violés; que le refus fait du serment devant le juge de paix devait emporter la condamnation.

Mais son pourvoi fut rejeté, attendu que les art. invoqués ne peuvent s'appliquer qu'au serment judiciairement déféré et refusé. — Le serment supplétif qu'un juge a ordonné d'office en l'absence de toute autre preuve devient inutile et sans objet lorsque ce juge vient à acquérir la certitude directement, et par voie indubitable, que le fait sur lequel l'affirmation était donnée est contraire à la vérité. — Dans ce cas, la rétractation du jugement qui avait déféré le serment n'est pas une contravention à la chose jugée (*Arrêt de rejet de la cour de cass., du 10 déc.* 1823. J. sp.).

☞ Le mari peut représenter sa femme au bureau de conciliation sans être porteur d'un mandat d'elle. Cass., 6 prairial an XI.

☞ D'après une circulaire du ministre des finances, du 7 juin 1808, la mention de non comparution est exempte de tout droit d'enregistrement. J. sp.

☞ Est-ce au juge de paix, est-ce au tribunal d'arrondissement à prononcer la condamnation d'amende en ce cas?

R. C'est au tribunal.

Il semble que cette question ne saurait présenter l'ombre d'un doute; cependant nous savons que beaucoup de juges de paix hésitent à ce sujet. J. sp. 6, 377; R. 195.  **J. F.**

216. Les parties s'étant respectivement expliquées, il en résultera conciliation ou défaut de conciliation.

S'il n'en résulte pas de conciliation, le procès-verbal fait mention que les parties n'ont pu s'accorder (*ibid.*).

217. S'il en résulte une conciliation entre les parties, le procès-verbal contiendra les conditions de leur arrangement (*ibid.*).

Le procès-verbal sera alors signé des parties, ou si elles ne savent pas signer, il en sera fait mention. Il n'y a que la signature ou la mention qui en tient lieu qui puisse donner force d'obligation aux paroles portées de part et d'autre. Elles sont jusque-là de simples propositions dont les parties peuvent se départir à leur gré.

On opposerait mal à propos que la signature n'est pas nécessaire, n'étant pas exigée par l'article cité. Quoique la loi n'exige pas ici la signature, elle n'en est pas moins nécessaire, parce qu'elle constate la preuve que les propositions faites ont été définitivement arrêtées entre les parties.

218. Dans l'origine des justices de paix, quelques uns ont pensé que les conventions arrêtées en bureau de paix n'étaient pas une convention parfaite, mais un simple projet qui avait besoin d'être rédigé dans un acte subséquent. L'opinion contraire avait prévalu. Il paraît, par l'exposé des motifs, que la première n'était pas généralement abandonnée; on y lit: «Deux points faisaient difficulté. Quel est l'effet des conventions des parties au bureau de conciliation?.... On a pensé, sur le premier, que ces conventions devaient avoir force d'obligation. On ne pouvait pas évidemment leur refuser cet effet, puisque deux hommes jouissant de leurs droits, pouvant terminer entre eux leurs différends...., ne doivent pas être moins libres parce qu'ils sont devant le juge. » — Un procès-verbal de con-

*Tome I.*                                                    12

ciliation, quoique non signé des parties, constate suffisamment le compromis qu'il énonce; vainement les parties diraient qu'il n'y a ni acte authentique (le juge de paix n'ayant pas caractère pour recevoir ces sortes d'actes), ni acte sous seing privé (les parties n'ayant pas signé). (*Arrêt de rejet de la cour de cassation, du 11 février 1824.*) J. sp. 5, pag. 159; R. 82. — Observ. de l'édit., id., pag. 37 et 161. — Pour donner de la généralité à cette question, il faut la poser ainsi : « Les conventions des parties insérées dans un procès-verbal de conciliation cessent-elles d'avoir force d'obligations privées, parce que les contractans n'ont pu ou voulu signer, malgré l'interpellation que le juge de paix leur en a adressée ? » L'affirmative n'est pas douteuse : indépendamment de l'arrêt, la loi est positive : C. C., art. 1317, 1318 et 1319. Pour ne pas nous répéter, nous renvoyons le lecteur à la discussion approfondie que nous avons faite de cette question, tom. 5, pag. 37; R. 20, de notre J. sp.    J. F.

219. Les conventions des parties, insérées au procès-verbal, ont force d'obligation privée (Code de proc. civ., art. 54).

L'obligation qui résulte de ces conventions ayant force d'obligation privée, n'a pas l'avantage des obligations notariées; elle ne peut être délivrée en forme exécutoire, elle ne peut être le fondement d'une exécution sans condamnation préalable; elle ne produit pas d'hypothèque, et vainement on la stipulerait, la loi n'ayant accordé qu'aux actes notariés (*Cod. civ., art.* 2127) la faculté de pouvoir contenir une stipulation valable d'hypothèque.

Dans l'origine, les transactions en bureau de paix conféraient l'hypothèque générale que la législation d'alors faisait résulter des actes reçus par les fonctionnaires publics à ce préposés, ainsi que nous l'avons établi dans notre Code hypothécaire, à la note de l'art. 3 de la loi sur le régime hypothécaire.

Qui sait aujourd'hui que Levasseur a composé un Code hypothécaire ! Cette note d'un livre presque oublié était une remarque de circonstance et transitoire que les prétendus réviseurs auraient dû faire disparaître des nouvelles éditions de ce Manuel; mais il aurait fallu, pour cela faire, qu'ils eussent pris la peine de le lire.    J. F.

Sous la loi du 11 brumaire an VII, ces actes ne conféraient pas l'hypothèque; cette loi, créatrice d'un régime tout-à-fait

nouveau n'en faisait pas résulter l'hypothèque. Nous avions exprimé, dans notre première édition, le vœu que le législateur
conférât à la transaction passée au bureau de paix, à l'instar
des jugemens, l'hypothèque générale sur les biens présens de
l'obligé, parce qu'elle est, à certains égards, un jugement
volontaire consenti par les parties qui sont sur le point de plaider; mais d'autres considérations (☞ l'intérêt des notaires,
J. F.) ont déterminé à lui refuser toute hypothèque.

220. Quoique l'obligation résultante de la convention arrêtée au bureau de paix n'ait que la force d'obligation privée,
l'acte qui la contient n'en est pas moins un acte authentique.
Suivant l'art. 1317 du Code civil, « l'acte authentique est celui
qui a été reçu par des officiers publics ayant le droit d'instrumenter dans le lieu où l'acte a été rédigé, et avec les solennités requises. » L'acte rédigé au bureau de paix, avec les
solennités requises, est reçu par un officier public ayant droit
d'instrumenter dans le lieu où il a été rédigé; il est donc authentique.

En vain, pour soutenir qu'il est un acte privé et non authentique, invoquerait-on l'exposé des motifs qui porte : « On n'aurait pu attribuer aux conventions des parties le caractère d'un
acte public, sans porter une atteinte grave aux fonctions des
notaires établis pour donner l'authenticité aux actes. » Le sens
de cette phrase, dont la rédaction n'a pas été assez soignée,
est qu'on n'a pas voulu donner atteinte aux droits des notaires,
mais il n'en résulte pas qu'un procès-verbal soit un acte purement privé et non authentique; autrement, ce serait détruire l'art. 1317 du Code civil. Le Code de procédure pourrait, à la vérité, contenir une dérogation à ce Code; mais il
n'en contient pas. Il s'est contenté de dire (art. 54) que les
conventions insérées au procès-verbal (qui est un acte public
et authentique) n'auraient néanmoins, entre les parties, que
la force d'une obligation privée.

221. Les actes rédigés en bureau de paix étant publics et authentiques, il en résulte plusieurs conséquences :

1° La mention du juge de paix que l'une des parties a déclaré ne pouvoir ou ne savoir signer vaut signature, ce qui ne
peut avoir lieu dans un acte privé.

2° Un seul original de l'acte suffit, parce qu'il reste dans un dépôt public; il n'est pas besoin qu'on en fasse autant d'originaux qu'il y a de parties ayant un intérêt différent.

163° Celui qui veut poursuivre n'a pas besoin d'assigner en reconnaissance d'écritures : les signatures sont authentiques. On ne peut les attaquer que par la voie de l'inscription de faux.

222. La transaction en bureau de paix n'ayant force que d'obligation privée, l'une des parties peut-elle former contre l'autre demande judiciaire tendante à ce qu'il en soit rédigé acte devant notaire?

*L'auteur du nouveau style de la procédure civile se décide pour l'affirmative* (page 53).

☞ On ne sait plus aujourd'hui à qui se rapporte cette citation surannée, et qui a vingt ans de date. Il a paru, dans cet intervalle, bien des styles de procédure, et le *nouveau*, du temps de Levasseur, a bien vieilli maintenant.   J. F.

Nous estimons, au contraire, que pareille demande ne peut être formée qu'autant que la convention en contiendrait la clause expresse. Hors ce cas, cette demande est une vexation qui doit être écartée. Elle ne peut produire au requérant le bénéfice de l'hypothèque pour laquelle il faut une stipulation expresse dans l'acte notarié. Elle aurait pour but de donner à la convention la force exécutoire. Mais de quel droit peut-il requérir qu'on donne la force exécutoire à un acte qui, de sa nature, ne doit pas en être revêtu? De quel droit veut-il inquiéter son adversaire tant que celui-ci ne fait rien de contraire à la convention arrêtée?

223. Les originaux des citations doivent être remis (26 ventôse an IV, art. 7) au greffier de paix; et les affaires sont expédiées (*ibid.*) suivant les dates, par ordre de priorité.

C'est ce même officier qui tient la plume au bureau de conciliation; il doit signer la minute des procès-verbaux.

C'est lui qui délivre les expéditions aux parties requérantes. Elles sont signées, comme celles des jugemens, par lui et le juge de paix; mais ces expéditions ne peuvent être délivrées en forme exécutoire.

☞ On trouvera diverses questions sur la conciliation dans le tome IV, pag. 19 et 23 du J. sp.; R. 9 et 11.

# CHAPITRE VI.

*Des fonctions de juges de paix qui ne tiennent ni au conten-
tieux , ni à la conciliation.*

Ces fonctions sont principalement les conseils de famille et
les scellés; on traitera des autres dans une troisième section.

## SECTION PREMIÈRE.

### Du conseil de famille.

224. Le conseil de famille a lieu pour ce qui concerne la
surveillance de la personne et des biens des mineurs , des insensés ou furieux.

Le conseil de famille, dans les cas où il y a lieu , est convoqué sur la réquisition et à la diligence des parens du mineur,
de ses créanciers , et d'autres parties intéressées ( Code civ. ,
art. 406). La disposition de l'art. 406 du Code civil , qui veut
que le conseil de famille soit convoqué devant le juge de paix
du domicile du mineur , n'est pas absolue en ce sens que la
délibération prise devant un autre juge de paix doive être annulée , alors que la délégation de ce juge de paix a été faite
par jugement passé en force de chose jugée ( arrêt de la cour
de Metz, du 20 avril 1820. )

☞C'est une très mauvaise méthode que de *farcir* ainsi
un livre de citations d'arrêts de cours royales; cela n'est bon
qu'à grossir le volume : aussi est-ce le système fidèle de la
foule des compilateurs du jour , qui , à défaut de raisons, remplissent leurs traités d'autorités telles quelles. Dans un journal,
c'est différent : il faut tout recueillir , parce que le lecteur veut
tout connaître, pour comparer et choisir. Ces cours , dont les
décisions , d'ailleurs , sont en général rendues par sept con-
seillers seulement ( la loi n'en exige pas davantage pour la validité d'un arrêt ) , nombre qui excède à peine celui des membres de la première chambre d'un tribunal de première instance,
dans un chef-lieu de département; ces cours , disons-nous ,
sont trop multipliées (il y en a vingt-six ) , se contredisent trop
souvent entre elles , au gré des mœurs, des coutumes , des
préjugés de chaque province, sont trop souvent aussi réfor-
mées par la cour de cassation , pour que leurs arrêts doivent
être présentés comme autorité, dans un *manuel*, c'est-à-dire
dans un ouvrage classique et élémentaire. On remarquera que
toutes ces citations d'arrêts de cours royales sont du fait des

*savans* reviseurs , et sont postérieures au décès de Levasseur.

J. F.

Le convoquant s'adresse au juge de paix du domicile du mineur ; ce juge aussi peut d'office convoquer le conseil de famille (*ibid.*). La loi autorise toute personne à lui dénoncer le fait qui donne lieu à la nomination d'un tuteur (*ibid.*).

La convocation par cédule n'est pas nécessaire, quand les parens prennent , de concert , jour avec le juge de paix pour tenir l'assemblée.

225. Sous la loi du 16-24 août 1790 , le juge de paix était étranger aux délibérations de la famille. Il ne pouvait y coopérer : la loi ne lui donnait pas de pouvoir à cet égard. Sa mission se bornait à recevoir le résultat de la délibération lorsqu'elle était terminée , et à en rédiger l'acte dont il ne pouvait même point ordonner l'exécution. Il n'en est plus de même maintenant. Il est membre nécessaire du conseil de famille , qui ne peut délibérer hors de sa présence et sans son concours ( Code civ. , art. 407).

Le juge de paix du domicile du mineur est tellement membre essentiel et président né de tous les conseils de famille , que lorsqu'une délibération , à laquelle il a déjà pris part , est annulée , le fond peut être soumis de nouveau à une assemblée convoquée et présidée par lui , ( arrêt de la cour de Paris , du 6 octobre 1814 ).

Le conseil de famille est composé , outre lui , de six parens ou alliés pris , tant dans la commune où la tutelle est ouverte , que dans la distance de deux myriamètres ( Code civ. , art. 407).

Ces parens doivent être choisis moitié du côté paternel , moitié du côté maternel , et suivant l'ordre de proximité de chaque ligne (*ibid.*).

Le parent est préféré à l'allié du même degré ; et , parmi ces parens de même degré , le plus âgé de celui qui l'est le moins (*ibid.*).

S'il manque des parens de l'un des deux côtés , doit-on y suppléer par des parens de l'autre ligne , ou faut-il appeler , par préférence , des amis ? C'est une question : elle a été souvent agitée , mais non résolue. D'une part , on peut dire que des parens , de quelque côté qu'ils soient , sont toujours préférables à des étrangers. D'autre part , l'intention du législateur paraît avoir été de balancer les deux lignes , ou d'empêcher la prépondérance de l'une sur l'autre , dans le conseil de famille.

Lorsque le juge de paix s'est conformé, pour la composition du conseil de famille, à l'art. 407 du Code civil, il ne peut pas être contraint, par des parens plus proches, mais domiciliés hors du rayon déterminé par cet article, de les admettre au conseil de famille ( cour de Rouen, 29 novembre 1816) J. sp., 9, 180; R. 96.

Les juges peuvent annuler la délibération d'un conseil de famille pour contravention aux dispositions de l'art. 407 du Code civil, relatives à sa composition et à sa convocation, notamment si des amis ont été appelés lorsqu'il y avait des parens ( arrêt de la cour d'Angers, du 29 mars 1821. J. sp. 1, page 289). Obs. de l'Édit., id. 296; R. 142.

226. Les frères germains du mineur, et les maris des sœurs germaines, sont seuls exceptés de la limitation à six personnes ( art. 408).

S'ils sont six, ou au-delà, ils seront tous membres du conseil de famille (*ibid.*). Ils le composeront seuls, avec la veuve, les descendans, et les ascendans valablement excusés, s'il y en a. (*ibid.*).

S'ils sont en nombre inférieur, les autres parens ne seront appelés que pour compléter le conseil.

227. Lorsque les parens ou alliés de l'une ou de l'autre ligne ne se trouvent pas en nombre suffisant sur les lieux ou dans la distance désignée par l'article 404, le juge de paix peut appeler, soit des parens ou alliés, domiciliés à de plus grandes distances, soit, dans la commune même, des citoyens connus pour avoir eu des relations habituelles d'amitié avec le père ou la mère du mineur (*ibid.* art. 409).

Le juge de paix peut, lors même qu'il y aurait sur les lieux un nombre suffisant de parens ou alliés, permettre de citer, à quelque distance qu'ils soient domiciliés, des parens ou alliés plus proches en degré que les parens ou alliés présens (*ibid.* art. 410), de manière toutefois que cela s'opère en retranchant quelques uns de ces derniers, et sans excéder le nombre réglé (*ibid.*).

228. Quel délai faut-il observer entre la citation notifiée et le jour indiqué pour la réunion du conseil de famille?

La loi du 16-24 août 1790 ne l'avait pas fixé, ainsi qu'il a été observé en la première édition; mais cette omission a été réparée par le Code de procédure civile. L'intervalle doit être de trois jours au moins pour les personnes citées qui résident dans la commune, ou dans la distance de deux myriamètres (*ibid.* art. 411).

Quant aux personnes domiciliées au-delà de cette distance, l'intervalle sera augmenté d'un jour par trois myriamètres (*ibid.*).

Le juge de paix déterminera, dans sa cédule, le jour de la réunion : mais il le règlera de manière que le citant puisse observer les délais qui viennent d'être marqués (*ibid.*).

Si tous les convoqués sont domiciliés dans l'étendue de la commune, ou dans la distance de deux myriamètres, il laissera entre la cédule et la réunion un intervalle au moins de quatre jours francs ; savoir : le lendemain pour donner la citation et les trois jours de délai à accorder à chaque convoqué.

S'il y en a qui demeurent au-delà de deux myriamètres de la commune, le juge de paix laissera entre la cédule et la réunion, outre les quatre jours ci dessus, autant de fois deux jours qu'il y aura de distance de trois myriamètres ; savoir, un jour de plus pour envoyer sur les lieux, et un autre jour pour l'augmentation du délai à accorder au convoqué, ce qui fait un intervalle de six jours, si l'un des convoqués demeure à trois quatre ou cinq myriamètres de la commune ; un intervalle de huit jours, si l'un des convoqués demeure à trois, quatre ou cinq myriamètres de la commune, et ainsi de suite.

229. Les parens, alliés ou amis convoqués, sont tenus de se rendre en personne, ou de se faire représenter par un mandataire spécial (*ibid.*, art. 412.).

Le fondé de pouvoir ne peut représenter plus d'une personne (*ibid.*). — S'il se présente un fondé de pouvoir de plusieurs convoqués, le juge de paix est autorisé à le refuser.

230. Tout parent, allié ou ami convoqué, et qui, sans excuse légitime, ne comparaît pas, encourt une amende (*ibid.*, art. 413.).

Elle ne peut excéder cinquante francs (*ibid.*).

Elle est prononcée par le juge de paix (*ibid.*).

Il n'y a point d'appel de l'ordonnance qui prononce cette condamnation (*ibid.*). Mais le juge de paix peut la révoquer, si le parent défaillant a justifié son absence par de justes causes.

231. Le juge de paix peut ajourner ou proroger l'assemblée des parens convoqués en conseil de famille, toutes les fois que l'intérêt des mineurs semble l'exiger. (*Cod. civ.*, art. 414.)

Il peut l'ajourner spécialement 1° lorsqu'il convient d'entendre le membre absent qui fait présenter une excuse suffisante; 2° lorsqu'il convient de le remplacer.

232. L'ajournement est indispensable toutes les fois que les membres présens ne sont pas en nombre suffisant pour délibérer.

Ce nombre est fixé (*ibid.*, art. 415) aux trois quarts, au moins, des membres convoqués.

Dans ce cas, le nombre des convoqués est sept, compris le juge de paix, en tout six personnes. S'il n'y avait que quatre parens ou amis présens, et deux absens, il n'y aurait que cinq personnes à l'assemblée : les trois quarts de sept sont cinq un quart, il ne se trouverait pas à l'assemblée les trois quarts des convoqués.

233. Le juge de paix doit être compris dans le nombre dont il faut compter les trois quarts. L'intention de la loi est que le conseil de famille puisse délibérer, toutes les fois qu'il s'y trouve les trois quarts de ceux qui doivent former l'assemblée.

Ainsi, dans le cas où il y aurait sept frères du mineur et le juge de paix pour huitième, cinq frères et le juge de paix pourront délibérer; ils sont six qui font les trois quarts de huit.

Dans ce même cas, si on ne comptait pas le juge de paix, il faudrait, avec lui, au moins six frères; cinq ne suffiraient pas, parce que les trois quarts des sept frères excèdent cinq (les trois quarts de sept sont cinq un quart).

234. L'assemblée se tient de plein droit chez le juge de paix (*ibid.*). — Il peut cependant désigner un autre local (*ibid.*).

Le conseil de famille est présidé par le juge de paix. (Code civ., art. 416.)

Il y a voix délibérative (*ibid.*).

En cas de partage, il y a voix prépondérante (*ibid.*); supposons, par exemple, un conseil de famille composé de cinq parens et du juge de paix, pour la nomination d'un tuteur. Trois parens sont d'avis de nommer Philippe, les deux autres et le juge de paix sont d'avis de nommer Barthélemi; c'est ce dernier qui sera tuteur, à cause de la voix prépondérante du juge de paix.

235. Dans toute tutelle, il y a un subrogé-tuteur nommé par le conseil de famille (Code civ., art. 420).

Le tuteur légal doit, avant d'entrer en fonctions, faire convoquer le conseil de famille, pour la nomination d'un subrogé-tuteur (*ibid.*, art. 421), même le père. Il y a des jurisconsultes, qui sont d'un avis contraire, et ils fondent leur opinion sur des raisons du plus grand poids ; mais la loi s'exprime en termes absolus, et qui excluent toute interprétation comme toute exception : *en toute tutelle ;* ces expressions comprennent la tutelle du père comme toutes les autres. Ainsi le père survivant, tuteur légal de ses enfans mineurs, doit se faire nommer un subrogé-tuteur. Cela ne peut faire aucune difficulté. Cependant, quand il gère avant d'avoir rempli cette formalité, il n'encourt pas la peine de la loi, parce qu'elle n'est pas prononcée d'une manière aussi absolue, et que le père ne peut être soupçonné de vouloir nuire à ses enfans. Il faudrait contre lui les preuves les plus graves et les plus claires.

Dans les autres tutelles, la nomination du subrogé-tuteur a lieu immédiatement après celle du tuteur (*ibid.*, art. 422).

236. En aucun cas, le tuteur ne vote pour la nomination du subrogé-tuteur (*ibid.*, art. 423).

Le tuteur datif qui vient d'être nommé est en conséquence tenu de se retirer quand il s'agit de délibérer sur la nomination du subrogé-tuteur ; le juge de paix doit le lui enjoindre, s'il persiste à y rester. Si, par son absence, le nombre suffisant pour délibérer n'est plus complet, le juge de paix doit ajourner à jour fixe pour cette seconde nomination ; dans l'intervalle, il sera convoqué de plus le nombre compétent de parens ou amis.

237. Le tuteur étant pris dans l'une des deux lignes paternelle ou maternelle, le subrogé doit être pris dans l'autre (*ibid.*, art. 423) : c'est au juge de paix à y veiller, et à prévenir les délibérans qui voudraient les choisir l'un et l'autre dans la même ligne.

Si le tuteur est un frère germain, le subrogé-tuteur, pris dans l'une ou l'autre ligne, est nécessairement parent du tuteur, qui appartient aux deux lignes. La loi permet (*ibid.*), en ce cas, de le choisir ; il est préférable à un étranger.

Les enfans naturels n'ont point d'autres parens que leurs père et mère ; par conséquent, le conseil de famille, ou plutôt de tutelle, auquel leur minorité peut donner lieu, sera légalement formé d'amis, et même d'amis du mineur, à défaut de ceux du père ou de la mère. Cass., 3 sept. 1806. J. sp., 4, pag. 306 ; R. 155.

Les délibérations du conseil de famille ne peuvent être ni changées ni modifiées par les tribunaux chargés de les homologuer. — S'ils se le permettent, le subrogé-tuteur, et même chaque membre du conseil de famille, a qualité pour interjeter appel à la Cour royale du jugement d'homologation, même quand le tuteur y aurait acquiescé. Cour de Colmar, 11 avril 1822. J. sp., 3, p. 150; R. 72.

☞ Le domicile du mineur est celui du dernier décédé de ses père et mère; en sorte que si la mère, après la mort de son mari, transfère son domicile dans un autre lieu, ce sera là, si elle se remarie ou meurt, que l'on devra convoquer le conseil de famille, et non au domicile du père défunt. Toutefois, ce principe ne s'applique qu'au tuteur *naturel*, c'est-à-dire au père et à la mère. Eux seuls emportent partout avec eux le domicile du mineur, et partout où ils ont transporté leur propre domicile, là doit être convoqué le conseil de famille, quelle que soit la cause de convocation. Il en est tout autrement en fait de tuteurs *datifs*. Ils n'emportent point avec eux le domicile du mineur, et, toutes les fois qu'il y a lieu à une assemblée de famille, après celle qui a conféré la tutelle, l'assemblée doit être convoquée devant le même juge de paix qui a présidé le conseil lors de la première nomination d'un tuteur *datif*.

☞ Ces distinctions, difficiles à saisir, mais judicieuses et justes, résultent de trois arrêts de la cour de cass., du 29 novembre 1809; J. sp. 5, pag. 243; R. 124; 23 mars 1819, J. sp.; et 10 août 1825, *Id.*, 6, pag. 227; R. 118. On trouvera beaucoup de remarques sur ces questions, avec une lettre d'un juge de paix très éclairé, aux mêmes pages du même journal.

☞ Lorsque par son convol la mère tutrice perd la tutelle de ses enfans, cette tutelle devient *dative*. C'est au conseil de famille à la conférer, et l'aïeul paternel ne l'obtient pas de plein droit. Cass., 26 février 1807. J. sp. 9, 22; R. 13.

☞ La mère est-elle tutrice légale de son enfant naturel ? C'est une question délicate et sur laquelle la cour de cassation a évité de se prononcer dans un arrêt du 31 août 1815. J. sp. Dans l'espèce de la cause, la mère s'était mariée et avait donné à sa fille naturelle un beau-père, sans avoir convoqué le conseil de famille pour décider de la tutelle. La cour déclare que par là (nous copions les termes de l'arrêt), *en la supposant même tutrice légale de sa fille naturelle, elle a perdu la tutelle de plein droit.*

☞ La mère tutrice peut nommer un conseil d'administration auquel elle confère tous ses droits; mais elle est maîtresse de révoquer ce conseil quand il lui plaît, parce qu'elle ne peut être privée de la tutelle que dans le cas et selon les formes exprimées par la loi. Cass., 21 mai 1806. J. sp.

☞ Les juges de paix ont-ils le droit de provoquer d'office la nomination d'un subrogé-tuteur, lorsque le tuteur ou la famille ont laissé écouler un certain délai sans le faire nommer? Nous pensons qu'ils le peuvent et même le doivent dans l'intérêt des mineurs, dont ils sont les protecteurs naturels. L'art. 420 du Code civil semble les y autoriser de la manière la plus formelle, et plus encore l'art. 421. Nous ne reviendrons pas sur tout ce que nous avons dit à ce sujet, pag. 245 et suiv. de notre J. sp., tome 3; R. 119 : on pourra y lire une lettre très importante d'un juge de paix de Bretagne sur cette question; il conseille, et le tribunal ainsi que le procureur du roi du ressort l'ont autorisé, de convoquer d'office, un mois après l'ouverture de la tutelle, le conseil de famille. « Le tribunal a pensé, lui écrit M. le procureur du roi (17 mars 1817), que vous devez attendre ce délai pour éviter tout reproche de précipitation, etc. » — Quant à nous, nous estimons que ce délai est trop long, et qu'il est fixé à dix jours, de la manière la plus claire et la plus positive, par l'art. 451 C. C. : car, d'après cet article, c'est dans les dix jours de son entrée en fonctions que le tuteur nommé par le conseil de famille doit procéder à l'inventaire *en présence du subrogé-tuteur;* mais ce même délai doit courir contre le père, la mère ou tout autre tuteur de droit : car le même motif existe pour eux ou plutôt contre eux d'accélérer l'inventaire, et un motif plus puissant encore, vu que l'art. 911 du Code de procédure, en dispensant du scellé, leur laisse la faculté de dilapider la succession. L'inventaire doit donc être commencé par eux dans les dix jours. Donc, si le tuteur, père, mère ou autre ascendant, laissent passer ce délai depuis l'ouverture de la succession, et le tuteur datif depuis la notification de l'acte qui le nomme, sans convoquer le conseil de famille (et le juge de paix en est le premier instruit, puisqu'il le préside), ce magistrat nous paraît autorisé à le convoquer d'office.

☞ Lorsqu'un tribunal annule une nomination de tuteur, il ne peut pas nommer lui-même à la tutelle; il doit renvoyer cette nomination au conseil de famille. Cass., 27 novembre 1816. J. sp. 9, 172; R. 92.

☞ L'alliance ou affinité ne cesse pas, par cela seulement

que l'époux dont elle provenait est décédé, s'il a laissé des enfans de son union avec l'époux survivant; ainsi, dans ce cas, le mari veuf peut être appelé au conseil de famille des mêmes parens de son épouse. Il reste même leur allié, quoiqu'il passe à de secondes noces. Cass., J. sp. 16 juillet 1810.

☞ En annulant une délibération de conseil de famille, un tribunal ne peut exclure de la nouvelle délibération qu'il ordonne ni les parens, qui ont déjà délibéré, ni le juge de paix qui les a présidés; il ne peut pas même exclure un seul de ces parens sous prétexte d'inconduite, ou qu'il a fait des choses contraires à l'intérêt du mineur. Cass., 13 oct. 1807. J. sp. 9, p. 33; R. 19.

☞ Dans un conseil de famille, les frères germains peuvent être indifféremment comptés au nombre des parens paternels ou maternels. Cass., 10 août 1815, J. sp.

☞ Le juge de paix est président de tous les conseils de famille. Nul autre que lui ou son suppléant ne peut les présider; un juge du tribunal de première instance ne peut, sans nullité, être délégué à cet effet. Cass., 6 mess. an XII, J. sp.

☞ Toute délibération à laquelle le juge de paix ne concourt pas est sans valeur. Cass., 21 juillet 1808. J. sp.

☞ L'exécuteur testamentaire ne saurait se dispenser de la tutelle, si le conseil la lui défère. Cass., 15 mess. an XII, J. sp.

☞ Il n'est pas permis aux conseils de famille d'admettre d'autres causes d'exclusion de la tutelle que celles qui sont établies par les art. 442 et 443 du Code civil. Ces textes sont essentiellement limitatifs. Cass., arrêt déjà cité du 13 oct. 1807. J. sp. 9, 33, ; R. 29.

☞ Le rachat ou réméré avec toutes ses suites, est un contrat qui excède les droits d'administration d'un tuteur. Il exige l'assemblée du conseil de famille. Cass., 18 mai 1813, J. sp.

☞ L'émancipation opérée par le mariage est irrévocable. Le mineur ne peut plus rentrer en tutelle quand même il deviendrait veuf avant l'âge auquel la loi autorise l'émancipation, Cass., 21 févr. 1821. J. sp.

☞ Le mineur qui a perdu tous ses ascendans ne peut se marier sans le consentement du conseil de famille (Code civ., art. 160). Est-ce aussi à ce conseil qu'appartient le droit de régler les pactes et clauses du contrat de mariage? (id. art. 398).

☞ La question est controversée : les uns tiennent pour l'affirmative pure et simple ; d'autres sont pour la négative ; mais ils pensent que le conseil doit déléguer un de ses membres pous assister au contrat de mariage et en consentir les clauses et conditions au nom de la famille ; d'autres, enfin, choqués de l'inconvenance de constituer un représentant de la famille lorsqu'elle a un représentant perpétuel et légal dans la personne du tuteur, qui, en général, a négocié et ménagé le mariage, frappés aussi de l'inconvénient qu'ils trouvent de consigner par écrit, et à toujours dans un procès-verbal, des conditions auxquelles le caprice, le mode, mille causes, peuvent apporter des changemens jusqu'au jour de la célébration, adoptent un *mezzo termine,* qui a été proposé par Levasseur lui-même dans ses formules.

Il consiste en ce que le tuteur ou le curateur donne connaissance des pactes nuptiaux au conseil de famille, qui, sur cet exposé, accorde ou refuse son consentement, et, s'il l'accorde, le fonde sur les conventions et arrangemens dont le détail est consigné dans la délibération, laquelle porte en même temps autorisation au tuteur d'assister au contrat, et d'en consentir les conditions, avec la faculté d'y apporter les modifications imprévues et peu importantes qui peuvent devenir nécessaires, telles, par exemple, que des gains de survie, des frais ou présens de noces, etc.

☞ Ce moyen terme nous paraît le parti le plus raisonnable et celui qui concilie le mieux les convenances avec les précautions de la loi et les intérêts du mineur. Il est en effet évident que les parens assemblés, qui ne sont pas du tout amoureux, et qui voient de sang-froid l'état des choses, ne sont amenés à donner ou à refuser le consentement requis par la loi, et sollicité par le mineur, que sur l'exposé qui leur est fait des convenances et avantages positifs et réels que laisse espérer l'établissement projeté, et nullement sur la couleur des cheveux de la future ou l'élégance de la taille du futur. C'est ce qui prouve que le tuteur, muni et porteur du consentement du conseil au mariage, ou curateur, a qualité suffisante pour autoriser les conventions du contrat, conformément à l'art. 1398 du Code civil. Il est presque superflu d'énoncer les bases de ces conventions dans le consentement de la famille, et de citer ce que nous avons exprimé p. 287, t. 6, de notre Jurisp.; R. 149. Toutefois, nous accordons qu'il est prudent, et peut-être utile, de consigner dans la délibération du conseil les bases d'après lesquelles le conseil a consenti l'établissement proposé, et d'autoriser le tuteur à passer le contrat d'après ces mêmes bases. **J. F.**

238. Toutes les fois que les délibérations du conseil de famille sont unanimes, il suffit d'en consigner le résultat dans le procès-verbal.

Toutes les fois que les avis ne sont pas unanimes, l'avis de chacun des membres doit être consigné dans le procès-verbal (Code de proc. civ., art. 883) : le juge de paix doit y veiller; l'obligation imposée aux conseils de famille par l'art. 883 du Code de procédure civile, de mentionner dans le procès-verbal *l'avis* de chaque membre, lorsque la délibération n'est pas unanime, n'emporte pas l'obligation d'indiquer *les motifs* de chaque avis, notamment lorsqu'il s'agit d'ôter la tutelle à une mère qui convole. Cass., 17 nov. 1813. J. sp. 4, p. 303 ; R. 153.

La loi dit *toutes les fois :* ainsi la rédaction des avis différens a lieu, quoique l'un des avis ouverts ait la majorité; les membres de la minorité peuvent (*ibid.*) se pourvoir contre la délibération. L'insertion des motifs n'est pas nécessaire, à peine de nullité, dans l'avis du conseil de famille qui, dans le cas de séparation de corps, attribue à la mère, à l'exclusion du père, la garde des enfans.

On ne peut appliquer, dans ce cas, l'art. 447, qui veut que toute délibération du conseil de famille, prononçant l'exclusion ou la destitution du tuteur, soit motivée (Arrêt de la cour de Paris, du 11 déc. 1821).

239. Le juge de paix n'était pas autorisé, par la loi du 16-24 août 1790, à recevoir les délibérations de famille relatives aux majeurs dans le cas de l'interdiction : en conséquence, c'était aux tribunaux civils, juges ordinaires, à recevoir, par l'organe d'un commissaire, les délibérations relatives à l'interdiction des majeurs.

Maintenant, les conseils de famille, relatifs aux interdits, se tiennent en présence et sous la présidence du juge de paix. Le conseil de famille qui doit donner ses avis sur l'état de la personne à interdire peut s'assembler devant le président du tribunal en la chambre du conseil; il n'est pas nécessaire, à peine de nullité, qu'il soit convoqué, et qu'il s'assemble devant le juge de paix (arrêt de la cour de Paris, du 15 mai 1813).

La demande en interdiction est portée devant le tribunal de première instance (Code civ., art. 492).

Ce tribunal ordonne que le conseil de famille, formé selon le mode déterminé en cas de minorité, donnera son avis sur l'état de la personne dont l'interdiction est demandée (*ibid.*, *art.* 494).

Au cas que l'interdiction soit prononcée, il est pourvu, selon le même mode, à la nomination d'un tuteur et d'un subrogé-tuteur à l'interdit.

240. Le greffier de la justice de paix est présent au conseil de famille; mais il n'en est pas membre ni ne peut l'être; il y accompagne le juge de paix; il en rédige le procès-verbal sous son inspection, et signe avec lui; il n'a aucune voix.

Il en délivre aux parties les expéditions nécessaires.

Le juge de paix est membre du conseil de famille, en ce sens qu'il en est un élément essentiel lors des délibérations, mais non en ce sens qu'il doit être partie dans le procès sur la validité de ces délibérations.

Si un juge de paix pouvait être recherché par suite de ses fonctions dans une assemblée de famille, ce serait comme fonctionnaire : l'action serait extraordinaire, et devrait être exercée par voie de prise à partie (arrêt de la cour de cass., du 29 juillet 1812).

☞ Cette question est mal posée, comme le plus grand nombre de celles dont MM. les *réviseurs* ont appauvri plutôt qu'enrichi le travail de Levasseur, qui, décédé en 1808, n'a pu rapporter un arrêt rendu en 1812. La citation est évidemment du fait des continuateurs. Voici comme le résultat de l'arrêt aurait dû être exprimé : « L'art. 883 du Code de procédure, qui veut que, lorsque la délibération d'un conseil de famille est attaquée, la demande soit formée contre les membres qui ont été d'avis de la délibération, n'est pas applicable au juge de paix qui a présidé le conseil. » J. sp. 5, pag. 293; R. 149. J. F.

## SECTION II.

### *Des Scellés.*

Il sera question, dans autant de paragraphes, de l'apposition des scellés, des testamens et papiers cachetés trouvés chez le défunt au moment de l'apposition; du référé; des oppositions aux scellés, et de la levée du scellé.

## §. 1er.

### De l'apposition des scellés.

241. Les scellés sont apposés en plusieurs occasions, mais particulièrement après décès.

Lorsqu'il y a lieu à l'apposition des scellés après décès, elle est faite par le juge de paix ou ses suppléans (*art.* 907).

Le juge de paix et ses suppléans se servent, à cet effet (*art.* 908), d'un sceau particulier qui reste en leurs mains, et dont l'empreinte est déposée au greffe du tribunal de première instance.

242. Le juge de paix appose les scellés dans l'étendue de son canton seulement (*art.* 912). Ainsi, il ne peut les apposer dans aucune autre, quand même ce serait par suite de ceux apposés dans son territoire.

Lorsque, dans une succession, il y a des effets mobiliers situés en plusieurs cantons, chacun des juges de paix les appose sur les effets étant dans le sien.

Cette différence de territoire doit être observée, même dans le cas où une maison limitrophe du canton aurait des dépendances sur le canton voisin, comme une grange, un cellier, qui n'en seraient séparés que par la cour, dans laquelle passerait la ligne de démarcation des deux cantons.

243. Après décès, le juge de paix procède à l'apposition des scellés sur réquisition ou d'office.

Il peut y procéder d'office :

1° S'il y a un mineur sans tuteur, et que le scellé ne soit pas requis par un parent (*ibid.*, *art.* 911);

2° Si un des conjoints est absent (*ibid.*); si les héritiers ou l'un d'eux sont absens (*ibid.*).

L'absence dont il est ici question n'est autre que le défaut de présence du conjoint ou de l'héritier dans le territoire et aux environs de la commune dans laquelle se trouvent les effets mobiliers de la succession.

Il ne faut pas mettre au nombre des absens, pour raison des scellés, celui qui, sans être sur les lieux, y est représenté par un fondé de pouvoir.

3° Si le défunt est dépositaire public (*ibid.*); mais, en ce cas, il n'est apposé (*ibid.*) que pour raison de ce dépôt, et sur les objets qui le composent.

☞ On peut voir, J. sp., tom. 1, pag. 178; R. 88, une lettre de M. le juge de paix de Langres sur la question de savoir si, malgré l'art. 911 du Code de procédure, les juges de paix ne doivent pas apposer d'office les scellés toutes les fois que le défunt laisse un ou plusieurs héritiers mineurs, quand même ils auraient un tuteur, fût-ce même le père ou la mère? Cette lettre est, aussi bien que la question, très digne de l'attention du lecteur; elle nous a fourni l'occasion de traiter à fond cette même question, pag. 180; R. 89, tom. 1, de ce même journal, et de prouver que, dans l'état actuel des mœurs et des familles, l'abrogation de l'art. 819 du Code civil a été une calamité publique.    J. F.

☞ Un juge de paix peut-il être poursuivi par des héritiers pour raison d'une prétendue négligence dans l'apposition du scellé sur les biens d'une succession? Cass., 5 décembre 1823. J. sp. 4, pag. 195; R. 99.

☞ Le légataire universel n'est pas obligé de demander la délivrance de son legs aux héritiers du sang, lorsqu'aucun d'eux n'est héritier à réserve; en conséquence, le légataire universel peut, en vertu de son titre, faire lever les scellés sans appeler les collatéraux (Cass., 30 frimaire an XII. J. sp.). A plus forte raison peut-il s'opposer à l'apposition de ces mêmes scellés, lorsque le juge de paix veut y procéder d'office, ou sur la réquisition de quelques héritiers du sang. *Voy.* J. sp., 9, p. 61; R. 34.    J. F.

244. Dans les trois cas de l'art. 911, le scellé peut être apposé, soit à la diligence du ministère public (*ibid.*), soit sur la déclaration du maire ou adjoint de la commune (*ibid.*).

245. L'apposition des scellés peut être requise :

1° Par ceux qui prétendent droit dans la succession ou dans la communauté (*art* 909). — La loi dit par ceux qui prétendent droit à la succession; ainsi, la faculté de requérir l'apposition est accordée, non seulement aux héritiers qui prétendent droit à la succession, mais encore aux donataires, à cause de mort, soit universels, soit à titre universel, parce que, sans avoir droit à la succession, ils ont droit dans la succession.

2° Par tous créanciers fondés en titre exécutoire (*ibid.*).

Le créancier qui n'est pas fondé en titre exécutoire peut s'y faire autoriser par une permission de justice (*ibid.*). — Laquelle émane (*ibid.*), soit du président du tribunal de première instance, soit du juge de paix du canton (*ibid.*).

Les créanciers personnels d'un cohéritier ne peuvent pas, comme les créanciers de la succession, requérir l'apposition des scellés sur cette succession : ils doivent former opposition à la levée des scellés déjà apposés, et cette opposition leur donne le droit d'être appelés au partage (arrêt de la cour de Nancy, du 9 janvier 1817).

3° En cas d'absence, soit du conjoint, soit des héritiers ou de l'un d'eux, par les personnes qui demeuraient avec le défunt, et par ses serviteurs et domestiques (*ibid.*).

Ces personnes ne doivent pas même négliger de faire, en ce cas, cette réquisition, car autrement elles s'exposent à des recherches, et même à une accusation d'enlèvement et divertissement.

246. *Quid*, lorsque le prétendant droit et les créanciers sont mineurs?

Il faut distinguer s'ils sont ou ne sont pas émancipés.

Lorsqu'ils sont émancipés, ils peuvent requérir l'apposition des scellés par eux-mêmes et sans l'assistance de leur curateur (*art.* 910).

Lorsqu'ils ne sont pas émancipés, ils ne peuvent requérir, par eux-mêmes, l'apposition des scellés; elle doit être requise par leur tuteur, s'ils en ont un. — Si, par événement, ils n'ont pas de tuteur, ou que celui qu'ils ont soit absent, l'apposition peut être requise par leurs parens. Lorsque le mineur non émancipé est en âge de connaissance, il peut se transporter chez le juge de paix, lui exposer sa situation; alors, celui-ci doit, d'office et sans faire mention du transport du mineur, apposer les scellés.

Le scellé doit, autant que possible, être apposé avant l'enterrement du défunt, et le cadavre encore présent.

247. Lorsque le scellé est apposé depuis l'inhumation, le juge de paix doit constater, dans son procès-verbal, le moment où il a été requis de l'apposer, et les causes qui ont retardé, soit la réquisition, soit l'apposition (Cod. de proc. civ., art. 913).

248. Le procès-verbal d'apposition doit contenir

1° La date des an, mois, jour et heure (*art.* 914);

2° Les motifs de l'apposition (*ibid.*).

3° Les nom, profession et demeure du requérant s'il en

a (*ibid*), — et son élection de domicile dans la commune, s'il n'y demeure pas (*ibid.*);

4° S'il n'y a pas de partie requérante, le procès-verbal doit énoncer si le scellé est apposé d'office, s'il a été requis par le ministère public, ou s'il est apposé sur la déclaration du maire ou adjoint de la commune;

5° L'ordonnance qui permet le scellé, s'il en a été rendu (*ib.*);

6° Les comparutions et dires des parties (*ibid.*);

7° La désignation des lieux, bureaux, coffres et armoires, sur les ouvertures desquels le scellé a été apposé (*ibid.*);

8° Une description sommaire des effets qui ne sont pas mis sous les scellés (*ibid.*);

9° Le serment, lors de la clôture de l'apposition, par ceux qui demeurent dans le lieu, qu'ils n'ont rien détourné, vu ni su, qu'il ait été rien détourné, directement ni indirectement (*ib.*);

10° L'établissement du gardien présenté, s'il a les qualités requises (*ibid*). — Si le gardien présenté n'a pas les qualités requises, ou s'il n'en est pas présenté, le juge de paix en établit un d'office (*ibid*).

Lorsque les lieux sont vastes, on peut en établir plusieurs, surtout quand il y a plusieurs corps de logis.

Ces gardiens sont responsables par corps. En conséquence, le juge de paix ne doit recevoir ou commettre que des personnes susceptibles de cette contrainte. On ne doit donner cette charge ni à des femmes ni à des mineurs.

Le juge de paix ne peut nommer pour gardiens des scellés aucun de ses parens ou alliés jusqu'au degré de cousin issu de germain, ni aucune des parties intéressées, ni leurs enfans, frères ou oncles et neveux; cependant, si l'une des parties consentait que l'autre ou ses parens fussent établis gardiens, le juge pourrait les recevoir, s'ils avaient d'ailleurs les qualités requises, en constatant ce consentement.

249. Les clés des serrures sur lesquelles le scellé est apposé restent ès-mains du greffier de la justice de paix (Code de procédure civile, art. 915). Le juge fait mention, sur le procès-verbal, de la remise qui lui en est faite (*ibid.*); les clés ne pourraient pas valablement être remises au juge lui-même. C'est un dépôt, il doit être placé dans le lieu destiné à conserver les dépôts, c'est-à-dire au greffe.

Pour éviter tout soupçon que le juge de paix et le greffier n'abusent des clés qui sont à leur disposition, en levant et réapposant les scellés sans aucune forme, il leur est défendu, à peine d'interdiction, d'aller jusqu'à la levée dans la maison où est le scellé (*ibid.*). — Ils ne doivent s'y transporter qu'autant qu'ils en sont requis (*ibid.*), et alors leur transport doit être précédé d'une ordonnance motivée (*ibid.*). C'est l'ancienne règle : dès que les scellés sont apposés, le juge ne peut plus entrer dans les lieux où il les a mis que pour les lever, à moins qu'il n'y ait nécessité ; comme s'il est arrivé quelque chose qui demande sa présence ; et alors il doit préalablement constater cette cause.

250. L'apposition des scellés a pour but la conservation des effets mobiliers et papiers de la succession, jusqu'à ce que le détail en soit constaté par un inventaire.

L'inventaire commencé, les scellés sur les objets déjà inventoriés deviennent inutiles ; en conséquence, si l'apposition des scellés est requise pendant le cours de l'inventaire, les scellés ne sont apposés que sur les objets non inventoriés. (*Code de proc. civ., art.* 925.). Dans ce cas, il n'est pas besoin d'ordonnance du président du tribunal civil.

L'inventaire achevé, on ne peut plus (*ibid.*) apposer les scellés. Ils seraient sans objet.

Néanmoins, si l'inventaire est attaqué, le président du tribunal peut ordonner l'apposition des scellés (*ibid.*) ; mais elle ne peut être faite sans cette ordonnance.

251. Lorsqu'il n'y a aucun effet mobilier, le juge de paix dresse un procès-verbal de carence (*art.* 924). Il n'en était pas ainsi avant le Code de procédure. La confection des procès-verbaux de carence était attribuée exclusivement aux notaires, par le décret du 6 mars 1791 (*art.* 10).

252. S'il y a des effets mobiliers qui soient nécessaires à l'usage des personnes qui sont dans la maison, ou sur lesquels le scellé ne puisse être mis, le juge de paix dresse un procès-verbal contenant description sommaire desdits effets. (*Code de procéd. civ., art.* 924.) Il est d'usage de laisser à ceux qui ont coutume de vivre dans la maison, comme le survivant des deux conjoints, ou les enfans, d'abord les effets qui sont à leur usage, et ensuite une partie du linge de lit et de table ; de l'argenterie, même des deniers comptans qui se trouvent.

S'il s'élevait à ce sujet quelque difficulté, c'est un des cas sur lesquels le juge de paix peut statuer provisoirement.

255. Dans les communes où la population est de 20,000 âmes et au-dessus, il est tenu au greffe du tribunal de première instance un registre d'ordre pour les scellés (*art.* 925).

Sur ce registre sont inscrits, d'après la déclaration que les juges de paix de l'arrondissement sont tenus d'y faire parvenir dans les vingt-quatre heures de l'apposition :

1° Les nom et demeure des personnes sur les effets desquelles le scellé a été apposé (*ibid.*);

2° Le nom et la demeure du juge qui a fait l'apposition (*ibid.*);

3° Le jour où elle a été faite (*ibid.*).

## § II.

*Du testament et des papiers cachetés trouvés chez le défunt.*

254. Lors de l'apposition des scellés, on peut trouver chez le défunt un testament, ouvert ou fermé, ou d'autres papiers cachetés.

Si, lors de l'apposition, il est trouvé un testament ou autres papiers cachetés, le juge de paix en constate la forme extérieure, le sceau et la suscription, s'il y en a (*Cod. de proc. civ., art.* 916).

Il paraphe l'enveloppe avec les parties présentes, si elles le savent ou le peuvent (*ibid.*).

Il indique (*ibid.*) le jour et l'heure auxquels le paquet sera par lui présenté au président du tribunal de première instance.

Il fait mention du tout sur son procès-verbal, lequel est signé des parties, sinon mention est faite de leur refus ou impuissance, et de sa cause (*ibid.*).

Aux jour et heure indiqués, sans qu'il soit besoin d'aucune assignation, les paquets trouvés cachetés sont présentés par le juge de paix au président du tribunal de première instance, lequel en fait ouverture (*Cod. de proc. civ., art.* 918).

255. Si un testament est trouvé ouvert, le juge de paix en constate l'état (*art.* 920).

Il doit observer (*ibid.*) ce qui est prescrit en l'art. 916 qui vient d'être détaillé.

Pour s'y conformer, il paraphe le testament avec les parties présentes, si elles le savent ou le peuvent. Il indique le jour et l'heure auxquels le testament ouvert sera par lui présenté au président du tribunal de première instance : il fait mention du tout sur son procès-verbal.

Ce fut d'abord, et d'après les dispositions du Code civil, une question de savoir si le testament trouvé ouvert devait être présenté au président. Plusieurs jurisconsultes soutenaient la négative, parce que cette formalité leur paraissait alors inutile.

Cette opinion avait pour elle un arrêt de la cour d'appel d'Orléans ; elle est condamnée par le Code de procédure civile.

256. Sur la réquisition de toute partie intéressée, le juge de paix doit faire, avant l'apposition des scellés, la perquisition du testament dont l'existence est annoncée (*art.* 917).

S'il le trouve ouvert ou cacheté, il procède (*ibid.*) ainsi qu'il vient d'être dit.

§. III.

*Des scellés en cas de faillite.*

Dès qu'un commerçant fait faillite, le Code de commerce prescrit l'apposition des scellés ; et cette apposition doit être faite par le juge de paix du domicile du failli (*Code de commerce, art.* 449).

Remarquez d'abord que cela ne peut concerner que les négocians et marchands. Un particulier qui ne fait point le commerce peut être en déconfiture, mais jamais en faillite ; et par conséquent il n'y a point lieu à l'apposition des scellés.

Elle ne peut être ordonnée ou faite que quand il y a faillite déclarée ou notoire.

L'apposition, en général, doit être ordonnée par le tribunal de commerce, qui fait adresser une expédition de son jugement au juge de paix (*ibid.*).

Ainsi, le plus ordinairement, ce magistrat doit attendre l'envoi de cette expédition, ou la réquisition des agens, qui, s'ils ne trouvent pas l'apposition des scellés faite, peuvent et doivent la provoquer (*art.* 462).

Cependant l'article 450 porte qu'il pourra apposer les scellés d'office sur la notoriété acquise.

Il faut bien prendre garde aux termes de cette disposition, afin de n'en point abuser. Elle n'impose point au juge de paix une obligation, elle lui donne seulement une faculté ; en sorte qu'il ne sera jamais répréhensible de n'en avoir point fait usage. En second lieu, elle ne lui donne cette faculté que dans le cas de la notoriété acquise : ainsi le juge de paix ne doit rien précipiter. Il ne doit point se hâter d'après des bruits sourds et va-

gues. Il faut que la faillite soit tellement publique, qu'il ne soit
pas possible d'en douter. Il doit se garder d'agir légèrement,
car il s'exposerait à la prise à partie et à des dommages-intérêts. Les scellés, dans cette circonstance, doivent être apposés
très rigoureusement; l'article 451 du Code de commerce veut
qu'ils soient mis sur les magasins, comptoirs, caisse, porte-feuille,
livres, registres, papiers, meubles et effets.

Le juge de paix doit surtout porter son attention sur les livres,
notes et papiers quelconques, qui peuvent avoir trait à la gestion
et à la fortune du failli. Les papiers de famille ne doivent pas être
à l'abri de ce scellé, et le failli les réclamerait vainement. Le juge
de paix ne doit souffrir ni permettre aucune distraction par aucune considération, soit en meubles et effets, soit en papiers,
quand même il y aurait des réclamations, sauf aux réclamans à
discuter et faire valoir leurs moyens. Le juge de paix doit seulement recevoir leur dire et constater leurs motifs.

Lorsque la faillite est faite par une société en nom collectif,
les scellés ne doivent pas seulement être apposés dans la maison où est le siége du commerce, mais encore dans le domicile
de chacun des associés ( art. 452 ).

Remarquez que la loi parle des sociétés *en nom collectif*,
et ordonne l'apposition des scellés au domicile particulier de
chacun des *associés solidaires;* d'où il résulte que les scellés
ne doivent point être apposés au domicile des associés en com-
mandite, quoiqu'ils soient connus de fait, parce qu'ils ne le
sont jamais légalement, et qu'ils ne sont obligés que jusqu'à
concurrence de leur mise.

Aussitôt que l'apposition des scellés est terminée, le juge de
paix doit faire remettre au greffe du tribunal saisi de la faillite
une expédition de son procès-verbal (art. 453).

## § IV.

### *Du référé.*

125. Si les portes sont fermées, s'il se rencontre des obsta-
cles à l'apposition des scellés, s'il s'élève, soit avant, soit pendant le scellé, des difficultés, il y est statué en référé par le
président du tribunal (Code de proc. civ. art. 921).

A cet effet, le juge de paix sursoit à l'apposition, et en

réfère sur-le-champ au président du tribunal (*ibid.*).

Il établit pour le temps intermédiaire garnison extérieure, même intérieure, si le cas y échet (*ibid.*).

258. Lorsqu'il y a péril dans le retard, le juge de paix peut statuer par provision, sauf à en référer ensuite au président du tribunal (*ibid.*).

Lors de ce référé, l'ordonnance provisoire rendue par le juge de paix est approuvée ou rejetée. Au premier cas, son opération provisoire devient définitive; au second cas, son opération est déclarée nulle.

Un tuteur, par exemple, se présente au nom de son pupille, qu'il qualifie d'héritier présomptif, pour faire apposer les scellés. Un autre parent, établi dans la maison mortuaire, qui a déjà disposé de plusieurs effets de la succession, s'y oppose, comme parent plus proche du défunt que le mineur. Le juge de paix, vu l'intérêt de celui-ci, ordonne que, par provision, il sera, par lui, incontinent procédé à l'apposition des scellés requis par le tuteur, sauf à en référer le jour même, après l'apposition des scellés, ou le lendemain, au président du tribunal. En conséquence, il appose les scellés. — Le lendemain il en réfère au président du tribunal. Si celui-ci approuve l'ordonnance provisoire du juge de paix, alors les scellés par lui apposés provisoirement deviennent définitifs; s'il la rejette, il ordonne la levée des scellés sans description, et le juge de paix se conforme à l'ordonnance.

259. Dans tous les cas où il est référé, par le juge de paix, au président du tribunal, soit en matière de scellés, soit en autre matière, ce qui est fait et ordonné est constaté sur procès-verbal dressé par le juge de paix (art. 922). — Le président signe ses ordonnances sur ledit procès-verbal (*ibid.*), et c'est le greffier de la justice de paix qui en délivre des expéditions.

## § V.

*De l'opposition aux scellés.*

260. Les oppositions aux scellés peuvent être faites de deux manières : par déclaration sur le procès-verbal de scellés, ou par exploit signifié au greffier de la justice de paix ( *Code de procédure civile, art.* 926).

Dans le second cas, elles sont sujettes à toutes les formalités des exploits (*art.* 927).

Dans l'un et l'autre cas, l'opposition doit contenir, et ce, *à peine de nullité,*

1° L'énonciation précise de la cause de l'opposition (*ibid.*).

2° Election de domicile dans la commune ou dans l'arrondissement de la justice de paix où le scellé est apposé, si l'opposant n'y demeure pas (*ibid.*).

La loi dit, *dans la commune ou dans l'arrondissement de la justice de paix :* ainsi, dans les communes qui comprennent plusieurs arrondissemens de justice de paix, l'élection de domicile peut être faite dans toute l'étendue de la commune, sans être astreint à la faire dans la partie de la commune qui compose l'arrondissement dont il s'agit.

§ VI.

*De la levée des scellés.*

261. Le scellé ne peut être levé que trois jours au plus tôt après l'inhumation, s'il a été apposé auparavant; et trois jours après l'apposition, si elle a été faite depuis l'inhumation (*Code de proc. civ.*, *art.* 928).

Ces trois jours sont francs; les scellés sont apposés à l'instant de la mort, le premier, l'inhumation a lieu le trois; les scellés ne pourront pas être levés avant le sept. Si les scellés avaient été apposés le cinq, après l'inhumation du trois, ils ne pourraient être levés que le neuf au plus tôt.

Ces délais doivent être observés, à peine de nullité des procès verbaux, de levée des scellés, et des dommages et intérêts contre ceux qui les auront faits et requis (*ibid.*).

☞ L'art. 940 du Code de procédure portant que si la cause de l'opposition des scellés vient à cesser avant leur levée, ils seront levés sans description, est-il applicable, lorsqu'il y a des parties mineures et que les scellés n'ont pas été mis d'office, à cause d'eux, vu qu'ils sont pourvus de tuteur, mais à raison de l'absence d'un cohéritier majeur, qui se présente après la levée? Examen de cette question, J. sp. 3, pag. 353; R. 173. Lettre de M. le procureur général Bellart, sur ce sujet. *Id.* page 378. Arrêt de la cour d'Aix, 16 août 1830. J. sp. 10, pag. 566.

En cas d'urgence, ces délais peuvent etre abrégés par le président du tribunal de première instance, qui motivera son ordonnance (*ibid.*). — Dans ce cas, si les parties qui ont droit d'assister à la levée ne sont pas présentes, il est appelé pour elles un notaire nommé d'office par le président (*ibid.*).

263. Si les héritiers, ou quelques uns d'eux, sont mineurs non émancipés, il ne doit pas être procédé à la levée des scellés avant qu'ils aient été pourvus de tuteurs, ou émancipés (*art.* 949).

Il faut excepter de cette règle ceux qui demeuraient avec le défunt, ses serviteurs ou domestiques : ces personnes, autorisées par l'art. 909 à requérir l'apposition des scellés, ne peuvent en requérir la levée (*art.* 930); elles n'y ont pas d'intérêt.

264. Les formalités pour parvenir à la levée des scellés sont :

1° Une réquisition à cet effet (*Code de proc. civ., art.* 136);

Elle doit être consignée sur le procès-verbal du juge de paix (*ibid.*);

2° Une ordonnance du même juge, indicative des jour et heure où la levée sera faite (*ibid.*);

3° Une sommation d'assister à cette levée faite au conjoint survivant, à l'exécuteur testamentaire, aux légataires universels à titre universel, s'ils sont connus, et aux opposans (*ib.*).

Il n'est pas besoin d'appeler les intéressés demeurant hors de cinq myriamètres (*ibid.*); mais on appellera, pour eux, un notaire nommé d'office par le président du tribunal de première instance (*ibid.*);

Les opposans sont appelés au domicile par eux élu (*ibid.*);

265. Le conjoint, l'exécuteur testamentaire, les héritiers, les légataires universels, et ceux à titre universel, peuvent assister à toutes les vacations, en personne, ou par un mandataire (*art.* 932).

Les opposans ne peuvent assister, soit en personne, soit par un mandataire, qu'à la première vacation (*ibid.*).

Ils sont tenus de se faire représenter, aux vacations suivantes, par un seul mandataire dont ils conviendront pour tous (*ibid.*). — Sinon il sera nommé d'office par les juges de paix. (*ibid.*).

Si parmi ces mandataires se trouvent des avoués du tribunal de première instance du ressort, ils justifieront de leurs pouvoirs par la représentation du titre de leur partie (*ibid.*). — L'avoué le plus ancien, suivant l'ordre du tableau, des opposans fondés en titre authentique, assistera de droit pour tous les opposans (*ibid.*). — Si aucun des créanciers n'est fondé en titre authentique, l'avoué le plus ancien des opposans fondés en titre privé assistera (*ibid.*). — L'ancienneté sera définitivement réglée à la première vacation (*ibid.*).

266. On voit, par cet art. 932, que les parties ne sont tenues de se faire assister ou représenter à la levée des scellés (et à l'inventaire qui se fera en même temps) par un avoué ; mais elles peuvent y assister par elles-mêmes, ou par un fondé de pouvoir, sans assistance d'avoué.

Si elles jugent à propos d'employer le ministère des avoués, comme versés dans ces sortes d'opérations, ceux-ci ne se présentent pas alors comme avoués : la justice de paix n'en connaît pas ; ils se présentent comme particuliers. En conséquence, si leur partie n'est pas présente, ils sont, comme tous autres mandataires, assujettis à la représentation de leurs pouvoirs.

267. Si l'un des opposans se trouve avoir des intérêts différens de ceux des autres, ou des intérêts contraires, il peut assister en personne ou par un mandataire particulier à toutes les vacations (*art. 933 du Code de proc. civ.*). Mais alors c'est à ses frais (*ibid.*).

268. Les opposans en sous ordre pour la conservation des droits de leur débiteur ne peuvent assister à aucune vacation ; ils ne peuvent pas même assister à la première, ni concourir au choix du mandataire commun (*art.* 934).

269. Le procès-verbal de levée du scellé doit contenir :

1° Sa date (*art.* 936.), — elle doit être exprimée par an, par mois, jour et heure ;

2° Les nom, profession, demeure et élection de domicile du requérant (*ibid.*) ;

3° L'énonciation de l'ordonnance délivrée pour la levée (*ib.*) ;

4° L'énonciation (*ibid.*) de la sommation à l'effet de s'y trouver, qui doit y avoir été faite par le requérant au conjoint survivant, aux présomptifs héritiers, à l'exécuteur testamentaire, aux légataires universels et à titre universel, et aux opposans ;

5° Les comparutions et dires des parties (*ibid.*) ;

270. 6° La nomination (*ibid.*) des notaires, commissaires-priseurs et experts qui doivent opérer.

Cette nomination (*art.* 935) se fait de concert par le conjoint commun en biens, les héritiers légataires universels ou à titre universel. — S'ils n'en conviennent pas entre eux, il est procédé, suivant la nature des objets, par un ou deux notaires, commissaires priseurs, ou experts nommés d'office par le président du tribunal de première instance (*ibid.*). — Dans les deux cas, c'est le juge de paix qui reçoit le serment des experts (*ibid.*).

271. 7° La reconnaissance des scellés, s'ils sont sains et entier (*ibid.*); — s'ils ne le sont pas, l'état des altérations, sauf à se pourvoir ainsi qu'il appartiendra, pour raison desdites altérations (*ibid.*).

Les réquisitions à fin de perquisition; le résultat desdites perquisitions (*ibid.*); — et toutes les autres demandes sur lesquelles il y aura à statuer (*ibid.*).

272. Les scellés sont levés successivement à fur et à mesure de chaque vacation (art. 937 *du Cod. de proc. civ.*).

Ils sont réapposés à la fin de chaque vacation (*ibid.*).

273. On peut réunir des objets de même nature pour être inventoriés successivement, suivant leur ordre (art. 938), — Ils sont, dans ce cas, replacés sous les scellés (*ibid*).

274. Lorsqu'il s'est trouvé des objets et papiers étrangers à la succession, et qu'ils sont réclamés par des tiers, ils sont remis à qui ils appartiennent (art. 939).

S'ils ne peuvent être réunis à l'instant, et qu'il soit nécessaire d'en faire la description, elle est faite sur le procès-verbal des scellés (*ibid.*).

275. Si la cause de l'apposition des scellés cesse avant qu'ils soient levés, ou pendant le cours de leur levée, ils sont levés sans description (art. 940).

276. Le juge de paix a des obligations particulières à remplir à l'égard des absens pour le service de l'état, soit comme ses défenseurs (*Loi du 11 ventôse an II*), soit comme officiers de santé, ou attachés d'une manière quelconque au service militaire (*Loi du 16 fructidor an II, art. 11*).

Il doit, comme en toute autre absence, apposer d'office les scellés sur les objets délaissés par leurs père et mère, et autres dont ils sont héritiers.

Immédiatement après cette apposition, il doit les avertir personnellement, s'il sait à quel corps ou armée ils sont attachés (*Loi du 11 ventôse an II, art. 11*).

Il doit en instruire pareillement le ministre de la guerre (*ibid.*).

Le double de ses lettres doit être copié à la suite de son procès-verbal, avant de le présenter à l'enregistrement, sans augmentation de droits (*ibid.*).

Le délai d'un mois expiré, si l'héritier ne donne pas de procuration, les parens, et, à défaut de parens, les voisins et amis doivent être convoqués devant le juge de paix, à l'effet de nommer un curateur à l'absent (*ibid.*, art. 2).

La loi citée veut (*ibid.*) que cette convocation ait lieu *sans frais*. Les lois subséquentes ont dérogé indirectement à cette disposition : on ne peut éviter le timbre, l'enregistrement, les citations, la vacation du greffier, l'expédition du procès-verbal. Les frais seront payés par le curateur nommé, qui les emploiera dans son compte.

*Nota.* Les formalités ci-dessus ont été modifiées par une loi du 13 janvier 1817, qui a réglé les moyens de constater le sort des militaires absens, et en a attribué l'exécution aux tribunaux civils de première instance.

☞ La loi du 11 ventôse an II a-t-elle été abrogée par celle du 13 janvier 1817, et les juges de paix, lorsqu'il s'ouvre une succession dévolue à un militaire absent, sont-ils toujours tenus d'apposer d'office les scellés sur les effets de la succession?

Deux arrêts de la Cour de cass., le 1ᵉʳ du 9 mars 1819, J. sp., 1, pag. 353; R. 173; le second du 9 mars 1824, J. sp., 4, pag. 165; R. 84, ont résolu cette question affirmativement. Le dernier de ces arrêts, entre autres, est tout-à-fait décisif et concluant. Avant qu'il ait paru, nous avions discuté ce point avec tout le soin possible, dans trois ou quatre articles que la controverse élevée à ce sujet, non seulement entre les jurisconsultes, mais entre les cours royales, a rendus nécessaires : on peut voir à ce sujet notre journal, tom. 1, pag. 364; R. 178; tom. 2, pag. 114; R. 53; tom. 3, pap. 113 et suiv.; R. 54; et tom. 4, pag. 169; R. 84.

Nous ne reviendrons pas ici sur un sujet épuisé par nous ailleurs. Nous croyons avoir établi jusqu'à l'évidence que les juges et avocats qui s'obstinent (et il en est beaucoup encore, témoins la cour de Paris, et celles de Rouen, de Nancy, etc.), malgré les arrêts de la cour de cassation, à poursuivre l'apposition des scellés sur l'hérédité qui échéait à un militaire absent, sous prétexte que le Code civil, la paix et la loi du 13 janvier, ont fait cesser la faveur du décret du 11 ventôse an II, tombent dans une grave erreur.                J. F.

277. Outre le cas du décès, l'apposition a eu lieu en quelques autres circonstances, comme banqueroute, demande en divorce, etc.

La femme, commune en biens, demanderesse ou défenderesse en divorce (1), peut, en tout état de cause, requérir, pour la conservation de ses droits, l'apposition des scellés sur les effets mobiliers de la communauté (Cod. civ. art. 270). — Ces scellés ne peuvent être levés (*ibid.*) qu'en faisant inventaire avec prisée, et à la charge, par le mari, de représenter les choses inventoriées, ou de répondre de leur valeur, comme gardien judiciaire (*ibid*).

Pareilles dispositions ont lieu dans le cas de demandes en séparation de corps.

278. En cas de bris de scellés, le juge de paix doit mettre sur-le-champ en état d'arrestation le gardien des scellés, et tous ceux qui seront prévenus d'avoir coopéré à leur rupture (*loi du 20 nivôse an II*, art. 1 et 2).

Des cohéritiers qui brisent sciemment, en l'absence du juge de paix, des scellés apposés par lui sur les effets d'une personne décédée, commettent un attentat à l'autorité publique, quoiqu'il n'en soit résulté aucun préjudice pour quelque intéressé; ils sont passibles d'un emprisonnement de six mois à deux ans (*Arrêt de la Cour de cassation du 22 juillet 1813*).

## § VII.
### De la levée des scellés en cas de faillite.

Quand les scellés ont été apposés avant la nomination des agens, ceux-ci peuvent demander qu'ils soient levés pour en extraire les livres ainsi que les effets du porte-feuille à courte échéance, ou susceptibles d'acceptation : le juge de paix doit déférer à cette réquisition.

Lorsque les scellés sont apposés à la réquisition des agens, ces objets ne sont point mis sous les scellés.

Dans l'un et l'autre cas, ces livres et effets sont remis aux agens, après que le juge de paix a constaté sommairement l'état des premiers et décrit les seconds, dont un bordereau est re-

_______________

(1) Le divorce a été aboli en France par la loi du 8 mai 1816.      J. F.

mis au commissaire de la faillite (Art. 485 du Code de commerce).

Les scellés ne doivent être levés définitivement qu'après la nomination des syndics provisoires, et à leur requête (art. 486), en présence du failli, ou lui dûment appelé ( art. 487 ).

Il est procédé en la forme prescrite par le Code de procédure civile, et à mesure de l'inventaire qui se fait des effets, titres et papiers du failli; mais ce sont les syndics eux-mêmes qui procèdent à cet inventaire. Ils ne sont tenus d'appeler ni notaires, ni commissaires-priseurs pour l'estimation des effets. Ils peuvent la faire faire ( car elle est requise) par qui bon leur semble. C'est une exception accordée par la loi en faveur du commerce et pour épargner des frais. Le juge de paix rend cet acte authentique par sa présence et sa signature à chaque vacation.

Ainsi, cet inventaire ne doit pas moins être fait sur papier timbré, puisqu'un officier public doit le signer pour le rendre régulier.

On remarque que le Code ne prescrit d'appeler que le failli, et qu'il ne parle point d'opposans.

La raison est qu'en cette matière il est inutile de former opposition, et le juge de paix ne doit point en recevoir. Tous les créanciers sont opposans de droit, et ils sont légalement représentés par les syndics.

Par la même raison, les créanciers n'ont pas le droit d'assister à la levée des scellés, et le juge de paix ne doit recevoir aucun dire de personne, autre que du failli ou des syndics, au procès verbal de reconnaissance et levée.

Il doit seulement veiller à ce que l'inventaire soit fait exactement et fidèlement. Il est le conservateur des intérêts de toutes les parties.

Il reste à observer que le juge de paix peut encore, quand il agit comme officier de police judiciaire, apposer les scellés sur les meubles et papiers du prévenu.

A cet égard, il n'a point de pouvoir exclusif.

Nous en traiterons plus amplement en examinant les fonctions qui lui sont attribuées en matière criminelle

## CHAPITRE VII.

*Des différentes fonctions et attributions particulières du juge de paix en matières civiles, commerciales, fiscales et de police municipale et rurale.*

279. Outre les scellés et avis de parens, le juge de paix a encore été chargé de différentes fonctions particulières :

Primo. Le juge de paix reçoit l'affirmation des procès-verbaux des délits constatés par les gardes forestiers. (*Lois du* 19—25 *décembre* 1790, *art.* 1er *et* 15—29 *septembre* 1791, *art.* 7 *du tit.* 4).

Cela paraît avoir été changé par le Code d'instruction criminelle.

L'art. 18 de ce Code porte que les gardes forestiers des forêts de l'État, des communes et des administrations publiques, remettront leurs procès-verbaux au conservateur, inspecteur ou sous-inspecteur, dans les trois jours au plus tard, y compris celui où le délit aura été constaté. Il résulte de là naturellement que l'affirmation doit être faite devant le même officier; ainsi, à cet égard, la compétence du juge de paix est abrogée, il ne doit plus recevoir ces procès-verbaux, ni par conséquent leur affirmation.

En cas de saisie de bestiaux, instrumens, voitures et attelages, aussitôt après l'affirmation du procès-verbal, il doit en être fait une expédition pour demeurer ès-mains du greffier, et en être donné communication à ceux qui réclameront les objets saisis. (*Loi du* 15—29 *septembre* 1791, *tit.* 4, art. 9).

Le juge de paix peut en donner main-levée provisoire, en exigeant bonne et suffisante caution jusqu'à concurrence de la valeur des effets saisis, et en faisant satisfaire aux frais de séquestre (*ibid., tit.* 9, art. 3).

Alors ces deux alinéas paraissent ne plus appartenir au juge de paix, quoique le Code d'instruction criminelle ne s'en explique pas. C'est une suite naturelle de la disposition qui vient d'être citée. Le juge de paix ne recevant plus les procès-verbaux, ne peut statuer sur rien. C'est le juge auquel appartient la connaissance du délit qui peut prononcer sur le provisoire.

280. Secundo. Le juge de paix reçoit les gardes champêtres (*loi du* 28 *septembre*, 6 *octobre* 1791, *tit.* 1er *sect.* 7, *art.* 5).

Il leur fait prêter le serment de veiller à la conservation de

*Tome I.*                                                        14

toutes les propriétés qui sont sous la foi publique, et de toutes celles dont la garde leur a été confiée par l'acte de leur nomination (*ibid.*).

Les gardes champêtres doivent affirmer leur procès-verbaux devant le juge de paix de leur canton (*ibid.*, art. 6) ou devant l'un de ses suppléans.

Le Code d'instruction criminelle ne change rien, quant à la réception des gardes champêtres, et le projet du Code rural maintient le juge de paix dans le droit de les recevoir, ou du moins de recevoir leur serment, car il attribue leur installation au maire.

Mais quant aux procès-verbaux, l'art. 20 du Code d'instruction crim. en prescrit la remise au commissaire de police, dans la commune chef-lieu de la justice de paix, ou au maire dans les communes où il n'y a point de commissaire de police. Ainsi la compétence du juge de paix est encore révoquée à cet égard.

Au lieu de les dresser eux-mêmes, ils peuvent en faire leur déclaration au juge de paix (*ibid.*) ou à son suppléant, c'est-à-dire maintenant au commissaire de police ou au maire. Cette formalité, remplie devant le juge de paix, serait nulle, parce qu'il est actuellement sans pouvoir.

Tertio. Le juge de paix est chargé de coter et parapher les répertoires tenus par les notaires et huissiers de son canton, et par son greffier (*loi du 22 frimaire an VII*, art. 53).

Les registres tenus dans les bureaux des douanes, contenant déclarations, paiemens des droits, soumission des redevables et de leurs cautions, descentes des marchandises, décharges des acquits-à-cautions, doivent être reliés, cotés par premier et dernier, et paraphés sans frais par l'un des juges du tribunal civil, ou par le juge de paix (*loi du 6—22 août 1791, tit. 13,* art. 27).

Il en est de même du registre-journal tenu par les receveurs principaux des droits (*ibid.*, 28).

282. Quarto. Lorsque les ballots, balles, malles et futailles, transportés dans les bureaux des douanes à défaut de déclaration régulière, y sont restés un an entier, ils sont vendus, inventaire préalablement fait des effets qu'ils contiennent. Le juge de paix du canton est l'un des officiers qui doivent être appelés au bureau pour assister à l'ouverture desdits ballots, balles, etc., et à l'inventaire (*ibid.*, *tit.* 9, art. 3).

283. QUINTO. Ceux qui sont trouvés, par les préposés de la régie, saisis de marchandises naufragées, enlevées sans être porteurs de permission, doivent être par eux arrêtés et conduits à la maison d'arrestation. Les préposés doivent remettre dans le jour leur procès-verbal au juge de paix le plus prochain.

284. SEXTO. Les juges de paix certifient l'attestation de bonne conduite donnée par les municipalités à ceux qui aspirent aux places de commissaires des guerres (*loi du 20 septembre, 14 octobre 1791, tit. 7, art. 6*).

285. SEPTIMO. Plusieurs lois avaient chargé le juge de paix de la nomination d'arbitres dans les arbitrages forcés; mais cette fonction a cessé avec les arbitrages qui y donnaient lieu.

286. OCTAVO. Plusieurs coutumes prescrivaient, pour assurer la fidélité des inventaires, et pour arrêter le cours des communautés dans lesquelles les mineurs sont intéressés, des actes connus sous le nom de clôture d'inventaire, dépôt d'inventaire au greffe, ou autres. Les juges de paix, dans l'arrondissement desquels avaient été faits les inventaires, étaient autorisés à recevoir lesdits actes, par la loi du 28 floréal an IV. Mais cette clôture, par un acte séparé, n'est plus nécessaire. Elle n'est exigée ni par le Code civil, ni par le Code de procédure civile. Il suffit d'indiquer, lors de la dernière vacation, qu'il ne se trouve plus rien à inventorier. — La veuve, lors de cette dernière vacation, doit affirmer l'inventaire sincère et véritable devant le notaire qui l'a reçue (*Code, civ., art.* 1456) (1).

287. NONO. En cas d'exposition d'enfant, le juge de paix avait été chargé, par la loi du 20 septembre 1792 (*tit. 3, art.* 10), de se rendre sur le lieu de l'exposition, de dresser procès-verbal de l'état de l'enfant, et d'envoyer son procès-verbal (*ibid., art,* 11) à l'officier public chargé de constater les naissances.

Maintenant il n'est plus autorisé en ce cas à dresser procès-verbal. Toute personne qui trouve un enfant nouveau-né est tenue de le remettre directement à l'officier de l'état civil (*Code*

---

(1) Non seulement cette clôture judiciaire n'est plus nécessaire, mais elle est formellement abrogée par le Code civil, au titre du contrat de mariage, qui interdit la continuation de communauté avec les mineurs, laquelle avait lieu autrefois à défaut d'observation de cette formalité. Ainsi ce serait maintenant un acte nul. L'inventaire se clôt par les notaires qui y procèdent.

*civ.*, art. 58); et c'est ce dernier (*ibid.*) qui est chargé de dresser le procès-verbal requis.

288. DECIMO. La loi du 3 brumaire an IV avait attribué au juge de paix différentes fonctions en matières de prises maritimes. Mais cette attribution ne subsiste plus depuis la loi du 26 ventôse an VIII, qui a rendu la matière des prises purement administratives, en ôtant aux tribunaux la connaissance de toutes les contestations de ce genre, même celles dont ils se trouvaient déjà saisis. Aussi l'arrêté pris par le gouvernement, le 6 germinal suivant, par suite de cette loi, confie toutes les opérations de détail relatives aux prises maritimes à des préposés de l'administration, notamment (*art.* 8) l'apposition et la levée des scellés précédemment confiées au juge de paix, par la loi susénoncée du 3 brumaire an IV (*art.* 7).

289. UNDECIMO. Les employés à la régie de l'enregistrement, les gardes forestiers, les experts et tous autres qui, à raison de leurs fonctions, sont assujettis par les lois à une prestation préalable de serment, sont autorisés, lorsqu'ils ne résident pas dans la commune où siége le tribunal civil de première instance, à prêter leur serment devant le juge de paix de l'arrondissement dans lequel ils sont, pour l'exercice de leurs fonctions ou l'accomplissement de leurs commissions (*loi du 16 thermidor an IV, art.* 1).

Il est dressé acte de cette prestation de serment (*ibid. art.* 2). Les employés de la régie, les gardes forestiers et tous autres fonctionnaires, doivent en envoyer de suite l'exrait au greffe du tribunal civil de première instance pour y être enregistré (*ibid.*).

Les experts peuvent faire le même envoi au greffe du tribunal qui les a commis. Ils peuvent aussi s'en dispenser, à la charge de joindre l'extrait de leur prestation de serment à leur rapport, lorsqu'ils le remettront au greffe (*ibid.*).

Aux mots *tribunal civil du département* que contient la loi, on a substitué ceux ci : *Tribunal civil de première instance,* pour se conformer aux changemens survenus dans l'organisation judiciaire.

290. DUODECIMO. Lorsque la personne qui veut se marier est dans l'impossibilité, par quelque cause que ce soit, dûment constatée, de se procurer son acte de naissance, il est suppléé par un acte de notoriété que lui délivre le juge de paix du lieu de sa naissance, ou de son domicile (*Code civ.*, art. 70).

Cet acte de notoriété doit contenir la déclaration faite par sept témoins de l'un ou de l'autre sexe, parens ou non parens, des prénoms, nom, profession et domicile du futur époux, et de ceux de ses père et mère, s'ils sont connus (*ibid.*, *art.* 71).

La déclaration désignera le lieu, et, autant que possible, l'époque de sa naissance, et les causes qui empêchent d'en rapporter l'acte (*ibid.*).

Les témoins doivent signer l'acte de notoriété avec le juge de paix (*ibid.*). —S'il en est qui ne puissent ou ne sachent signer, il en fait mention (*ibid.*).

L'acte de notoriété dressé devant le juge de paix suffisait, avant le Code civil, pour suppléer au défaut d'acte de naissance. Il n'en est plus de même maintenant. Le législateur a senti combien il était dangereux de suppléer à un acte authentique rédigé au moment de la naissance, par la preuve testimoniale, sans prendre les précautions nécessaires pour apprécier les dires des témoins : en conséquence, l'acte de notoriété doit être présenté (*ibid.*, *art.* 72) au tribunal de première instance du lieu où se célèbrera le mariage, pour être homologué, s'il y a lieu. —Ce tribunal, après avoir entendu le procureur du roi, donne ou refuse son homologation, selon qu'il trouve suffisantes ou insuffisantes les déclarations des témoins et les causes qui empêchent de rapporter l'acte de naissance (*ibid.*).

291. TERTIO DECIMO. La loi du 26 ventôse an IV ordonne tous les ans (*art.* 6) l'écheuillage des arbres avant le 1er ventôse. Elle autorise (*ibid.*) les agens et adjoints municipaux (maintenant les maires et adjoints de maire) à le faire aux dépens de ceux qui l'auront négligé, par des ouvriers qu'ils choisiront. Le juge de paix (*ibid.*) leur délivre, à cet égard, l'exécutoire nécessaire sur la quittance des ouvriers.

292. QUARTO DECIMO. Le juge de paix peut exiger que le citoyen qui étale des marchandises, dans un lieu quelconque, lui exhibe sa patente (*loi du 1er brumaire an VII, art.* 38).

293. QUINTO DECIMO. En cas d'expertise demandée par la régie de l'enregistrement, pour la perception des droits sur l'aliénation d'un immeuble, les deux experts qui ne sont pas d'accord nomment le tiers expert. S'ils ne peuvent pas se concilier sur la nomination du tiers expert, il est nommé par le juge de paix de la situation des lieux (*loi du 22 frimaire an VII, art.* 18).

294. SEXTO DECIMO. Le juge de paix délivre aux officiers pu-

blics, chargés par la loi de faire l'avance des droits d'enregistrement, l'exécutoire pour le remboursement de leurs avances (*ibid.*, *art.* 30).

295. SEPTIMO DECIMO. Lorsqu'un citoyen a besoin d'avoir extrait des registres du préposé à l'enregistrement, relativement à un acte qui ne le concerne, ni lui, ni ses auteurs, il est obligé (*ibid. art.* 58) de prendre une ordonnance du juge de paix qui l'autorise à se faire délivrer l'extrait qu'il désire.

296. OCTAVO DECIMO. A la réquisition des auteurs, compositeurs, peintres ou dessinateurs, leurs héritiers ou cessionnaires, les juges de paix sont tenus, dans les lieux où il n'y a pas de commissaire de police, de saisir ou faire saisir les exemplaires des éditions imprimées ou gravées, sans la permission formelle et par écrit des auteurs. La loi du 19 juill. 1793 avait chargé (*art.* 5) de ces saisies les officiers de paix ; mais celle du 25 prairial an III veut (*art.* 1<sup>er</sup>) qu'elles soient faites à l'avenir par les commissaires de police et par les juges de paix dans les lieux où il n'y a pas de commissaire de police.

297. NONO DECIMO. En matière d'expropriation forcée, le juge de paix mettait son visa sur plusieurs pièces, d'après la loi du 11 brumaire an VII (*expr. forc.*) : il n'a pas de *visa* à donner dans la procédure actuelle de saisie immobilière.

Mais il en est un à donner par son greffier. Cet officier reçoit (*Code proc. civ.*, *art.* 676) copie entière du procès-verbal de saisie, avant l'enregistrement. Il vise (*ibid.*) l'original du procès-verbal.

En matière de saisie-exécution, lorsqu'il y a refus d'ouverture de portes ou résistance, le juge de paix est le premier officier que l'huissier doit requérir pour l'assister et l'autoriser à se faire faire ouverture. Ce n'est qu'à son défaut que l'huissier peut s'adresser au commissaire de police.

Le juge de paix doit se rendre à la réquisition de l'huissier, et faire faire les ouvertures nécessaires.

Il lui est défendu de dresser procès-verbal particulier, il signe seulement le procès-verbal de l'huissier qui fait mention de ses ordres ou ordonnances.

Le juge de paix peut, en cas de besoin, requérir la force armée et la faire agir.

Beaucoup de juges de paix dédaignent ces fonctions et refusent de les remplir, ils ont tort. Ils empêcheraient souvent bien des vexations et des abus encore plus répréhensibles.

Un débiteur ne peut être arrêté sans l'assistance du juge de paix, dans une cour close dépendante de son domicile. Toutes les dépendances que l'art. 390 du Code pénal considère comme maison habitée doivent être réputées domicile du débiteur, dans le sens de l'art. 781, n° 5 du Code de procédure civile (*arrêt de la cour de Douai du 26 janvier 1824*).

Nous avons déjà relevé les citations abusives de ces arrêts isolés des cours royales. Ils peuvent induire en erreur, ils ne font point jurisprudence, cette prérogative est réservée aux seuls arrêts de la cour de cassation, et encore à ceux qui *cassent*.

298. VIGESIMO. Le père peut nommer (*Cod. civ., art.* 391), à la mère survivante et tutrice, un conseil spécial pour l'assister dans tous ou quelques uns des actes de la tutelle. Le juge de paix, assisté de son greffier, est l'un des officiers préposés pour recevoir cette nomination de conseil (*ibid., art.* 392).

Le juge de paix peut aussi recevoir (*ibid., art.* 398) la déclaration par laquelle le dernier mourant des père et mère choisit pour ses enfans mineurs un tuteur, parent ou même étranger.

299. VIGESIMO PRIMO. Le juge de paix reçoit, assisté de son greffier (*ibid. art.* 477), l'acte par lequel le père, et à défaut du père, la mère, déclare émanciper son fils mineur âgé de 15 ans révolus.

Quant au mineur qui n'a ni père ni mère, il ne peut être émancipé qu'à dix-huit ans accomplis. Le conseil de famille assemblé décide si le mineur est capable d'être émancipé (*ibid. art.* 478). — Le juge de paix, comme président de l'assemblée, déclare, en conséquence de la délibération, *que le mineur est émancipé*. Cette déclaration opère l'émancipation (*ibid.*).

L'acte d'adoption est aussi reçu par le juge de paix (*Cod. civ., art.* 353).

Le juge de paix du domicile de l'adoptant est le seul compétent pour recevoir cet acte; tout autre, même celui du domicile de l'adopté, n'aurait ni qualité ni pouvoir. On voit par les discussions du conseil d'état (*procès-verbal, séance du* 18 *fructidor an XI*) que cela a été ainsi réglé pour faciliter la recherche des causes de l'adoption.

Cet acte ne peut pas être reçu par le juge de paix seul : il serait nul. Il doit être écrit par le greffier, en présence du juge de paix, qui le signe avec les parties. Le juge ne doit jamais rien écrire lui-même.

Au reste, le juge de paix n'a à cet égard aucune sorte de juridiction contentieuse. Sa mission se borne à constater d'une manière authentique les déclarations des parties. Il n'a point le droit d'examiner la validité ou invalidité de leurs motifs. Il est, pour ce cas, simple officier de la juridiction volontaire.

L'acte une fois rédigé doit être délivré à la partie qui le demande la première. Il est dû à la plus diligente, et le greffier ne peut point en refuser l'expédition.

On a demandé si l'adoptant ou l'adopté peut se faire représenter par procureur? Dans le droit romain, cela ne se pouvait pas, parce que l'adoption était un acte solennel de la loi, et que ces actes ne pouvaient se faire par procureur; mais dans notre droit, qui ne connaît pas ces subtilités rigoureuses, rien n'empêche d'agir en cette circonstance par un fondé de pouvoir, pourvu que le pouvoir soit spécial et authentique.

Dans ce cas, la procuration doit être annexée à la minute de l'acte d'adoption, après avoir été signée par le mandataire, et il faut en délivrer expédition à la suite de l'acte.

Le juge de paix reçoit encore l'acte de la tutelle officieuse. Ici c'est le juge de paix du domicile de l'enfant dont la tutelle officieuse est accordée, qui est seul compétent. Il dresse procès-verbal des demandes et consentemens relatifs à la tutelle (*Code civ.*, *art.* 363).

Dans cette circonstance, le juge de paix est encore moins magistrat que notaire, et sa mission se borne à rédiger, ou du moins à faire rédiger par son greffier, qui doit toujours l'accompagner et tenir la plume, les conventions des parties qui peuvent faire toutes celles que bon leur semble, relativement à la tutelle, et au sort de l'enfant dont le tuteur se charge.

Si cet enfant est mineur, n'ayant ni père ni mère, comme alors le consentement à la tutelle doit être donné par le conseil de famille, le juge de paix, comme président de ce conseil, devient en quelque sorte une des parties contractantes; ce qui ne l'empêche pas néanmoins de recevoir l'acte qui fait alors partie de la délibération.

Cette tutelle ne peut avoir lieu que pour les enfans âgés de moins de 15 ans (*art.* 364 *du Code civil*). C'est un fait dont le juge de paix peut s'informer : et en conséquence il doit s'en faire administrer la preuve.

L'assemblée du conseil de famille est-elle nécessaire quand le mineur est sans père ni mère ni autres ascendans, qui ont la tutelle légale?

L'affirmative paraît résulter de l'art. 358, qui exige le consentement des pères et mères ou du survivant d'eux, *et à leur défaut* d'un conseil de famille, sans parler des ascendans. Il semble en résulter que la loi n'a pas donné aux autres ascendans la faculté de consentir seuls à la tutelle officieuse. Il y a cependant des avis contraires, entre autres celui de l'auteur des *Pandectes françaises, tome 5, page* 286; mais il est contraire au texte de l'article.

Les parties peuvent, comme on vient de le dire, faire telles conventions que bon leur semble, et le juge de paix doit les faire insérer toutes dans l'acte.

Au reste, l'obligation principale et essentielle résultant de la tutelle officieuse est, de la part de celui qui la reçoit, de nourrir, entretenir et élever l'enfant, et de le mettre en état de gagner sa vie par son travail. Il résulte de là que le tuteur ne peut plus, dès qu'une fois il a accepté la tutelle, s'en affranchir, sans avoir satisfait à cette obligation.

Mais ceux qui y ont consenti sont-ils les maîtres de la faire cesser quand bon leur semble? non, sans doute; il faut qu'il y ait des causes graves, car ils ne perdent pas le droit de surveillance naturelle qu'ils ont sur l'enfant. Ils peuvent donc, si le tuteur se conduit mal à son égard, révoquer la tutelle ou le contraindre à remplir son obligation.

Si, par exemple, le tuteur officieux était trop dur à l'égard de l'enfant, ou s'il le laissait manquer des choses nécessaires, ceux qui ont consenti à la tutelle pourraient faire ordonner que l'enfant serait mis dans une pension ou chez un maître, et que le tuteur serait obligé de payer sa pension et de fournir à son entretien.

Lorsque le pupille a atteint sa majorité, il peut, s'il y consent, être adopté par son tuteur.

En ce cas, l'adoption doit être faite en la forme prescrite, c'est-à-dire devant le juge de paix du domicile du tuteur (*art.* 565 *du Code civil*). C'est devant lui aussi que le pupille devenu majeur et qui requiert l'adoption doit sommer le tuteur de se trouver pour en dresser et souscrire l'acte.

« Observez en général que si l'adopté a encore père et mère ou l'un d'eux, son consentement seul ne suffit pas ; il faut encore celui de ses père et mère ou la preuve qu'il l'a requis ( *art.* 345, *ibid.* ).

Le consentement des père et mère ou du survivant d'eux est absolument nécessaire jusqu'à ce que l'adopté ait accompli sa vingt-cinquième année.

« La loi, à cet égard, ne distingue point entre les mâles et les filles. En conséquence, celles-ci comme ceux-là doivent nécessairement, jusqu'à l'âge de vingt-cinq ans accomplis, obtenir le consentement de leur père et mère ou du survivant d'eux.

« Après vingt-cinq ans accomplis et quelque âge qu'ait l'enfant, il doit justifier qu'il a requis ce consentement.

« La loi dit, qu'il sera tenu de rapporter le consentement ou la réquisition du conseil.

En conséquence, le juge de paix doit se faire remettre ces actes qu'il faut joindre à la minute de celui d'adoption, ou refuser de la recevoir jusqu'à ce qu'on les lui remette.

« Le consentement doit être rapporté par écrit en forme authentique, à moins que les père et mère n'assistent en personne à l'adoption, à laquelle ils déclarent consentir, et n'en signent l'acte, ce dont il doit être fait mention.

« La réquisition du consentement doit être faite par une sommation respectueuse, en la même forme que pour le mariage ; une seule suffit et elle doit être annexée à l'acte.

« La loi ne parle point des ascendans à défaut de père et mère. Il s'ensuit que l'adopté n'est tenu ni d'obtenir ni de requérir leur consentement.

« Mais il résulte de l'économie de la loi qu'il doit justifier du décès de ses père et mère ; autrement le juge de paix serait bien fondé à refuser de recevoir l'acte d'adoption, jusqu'à ce qu'il rapportât leur consentement ou la preuve de la réquisition.

« Dans les cas où l'un des père et mère est absent, ou hors d'état de manifester sa volonté, il faut se conduire comme pour le mariage.

300. **VIGESIMO SECUNDO.** En matière de droits réunis, la contrainte décernée par le directeur ou le receveur de la régie contre les redevables en retard doit être visée et déclarée exécutoire, sans frais, par le juge de paix du canton où le bureau de perception est établi. ( *Décret du* 1ᵉʳ *germinal an XIII, art.* 44 ).

Si le juge de paix refuse de viser la contrainte pour être

exécutée, il se rend responsable des valeurs pour lesquelles la contrainte aura été décernée (*ibid.*). Lorsqu'une visite et une saisie faites par les préposés des contributions indirectes, dans le domicile d'un particulier non sujet à l'exercice, ont été commencées sans l'assistance du juge de paix, mais continuées avec cette assistance, le procès-verbal est nul, non pas seulement dans la partie relative au commencement de l'opération faite sans assistance, il est nul pour le tout (*Cour de cassation du* 10 *avril* 1823. J. sp.)

VIGESIMO TERTIO. Les juges de paix connaissent en certains cas du droit de parcours. On sait que le droit de *parcours* ou de *vaine pâture* est un droit réciproque de deux ou plusieurs communes voisines qui consiste à envoyer paître le bétail sur leurs territoires respectifs lorsque les récoltes sont levées. Ce qui a donné lieu à ces conventions, c'est la proximité et souvent le mélange des territoires qui s'étendent et s'enclavent les uns dans les autres, de telle sorte que les habitans ne peuvent quelquefois profiter des herbages ou glandées qui leur appartiennent, sans passer réciproquement sur leurs terres. De là sont venus par un long usage, par transaction particulière de paroisse à paroisse ou, par la loi générale et coutumière de chaque province, un droit mutuel de pâture entre les habitans des paroisses et villages qui élèvent beaucoup de troupeaux.

L'exercice de ce droit a donné naissance à diverses règles et à un assez grand nombre d'arrêts anciens et modernes; dans le détail desquels nous sommes entrés pages 78 et suiv. de notre J. sp. tom. 2; R. 36. Nous y renvoyons le lecteur.

C'est le Code rural de 1791 (6 octobre) qui a attribué la connaissance des contraventions en matière de parcours aux juges de paix; et c'est l'article 484 du Code pénal actuel qui la leur conserve en vertu de sa disposition ainsi conçue : «Dans toutes les matières qui n'ont pas été réglées par le présent Code pénal (et le parcours en est une) et qui sont régies par des lois et réglemens particuliers, les cours et tribunaux continueront de les observer.» Pour connaître à fond la matière des parcours, il faut, dans le Code rural de 1791 ci-dessus relaté, étudier la section quatre du titre premier intitulé : *Des troupeaux, des clôtures du parcours et de la vaine pâture.* Voici maintenant quelques arrêts relatifs à cette matière.

Ceux qui, d'après l'autorisation administrative, ont un

troupeau séparé, ne doivent point de salaire au pâtre commun. Cass., 4 juillet 1821. J. sp. 2, page 100; R. 47.

Les usagers n'ont pas le droit d'introduire des bêtes à laine dans les bois des particuliers, lorsqu'ils ne sont pas encore déclarés défensables. Cass., 18 octobre 1821. J. sp. 1, p. 313; R. 153.

Autre arrêt de la même cour qui décide la même chose, et en outre que nul tribunal ne peut prononcer la main-levée d'un droit d'usage, tant que les usagers n'ont pas formé d'action possessoire. 26 Janvier 1824. J. sp. 4, p. 99; R. 50.

Un propriétaire peut-il être empêché d'introduire ses bestiaux dans ses propres bois avant qu'ils soient défensables? = A qui appartient-il de déclarer quand les bois sont défensables? Voyez sur ces questions un arrêt du conseil d'état du 18 brumaire an XIV. J. sp., page 80; R. 38.

Il existe beaucoup d'autres arrêts rendus en matière de parcours; on les trouvera à l'article du *tribunal de police*.

Pour terminer la momenclature des matières civiles que les limites d'un ouvrage aussi borné qu'un *Manuel* nous ont permis de traiter, nous allons donner ici la notice de quelques arrêts et questions relatifs aux juges de paix.

Ces magistrats peuvent-ils prendre sur eux de ne point noter les jugemens de renvoi et autres mesures propres à éviter des frais aux parties? J. sp. 1, pag. 310; R. 152.

Arrêt du 6 frimaire an XIII qui casse la sentence en forme de règlement dont il avait ordonné la publication et l'affiche, par laquelle un juge de paix défendait aux mendians 1° de mendier dans les églises; 2° de prendre par la bride les chevaux des voyageurs pour les conduire dans les auberges. J. sp. 1, pag. 80; R. 35.

Les juges de paix doivent maintenir l'exécution des arrêtés municipaux qui établissent des perceptions pour la location des halles et marchés des communes, lorsque le préfet les a approuvés. L'autorisation du roi n'est pas nécessaire pour la validité de ces perceptions. Cass. 4 juin 1823. J. sp. 3, p. 254; R. 128.

Les juges de paix n'ont pas droit de prononcer par voie réglementaire des peines contre ceux qui laissent sortir leurs pigeons en temps prohibé. Cass. 28 janvier 1824. J. sp. 4, pag. 176; R. 80.

Les circulaires et lettres des ministres ne sont pas obligatoires pour les tribunaux. Cass., 20 nov. 1823. J. sp. 3, page

584; R. 189. — Cour royale d'Amiens, 31 déc. 1824. J. sp. 5, p. 224; R. 115.

☞ Lettre relative aux inconvéniens qu'entraîne la préséance accordée aux membres des corps municipaux sur les juges de paix dans les cérémonies publiques. J. sp. 5, p. 42; R. 23.

☞ Le président a-t-il seul le droit de procéder au règlement des vacations d'un juge de paix? Peut-il déléguer ce droit à un autre juge? Par quelle voie le juge mécontent de la taxe peut-il la faire réformer? J. sp. 5, p. 380; R. 194.

☞ Comment doit être entendu l'article du tarif suivant lequel l'aller et le retour doivent être compris dans la première vacation, en cas de transport d'un juge de paix? Cass., 12 mai 1812. J. sp. 5, p. 383; R. 195.

☞ Lorsque les juges de paix, en cas d'assistance à une délibération du conseil de famille, croient devoir s'attribuer deux vacations, le président a-t-il droit d'en supprimer une? J. sp. 4, p. 185; R. 94.

☞ La requête civile n'est pas admissible contre les jugemens des juges de paix. Cass., 21 avril 1813. J. sp. 5, p. 285; R. 146. — Par conséquent, lorsqu'il y a contrariété entre deux jugemens rendus par le même juge de paix entre les mêmes parties et sur le même objet, on ne peut se pourvoir qu'en cassation, et nullement par requête civile devant le même juge de paix, surtout lorsque la contrainte n'est pas l'effet d'une erreur, mais de la volonté du juge. *Id., id.*

☞ *Ebranchement des arbres.* L'action tendante à faire élaguer les arbres qui étendent leurs branches sur l'héritage du voisin est de la compétence des juges de paix, et un fermier a qualité pour l'intenter en son nom personnel. Cass., 9 déc. 1817. J. sp. 3, p. 276; R. 136.

☞ Tant que les formes établies par la loi du 8 mai 1810 pour dépouiller les particuliers de leurs propriétés, à raison d'une route à percer ou autre motif d'utilité publique, n'ont pas été remplies, les juges de paix peuvent statuer sur les actions portées devant eux par les citoyens, dont les entrepreneurs de travaux publics envahissent ou dégradent les propriétés. Conseil d'état. Décision du 16 fév. 1826. J. sp. 6, p. 306; R. 158. — Observ. de l'édit., *id.*, p. 307; R. 158.

☞ Les demandes des percepteurs contre les redevables pour les contributions desquels ils ont fait des avances sont de la compétence des juges de paix lorsqu'elles n'excèdent pas 100 fr. Conseil d'état, 16 fév. 1826. J. sp. 6, p. 274; R. 142.

☞ Les témoins qui professent une autre religion que celle de l'État peuvent demander à prêter serment suivant les rites de leur religion; toutefois, s'ils le prêtent sans réclamation dans la forme voulue par la loi française, la déposition et la procédure seront valables. Cass., 19 mai 1826. J. sp. 6, p. 267; R. 138.

☞ *Reconvention, compétence.* Lorsqu'à une demande dont le juge de paix peut connaître le défendeur oppose une autre demande dite *en reconvention* qui excède la compétence de ce même juge de paix, si les deux demandes *ont la même origine, la même cause, sont fondées sur le même titre, et sont toutes deux contestées*, ce magistrat doit se déclarer d'office incompétent sur le tout : la raison en est que la compétence sur la demande principale n'emporte compétence sur les questions incidentes que devant les tribunaux ordinaires, et jamais devant les tribunaux d'exception, tels que ceux de commerce, de paix, de prudhommes, etc. Cass., 28 mai 1811. J. sp. 6, p. 356; R. 176. Ainsi, par exemple, Pierre demande à Paul 100 fr. pour reste du prix d'un marché de chevaux. Paul nie la dette, et réclame au contraire reconventionnellement 500 fr. pour raison du même marché : le juge de paix ne peut connaître d'une telle affaire. Il doit la renvoyer devant d'autres juges : car le fond étant une vente de chevaux de la valeur de 600 fr. au moins, la cause sort évidemment de sa compétence.

☞ En un mot, *pour déterminer la compétence des tribunaux, on doit examiner les demandes et réunir celles des deux parties, le procès étant composé de deux demandes respectives.*

Ce sont les propres termes d'un autre arrêt de la cour de cassation, du 2 décembre 1807. J. sp.

D'ailleurs, c'est la disposition de la loi : car celle du 24 août 1790 porte que le juge de paix connaîtra de toutes *causes* purement personnelles et mobilières sans appel, jusqu'à la *valeur* de cinquante livres, et à charge d'appel jusqu'à la *valeur* de cent livres.

Et l'art. 5 du tit. 4 de la même loi dispose que les juges de district connaîtront, en premier et dernier ressort, de toutes affaires personnelles et mobilières jusqu'à la *valeur* de mille livres de principal, et des *affaires* réelles dont l'objet *principal* sera de cinquante liv. de revenu déterminé, soit en rente, soit par prix de bail.

Pour notre question, il n'y a d'autre différence entre ces deux textes, sinon que le premier emploie le mot *cause*, et le second le mot *affaire*, pour exprimer la contestation, le procès qui divise les parties.

Ainsi, prouver que dans une espèce on doit toujours cumuler les demandes des parties pour déterminer la compétence en premier ou en dernier ressort, ou *vice versâ*, c'est avoir fait cette preuve pour l'autre espèce, puisque dans les deux cas la question est identique. Or, prenons l'espèce qui se présente le plus souvent, celle des tribunaux ordinaires.

Il résulte du texte qu'on vient de lire que pour déterminer la compétence ou le dernier ressort on doit, dans tous les cas, considérer l'*affaire* en son entier, et, de plus, si elle est personnelle ou mobilière, *la valeur de la somme principale en litige;* ou si elle est réelle, *le revenu de son objet principal.*

Dans le cas de la reconvention, l'*affaire* se compose cumulativement de la demande reconventionnelle et de la demande originaire, que la reconvention joint de fait et de droit pour être jugées en même temps; *conventio et reconventio pari passu ambulant.* La convention et la reconvention marchent du même pas, est un vieux axiome du droit. Or, ces deux demandes, qui ont chacune des intérêts distincts pour chaque partie, forment, par leur réunion, la *valeur* de l'affaire; elles doivent donc, aux termes de la loi, entrer l'une et l'autre en ligne de compte pour déterminer le dernier ressort ou la compétence.

Si l'on faisait abstraction de la demande reconventionnelle et de sa valeur, et que l'on ne considérât que la demande originaire et son objet pour déterminer la compétence, ce serait scinder l'affaire et sa valeur, contre la disposition expresse de la loi, qui veut qu'on ait égard à l'*affaire*, par conséquent à tous ses élémens et à sa *valeur*, par conséquent à tous les intérêts dont elle se compose; ce serait en même temps violer le vœu de cette loi, qui, en fixant la compétence à un taux déterminé, a pour objet d'assurer aux parties, pour toute valeur excédant ce taux, la garantie des deux degrés de juridiction.

☞ Ainsi MM. les juges de paix doivent tenir pour constant que les demandes, tant originelles que reconventionnelles et incidentes, toutes les fois qu'elles sont contestées et connexes, c'est-à-dire dérivant de la même cause, doivent être cumulées et entrer en ligne de compte pour déterminer la compétence ou le dernier ressort.

☞ Nous disons qu'elles *sont contestées et connexes :* car, si la demande originaire est prouvée, ou si la légitimité est reconnue par le défendeur, et qu'il n'y oppose qu'une autre demande ou reconvention non prouvée, et *fondée sur un autre titre que la demande originaire,* le juge de paix doit disjoindre les demandes ou causes, déclarer qu'il les sépare par un premier jugement, et par un second statuer sur la demande principale, et renvoyer les parties à se pourvoir ainsi qu'elles aviseront sur la demande reconventionnelle. Cette décision sera très légale et très valable.

☞ Ainsi, par exemple, le demandeur réclame 40 fr. pour argent prêté par billet; le défendeur avoue la dette; mais il oppose reconventionnellement que le porteur de ce même billet doit lui livrer vingt pieds d'arbres à choisir dans un de ses bois, et il prétend ne payer le billet qu'après la livraison de ce bois. Voyant que la demande originaire est claire et prouvée, et trouvant la reconvention litigieuse et étrangère à la demande principale, le juge de paix peut séparer les deux instances, condamner au paiement du billet, et renvoyer le défendeur à se pourvoir. Le juge peut statuer ainsi; mais il peut aussi se déclarer incompétent pour le tout, et c'est le parti le plus sûr en général et le plus prudent.

☞ Il y a encore une exception au principe qui ordonne de réunir toutes les demandes contestées pour déterminer la compétence. Cette exception a lieu lorsque la reconvention est un *pur accessoire* du principal, et un prétexte d'ordinaire pour ravir au juge sa compétence, et au demandeur l'avantage du dernier ressort, comme lorsque le défendeur, ne sachant que répondre, imagine de demander des dommages-intérêts pour raison d'injures dans des mémoires ou à l'audience, ou pour toute autre cause *dérivant du procès, et nullement antérieure au procès même* (1). L'accessoire alors suit le sort du principal.

Le juge ne cesse pas d'être compétent : c'est ce qu'ont décidé trois arrêts de la cour de cassation des 22 octobre 1807, 11 mai 1813 et 28 février 1811. J. sp.

_______________

(1) S'il en était autrement, si le fait pour lequel les dommages-intérêts sont réclamés était antérieur au procès, au lieu d'en dériver, la reconvention deviendrait demande principale.

☞ Enfin une troisième exception a lieu lorsque la somme que réclame le demandeur est reconnue lui être due par son adversaire, qui ne résiste à la payer que parce qu'il prétend opérer une compensation avec une autre somme qu'il réclame lui-même. Du moment que la légitimité de la demande primitive est avouée, on peut dire que le procès ou contestation n'existe plus que sur la compensation opposée : au reste, ce cas ne peut se présenter que lorsqu'il s'agit, des deux parts, de sommes d'argent fixes, (comme on dit, liquidées); par exemple, Louis réclame 50 fr. de Charles : Charles reconnaît la dette, mais il réplique que Louis lui en doit 150, pour cause qu'il établira. De 150, ôtez 50, il restera 100. Le juge de paix demeure compétent : c'est ce que la cour de cassation a jugé plusieurs fois (relativement aux tribunaux d'arrondissement, il est vrai; mais les principes sont les mêmes). 7 Juin 1810. J. sp., 10, pag. 297. Cour de Bastia, 30 nov. 1830. J. sp. 11, pag. 176.

☞ Voilà ce qu'il y a de plus constant et de plus légal, en jurisprudence et en principes, sur la matière si difficultueuse des reconventions et compensations en justice de paix. Nous n'avons épargné ni temps ni soins pour recueillir ces notions et les rendre faciles à saisir. Nous osons croire, sauf la brièveté extrême qu'exige la discussion dans un *manuel*, qu'on ne les trouvera nulle part plus complètement et plus clairement exposées. Nous passons à la partie criminelle de cet ouvrage.   J. F.

---

# TITRE SECOND.

## DES FONCTIONS CRIMINELLES DES OFFICIERS PUBLICS ATTACHÉS A LA JUSTICE DE PAIX.

### NOTIONS PRÉLIMINAIRES.

☞ Pour le complément de ce titre, on aura soin de consulter, T. 3, pag. 1 et suiv., l'excellente Instruction du procureur du roi près le tribunal civil de Paris.   J. F.

301. Les fonctions criminelles des officiers de la justice de paix sont les fonctions relatives à la police judiciaire, et la tenue du tribunal de police.

Les juges de paix ont siégé pendant long-temps au tribunal

de police correctionnelle; mais, depuis la loi du 9 ventôse an VIII, les tribunaux correctionnels sont tenus (art. 7) par les membres du tribunal civil de première instance.

# CHAPITRE PREMIER.

### FONCTIONS DU JUGE DE PAIX RELATIVES A LA POLICE JUDICIAIRE.

La police est instituée pour maintenir l'ordre public, la liberté, la propriété, la sûreté individuelle.

Elle se divise en police administrative et police judiciaire.

La police *administrative* a pour objet le maintien de l'ordre public, dans chaque lieu et dans chaque partie de l'administration en général. Elle tend principalement à prévenir les délits.

La police *judiciaire* recherche les délits que la police administrative n'a pu empêcher de commettre, en rassemble les preuves, en livre les auteurs aux tribunaux, chargés par la loi de les punir (*art.* 8, *Code d'instruction criminelle*).

302. La loi distingue les différens délits en trois classes : les délits de chacune sont réprimés par des tribunaux différens.

La *première* classe comprend les faits légers que le nouveau Code appelle *contravention*, qui ne donnent lieu qu'à de modiques amendes et tout au plus à un emprisonnement de quelques jours; ils sont réprimés par les tribunaux de simple police (*art.* 137, *du Code d'instruction criminelle*).

La *seconde* classe comprend les faits plus graves qui participent du dol et de l'envie de nuire, qui donnent lieu à une peine plus sévère, mais qui, néanmoins, n'est ni afflictive ni infamante. Ils sont réprimés par les tribunaux correctionnels. Les lois les appellent *délits* (*art.* 179, *ibid.*).

La *troisième* classe comprend les faits atroces qui blessent directement les règles de l'ordre social, en attaquant la propriété ou la vie des citoyens, leur liberté ou leur honneur; les faits qui ont toujours été connus sous la désignation de crimes qualifiés et qui emportent peine afflictive ou infamante. Ils sont réprimés par les cours d'assises ou spéciales, suivant la nature des faits ou la qualité des accusés. Le Code les appelle *crimes*.

La police judiciaire est exercée par les commissaires de police, les gardes champêtres et forestiers, les juges de paix, les capitaines et lieutenans de la gendarmerie royale; par les maires des communes et leurs adjoints; par les procureurs du roi et leurs substituts; par les commissaires généraux de police, et par les juges d'instruction, qui remplacent les substituts du procureur général, qu'on appelait magistrats de sûreté.

Le Code met aussi au nombre des officiers de police judiciaire les préfets des départemens, et à Paris, celui de police; mais il leur permet de commettre à leur place les autres officiers.

En conséquence, le juge de paix peut être requis par eux, et il doit déférer à cette réquisition, en faisant tous les actes qui lui seront délégués.

Maintenant, le juge d'instruction est membre du tribunal civil, et y remplit ses fonctions cumulativement. C'est, en matière criminelle, un rapporteur perpétuel, institué par la loi même, qui fait tous les actes de l'instruction jusqu'à la mise en accusation, s'il y a lieu.

Par là, l'administration de la justice criminelle devient plus régulière, plus solennelle et plus salutaire. Exerçant en partie les fonctions de la police judiciaire, ils sont à cet égard sous la surveillance du procureur général près la cour royale, et de son substitut dans l'arrondissement.

### SECTION PREMIÈRE.

*De quelles opérations est chargé le juge de paix, par rapport à la police judiciaire.*

303. Les fonctions de juge de paix relatives à la police judiciaire étaient autrefois très étendues. Il était en cette partie un officier principal, un juge presque souverain. Il était chargé de dresser des procès-verbaux, d'entendre les témoins, de recueillir les preuves par écrit, de rassembler les pièces de conviction; et, en outre, de faire amener le prévenu devant lui, et de lui faire subir interrogatoire. Il était chargé de distinguer les hommes justement prévenus de ceux qui étaient faussement inculpés. Il avait après l'interrogatoire la faculté la plus étendue de prononcer sur le sort du prévenu. Il pouvait, suivant les circonstances, le mettre en liberté, le renvoyer au tribunal de police, décerner contre lui un mandat de comparution ou un mandat d'arrêt.

Il n'en est plus de même maintenant. Le Code d'instruction criminelle ne laisse au juge de paix, pour la police judiciaire, que des fonctions préliminaires et d'urgence, qui sont à peu près les mêmes que celles que lui attribuait la loi du 7 pluviôse an IX, portant établissement des magistrats de sûreté.

Elles consistent :

1° A recevoir concurremment avec les autres officiers de police judiciaire les dénonciations de crimes ou délits commis dans les lieux où ils exercent leurs fonctions habituelles (*art. 48 du Code d'instruction criminelle*).

On doit remarquer que la loi borne cette compétence au territoire dans lequel les juges de paix exercent leurs fonctions habituelles ; c'est-à-dire celles ordinaires de la justice de paix, d'où il résulte que cette compétence est renfermée dans les limites de chaque canton.

Ainsi un juge de paix ne pourrait pas recevoir valablement la plainte ou la dénonciation d'un crime ou délit commis hors de son canton. Il agirait sans pouvoir, et tout ce qu'il ferait serait nul.

Quant aux dénonciations, les juges de paix, comme tous les autres officiers de police judiciaire, doivent se conformer à l'article 31 du Code d'instruction criminelle.

Ainsi, ils exigeront que la dénonciation soit rédigée par le dénonciateur ou par son fondé de pouvoir spécial, ou la rédigeront eux-mêmes sous sa dictée. Ils la feront ensuite signer au bas de chaque page par le dénonciateur ou son fondé de pouvoir ; ou feront mention de la cause du défaut de signature, et la signeront ensuite eux-mêmes de la même manière, c'est-à-dire à chaque feuillet.

La loi n'exige pas une procuration authentique ; ainsi un pouvoir sous seing privé peut être regardé comme suffisant, pourvu qu'il soit spécial, c'est-à-dire qu'il contienne le fait même dénoncé ; mais alors le juge de paix doit observer de faire affirmer la sincérité du pouvoir, et de le faire signer et parapher par le porteur. Dans tous ces cas, il faut annexer la procuration ou le pouvoir à la dénonciation.

Le juge de paix ne doit négliger aucune de ces formalités : car il serait répréhensible, et s'exposerait d'ailleurs à des dommages-intérêts envers les parties.

A l'égard des plaintes, les formalités qu'elles exigent sont toujours les mêmes.

Les juges de paix doivent envoyer sans délai, c'est-à-dire au plus tard dans les vingt-quatre heures, au procureur du roi près du tribunal de première instance de leur ressort, les plaintes et dénonciations qu'ils ont reçues. Ils ne peuvent faire aucune autre poursuite ni procédure.

2° En cas de flagrant délit, le juge de paix, averti par la clameur publique ou requis par un chef de maison, doit se transporter sur le lieu sans aucun retard pour y dresser les procès-verbaux nécessaires à l'effet de constater le corps du délit; recevoir les déclarations des témoins présens, et faire les autres opérations exigées par les circonstances.

Le flagrant délit est celui qui se commet actuellement ou qui vient d'être commis dans l'instant, et dont on détient ou poursuit l'auteur.

Dans le cas de flagrant délit, il n'est nécessaire ni de plainte ni de dénonciation; il suffit de la clameur publique ou d'un avertissement verbal donné soit par un des témoins du crime, soit par le chef de la maison où il a été commis.

Le juge de paix, averti de l'une ou de l'autre manière, doit sur-le-champ se transporter sur les lieux avec son greffier, et faire, suivant les circonstances, tout ce qui est porté par les art. 32 et suivans, ainsi que nous allons l'expliquer dans les paragraphes subséquens.

Les changemens opérés par le *Code d'instruction criminelle* donnent lieu à plusieurs questions.

394. 1° Le juge de paix peut-il entendre des témoins?

Oui; en cas de flagrant délit, il peut entendre tous ceux qui ont connaissance du fait ou des renseignemens à donner, qui sont sur les lieux ou qui se présentent d'eux-mêmes. Non seulement il le peut, mais il y est obligé. Il serait répréhensible s'il ne le faisait pas. Il y aurait négligence et même forfaiture. Il pourrait non seulement être réprimandé, mais encore poursuivi.

Il le peut encore en cas de mort violente, et dont la cause est inconnue. Autrement, dans ces occasions, les preuves du délit pourraient venir à se perdre.

En cas de flagrant délit, un juge de paix et (dans l'espèce particulière de l'arrêt) un maire qui requiert des médecins ou chirurgiens pour constater des causes de mort ou autres faits agit en qualité d'officier de police judiciaire, et ne saurait être passible des honoraires des gens de l'art qu'il a appelés. Cass., 19 juin 1816. J. sp.

☜ Dans les cas de flagrant délit, la force publique peut agir contre un citoyen sans la réquisition des magistrats compétens, lorsque ce citoyen se trouve nanti d'objets qui le font présumer auteur du crime ou délit; ou lorsqu'il est poursuivi par la clameur publique. Cass., 30 mai 1823. J. sp.

☜ *La mort violente comprend le duel et le suicide, et l'intention du gouvernement est qu'il n'en soit fait aucune mention dans les actes de décès.* Expressions littérales d'une instruction du ministre de la guerre, du 24 brumaire an XII.

☜ Les maires ont droit et qualité pour porter plainte des délits commis sur les personnes de leurs domestiques, surtout quand il résulte un dommage pour les maîtres. Cass., 26 vendémiaire an XIII. J. sp.   J. F.

305. 2° Le juge de paix peut-il faire citer des témoins à comparoir devant lui ?

Il n'y avait aucune difficulté pour l'affirmative, d'après la loi du 7 pluviôse an VII.

En vain opposait-on l'art. 9, qui décidait que les témoins indiqués par le substitut ou par la partie plaignante seraient appelés sur la citation du directeur du jury, et entendus par lui. Cet article n'avait rapport qu'au cas où, par l'envoi des pièces au substitut, le directeur du jury se trouvait saisi; mais, jusqu'à ce même envoi, point d'obstacle à ce que le juge de paix fît citer des témoins pour recevoir leurs déclarations. Il est vrai que ce cas avait rarement lieu, parce que l'envoi des pièces devait être fait sans délai au substitut; mais il pouvait se rencontrer, notamment lorsque le délit était de nature à emporter peine afflictive, le juge de paix ayant alors besoin de recueillir des indices suffisans avant de faire conduire le prévenu devant le substitut.

Maintenant la négative ne peut être douteuse en vertu du *Code d'instruction criminelle.*

Le juge de paix ne peut plus faire aucune instruction chez lui. Elle est tout entière réservée au juge d'instruction.

Le juge de paix ne peut procéder qu'en cas de flagrant délit, et alors il ne peut entendre que les témoins qu'il trouve sur les lieux ou qui s'y présentent. Donc il ne peut en appeler aucun par citation; mais il peut faire comparaître sur-le-champ les voisins et autres personnes qui peuvent donner des renseignemens.

306. 3° Le juge de paix peut-il interroger le prévenu ?

La réponse affirmative ne peut être l'objet d'un problème, car elle est faite par la loi même. Le Code d'instruction criminelle porte, en termes exprès, que l'officier de police judiciaire, procédant en cas de flagrant délit, interrogera le prévenu.

Serait-il naturel en effet que, dans cette circonstance, le prévenu saisi soit conduit, sans interrogatoire préalable, devant le magistrat? Il est coupable ou innocent.

Si le prévenu est coupable, il lui échappera, dans le moment où il vient de commettre le crime, des aveux que la réflexion lui fera taire, si son interrogatoire n'a lieu que devant le juge d'instruction. Le juge de paix le fera déposer en la maison d'arrêt. Le juge d'instruction l'en fera extraire pour l'interroger, quand ses autres occupations le lui permettront; peut-être n'y procédera-t-il qu'après avoir fait citer et avoir entendu les témoins. Ainsi, il y aura toujours, entre la saisie du coupable et son interrogatoire, un intervalle notable pendant lequel il combinera les moyens d'éluder l'aveu de son crime.

Si le prévenu innocent est interrogé sur-le-champ par le juge de paix, il est possible qu'il détruise la prévention qui s'élève sur son compte. On le voit sortir avec précipitation de la maison où il y a un individu grièvement blessé. Il demande à être interrogé, confronté avec le blessé. Faut-il en pareille occasion refuser de l'entendre, et l'envoyer sans examen en prison?

En tout délit emportant peine afflictive, la loi autorise le juge de paix à faire saisir le prévenu contre lequel s'élèvent des indices suffisans; et par là même, elle nécessite l'interrogatoire du prévenu déjà arrêté. C'est dans cette pièce et les déclarations des témoins qu'il peut trouver les indices suffisans. Ainsi le juge de paix doit avoir la faculté d'interroger le prévenu, et en effet le Code la lui donne. L'arrestation faite dans une maison peut être valable, encore que le juge de paix qui l'a autorisée n'ait pas rendu une ordonnance spéciale à cet effet. Il suffit que, dans le fait, il ait donné l'ordre d'arrêter et qu'il ait accompagné l'officier ministériel (*Arrêt de la cour de Lyon,* 7 mai 1825.)

397. 4°. En cas de délit emportant peine afflictive, le juge de paix peut-il mettre en liberté le prévenu amené devant lui?

On peut donner des raisons pour et contre. En pareil cas dira-t-on, d'un côté, la loi autorise le juge de paix à faire conduire en prison le prévenu contre lequel il y a des indices suffisans; ainsi, toutes les fois qu'il n'y a pas d'indices suffisans, il ne peut pas le faire détenir. Il doit le renvoyer en liberté. Telle paraît être la conséquence naturelle de la disposition.

Cette décision, dira-t-on, d'un autre côté, est contraire à l'esprit de la loi, qui n'accorde aucune juridiction au juge de paix. C'est lui en donner une que de lui laisser la faculté d'élargir : ainsi il ne peut avoir cette faculté. Le prévenu, une fois saisi, doit être conduit en prison.

Dans ce combat entre la lettre et l'esprit de la loi, c'est à son esprit qu'il faut s'arrêter.

Il est certain que le juge de paix n'a point de juridiction. Il ne peut ni condamner ni absoudre. Il ne lui est permis que d'ordonner des mesures provisoires.

S'il ne juge pas devoir constituer le prévenu en état d'arrestation, il ne peut pas non plus le mettre en liberté. Il faut alors l'envoyer au juge d'instruction avec les pièces et son avis.

Si cependant l'innocence paraissait évidente et que le prévenu fût domicilié, le juge de paix pourrait, du moins je le pense, le renvoyer sous un mandat de comparution.

308. En cas de délit emportant peine afflictive, le juge de paix peut-il faire amener devant lui le prévenu à l'effet de l'interroger? La loi du 7 pluviôse an IX ne lui accordait pas cette faculté ; ainsi il ne pouvait en user. Le citoyen ne peut être privé de sa liberté que dans le cas et suivant les formes voulues par la loi ; au cas proposé, le juge de paix devait examiner si les indices qui s'élevaient contre le prévenu étaient ou non suffisans. Si les indices lui paraissaient suffisans, il devait sur-le-champ décerner, sans examen postérieur, l'ordre à l'effet de conduire le prévenu devant le substitut. Si les indices ne lui paraissaient pas suffisans, il devait se contenter de faire passer, sans délai, au substitut les pièces et renseignemens.

Mais le Code d'instruction criminelle lui donne formellement ce pouvoir, toujours seulement dans le cas de flagrant délit.

Il est évident que, sans ce pouvoir, l'officier qui procède ne pourrait souvent compléter les opérations nécessaires, ni acquérir les preuves qu'on recherche.

309. Lorsque le fait dont il s'agit n'est pas de nature à mériter peine afflictive ou infamante, le juge de paix ne doit point faire amener le prévenu, s'il n'est pas présent : car il n'y a pas lieu à arrestation.

310. Le juge de paix peut-il procéder à des visites domiciliaires, d'après sa seule ordonnance?

Il y avait autrefois controverse.

La loi du 7 pluviôse an IX, disait-on d'un côté, a retiré au juge de paix son ancienne juridiction. Elle ne l'autorise pas à ordonner des visites domiciliaires. Il n'y a donc que le juge d'instruction qui puisse ordonner de semblables visites.

Si l'on considère l'esprit de la loi, répondait-on d'un autre côté, il est des circonstances particulières où les visites domiciliaires faites sur-le-champ sont précieuses pour l'acquisition des preuves. S'il faut attendre l'ordre du directeur du jury, souvent éloigné du lieu, les preuves s'évanouissent, et le crime qu'on aurait pu découvrir resterait impuni.

Ces considérations d'intérêt public avaient déterminé à laisser à la prudence du juge de paix de faire des visites domiciliaires, lorsqu'il le jugerait convenable.

Le Code d'instruction criminelle fait cesser tout embarras.

Il accorde formellement à l'officier de police judiciaire qui procède, en cas de flagrant délit, le pouvoir de se transporter au domicile du prévenu pour y faire perquisition.

Le juge de paix peut et doit même y faire conduire le prévenu, s'il est saisi.

311. Il rend à cet effet son ordonnance, qui s'exécute sur-le-champ; car il doit faire toute la procédure sans désemparer et sans remise; autrement le flagrant délit n'existerait plus, et le juge de paix ne pourrait plus opérer. Il n'est pas nécessaire que cette ordonnance soit signifiée au prévenu, ni par conséquent expédiée. On la lui notifie verbalement au moment où on l'exécute.

312. Mais si le juge de paix ordonne le dépôt du prévenu dans une maison d'arrêt, il faut donner le mandat, qui doit être revêtu des formes prescrites.

1° Ce mandat doit être signé du juge de paix, et scellé de son sceau;

2° Il doit nommer et désigner le prévenu, le plus clairement possible;

3° Ce mandat est porté par un huissier ou agent de la force publique, lequel en délivre copie à celui qui y est désigné;

4° Le prévenu qui refuse d'obéir, ou qui, après avoir déclaré qu'il est prêt à obéir, tente de s'évader, doit y être contraint;

5° Le porteur emploie au besoin, pour cet effet, la force pu-

blique. Elle est fournie sur la réquisition du juge de paix contenue dans le mandat.

313. Le Code d'instruction criminelle établit des cours spéciales qui remplacent, d'une manière assez exacte, ce que nous
connaissions autrefois sous le nom de *juridiction prévôtale*.

Ces cours ne ressemblent point à celles auxquelles la loi du
28 pluviôse an IX avait donné le même nom; elles n'ont pas
les mêmes attributions.

Elles ont été créés, comme nous l'apprennent les orateurs qui
ont présenté au corps législatif le Code d'instruction criminelle,
pour remplacer l'ancienne juridiction du prévôt des maréchaux.

Il y avait anciennement en France des charges de prévôts
généraux et provinciaux, des vice-baillis, vice-sénéchaux, lieu-
tenans-criminels de robe courte, lieutenans en résidence et
assesseurs de maréchaussées.

Toutes ces charges furent supprimées par un édit du mois
de mars 1620, qui, à leur place, créa dans chaque généralité
ou département une compagnie de maréchaussée composée d'un
prévôt général, d'un certain nombre de lieutenans et d'assesseurs, procureurs du roi, greffiers, exempts, brigadiers, ar-
chers et trompettes.

Ces prévôts des maréchaussées ou leurs lieutenans connaissaient en dernier ressort des cas appelés *prévôtaux*, et ces cas
étaient à peu près les mêmes que ceux attribués par le Code
d'instruction criminelle aux cours spéciales (*art.* 553 et 554).

Ces cas étaient considérés de deux manières : ou relativement
à la qualité des personnes, ou relativement à la nature du crime.

1° A raison de la qualité des personnes, les prévôts des maréchaux connaissaient de tous crimes commis par les vagabonds
et gens sans aveu; et le Code d'instruction criminelle attribue
la même compétence aux cours spéciales (*art.* 553).

Il faut entendre par vagabonds et gens sans aveu les individus qui, n'ayant ni profession, ni métier, ni domicile fixe et
certain, ne peuvent se faire avouer ni faire certifier leurs
bonnes vie et mœurs par personne digne de foi (*ordonnance
de 1670, tit. 1, art. 12; déclar. du 5 février 1731*).

Les mendians sans domicile et courant le pays doivent aussi
être rangés dans la même classe; ils ont toujours été considérés
comme vagabonds, et c'est à juste titre. On arrête, pour ce seul

fait, ceux qui sont trouvés sur les routes mendiant avec armes ou bâtons. Cela importe à la sûreté publique.

Les moissonneurs et vendangeurs, après la récolte; les savoyards, les maçons, qui viennent travailler dans différentes villes, les terrassiers, les serviteurs nouvellement sortis de condition, et autres gens de cette espèce, ne sont point des vagabonds, quoiqu'ils n'aient point de domicile actuel. Cela est évident; c'est aussi ce que portait une déclaration du 18 juillet 1724 (art. 12), qui doit encore être suivie à cet égard.

2° A raison encore de la qualité des personnes, les prévôts des maréchaux connaissaient de tous les crimes commis par ceux qui avaient déjà été condamnés à quelque peine afflictive ou infamante, à l'exception de l'infraction de ban, dont la connaissance était réservée aux juges qui avaient prononcé le bannissement.

Le Code d'instruction criminelle attribue aux cours spéciales la même compétence ( même art. 553); et il est évident qu'il faut faire la même exception; elle est établie par les dispositions du Code relatives à la reconnaissance d'identité des accusés évadés et repris.

Observez que, pour qu'un accusé soit dit avec raison avoir déjà été repris de justice, il faut qu'il ait subi son jugement. Il ne suffit pas qu'il ait été condamné par contumace, quand même le délai de cinq ans serait expiré, puisque, dans les principes de nos nouvelles lois criminelles, la représentation soit volontaire, soit forcée, du contumace fait tomber le jugement.

3° A raison de la nature du délit, les prévôts des maréchaux connaissaient de tous excès, oppressions et autres crimes commis par les gens de guerre, tant dans leurs marches que dans les lieux d'étape.

Ces faits ne sont plus de la compétence des cours spéciales, non plus que le crime de désertion, celui d'embauchage et autres de cette espèce, commis par les gens de guerre ou à leur égard; ils sont attribués, par des lois particulières, aux conseils de guerre.

4° Les prévôts des maréchaux connaissaient des vols de grand chemin commis hors des villes.

Suivant le Code d'instruction criminelle (art. 554), les cours spéciales n'en connaîtront que quand il y aura eu attroupement armé; mais alors elles en connaîtront, quelque part que le crime ait été commis, soit à la ville, soit à la campagne.

Que doit-on entendre par attroupement? Suivant les anciens

principes, il fallait au moins trois personnes réunies. Il y a lieu de croire que, dans le silence de la loi, il faut toujours admettre et suivre la même règle. En effet, deux personnes ne forment pas une troupe; mais trois la commencent et sont déjà un rassemblement.

A l'égard des armes, les lois romaines nous enseignent que l'on comprend sous cette dénomination tous les instrumens qui peuvent nuire, blesser ou tuer; c'est-à-dire non seulement les fusils, les pistolets, les épées ; mais aussi les couteaux, poignards, bâtons, même les pierres et toutes les autres choses dont on peut se servir pour assaillir quelqu'un; même les cordes dont on se sert pour l'attacher et l'empêcher de se défendre ou d'appeler du secours (*l.* III, *ff. ad leg. Jul. de republ., l.* 9, *cod.*).

Le Code d'instruction criminelle ne se sert que du mot *assassinat*, mais il ne peut guère être douteux qu'il y a ouverture à la compétence de la cour spéciale, quoiqu'il n'y ait eu que vol, lorsqu'il a été commis avec ces circonstances, parce que le port d'armes indique suffisamment le dessein de tuer.

La déclaration de 1731 attribuait aussi aux prévôts des maréchaux, comme le nouveau Code aux cours spéciales, les attroupemens et assemblées illicites avec port d'armes, et le crime de fausse monnaie.

Le même Code attribue encore aux cours spéciales (même art. 554) le crime de rébellion à la force armée, et la contrebande faite avec port d'armes.

Lorsque la compétence de la cour spéciale est déterminée par la qualité des personnes, il faut que tous les accusés soient de la même qualité, autrement tous doivent être renvoyés devant les cours d'assises.

A l'égard des cas autrefois appelés *prévôtaux*, et que l'on peut appeler maintenant *spéciaux*, les juges de paix peuvent procéder comme pour tous les autres, en cas de flagrant délit; car il n'y a aucune différence dans l'instruction.

C'est la cour royale qui, en statuant sur l'accusation, juge la compétence ( art. 566 ).

Autrefois elle était jugée par le présidial, après quoi le prévôt devait procéder à un nouvel interrogatoire de l'accusé, et lui déclarer qu'il entendait le juger prévôtalement.

Maintenant l'arrêt de compétence doit lui être signifié dans les trois jours ( art. 567 ).

Les accusés pouvaient se pourvoir en cassation contre le jugement de compétence. Cette demande se portait au grand conseil, qui devait y statuer toutes affaires cessantes.

Suivant le nouveau Code, l'arrêt de compétence doit être envoyé d'office à la cour de cassation, que la loi charge d'en prendre connaissance, et d'y statuer toutes affaires cessantes ( art. 568 et 569 du Code d'instruction criminelle).

L'accusé peut faire proposer ses moyens; mais il n'a pour cela aucun délai de droit.

Le juge de paix qui procède contre un vagabond peut le priver de sa liberté plus facilement qu'un domicilié.

Au reste, il n'y a rien de particulier à dire à cet égard. Le juge de paix doit procéder comme dans tous les autres cas.

☞ Les trois ou quatre pages qui précèdent n'ont pas de sens ni d'utilité aujourd'hui. Qui est-ce qui ignore que les cours spéciales n'existent plus? personne, assurément, les prétendus *réviseurs* de cet ouvrage exceptés; disons mieux: ils n'ont pas même lu, nous ne cesserons de le répéter, le livre qu'ils se vantent d'avoir corrigé.     J. F.

SECTION II.

*En quels lieux le juge de paix peut-il exercer les fonctions de la police judiciaire?*

314. Les juges de paix ne peuvent exercer les fonctions de la police judiciaire qui leur sont confiées que dans leurs cantons respectifs, et pour raison des délits qui y sont commis ou dont les auteurs y ont leur résidence habituelle ou momentanée (art. 48 du Code d'instr. crim.).

Ainsi trois circonstances autorisent le juge de paix à exercer dans son canton les fonctions de la police judiciaire pour la poursuite d'un délit : 1° la circonstance qu'il a été commis dans son arrondissement; 2° la circonstance que le prévenu y a sa résidence habituelle; 3° la circonstance que le prévenu y a sa résidence momentanée.

Au cas de concurrence entre les différens juges de paix qui auraient procédé pour raison du même délit, le Code des délits et des peines du 3 brumaire an IV (art. 77) voulait que l'instruction demeurât à celui qui avait le premier délivré le mandat d'amener. Il n'y a plus lieu maintenant d'appliquer cette décision aux juges de paix, parce qu'ils n'ont plus le droit de faire d'autre instruction que celle nécessaire en cas de flagrant délit.

315. La procédure criminelle peut avoir lieu devant les tribunaux français pour crimes commis dans les pays étrangers, dans les cas marqués par les art. 5, 6 et 7 du Code d'instruction criminelle. Alors les juges de paix de la résidence habituelle ou momentanée du prévenu sont également compétens pour recevoir la plainte du dénonciateur.

316. Dans les cantons où il existe plusieurs juges de paix, il est assigné à chacun d'eux un arrondissement particulier.

Ces arrondissemens, en ce qui concerne la police judiciaire, ne limitent ni ne circonscrivent leurs pouvoirs respectifs : ils indiquent seulement les termes dans lesquels chacun d'eux est plus spécialement astreint à un exercice constant et régulier de ses fonctions.

317. Le juge de paix ne pouvait pas précédemment être remplacé dans les fonctions de police judiciaire par l'un de ses assesseurs. Plusieurs arrêts de la cour de cassation, entre autres deux des 1ᵉʳ germinal an V et 14 vendémiaire an VI, ont cassé des actes de police judiciaire faits par des assesseurs, et les jugemens qui s'en étaient suivis.

Dans l'ordre actuel, les suppléans peuvent-ils remplacer le juge de paix dans les fonctions de la police judiciaire? On peut faire la même question pour la tenue du tribunal de police, que les assesseurs ne pouvaient présider. Il est à propos de joindre ces deux questions ensemble, et de demander si les suppléans peuvent remplacer le juge de paix dans ses fonctions criminelles comme dans ses fonctions civiles.

318. Nul doute pour l'affirmative. Le suppléant remplace de droit, dans toutes ses fonctions, celui qu'il supplée. Son titre de suppléant lui en confère la faculté. Il n'y a d'exception à ce principe que celle posée par le législateur. La loi du 29 ventôse an IX, qui a institué les suppléans des juges de paix, n'en contient aucune. L'art. 3 de cette loi s'exprime de la manière la plus générale : «En cas de maladie, absence ou autre empêchement du juge de paix, ses fonctions seront remplies par un sup-

pléant. » Ainsi les suppléans du juge de paix le remplacent dans ses fonctions criminelles comme dans ses fonctions civiles.

SECTION III.

*Actes qui sont la base de la procédure criminelle.*

319. La procédure criminelle est provoquée par une dénonciation officielle, par une dénonciation privée, par une plainte, ou bien se fait d'office sans provocation.

§. 1<sup>er</sup>.

*De la dénonciation officielle.*

320. Toute autorité constituée, tout fonctionnaire ou officier public qui, dans l'exercice de ses fonctions, acquiert la connaissance ou reçoit la dénonciation d'un délit, est tenu de le dénoncer, pour en provoquer la poursuite et la punition. C'est la dénonciation officielle (art. 29 du Code d'instr. crim.).

Autrefois, et suivant le Code de brumaire an IV, elle pouvait se faire soit au juge de paix, soit au substitut du procureur général près la cour criminelle, qui était principalement chargé des premières poursuites.

Le juge de paix ou substitut dont il s'agit ici était celui de l'arrondissement dans lequel le délit avait été commis, ou dans lequel résidait le prévenu.

Le dénonçant transmettait au juge de paix tous les renseignemens, procès-verbaux et actes qui étaient relatifs au délit dénoncé.

Le juge de paix en accusait la réception le jour suivant:

S'il trouvait dans ces pièces des preuves ou des présomptions contre les personnes indiquées comme auteurs ou complices du délit, il décernait aussitôt un mandat à l'effet de faire conduire le prévenu devant le substitut du procureur général criminel près la cour criminelle.

Si les pièces ne fournissaient pas des renseignemens suffisans pour faire conduire devant le substitut les personnes inculpées, le juge de paix attendait de plus amples éclaircissemens, et faisait ses diligences pour les acquérir.

Maintenant la dénonciation officielle ne doit plus être faite au juge de paix, parce qu'il n'est plus officier d'instruction;

c'est au procureur du roi, qui est le poursuivant principal et essentiel de tous les crimes et délits.

Remarquez que la dénonciation officielle n'a lieu qu'à l'égard des délits dont le juge acquiert la connaissance dans l'exercice de ses fonctions (art. 29). Ce n'est que dans ce cas que l'avis se donne par voie d'autorité, et par un acte public qui est un jugement, une délibération ou un arrêté, suivant la constitution ou le pouvoir de l'autorité, ou de l'officier qui donne l'avis.

Hors de là, les membres des autorités, et tous les autres officiers, quels qu'ils soient, autres que ceux chargés de la police judiciaire, peuvent et doivent aussi avertir du délit dont ils ont connaissance ; mais ce n'est plus que par des voies de simple dénonciation, comme tous les autres citoyens.

Observez encore que, suivant l'article, cette dénonciation ne doit être faite qu'au procureur du roi près le tribunal dans le ressort duquel le crime a été commis, ou près celui dans le ressort duquel le prévenu serait trouvé.

Il faut, pour déterminer la dénonciation officielle, preuve de l'existence du délit.

321. Dans tous les cas où le juge de paix a connaissance d'un délit pour lequel il ne peut faire de poursuites, il est lui-même tenu de le dénoncer au procureur du roi près le tribunal dans le ressort duquel il a été commis.

§ II.

*De la dénonciation privée.*

322. Tout citoyen qui a été témoin d'un attentat, soit contre la liberté, la vie ou la propriété d'un autre, soit contre la sûreté publique ou individuelle, est tenu d'en donner aussitôt avis au procureur du roi, ou à un officier de police judiciaire (*art.* 30). La dénonciation ne se pratique guère que pour les crimes graves qui exigent une punition publique et exemplaire. Aussi le Code se sert-il du mot attentat, qui a cette signification. Il y a deux sortes de dénonciateurs : les dénonciateurs volontaires, et les dénonciateurs nécessaires. Ceux-ci sont les gardes forestiers et champêtres, qui sont tenus de dénoncer à la justice les crimes dont ils ont connaissance, même d'arrêter les prévenus, s'ils le peuvent, dans le moment où le crime est commis. Il faut ranger dans la même

classe les autorités constituées et les officiers publics qui acquièrent la connaissance de quelque crime dans l'exercice de leurs fonctions. On y peut comprendre aussi les chirurgiens qui sont obligés de faire aux officiers de police la déclaration des personnes blessées qui réclament leurs secours (*Édit du mois de mars* 1667).

Quant aux simples particuliers qui ont été témoins d'un crime, il ne faut pas les mettre au nombre des dénonciateurs nécessaires, quoique le Code dise qu'ils sont *tenus* d'en donner avis. Le mot *tenus* ne doit pas ici être pris à la rigueur. Aussi le Code n'impose-t-il aucune peine pour l'inexécution de ce précepte.

Il n'y a que quelques cas dans lesquels on est véritablement obligé à la dénonciation. Tel est celui où l'on a été témoin d'un crime, ou instruit d'un complot qui intéresse la sûreté publique.

Dans les cas ordinaires, la dénonciation est libre.

Elle peut être faite à tout officier de police judiciaire, et par conséquent au juge de paix.

C'est celui du lieu où le crime a été commis, ou dans lequel se trouve le prévenu.

Il ne faut pas même accueillir indistinctement et sans examen toutes les dénonciations.

On ne doit pas, par exemple, recevoir celle d'une personne vile, surtout si elle est dirigée contre des hommes généralement estimés et élevés en dignité; ni celles des vagabonds et gens sans aveu; ni d'un père contre son fils, ou de celui-ci contre le premier; ni des époux l'un contre l'autre, ou de frères et sœurs contre eux; sauf au ministère public à se conduire en ces cas suivant les règles de la prudence.

Il ne faut pas non plus recevoir aveuglément la dénonciation d'un homme du néant, et notoirement insolvable; ou du moins agir sans précaution en vertu d'une pareille dénonciation : car, si elle se trouvait calomnieuse, le ministère public pourrait s'exposer à la prise à partie, et à répondre en son nom des dommages-intérêts qui seraient dus à l'accusé.

Ceux qui ont été l'objet du crime, et qui, en conséquence, pourraient en rendre plainte, peuvent se contenter de le dénoncer. Lorsqu'en rendant plainte ils déclarent ne vouloir pas se rendre partie civile, la plainte n'est réellement qu'une dénon-

*Tome I.*                                    16

ciation, à cela près que le ministère public n'est pas obligé de la tenir secrète.

Le juge de paix qui reçoit une dénonciation doit se conformer aux dispositions du Code.

323. La dénonciation est rédigée par le dénonciateur, ou par le juge de paix, s'il en est requis (*art.* 31).

Le dénonciateur signe sa déclaration, ou déclare qu'il ne sait ou ne peut écrire, et il en est fait mention.

324. La dénonciation est signée à chaque feuillet par le juge de paix et par le dénonciateur; si celui-ci ne sait pas ou ne peut pas signer, il en est fait mention (*art.* 31).

Le Code de brumaire an IV ordonnait la signature à chaque *feuillet;* et la formule, à la suite de la loi, la prescrivait à chaque *page*: cela occasionait de l'incertitude dans l'exécution de la loi.

Il n'y en a plus, puisque le même inconvénient n'existe plus. Néanmoins, l'usage commun est de faire signer au bas de chaque page, et cet usage n'est pas sans utilité; mais ce n'est pas une règle dont l'observation soit nécessaire.

325. Le greffier qui écrit la dénonciation, sous la dictée du juge de paix, doit pareillement signer à la fin et à toutes les pages, ou au moins à chaque feuillet : observez que la rédaction par le greffier n'est pas de précepte.

Le dénonciateur qui a signé sa dénonciation avait vingt-quatre heures pour s'en désister (*art.* 92 *du Code de brumaire an IV*). Le plaignant avait pareillement vingt-quatre heures pour se désister de sa plainte (*art.* 96).

Ces vingt-quatre heures couraient à compter du moment que le plaignant ou le dénonciateur s'était présenté devant le juge de paix la première fois, jusqu'au moment qu'il y comparaissait pour le désistement. Cette règle n'était pas dans la loi, mais elle résultait des formules que l'art. 594 ordonnait y être annexées. L'heure à laquelle le plaignant comparaissait était marquée dans les deux formules de plainte, et dans la formule de désistement. Dans cette dernière on lisait : «attendu que le délai de vingt-quatre heures, fixé par la loi, n'est pas encore expiré, avons donné acte audit. . . . de son désistement. En conséquence. . . . »

326. Le désistement de la plainte et de la dénonciation pouvait se faire aussi par acte notifié au greffier du juge de paix, suivant l'art. 92. La formule de désistement qui se trouvait à la

suite de la loi était conçue par déclaration devant le juge de paix. On pouvait choisir entre ces deux formes, approuvées l'une et l'autre par les législateurs : le désistement était valable de l'une et de l'autre manière.

Si l'on choisissait la voie de la notification, c'était un simple exploit contenant la déclaration de désistement ; il y était fait mention de l'heure ; il était notifié au greffier en son domicile, ou même au greffe, s'il en avait un particulier, parce que c'était un acte relatif à la juridiction.

Cet exploit devait être signé, tant sur l'original que sur la copie, par celui qui se désistait, ou par son fondé de pouvoir (*art.* 92).

Dans ce dernier cas, la procuration devait être annexée à l'original de l'exploit (*ibid.*) et être transcrite en tête de la copie délivrée au greffier ; et il était fait mention de son annexe à l'original.

Si l'on choisissait la voie de la déclaration, elle était signée par celui qui se désistait, ou par son fondé de pouvoir. Dans ce dernier cas, la procuration restait annexée à la minute.

Le Code d'instruction criminelle n'a aucune disposition relative au désistement.

Il ne s'ensuit pas que le dénonciateur ne puisse pas se désister ; mais il en résulte que son désistement n'empêche pas le ministère public de rendre plainte, et de poursuivre, s'il le juge à propos.

Quand le désistement est fait avant que le procureur du roi ait fait aucune poursuite en vertu de la dénonciation, quoique après les vingt-quatre heures, il a l'effet de soustraire le dénonciateur à tout recours, dans le cas où l'accusation serait jugée mal fondée ; mais, dès que la poursuite est engagée, il reste assujetti, malgré le désistement postérieur, à toutes les suites de la dénonciation.

En cela il y a quelque différence entre le Code d'instruction criminelle et celui de brumaire an IV.

327. Lorsque le dénonciateur refusait de signer sa dénonciation, ou lorsqu'après l'avoir signée il s'en désistait dans les vingt-quatre heures, la dénonciation était comme non avenue (*art.* 93).

Néanmoins, dans ces deux cas, le juge de paix demeurait obligé de prendre d'office connaissance des faits, et de faire s'il y avait lieu, contre le prévenu, les poursuites ordonnées par la loi (*ibid.*).

Dans les mêmes cas, le juge de paix était tenu d'en donner avis au substitut du procureur général près la cour criminelle.

Maintenant il doit, malgré le désistement, envoyer la dénonciation au procureur du roi, en y joignant une expédition de l'acte de désistement.

328. On voit par les formules jointes à la loi du 3 brumaire an IV, que le premier plan des législateurs avait été d'exiger une caution des dénonciateurs. En effet, une ordonnance de 1328, rapportée dans la *conférence des Ordonnances*, tome II, tit. 2, § 1, page 801, établissait ce droit. Airaut, dans son *instruction criminelle*, liv. II, part. 4, n° 19, page 290, en fait une règle générale; et la jurisprudence avait d'abord exigé cette caution. On en trouve plusieurs arrêts dans les compilateurs. Cela est ensuite tombé en désuétude. On a eu le projet de remettre la disposition de cette ordonnance en vigueur, ainsi que l'attestent les formules; mais il a été abandonné sans que les formules aient été corrigées; en sorte que, sur ce point comme sur beaucoup d'autres, elles n'étaient point en harmonie avec la loi du 3 brumaire an IV, qui n'en parle point.

Le Code d'instruction criminelle ne prescrit pas non plus cette caution. Il ne faut donc point l'exiger du dénonciateur. Seulement, lorsque le dénonciateur paraît suspect et ne pas offrir une responsabilité suffisante, le juge de paix doit en faire note, afin que le procureur du roi puisse, avant d'agir, prendre des renseignemens particuliers sur le fondement de la dénonciation.

Il n'est pas nécessaire que le dénonciateur agisse en personne. Il peut se faire représenter par un fondé de pouvoir. Le Code n'exige pas qu'il soit authentique; en conséquence, un pouvoir sous seing privé suffit; mais il doit être spécial, c'est-à-dire désigner et énoncer expressément le crime à dénoncer, ce qui a toujours été de règle.

Le pouvoir doit être affirmé sincère et véritable par le porteur, signé et paraphé par lui, et annexé à la dénonciation.

Elle doit être rédigée telle qu'elle est faite; cependant rien n'empêche que le juge de paix ne questionne le dénonciateur, soit pour s'assurer qu'il est sans passion, soit pour éclaircir les faits.

L'ordonnance de 1670 voulait que les dénonciations fussent mises sur un registre à ce destiné. Le Code ne prescrit pas cette formalité; ainsi elles peuvent être écrites sur des feuilles volantes; mais le registre vaut mieux.

Le juge de paix ne doit pas négliger de faire signer le dénonciateur, ou énoncer exactement ses nom, profession et demeure : car un arrêt du 5 mars 1604 a jugé que, faute par les procureurs du roi ou fiscaux de faire signer les dénonciateurs, ils étaient responsables des dommages-intérêts des parties; et cela ne peut pas être douteux, car alors l'accusé absous perd son action contre le dénonciateur, par la faute de l'officier qui a reçu la dénonciation.

L'ordonnance de 1670 (*tit. 3, art.* 6) exigeait que la dénonciation fût circonstanciée. Quoique le nouveau Code ne répète point cete disposition, il n'en est pas moins clair qu'elle doit être observée, et que le juge de paix doit y tenir la main; il faut bien que le dénonciateur détaille les circonstances du crime qu'il dénonce, qu'il indique en quel temps, en quel lieu il a été commis, en présence de qui, et comment il en est instruit; s'il connaît le coupable, il est obligé de donner ses nom, profession et demeure, ainsi que son signalement; sinon, il faut le désigner le plus exactement qu'il est possible. La qualité de dénonciateur est compatible avec celle de témoin, dans le cas où la dénonciation n'est point récompensée pécuniairement par la loi.

En tout cas, si c'était une nullité, elle pourrait être couverte par le défaut de réclamation à l'audience (*arrêt de rejet de la cour de cassation, du 6 février* 1812).

§. III.

*De la plainte.*

329. Tout citoyen qui se prétend lésé par un délit emportant, par sa nature, peine afflictive ou infamante, peut en rendre plainte, soit devant le juge de paix, soit devant l'officier de gendarmerie, soit devant le juge d'instruction, soit même au procureur du roi (*art.* 63 *du Code d'instruction criminelle*).

La loi du 3 brumaire an IV disait devant le juge de paix du lieu du délit ou de la résidence du prévenu. La même alternative avait lieu pour l'officier de gendarmerie et le substitut, quoique la loi du 7 pluviôse an IX ne le dise pas en termes précis. Le Code d'instruction criminelle ajoute, soit du lieu où il pourra être trouvé.

330. La même faculté de rendre plainte a lieu relativement aux délits de police correctionnelle (*art*. 64).

La partie lésée peut aussi, sans rendre plainte, s'adresser directement au tribunal correctionnel (*ibid.*).

Quant aux délits de simple police, que le nouveau Code appelle *contraventions*, ils ne peuvent faire l'objet d'une plainte. Si le citoyen lésé par un pareil délit se présentait devant le juge de paix pour rendre plainte, il faudrait le renvoyer à se pourvoir au tribunal de police.

331. La plainte doit contenir les nom, profession et demeure du plaignant; la nature du crime en général; le lieu où il a été commis, dans quel temps et dans quelle circonstance; l'énonciation du lieu où le délit a été commis n'est pas néanmoins absolument nécessaire, quand on a de justes raisons de l'ignorer, parce que cela peut se suppléer par l'information et les preuves.

La plainte doit être rédigée d'une manière claire et intelligible, bien circonstanciée, sans équivoque ni obscurité. Elle doit contenir l'exposition du fait, et la demande du plaignant tendante à ce qu'il soit procédé sur sa plainte.

La plainte peut être écrite, soit par le plaignant lui-même, soit par le juge ou l'officier qui la reçoit, ou par le greffier, en présence du juge. Les huissiers, les notaires, les avoués, les simples gendarmes, ne peuvent point en recevoir. Les commissaires de police le peuvent concurremment avec les juges de paix.

La plainte doit être affirmée par le plaignant; elle doit être signée de lui en la forme qui vient d'être détaillée au paragraphe précédent.

La plainte, quoique signée et affirmée par le plaignant, ne peut, seule et sans autre preuve ou indice, autoriser le juge de paix à décerner contre l'inculpé l'ordre de le faire conduire devant le juge d'instruction. Il doit seulement envoyer cette plainte dans les vingt-quatre heures au procureur du roi.

332. Le juge de paix auquel se présente le plaignant ou le dénonciateur peut n'être pas compétent, parce qu'il n'est pas le juge de paix du lieu du délit, ni celui de la résidence du prévenu, et que le prévenu n'est pas dans son canton. Dans ce cas, il ne doit pas recevoir la plainte, mais renvoyer le

plaignant, soit au juge de paix du lieu où le délit a été commis, soit à celui du domicile.

## § IV.

### *De la poursuite d'office.*

333. La poursuite d'office a lieu 1° lorsqu'il y a un délit emportant peine afflictive ou infamante, constaté par un procès-verbal dressé par un fonctionnaire public, autre que le juge de paix; 2° lorsque le juge de paix apprend par une dénonciation ou plainte, même non signée ou abandonnée, soit autrement, qu'il a été commis dans son arrondissement un délit de la même nature, ou qu'il réside dans son arrondissement un individu prévenu d'en être coupable.

Dans le premier cas, le juge de paix n'a rien à faire dans l'ordre actuel. Le procès verbal est envoyé au procureur du roi, qui fait les diligences nécessaires.

Dans le second cas, le juge de paix n'a encore rien à faire que de dénoncer le fait et le coupable au procureur du roi, afin qu'il fasse les diligences nécessaires.

Suivant la loi du 7 pluviôse an IX, il devait informer et faire arrêter le prévenu; il n'a plus ce pouvoir depuis le Code d'instruction criminelle.

334. En cas de flagrant délit, et sur la clameur publique, le juge de paix fait saisir les prévenus sans attendre d'autres renseignemens.

La même faculté est accordée, en ce cas, aux officiers de gendarmerie, aux maires et adjoints et aux commissaires de police.

Dans le même cas, tout dépositaire de la force publique, et même tout citoyen, est tenu de saisir le prévenu et de le conduire soit devant le juge d'instruction, soit devant le juge de paix, soit devant le commissaire de police.

A cet égard, la loi assimile au cas de flagrant délit celui où un homme est trouvé saisi d'effets, armes, instrumens ou papiers servant à faire présumer qu'il est l'auteur du délit.

## SECTION IV.

### *De l'instruction à faire par le juge de paix.*

L'instruction à faire par le juge de paix consiste à dresser des procès-verbaux et entendre des témoins, dans le cas où la loi l'y autorise.

S. I<sup>er</sup>.

*Des procès-verbaux, et des témoins dont l'assistance est requise.*

335. Lorsqu'il a été commis un crime dont l'existence peut être constatée par un procès-verbal, et qu'il y a flagrant délit, le juge de paix est tenu de se transporter sur les lieux pour y décrire en détail le corps du délit, avec toutes les circonstances et tout ce qui peut servir à conviction ou à décharge (*art.* 32 *du Code d'instruction criminelle*).

Il se fait, au besoin, accompagner d'une ou de deux personnes présumées, par leur art ou profession, capable d'apprécier la nature et les circonstances du délit (*art.* 43 *ibid.*).

S'il s'agit d'un meurtre ou d'une mort dont la cause est inconnue ou suspecte, le juge de paix doit se faire assister d'un ou deux officiers de santé (*art.* 44 *ibid.*).

Dans ce cas, le cadavre ne peut être inhumé qu'après la clôture du procès-verbal (*ibid.*).

336. Le juge de paix peut défendre que qui que ce soit, jusqu'à la clôture du procès-verbal, sorte de la maison ou s'éloigne du lieu où il opère (*art.* 34 *ibid.*).

Tout contrevenant à cette défense peut être saisi sur-le-champ (*ibid.*).

337. Le juge de paix fait comparaître au procès-verbal toutes les personnes qui peuvent donner des renseignemens sur le délit. Dans le cas de mort violente, ou dont la cause est inconnue, il y appelle spécialement les parens et voisins du décédé, ceux qui étaient employés à son service, et ceux qui se sont trouvés en sa compagnie avant son décès (*art.* 33 *ibid.*).

Les déclarations des personnes qui comparaissent au procès-verbal sont rédigées sommairement; elles les signent, ou, si elles déclarent ne pouvoir signer, il en est fait mention (*ibid.*).

Ces déclarations doivent être rédigées en un cahier séparé du procès-verbal.

338. La rédaction de ces déclarations, de celles des témoins et de l'interrogatoire, sur des cahiers séparés des autres pièces du procès, était absolument nécessaire, parce que toutes les pièces du procès devaient être remises aux jurés de jugement, à

l'exception de celles ci-dessus mentionnées, et que la communication qu'on lui en eût donnée par la remise des pièces étant sur le même cahier, aurait entraîné la nullité de toute la procédure subséquente.

Maintenant que l'on remet aux jurés toutes les pièces, il n'y a aucun inconvénient à insérer ces déclarations dans le procès-verbal.

Reprenons maintenant, et expliquons tout ce que le juge de paix peut et doit faire dans cette circonstance, et souvenons-nous que, pour que le juge de paix puisse opérer, il faut qu'il y ait flagrant délit.

Le juge de paix, soit sur la réquisition d'un chef de maison, soit à la clameur publique, ou sur l'avertissement qui lui est donné du délit qui vient d'être commis, doit se transporter sur-le-champ au lieu qui est indiqué, pour dresser procès-verbal et remplir les autres formalités qui vont être détaillées.

339. Ici se présente d'abord une question à laquelle donne lieu l'art. 42, qui prescrit au procureur du roi, procédant dans le même cas, de dresser son procès-verbal en présence du commissaire de police de la commune dans laquelle le crime ou le délit aura été commis, ou du maire, ou de l'adjoint du maire, ou de deux citoyens domiciliés dans la même commune.

Le juge de paix sera-t-il indistinctement obligé de se conformer à cette disposition?

Pour répondre à cette question, il faut distinguer : ou le juge de paix est seul, ou il est accompagné de son greffier.

Dans le second cas, l'article ne lui est point applicable, parce qu'il a de toutes ses opérations le témoin essentiellement légal. Le juge, accompagné de son greffier qui rédige les actes, n'a pas besoin d'autre témoin pour les rendre authentiques.

Mais, dans le premier cas, c'est-à-dire, s'il est seul, et qu'il écrive lui-même la procédure, ce que la loi autorise par la manière dont elle est rédigée, il doit alors se conformer à l'article cité, autrement rien de ce qu'il ferait ne serait authentique ; il faut donc qu'il se fasse assister du commissaire de police, ou du maire, ou de l'adjoint du maire de la commune où le crime a été commis, ou enfin, à leur défaut, de deux citoyens habitans de cette commune.

Le commissaire de police, le maire ou adjoint d'une autre

commune, ne seraient point compétens ; et en effet, ils n'ont de qualité que sur leur territoire.

Les habitans d'une autre commune ne seraient pas non plus des témoins capables. La loi veut que ce soient des habitans de la commune où le crime a été commis.

Les témoins dont il s'agit ici sont des témoins instrumentaires, des témoins de solennité. En conséquence on ne pourrait pas choisir de femmes.

On ne doit pas non plus les prendre parmi ceux du fait qu'il s'agit de constater, parce que, d'une part, on ne peut pas être témoin dans sa propre cause ; et que, d'un autre côté, il est évident, par la rédaction même de l'article, que le Code exige des personnes étrangères au crime et absolument désintéressées.

La loi veut que ces témoins signent le procès-verbal à tous les feuillets, c'est-à-dire à toutes les pages ; autrement ce serait la même chose que s'il n'y en avait pas, à moins qu'ils ne puissent signer, auquel cas il faut en faire mention à l'ordinaire, ainsi que de la cause de l'impuissance.

S'il est impossible de se procurer les témoins que la loi exige, comme on ne peut suspendre la procédure, la loi autorise l'officier qui opère à le faire sans assistance de témoins ; mais alors il doit faire mention de l'impuissance où il a été de se les procurer, ainsi que de la cause qui s'y est opposée, comme si le fait est arrivé sur un grand chemin éloigné de toute habitation.

Si pendant l'opération il survient des personnes ayant les qualités requises pour cette fonction, le juge doit les employer, et continuer d'opérer en leur présence : c'est la conséquence naturelle de ces termes de l'art. cité, *s'il est impossible de se procurer des témoins tout de suite.*

340. Est-il nécessaire de faire prêter serment à ces témoins ? La loi ne le dit point.

A l'égard du commissaire de police, du maire ou de son adjoint, il est évident que cela n'est point nécessaire, puisqu'ils ont serment en justice.

Quant aux simples particuliers, on ne peut pas dire que cette formalité soit essentielle, puique la loi ne l'exige pas ; et, comme il s'agit ici de témoins instrumentaires desquels aucune loi ne requiert le serment, nous estimons qu'il est absolument inutile.

Le défaut de témoins, et de la mention qu'il n'a pas été possible de s'en procurer, opéreraient-ils la nullité du procès-verbal?

Il faut répondre que non, parce que le Code ne prononce pas cette peine; mais il ne ferait pas pleine foi. Il est évident que le Code demande ces témoins pour imprimer à l'acte les caractères de l'authenticité, en sorte qu'ils manquent au procès-verbal fait sans cette assistance. On peut alors en combattre les énonciations et les faits, les critiquer, même les nier, sans être obligé de prendre la voie de l'inscription de faux. Le procès-verbal ne fait plus pièce de l'instruction : il ne peut servir que de renseignemens.

## § II.

### *Des conditions nécessaires pour que le juge de paix puisse agir.*

Deux conditions sont nécessaires pour que le juge de paix puisse agir : 1° qu'il y ait flagrant délit; 2° qu'il soit de nature à mériter une peine afflictive ou infamante. Alors tout officier qui se trouve le plus à portée doit opérer sans délai. Si c'est le juge de paix, il n'est point obligé d'avoir son greffier, ni d'en nommer un comme autrefois, parce que la loi lui permet d'écrire lui-même, sous les conditions portées en l'article 42, et que nous venons d'expliquer.

Si le prévenu est présent, il peut le faire saisir et l'interroger; mais il n'aurait pas ce pouvoir s'il était amené après la clôture de son procès-verbal. Il devrait alors le faire conduire devant le juge d'instruction.

Dans le cas de flagrant délit, il ne faut ni plainte ni dénonciation : il suffit de la clameur publique, ou d'un avertissement verbal donné par un des témoins du crime.

S'il ne s'agit que d'une simple contravention ou d'un délit de police correctionnelle, le juge de paix n'a rien à faire. Il doit garder le silence.

Le transport du juge de paix a pour premier et principal objet de constater le corps du délit.

On appelle ainsi l'existence du crime prouvée soit par l'inspection actuelle du fait lorsqu'il est permanent, soit par les dépositions des témoins lorsqu'il est passager.

Il y a en effet des délits de deux sortes. Les uns sont des faits passagers et momentanés dont il ne reste aucune trace ni vestige, comme dans le vol sans effraction, les injures verbales, etc.; les autres dont il reste des vestiges apparens, comme l'homicide, le vol avec effraction, l'incendie, et que, pour cela, on appelle délits permanens. On emploie différentes preuves pour constater le corps du délit : 1° l'inspection du juge; 2° les rapports d'experts; 3° la preuve testimoniale.

Les délits permanens se constatent par l'évidence ou l'examen du délit même.

Toutes les fois qu'il y a flagrant délit, il est très important d'en fixer sur-le-champ toutes les circonstances, et d'en recueillir les preuves existantes. C'est précisément par cette raison que la loi, dans ce cas, donne des pouvoirs à un si grand nombre d'officiers.

Le magistrat ou autre officier le plus tôt averti doit donc se transporter à l'instant même sur le lieu, pour constater l'état des choses, et dresser à cet effet son procès-verbal. S'il s'agit, par exemple, d'une effraction, il fera la description du lieu et de l'état où elle se trouve; il exprimera où l'effraction a été faite, sa nature, son étendue, comment et avec quoi il présume qu'elle a été effectuée. S'il s'agit d'un homicide, il fera la description du cadavre; il indiquera le nombre et le lieu des blessures qu'il aura remarquées.

L'officier qui procède, en cas de flagrant délit, ne doit pas se borner à la description des lieux et aux circonstances apparentes. Il doit encore entendre les personnes présentes. Cette information se fait sur-le-champ. Il ne doit entendre que les témoins qui se trouvent sur le lieu. Il n'est pas nécessaire qu'ils soient assignés. A cela près, il faut observer les autres formalités prescrites pour l'audition des témoins, leur faire prêter serment, déduire leurs noms, âge, qualités, professions et demeures, et les interroger sur leurs liaisons soit de parenté, soit d'amitié, soit de domesticité avec le prévenu ou avec le plaignant, s'il s'en présente un. L'ordonnance de 1670 (*tit.* 6, *art.* 4) établissait cette règle, qui doit toujours être observée.

Le juge de paix, procédant en cas de flagrant délit, peut appeler les parens, voisins ou domestiques, soit du prévenu, soit de la partie lésée, plaignante ou non;

Les parens, en quelque degré que ce soit, même les père et mère, ou autres ascendans, parce qu'il ne s'agit point ici de témoignage.

A l'égard des autres personnes, la loi se sert du mot *voisins,* d'où il résulte que le juge de paix ne peut appeler que les personnes qui se trouvent sur le lieu même du délit, ou tout au plus dans la même maison. Il n'y a qu'elles, en effet, qui puissent donner des renseignemens sur le fait qui vient de se passer. Il ne pourrait pas envoyer chercher des personnes éloignées, sauf au procureur du roi à les faire entendre, s'il le croit nécessaire. Le juge de paix ne doit faire que la procédure nécessaire pour rassembler tous les documens que l'on peut recueillir sur-le-champ, et que de plus longs délais pourraient faire évanouir.

Comme on vient de le dire, il n'est pas question dans cette circonstance de dépositions, mais de simples éclaircissemens donnés par forme de réponses aux questions de l'officier qui opère. C'est pour cela qu'il peut appeler indistinctment toutes sortes de personnes. En conséquence, il n'est pas nécessaire d'observer les formes des dépositions. Il suffit que les personnes appelées donnent leurs noms, profession et demeure, et qu'elles signent leurs déclarations, ou, si elles ne le peuvent, qu'il soit fait mention de leur impuissance et de sa cause.

Le juge de paix, comme il a déjà été dit plus haut, peut défendre que qui que ce soit sorte de la maison ou s'éloigne du lieu dans lequel il opère, jusqu'à la clôture de son procès-verbal, et faire déposer dans la maison d'arrêt ceux qui tente-raient de se soustraire à cet ordre.

Cette faculté, dont les magistrats ou autres officiers, procédant en cas de flagrant délit, ont toujours joui, et dont ils n'ont guère manqué d'user, est fondée sur deux motifs également importans : d'abord de conserver des témoins précieux qu'on ne pourrait peut-être plus retrouver, ne les connaissant point, et qui ne manqueraient pas de disparaître. Les hommes sont ainsi faits : la curiosité les arrête ; mais, dès qu'ils aperçoivent les officiers de justice, ils craignent de se trouver compliqués dans l'affaire, et ils cherchent à se soustraire.

La seconde raison est de ne point laisser échapper quelque complice du délit, quelquefois le coupable lui-même, qui cherche à se confondre pour être moins remarqué.

Le pouvoir donné au juge de faire emprisonner est une suite des mêmes considérations. La personne qui, après la défense, s'esquive, est naturellement suspecte. D'ailleurs toute personne doit à la justice son témoignage sur les faits qui se sont passés sous ses yeux, et elle peut être contrainte à le donner, même par emprisonnement de sa personne.

## § III.

*De la saisie des effets et papiers qui peuvent servir à conviction.*

Le juge de paix peut et doit aussi se saisir des effets qui peuvent servir à conviction.

Ces effets peuvent être de quatre sortes :

1° Les effets trouvés sur le lieu même du délit, qui sont reconnus pour appartenir à l'accusé dans le temps même du crime ou peu de temps avant, comme son chapeau, sa canne, son manteau ou ses habits, ou les instrumens mêmes avec lesquels le crime a été commis, comme un poignard, un fusil, un pistolet, un coutre de charrue, un ciseau de fer, un levier, etc. ;

2° Les effets volés dont le prévenu est trouvé saisi, ou qui sont reconnus dans les mains d'un tiers à qui il les a remis, déposés ou vendus ;

3° Les effets suspects découverts entre ses mains ou sur lui, comme des papiers, des lettres qu'il a écrites ou qui lui sont adressées, des drogues, du poison, etc. ;

4° Enfin les effets qui lui appartiennent légitimement.

Le juge de paix doit se saisir des effets des trois premières espèces et en dresser procès-verbal, c'est-à-dire les décrire, ainsi que les choses qui peuvent les contenir, leur nature, leur quantité, leur état, de manière à ce qu'on puisse toujours les reconnaître. A l'égard des papiers, il doit les parapher et les faire parapher par le prévenu, s'il est arrêté, et par les témoins présens.

Quelquefois ces effets ou quelques uns d'eux sont représentés incontinent par des spectateurs qui s'en sont emparés à l'instant même du crime.

Dans ce cas, l'officier qui opère doit entendre la déposition du témoin, à la suite de laquelle il faut ajouter : « Et de suite nous a été représenté par ledit témoin ( *tels et tels effets* ), qu'il nous a dit avoir été trouvés en la possession dudit..... ou dans la maison, etc., desquels effets nous nous sommes saisis pour être déposés au greffe, et servir de pièces de conviction. » Il faut sur-le-champ représenter tous ces effets au prévenu, tant ceux trouvés que ceux rapportés, l'interpeller à leur égard et sur ses reconnaissances et méconnaissances; s'il les reconnaît, cela suffit; mais, s'il les méconnaît, il faut les représenter aux autres témoins présens, et constater leurs réponses sur cet objet.

Souvent ces objets sont rapportés par les soldats ou gendarmes qui ont arrêté le prévenu à la clameur publique; il faut aussi les entendre en déposition, et procéder de la même manière.

Beaucoup de praticiens soutiennent qu'ils ne peuvent point être admis en témoignage; c'est une erreur très forte. Ils sont témoins capables et légitimes. Tous les auteurs sont d'accord sur cette proposition, et la jurisprudence, soit ancienne, soit moderne, a toujours été uniforme.

Si la nature du fait et des circonstances indique que l'on pourra tirer des lumières de la visite des papiers du prévenu, le juge de paix peut se transporter de suite à son domicile pour la faire, et extraire ceux qui peuvent servir, soit à conviction, soit à décharge (*art. 36 et 37 du Code d'instruct. criminelle*).

Mais il faut que tout cela puisse se faire dans la même séance. Si les papiers sont trop nombreux, en sorte que l'examen ne puisse pas se faire sur-le-champ, le juge doit apposer ses scellés, qui seront ensuite levés, en la présence du prévenu, par le magistrat, lequel procédera à l'examen.

Le juge de paix doit bien se garder d'emporter les papiers pour les voir à loisir, comme on l'a vu quelquefois. D'abord, il n'en a pas le droit; en second lieu, on pourrait lui imputer d'en avoir ajouté ou soustrait quelques uns; et, quelque confiance qu'il mérite, il ne doit point s'exposer au plus léger soupçon; et, dans tous les cas, il s'exposerait à la prise à partie, au moins à être réprimandé.

L'inventaire des pièces et effets trouvés au domicile de l'accusé doit être fait avec la plus scrupuleuse exactitude. Ils doivent être détaillés, décrits et paraphés de manière que les juges ne puissent concevoir, ni l'accusé élever aucun doute raisonnable.

Lors de la recherche, le prévenu n'est tenu d'indiquer ni de produire aucune des pièces qui peuvent lui être contraires, parce que c'est une règle constante que personne n'est tenu de produire contre soi-même : *nemo tenetur edere contra se* (*l. 4, Cod. de edendo*). Cette maxime, admise en matière civile, doit l'être, à bien plus forte raison, en matière criminelle. C'est au juge à chercher; et, en recherchant celles qui peuvent charger le prévenu, s'il en rencontre qui vont à sa décharge, il ne doit pas les négliger; il est, au contraire, de son devoir d'en dresser son procès-verbal, et de les réunir à celles qui peuvent faire charge; c'est aussi ce que portent les articles cités.

Si l'accusé en représente quelques uns qu'il prétende faire servir à sa justification, le juge doit les comprendre dans son procès-verbal et constater son dire sans examiner s'il est bien ou mal fondé, car il n'est pas le juge de ses moyens de défense.

Toutes les pièces, tous les effets servant à conviction, qui ont été trouvés sur l'accusé, ou chez lui, ou ailleurs, doivent lui être représentés lors de son interrogatoire.

Le Code d'instruction criminelle ne parle point des perquisitions à faire dans les maisons tierces. Cependant il peut être nécessaire d'y procéder, soit pour arrêter le prévenu qui est caché dans une maison autre que la sienne, soit pour y chercher les effets volés qui y ont été recélés ou mis en dépôt.

Quand cela arrive pendant l'instruction ordinaire, nul ne peut y procéder sans une ordonnance du juge, et cette ordonnance ne peut être donnée qu'après une information qui fournisse quelque preuve ou indice violent contre un prévenu.

Mais, en cas de flagrant délit, tous officiers qui opèrent, même ceux de gendarmerie, peuvent entrer dans les maisons des particuliers, soit pour y saisir l'accusé, soit pour rechercher les pièces de conviction. Il est alors si important de ne pas perdre un instant, que l'on passe par-dessus les formes ordinaires.

Les particuliers ne peuvent point s'opposer à ces perquisitions; et, en cas de résistance, ils pourraient y être contraints à main armée, parce que cela intéresse la sûreté publique. Quoique l'on ne trouve pas ce que l'on cherche, il ne leur est dû aucuns dommages-intérêts, même par la partie plaignante, s'il y en a une, parce qu'il n'y a aucune injure ni injustice.

Il en serait autrement si, hors le cas de flagrant délit, il y avait perquisition sans ordonnance du juge. Le chef de maison pourrait demander et obtenir des dommages-intérêts contre le poursuivant, et même la prise à partie contre le juge de paix, suivant les circonstances. Cette maxime ne souffre aucune difficulté.

Il arrive quelquefois que des particuliers, soit pendant l'opération, soit depuis, rapportent d'eux-mêmes des effets appartenant à l'accusé, qu'ils ont entre les mains ou qui leur ont été par lui remis. Quoique ce rapport soit fait depuis la clôture de l'opération, le juge de paix doit le recevoir et en dresser procès-verbal, ainsi que de l'ouverture, si ce sont des paquets, coffres ou ballots, le tout en présence de celui qui les rapporte, après serment de lui pris, et ordonner que ces effets seront déposés au greffe, où il doit en effet les faire porter, pour servir, s'il y a lieu, de pièces de conviction dans l'instruction du procès. Si le prévenu est présent, il doit être interrogé sur ces effets, qu'il faut lui présenter; et, dans tous les cas, le juge doit prendre les précautions nécessaires pour en constater l'état, le nombre, l'identité, et en éviter la variation (art. 38). Il en est de même des lettres qui pourraient être écrites par l'accusé ou lui être adressées. Le juge doit en ordonner l'ouverture; et si elles offrent quelques charges contre lui, en ordonner le dépôt au greffe, après les avoir paraphées et fait parapher par le prévenu.

Comme on faisait, il y a quelque temps, chez un particulier prévenu de fausse monnaie, une perquisition qui ne produisait rien, il arriva une lettre à son adresse. Le juge en ordonna l'ouverture. Elle se trouva être de l'un de ses complices, qui lui rendait compte des affaires communes; elle servit à tout faire découvrir.

§ IV.

*De la forme de procéder contre le prévenu présent.*

Tout doit se faire en présence du prévenu, s'il a été arrêté, ou de son fondé de pouvoir : car la loi lui permet d'en nommer un, s'il ne veut ou ne peut assister aux opérations (art. 39).

La règle principale est ancienne; elle a toujours été observée.

La faculté donnée à l'accusé est nouvelle. On demande s'il peut nommer un fondé de pouvoir, même étant présent? Il n'y a aucune difficulté à répondre affirmativement, car l'article dit, *s'il ne veut ou ne peut y assister.* Il s'ensuit que, même présent, il peut refuser de concourir personnellement à ces opérations, et se faire représenter. Il peut alors donner ce pouvoir par le procès-verbal, qu'il doit signer en cet endroit.

s'il le peut, où il faut faire mention de son impuissance et de sa cause.

Il y a encore un cas où il peut refuser d'assister : c'est lorsqu'étant domicilié, il n'y a contre lui qu'une simple dénonciation. Il peut refuser de se présenter (art. 40), et donner un pouvoir. Ce pouvoir peut être sous seing privé, et il sera annexé au procès-verbal, après avoir été certifié véritable, signé et paraphé par le porteur.

Enfin, un troisième cas où il peut donner un pouvoir, est celui où il ne peut pas, en effet, assister à l'opération, comme s'il est malade ou blessé.

Le juge de paix, procédant en cas de flagrant délit, peut faire arrêter le prévenu, s'il est présent, ou se le faire amener et l'interroger (art. 40).

C'est l'ancienne règle. Tout officier qui opère en cas de flagrant délit peut faire arrêter le prévenu présent, et même le constituer prisonnier ; mais cela n'a lieu (même article) que dans le cas de flagrant délit, et lorsqu'il s'agit de crime qualifié, c'est-à-dire emportant peine afflictive ou infamante ; et enfin, au moins à l'égard des personnes domiciliées, quand il résulte du procès-verbal des indices graves qui établissent un soupçon violent. En effet, ce ne sont pas des preuves qu'il faut ; elles ne sont absolument nécessaires que pour la condamnation. Pour arrêter, il suffit d'indices, pourvu qu'ils soient graves. Si, par exemple, dans un lieu où un meurtre vient d'être commis, on trouve l'habit, le chapeau de celui qui en est indiqué comme l'auteur, ce n'est pas une preuve, mais c'est un indice grave qui suffit pour arrêter. Il en sera de même s'il a été vu sortant de la maison quelques instans après le crime, et qu'on sût qu'il y avait quelque inimitié entre lui et le défunt.

§ V.

*Des poursuites à diriger contre le prévenu absent.*

Les anciennes lois ne permettaient d'arrêter en cas de flagrant délit, sans décret préalable, que le prévenu trouvé sur le lieu même ou à peu de distance. Dès qu'il était absent, il n'était plus possible de s'emparer de sa personne qu'en vertu d'un décret de prise de corps, précédé des conclusions du ministère public.

Le Code d'instruction criminelle semble aller plus loin, en permettant à l'officier qui procède de donner contre le prévenu absent le mandat d'amener, c'est-à-dire d'ordonner qu'il sera conduit devant lui par la force publique, ce qui est, dans le fait, une arrestation.

On peut dire, néanmoins, qu'il y a peu de différence entre la nouvelle loi et l'ancienne jurisprudence, puisque le juge qui opérait, dans le cas où il trouvait les indices assez forts, pouvait décerner sur-le-champ le décret de prise de corps.

Mais il n'y avait que le juge qui pût ainsi donner le décret contre un prévenu absent : les commissaires ou autres officiers ne le pouvaient pas. Ici le Code donne ce pouvoir à tout officier qui procède (*art. 49 du Code d'instruction criminelle*).

Observez que le juge de paix opérant en cas de flagrant délit, et qui a donné un mandat d'amener contre le prévenu absent, ne peut l'interroger qu'autant qu'il lui est amené dans le cours même de l'opération; s'il ne l'est que postérieurement, et après que le procès-verbal étant clos, le juge s'est retiré, l'interrogatoire ne peut plus être fait que par le juge d'instruction. C'est ce qui résulte du dernier paragraphe de l'art. 46, qui porte *que l'officier* interrogera sur-le-champ. Autrement, et hors de là, il n'est plus compétent.

### § VI.

*Des mandats à décerner contre le prévenu domicilié.*

Le même article porte que la simple dénonciation n'est pas une présomption suffisante pour décerner le mandat d'amener contre un prévenu domicilié.

Il suit de-là, d'abord, que cette dénonciation suffit contre les vagabonds et gens sans aveu : *qui dicit de uno negat de altero.* Il est évident que l'on ne doit pas les mêmes égards à ces individus, qui ne tiennent à rien, dont la disparition est si facile, qu'on n'a plus ensuite presque aucun moyen de retrouver, et qu'on peut, sans injustice, soupçonner bien plus aisément, parce que, malheureusement, leurs moyens d'existence ne sont, le plus communément, fondés que sur le crime : ils sont les ennemis habituels et naturels de la société.

Il résulte, en second lieu, de cette disposition, qu'à l'égard des personnes domiciliées, la simple indication par la rumeur publique, ou par quelqu'un de ceux qui se trouvent sur le lieu du délit, ne suffit pas pour asseoir ce mandat. Ce n'est qu'après que le juge, par suite de ses opérations, a acquis des indices suffisans pour la confirmer d'une manière grave, qu'il peut le décerner.

On doit encore conclure de là que cette simple indication ne suffit pas non plus pour arrêter le domicilié, quoique présent, jusqu'à ce qu'on ait acquis des indices de la même nature; mais le juge peut alors user de la faculté qui lui est accordée de défendre que personne sorte de la maison ou s'éloigne du lieu du délit; et si l'individu dénoncé contrevient à cette défense, il peut être arrêté.

Si on demande maintenant quelles personnes il faut regarder comme domiciliées, on répondra que ce sont celles qui ont une résidence constante et connue, non seulement dans le lieu où le crime a été commis, mais même partout ailleurs, pourvu que ce soit dans le territoire du royaume. Le domicile est le lieu où le citoyen a établi le siége de sa fortune et de ses affaires; où il a coutume de demeurer; en sorte que, quand il en est absent, il est présumé être en voyage, et de retour quand il y revient.

En matière criminelle on considère comme domicile toute demeure habituelle.

## § VII.

*De ce qui constitue le flagrant délit.*

L'art. 41 du Code d'instruction criminelle détermine les caractères du flagrant délit. L'ordonnance de 1670 en parlait en plusieurs endroits ( *tit. 4, art. 4; tit. 10, art. 9, et tit. 14, art. 14.* ), mais elle ne le définissait pas. La loi de brumaire an IV en faisait aussi mention sans le caractériser. Le Code adopte la définition des auteurs.

« Le cas de flagrant délit, dit Jousse ( *mat. crim., part. 3, liv. 2, tit. 2, art. 2, n° 10.* ), est lorsqu'un crime vient de se commettre, et est exposé à la vue de tout le monde, comme lorsqu'une maison vient d'être incendiée, ou un mur percé, ou qu'un homme vient d'être tué ou blessé, ou lorsqu'il arrive une émotion populaire, et que les témoins sont encore sur le lieu. » ☞ *Flagrat domus, flagrat sanguis, flagrat populus.* J. F.

Il y a aussi flagrant délit lorsque le coupable est surpris volant ou dérobant, ou avec les effets dérobés, ou poursuivi par la clameur publique dans le moment où le vol vient d'être commis. C'est ce que les Romains appelaient *furtum manifestum*, ou *rapina manifesta*, suivant les circonstances.

En fait de meurtre, il y a flagrant délit lorsque le meurtre vient d'être commis, ou lorsque le meurtrier est surpris dans l'action, ou peu de temps après (*même art.* 41), il dit : *Pourvu que ce soit dans un temps voisin du crime*, et non pas, comme les auteurs, *immédiatement après le crime*.

En effet, le temps de la durée du flagrant délit peut s'étendre un peu plus ou un peu moins. Par exemple, un voleur surpris dans le temps qu'il faisait le vol, et poursuivi à la clameur publique, s'est sauvé dans une maison dont le peuple a occupé la porte pour l'empêcher de sortir en attendant que le juge vînt. Tant que le peuple n'abandonne pas la porte, le flagrant délit continue. Mais si les témoins se dispersent, il n'y a plus de flagrant délit.

## § VIII.

*Des experts et des gens de l'art appelés par le juge de paix, et de leurs rapports.*

Lorsque, d'après les circonstances du fait, le juge de paix mande des personnes qui doivent faire un rapport, il faut d'abord prendre leur serment d'opérer fidèlement (*art.* 43 *et* 44 *du Code d'instruction criminelle*).

Ces personnes sont des experts.

Leur rapport est le témoignage et la déclaration de tout ce qu'ils ont vu et reconnu par leur visite, ainsi que de la cause qu'ils estiment avoir produit le fait dont il s'agit, et des suites qui en peuvent résulter, suivant leurs lumières et les règles de leur art.

Ces rapports, en cas de flagrant délit, peuvent faire partie du procès-verbal.

Ils sont absolument nécessaires, dans les cas de blessures, de personnes trouvées mortes, de femmes accusées d'avoir défait leurs enfans, de poison, de viol, de falsification d'écritures ou de monnaies, et autres crimes de cette qualité, et en général toutes les fois que la nature et le genre de délit sont tels que l'on n'en peut pas juger par le seul secours des sens.

Dans tous ces cas, le rapport des experts est tellement nécessaire, que, s'il n'en avait point été fait, ou qu'il fût nul, le corps du délit ne serait point constant.

Les experts qui s'emploient pour les différens rapports à faire en matière criminelle sont les médecins, les chirurgiens, les matrones ou sages-femmes, les maîtres écrivains, les essayeurs de monnaies et orfèvres, des apothicaires et chimistes, etc.

Lorsqu'il s'agit de visiter des personnes blessées ou présumées mortes par suite de blessures ou du poison, il faut employer les médecins ou chirurgiens, surtout les derniers en cas de blessures.

Autrefois il y avait auprès de la plupart des tribunaux des médecins et chirurgiens jurés en titre, à qui ces visites appartenaient. Ces charges n'existant plus, on peut prendre tels médecins et chirurgiens que l'on veut choisir.

Cependant les cours et les tribunaux sont dans l'usage d'avoir un médecin et un chirurgien qu'ils emploient le plus ordinairement, mais ils n'ont point pour cela de droit exclusif.

Les essayeurs des monnaies, et, à leur défaut, les orfèvres, s'emploient pour le crime de fausse monnaie et de falsification des matières d'or et d'argent; les apothicaires, pour savoir si une drogue est un poison; et ainsi, dans chaque circonstance, les gens de l'art.

Pour que les rapports fassent foi en justice, il faut qu'ils soient faits en vertu d'une ordonnance du juge; et, dans le cas même de flagrant délit, l'officier qui opère doit ordonner la visite.

Les parties blessées peuvent, dans le premier moment, se faire visiter sans obtenir préalablement une ordonnance du juge, et même par tel médecin et chirurgien qu'elles veulent choisir. L'ordonnance de 1670 (*tit. 5, art.* 1) en avait une disposition. Le rapport ainsi fait doit être affirmé et remis au juge, qui le joint aux pièces. Il peut ordonner une nouvelle visite par d'autres experts. Cela dépend de sa prudence.

Autrefois, et en vertu de l'ordonnance de 1670 (*tit. 5, art.* 3), pour que les rapports fussent valables, surtout ceux ordonnés par le juge, il fallait qu'ils fussent faits par deux experts, parce qu'on les considérait comme des témoins qui doivent être au nombre de deux au moins pour faire preuve juridique. Quoique, depuis la révolution, cette ordonnance n'eût plus de force de loi, on s'y conformait cependant dans l'usage. Le Code d'instruction criminelle change la règle établie par l'ordonnance de 1670. Il laisse aux juges (*art.* 43) la faculté d'appeler *une* ou *deux* personnes, ainsi qu'ils le jugeront à propos. Par conséquent, il n'est pas douteux qu'un seul expert suffit maintenant pour la régularité de la procédure.

Il est toujours mieux, néanmoins, d'en employer deux, autant que possible, parce qu'en général on ne peut guère asseoir la preuve d'un fait sur la déposition d'un seul témoin.

Au reste, en quelque nombre que soient les experts, le Code maintient la nécessité de leur faire prêter serment; et le juge ne doit pas y manquer, car son défaut entraînerait la nullité du rapport, qui est essentiellement un témoignage; or toute déposition qui n'est pas précédée du serment est nulle.

## § IX.

### *Du renvoi du Procès-Verbal au procureur du roi.*

Lorsque toutes les opérations sont faites, et que le procès-verbal est clos, le juge de paix doit envoyer sans délai, c'est-à-dire au plus tard dans les vingt-quatre heures, ses procès-verbaux et autres pièces au procureur du roi près le tribunal de première instance où il ressortit. S'il y avait négligence, le juge de paix pourrait être réprimandé, et même, suivant la gravité du fait, dénoncé par le procureur du roi (art. 53 du Code d'instruction criminelle).

Si, pendant la durée de l'opération, le procureur du roi, ou le juge d'instruction survient, le juge de paix doit leur céder la plume (art. 51). Ces magistrats peuvent l'autoriser à continuer (*ibid.*); mais alors il ne doit plus le faire que comme les suppléans, et en vertu des pouvoirs à lui délégués; mais aussi alors il peut exercer tous les pouvoirs appartenant au magistrat qu'il représente et par lequel il est commis.

## § X.

### *Des cas où le juge de paix peut agir hors le flagrant délit.*

Il y a un cas où le juge de paix peut agir hors le cas de flagrant délit. C'est celui où il est requis par un chef de maison à l'occasion d'un délit commis chez lui (art. 49).

Cela est encore conforme aux anciennes règles. Les chefs de maison pouvaient requérir les simples commissaires de police, à qui, dans ce cas, il était permis d'entrer et de remplir les mêmes fonctions.

Il suit de là que, hors le cas de flagrant délit, le juge de paix, non plus que les autres officiers de police judiciaire, ne peuvent point entrer dans une maison particulière, sans le consentement et même la réquisition du maître de cette maison.

Remarquez que par les termes *chef de maison*, il faut entendre *chef de famille*. Le mot *maison* est pris ici, comme il arrive très fréquemment dans notre langue, dans la même acception que celui latin *familia*.

En conséquence, si dans une maison il demeure plusieurs ménages, le juge de paix peut entrer dans l'appartement de l'un d'eux à la réquisition du chef, sans être tenu d'avoir le consentement du locataire principal, ou du propriétaire, s'ils demeurent dans la maison.

Le juge de paix peut, dans ce cas, opérer comme pour le flagrant délit.

Tant que ce chef ne se plaint pas et ne demande rien, personne n'a le droit d'entrer chez lui sous prétexte du délit qu'on prétendrait y avoir été commis, à moins qu'il ne soit flagrant ou permanent, c'est-à-dire laissant des traces extérieures; mais, dans cette dernière hypothèse, il faut que le transport soit ordonné par le juge.

## § XI.

### *Des commissions rogatoires.*

Les juges de paix peuvent aussi être commis, soit par les procureurs du roi pour opérer à leur place dans le cas de flagrant délit, ou pour faire seulement quelques unes des opérations nécessaires (art. 52); soit par les juges pour certains actes d'instruction.

Ils peuvent être ainsi commis : 1° par le juge qui fait l'instruction pour entendre un ou plusieurs témoins qui, à raison de maladie ou autrement, ne peuvent se rendre auprès de lui et ne demeurent point dans son canton ( art. 83 );

2° Par le juge d'instruction requis d'entendre un témoin qui n'est pas domicilié dans son canton ( art. 84 ).

Le juge qui commet un juge de paix pour procéder à l'audition d'un témoin qui ne peut se transporter, doit lui envoyer la plainte avec les notes et instructions nécessaires pour que l'information puisse être bien faite ( art. 83, § 1er ).

Le juge de paix ne peut pas refuser ces commissions. Il est obligé de les exécuter; autrement il serait répréhensible, à moins qu'il n'ait quelque empêchement légitime, dont alors il doit faire part sur-le-champ au magistrat par lequel il a été commis.

Quoique le juge de paix se transporte auprès du témoin pour l'entendre, celui-ci ne doit pas moins être assigné, et le juge de paix doit se faire représenter la copie de l'assignation.

Il faut, au reste, procéder à l'audition en la forme ordinaire.

Le juge de paix ouvrira son procès-verbal par l'énonciation et la date de la commission qu'il a reçue. Il exprimera ensuite les nom, âge, profession et domicile du témoin ; sa déclaration s'il est parent, allié, serviteur ou domestique, soit du prévenu, soit du plaignant, s'il y en a un; il donnera ou fera donner lecture de la plainte, et recevra la déposition, qu'il fera écrire exactement telle qu'elle sera faite. Il en donnera ensuite lecture au témoin, et en fera mention, ainsi que de sa déclaration, qu'elle contient vérité, qu'il y persiste, et ne veut rien y changer, ajouter ni diminuer. ☞ Quant aux taxes souvent difficiles des témoins, on peut consulter l'excellente instruction de M. Duport, chef du bureau des frais criminels à la chancellerie. — Prix, 1 fr. 25 c. par la poste. A Paris, au bureau du J. sp. des Justices de paix.                          J. F.

Il faut ensuite que la déposition soit signée à toutes les pages, par le témoin, le juge et son greffier. Il ne faut y insérer aucune interligne, et n'y laisser aucun blanc. S'il y a des ratures, il faut les approuver, et les oublis ou additions doivent être mis en marge, et le tout, non pas seulement paraphé, mais signé entièrement par le témoin, le juge et le greffier ( art. 76, 77, 78 du Cod. d'inst. crim. ).

La minute même de la déposition doit être, par le juge de paix qui l'a reçue, envoyée close et cachetée au greffe du juge d'instruction par lequel il a été commis.

Si, en procédant à l'audition du témoin, le juge de paix trouve qu'il n'était pas dans l'impossibilité de se rendre auprès du juge d'instruction devant lequel il était assigné, la loi lui prescrit de décerner, contre ce témoin et contre l'officier de santé signataire du certificat d'empêchement, un mandat de dépôt.

Il ne faut pas prendre le mot *impossibilité* dont se sert la loi dans le sens absolu et grammatical, mais *lato sensu*. Il y a impossibilité quand le témoin ne peut pas se transporter sans un danger probable, ou sans s'incommoder d'une manière grave. Une personne, par exemple, qui a un érésipèle n'est point dans une impossibilité absolue de sortir; mais, comme elle ne le peut faire sans s'exposer, il y a impossibilité de droit.

Toutes les fois qu'un prévenu, contre lequel il y a un mandat de dépôt ou d'arrêt, est trouvé hors de l'arrondissement de l'officier par lequel le mandat a été délivré, il faut le conduire devant le juge de paix dans le canton duquel il est trouvé. Ce juge vise le mandat, dont il ne peut, au reste, empêcher l'exécution (art. 98).

Les exécuteurs du mandat doivent suivre l'ordre dans lequel les officiers sont indiqués, parce que la loi ne les appelle qu'à défaut les uns des autres.

Lorsqu'il y a mandat d'arrêt, et que le prévenu ne se trouve pas à l'endroit où l'on croyait le prendre, l'exécuteur du mandat dresse, en présence de deux voisins, un procès-verbal de perquisition, qu'il doit ensuite faire viser par le juge de paix ou son suppléant, et à son défaut par le maire, l'adjoint, ou le commissaire de police, et lui en laisser copie.

Il faut d'abord s'adresser au juge de paix, puis à son suppléant, parce que ce n'est qu'à leur défaut que le Code indique le maire ou son adjoint, et enfin le commissaire de police. Si l'on a lieu de présumer que le prévenu est dans quelque maison autre que la sienne, le juge de paix doit donner son ordonnance pour y faire perquisition, et accompagner l'huissier pour ordonner ce qui sera nécessaire et veiller à ce qu'il n'arrive aucun désordre (art. 109 du Cod. d'inst. crim.)

## CHAPITRE II.

### DU TRIBUNAL DE POLICE.

On verra successivement quels officiers composent ce tribunal; sa compétence, la demande, l'instruction, le jugement et les moyens de se pourvoir pour arrêter son exécution.

Les administrations municipales sont chargées de fournir aux menues dépenses du tribunal (Loi du 8 ventôse an VII, art. 2 ).

## SECTION PREMIÈRE.

*Quels officiers composent le tribunal de police.*

541. Il y a un tribunal de police dans l'arrondissement de chaque administration municipale. ( Livre XI du Code d'instr. crim.).

Ce tribunal était originairement tenu par le juge de paix et deux de ses assesseurs; ensuite il a été tenu par le juge de paix seul ( loi du 29 ventôse an IX, art. 2), ou par l'un de ses suppléans (art. 3), en cas d'absence, maladie ou autre empêchement.

Maintenant il est tenu concurremment, pour un grand nombre de cas, par le juge de paix et les maires.

Le tribunal principal de police est celui tenu par le juge de paix, qui peut toujours connaître de toutes les contraventions commises dans son canton; mais à l'égard de plusieurs d'entre elles, il peut être prévenu par les maires des communes, autres que celle du chef-lieu.

Lorsqu'il y a plusieurs juges de paix dans l'arrondissement de l'administration municipale, chacun d'eux fait le service du tribunal de police par tour, en commençant par le plus ancien. Dans ce cas, il y a un greffier particulier pour le tribunal de police (art. 142 du Code d'inst. crim.).

Il peut aussi, dans le même cas, y avoir deux sections pour la police, dont chacune est tenue par un des juges de paix; et alors le greffier, nommé spécialement pour la police, a un commis assermenté pour la seconde section.

Quand il n'y a qu'un juge de paix, le service du tribunal de police se fait par son greffier et son huissier (art. 141).

Mais celui-ci n'a point de droit exclusif pour les citations. Elles doivent être faites par huissier (art. 145 ), mais par tout huissier que les parties veulent choisir.

☞ En ces cas, la citation sans doute sera valable, parce qu'aucune loi n'en prononce la nullité; mais le juge de paix peut, par le même jugement qui statuera sur la cause, condamner l'huissier qui aura empiété sur les droits du sien à une amende de 5 fr. à 100 fr. Nous avons touché ce sujet ci-dessus, p. 38. Nous y rentrons, à cause de la difficulté et de l'intérêt de la question.

☞ Ce qui fait la matière du doute dans cette question, c'est, comme il arrive trop souvent, le défaut de précision et de clarté des termes de la loi.

☞ On lit en effet dans l'art. 141 du Code d'instruction criminelle la disposition suivante : « Les greffiers et les huissiers de la justice de paix feront le service pour les affaires de police. » Et quelques lignes plus bas se trouve l'art. 145 du même Code, ainsi conçu : « Les citations pour contravention de police seront faites à la requête du ministère public ou de la partie qui réclame ; elles seront notifiées *par un huissier.* »

☞ Cette rédaction a suffi pour faire prétendre à tous les huissiers, autres que ceux des justices de paix, qu'ils pouvaient signifier les citations de police concurremment avec ces derniers, bien que l'art. 141 précédent ait déclaré que c'était aux huissiers de la justice de paix à faire le service pour les affaires de police.

☞ Mais il nous semble raisonnable d'interpréter ces deux articles l'un par l'autre, et de décider que le législateur ne s'est pas contredit au point de statuer d'abord que le service des tribunaux de police (ce qui s'entend des assignations, appels de cause, significations, etc.) serait dans les attributions des huissiers de la justice de paix, et de prononcer immédiatement après que tout autre huissier pourrait faire ce service.

Il faut remarquer ensuite que les lois s'expliquent et s'éclaircissent les unes par les autres. Or, l'art. 141 du Code d'instruction criminelle ne fait que répéter et maintenir l'art. 166 du Code des délits et des peines du 3 brumaire an IV, c'est-à-dire de la loi qui réglait les procédures criminelles avant le Code actuel.

☞ Il est donc naturel de penser que les seuls huissiers des juges de paix ayant eu, depuis l'an IV jusqu'à la promulgation du Code d'instruction criminelle maintenant en vigueur, c'est-à-dire pendant quinze années entières, le droit exclusif de notifier les citations en matière de police, la loi actuelle leur a confirmé ce droit. Il faudrait pour le leur ôter, à notre avis, une disposition expresse et positive, qu'on ne trouve point dans la loi nouvelle. Cette loi, après avoir posé en principe que le *service pour les affaires de police* sera fait par *les huissiers de la justice de paix,* dit seulement que les citations seront notifiées *par un huissier ;* ce qui, suivant nous, signifie : seront notifiées par un officier ministériel, et non par toute autre personne, comme il se pratiquait en 1793; ce qui n'est pas dire que tout huissier, qu'un huissier quelconque sera apte à faire cette notification, mais seulement l'un de ceux que désigne l'art. 141.

☞ Il suit de là que, lorsque des huissiers, autres que ceux qui sont expressément autorisés par l'art. 141 du Code d'instruction criminelle, s'ingèrent à faire le service des affaires de police, ils contreviennent à ce même article. Mais de cette contravention où ils tombent résulte-t-il que l'acte qu'ils signifient soit nul? Nous ne saurions le croire, parce que cette nullité n'est point prononcée par la loi, parce que depuis la promulgation du Code de procédure, il n'est plus permis aux juges de déclarer nuls d'office des actes que la loi n'a pas expressément déclarés tels; parce qu'en un mot, dans l'état actuel de la jurisprudence, il faut savoir distinguer les nullités d'avec les omissions ou contraventions.

Or, dans l'espèce, le législateur a bien disposé impérativement que le service près des tribunaux de simple police serait fait par les huissiers des juges de paix; mais il n'a pas ajouté qu'il en serait ainsi *à peine de nullité.* Nous estimons donc que tout en maintenant les citations de police notifiées par d'autres huissiers que les leurs, et en statuant sur la cause, il est du droit et de la dignité des juges de paix de condamner à l'amende, par le même jugement, les huissiers étrangers à leur justice qui se permettent d'en signifier les actes. Cette amende pourra être de 5 fr. à 100 fr., conformément à l'art. 1030 du Code de procédure civile, lequel est ainsi conçu:

☞ « Aucun exploit ni acte de procédure ne pourra être déclaré nul, si la nullité n'en est pas formellement prononcée par la loi. Dans les cas où la loi n'aurait pas prononcé la nullité, l'officier ministériel pourra, soit pour omission, soit pour contravention, être condamné à une amende qui ne sera pas moindre de 5 fr., et n'excédera point 100 fr. »

☞ C'est, à notre avis, par ce dernier article que doit être résolue la question qui nous occupe. Il y a une très grande différence, en effet, entre les nullités et les contraventions; il est très peu d'articles de nos Codes à l'inobservation desquels le législateur ait attaché la peine de nullité. Il en est un très grand nombre, au contraire, auxquels les officiers ministériels et les parties peuvent manquer par omission ou par contravention. Notamment, il n'y a pas une seule nullité prononcée dans le livre premier du Code de procédure, c'est-à-dire dans le livre qui est relatif aux justices de paix. Est-ce à dire pour cela que les greffiers et les huissiers de ces justices puissent impunément omettre toutes les dispositions qui en règlent la procédure ? C'est ce que personne n'oserait soutenir : car l'art. 1030 du Code judiciaire se trouvant placé sous le titre des *dispositions générales,* il soumet aux peines qui y sont portées les omissions et contraventions aux articles du livre premier, non moins qu'à ceux des autres livres.

☞ A la vérité l'art. 141 du Code d'instruction criminelle ne se trouve pas directement atteint par la disposition de l'art. 1030 du Code de procédure; mais nous ne voyons pas pourquoi il n'y serait pas implicitement compris. En effet, il y a aussi une foule d'omissions et de contraventions possibles en fait de procédure criminelle; peut-on raisonnablement supposer que les officiers ministériels puissent se les permettre, sans que les magistrats aient aucun moyen de les réprimer ? Et quelle autre répression cependant existe-t-il que les condamnations à l'amende, lorsque la loi ne prononce pas la peine de nullité ?

☞ Cette doctrine a été développée et confirmée par trois arrêts de la cour de cassation , que nous allons indiquer. On remarquera que le second annule la décision par laquelle un juge de paix avait précisément fait le contraire de ce que nous conseillons, c'est-à-dire avait annulé la citation sans prononcer d'amende contre l'huissier étranger à sa justice qui l'avait notifié.

☞ Ce second arrêt a induit en erreur beaucoup de juges de paix. Il leur a fait croire qu'ils n'avaient aucun moyen de maintenir la prérogative de leurs huissiers. Il a fait penser à ces derniers qu'ils étaient forcés d'entrer en partage de cette prérogative avec les autres huissiers de l'arrondissement. Un troisième arrêt de la cour a été rendu fort à propos pour borner le cours de cette erreur. Ce dernier arrêt est important sous tous les rapports, et nous invitons le lecteur à méditer attentivement le réquisitoire qui l'a provoqué. Il donne lieu à une remarque que nous avons souvent faite sans l'exprimer. C'est que les juges de paix possèdent et jugent souvent beaucoup mieux les matières de leur juridiction que les magistrats immédiatement chargés de les réformer, par la raison, sans doute que, plus bornés dans leurs attributions, ils en ont fait une étude plus exacte et plus approfondie. C'est une vérité dont les six volumes du journal spécial des justices de paix offrent de fréquens exemples.

☞ Voici maintenant la date des trois arrêts de la cour de cassation que nous venons d'annoncer : ils jugent tous les trois que la citation en police simple notifiée par tout autre huissier que ceux de M. le juge de paix n'est pas nulle; et le dernier décide de la manière la plus tranchante, et sur le réquisitoire exprès de M. le procureur général, que le juge de police peut, par le même jugement qui statue sur l'affaire de police, condamner l'huissier qui a empiété sur les droits du sien à une amende de 5 à 100 fr.

Le 1er arrêt est du 2 frimaire an XIII,

Le 2e du 23 mai 1817,

Le 3e du 5 décembre 1822.

On les trouvera de suite avec tous leurs détails. J. sp. 3, page 33 et suiv.; R. 15. J. F.

342. Les fonctions du ministère public près les tribunaux de police sont remplies par les commissaires de police, dans les lieux où il en est établi; et, à leur défaut, par les maires, qui peuvent se faire suppléer par leurs adjoints.

S'il y a plusieurs commissaires de police, celui d'entre eux qui est chargé de ces fonctions est désigné par le procureur du roi.

Celui qui remplit ces fonctions est tenu, les 10, 20 et dernier jour de chaque mois, de faire parvenir au procureur du roi près le tribunal correctionnel l'état des délits de toutes sortes, de simple police et autres commis pendant les dix jours précédens, dans l'étendue de son canton (*arrêté du directoire*, des 1er et 16 nivôse an V, t. 2, pag. 106.)

Il indique en même temps, dans cet état, les poursuites qui auront été faites, tant pour les constater que pour en découvrir et arrêter les auteurs (*ibid.*, *art.* 5).

Lorsque, dans les dix jours précédens, il n'a été commis dans le canton aucun délit parvenu à sa connaissance, il envoie un certificat négatif (*ibid.*, *art.* 6).

Le juge de paix règle le nombre et les jours d'audience du tribunal de police (*art.* 164).

Il les détermine de telle manière qu'il puisse être fait droit sur chaque affaire qui se poursuit à la requête du ministère public, dans les quinze jours de la remise des pièces. C'est à celui qui remplit les fonctions du ministère public à veiller à ce que la citation soit donnée à temps.

543. Telles étaient les dispositions d'un arrêté du directoire et de la loi du 3 brumaire an IV, relativement au tribunal de police.

Celles de l'arrêté du directoire ne doivent plus être exécutées. Elles sont abrogées naturellement par le nouveau Code, qui les passe entièrement sous silence; et, d'ailleurs, elles sont changées par l'art. 178.

Cet article prescrit aux juges de paix et aux maires d'envoyer, au commencement de chaque trimestre, au procureur du roi, l'extrait des jugemens de police rendus le trimestre précédent, et qui auront prononcé la peine d'emprisonnement. Ainsi, il n'est pas nécessaire de rendre compte des jugemens qui n'ont pas prononcé cette peine.

A l'égard des audiences, il est évident que c'est le juge de paix qui doit en fixer les jours, les heures et le nombre.

Quant aux maires, comme leur compétence est accidentelle, ils n'ont guère de jours réglés.

En cas de maladie, absence ou empêchement du juge de paix, ses fonctions peuvent être remplies par un des suppléans, pour le tribunal de police comme pour le tribunal de paix (*arrêt de la cour de cass. du 7 juillet* 1809). J. sp. 9. 96; R. 53.

☞ On ne conçoit pas qu'il ait fallu un arrêt pour établir une chose si simple. J. F.

SECTION II.

*De la compétence du tribunal de police.*

544. Les tribunaux de police connaissent des faits qui, d'après les dispositions du 4e livre du Code pénal, peuvent donner lieu à 15 fr. d'amende au plus, ou à cinq jours d'emprisonnement, qu'il y ait ou non confiscation des choses saisies, et quelle qu'en soit la valeur (*art.* 137 *du Code d'inst. crim.*).

Cet article étend la compétence des tribunaux de police, quant à la matière. Le Code de brumaire an IV (art. 155) ne leur attribuait que les faits dont la valeur n'excédait ni trois journées de travail (c'est-à-dire à peu près 9 fr.), ni trois jours d'emprisonnement.

La nouvelle loi renvoie à ces tribunaux les faits dont la peine sera de 15 fr. et au-dessous, ou l'emprisonnement jusqu'à cinq jours; mais aussi elle permet l'appel, au lieu que, suivant l'ancien Code, les tribunaux de simple police étaient souverains.

Il faut que l'amende de 15 fr. ou l'emprisonnement de cinq jours soit le *maximum* de la peine. Si, étant même inférieure dans le *minimum*, elle peut s'étendre au-delà, le délit n'est plus du ressort de la police simple. C'est ce que l'ancien Code exprimait très bien, et ce que le nouveau indique d'une manière très claire.

Au reste, ce n'est qu'à la peine qu'il faut s'attacher pour juger de la compétence, et non aux condamnations accessoires, comme la confiscation et les réparations civiles.

Quoique l'amende soit due solidairement (loi des 28 septembre, 6 oct. 1791, tit. 2, art. 3) par les délinquans qui coopèrent au même délit, néanmoins c'est la quotité de l'amende particulière à prononcer contre chacun, et non pas le montant de la condamnation solidaire, qui détermine la compétence du tribunal de police. Le voyageur, par exemple, qui rompt la clôture d'un héritage pour s'ouvrir un passage, quoique le chemin soit praticable, doit une amende de 15 fr. Si deux citoyens, voyageant de compagnie, commettent ensemble pareil délit, ils sont dans le cas d'une amende particulière à chacun de 15 fr., et solidaires de la valeur de 30 fr.; mais ils n'en sont pas moins justiciables du tribunal de police.

345. La juridiction de police appartenant actuellement aux juges de paix et aux maires, leur compétence n'est plus la même. Le tribunal du juge de paix est le tribunal ordinaire; il peut connaître de tous les faits de simple police, dans toute l'étendue de son canton. Le maire est juge d'attribution; il ne peut connaître que de certains faits et sous certaines conditions.

Le juge de paix connaît exclusivement, 1° de toutes les contraventions commises dans l'étendue de la commune, chef-lieu de canton (art. 139, § 1).

Ainsi, dans la commune chef-lieu de canton, le maire n'est ni ne peut être juge de police.

*Quid*, si le juge de paix ne demeure pas dans cette commune, et n'y donne pas ses audiences? Il en sera toujours de même, parce que la disposition du Code est absolue, et qu'elle ne distingue pas; en sorte que dans la commune non chef-lieu, où le juge de paix réside, le maire sera juge de police dans les cas déterminés.

2° Des contraventions commises dans les autres communes

Tome I.                                                    18 du canton par des personnes qui n'y sont pas domiciliées, ni présentes, à moins qu'elles n'y soient prises en flagrant délit, et où les témoins ne sont ni domiciliés ni présens (même art., § 2).

3° Des contraventions à raison desquelles la partie qui réclame conclut, pour ses dommages-intérêts, à une somme indéterminée, ou qui excède 15 fr. (Code, § 3).

4° Des contraventions forestières poursuivies à la requête des particuliers (Cod., § 4); celles poursuivies à la requête de l'administration se portent à la police correctionnelle.

5° Des injures verbales (Cod., § 5).

6° Des affiches, annonces, vente, distribution, ou débit d'ouvrage écrits ou gravures contraires aux mœurs (Cod., § 6).

7° De l'action contre les gens qui font le métier de deviner et pronostiquer ou d'expliquer les songes (Cod., § 7).

À l'égard de toutes les autres contraventions commises dans les communes du canton, autres que celle du chef-lieu, le juge de paix en connaît concurremment avec les maires, et par prévention (art. 140 du Code d'instr. crim.).

Ainsi le Code d'instruction criminelle maintient les tribunaux de simple police à peu près comme ils étaient constitués par le Code de brumaire an IV, avec cette différence qu'il appelle les maires, en certains cas, à l'exercice de cette juridiction, mais toujours concurremment avec les juges de paix; en sorte qu'il y aura prévention entre eux, dans ces cas seulement.

La prévention est parfaite. Le maire, saisi le premier de l'affaire dans les cas prévus, n'est point obligé de renvoyer au juge de paix, ni sur la revendication de celui-ci, ni sur la demande soit de l'inculpé, soit de la partie civile. Il en est de même du juge de paix qui en a connu le premier, à l'égard du maire.

La prévention consiste dans le droit qu'a celui de plusieurs juges également compétens qui a été saisi le premier, de retenir l'instruction. Pour qu'il puisse y avoir prévention, il faut qu'il y ait concurrence; et elle est arrêtée par le fait de celui des juges également compétens qui a pris le premier connaissance d'un délit; il exclut, par là, les autres d'en pouvoir connaître, et fait cesser la concurrence.

Que faudra-t-il décider si le juge de paix et le maire ont été saisis en même temps, en sorte qu'on ne puisse savoir quel est celui qui a prévenu?

Il me semble que c'est le juge de paix qui doit obtenir la préférence, car c'est lui qui est essentiellement et principalement le juge de police; le maire n'est, pour ainsi dire, que son suppléant.

346. Le tribunal de police prononce principalement sur l'existence du délit, et sur la peine à infliger au délinquant.

Il peut prononcer aussi sur les dommages et intérêts prétendus pour raison du délit; mais il faut qu'il y fasse droit par le même jugement qui prononce la peine.

Lorsqu'au moment du jugement sur la peine à infliger le juge de paix n'est pas suffisamment instruit pour prononcer sur la quotité des dommages-intérêts, il renvoie, à cet égard, les parties à fins civiles.

347. Lorsque le tribunal est incompétent pour prononcer sur le délit qui est l'objet principal, il l'est, à plus forte raison, pour prononcer sur les dommages et intérêts, qui ne peuvent être adjugés qu'après la décision qu'il a existé un délit.

Le tribunal de police du canton de Soligny s'était écarté de ce principe. Saisi de la connaissance d'un délit sur lequel il n'appartenait qu'au tribunal de police correctionnelle de prononcer, il avait, par deux jugemens des 21 et 25 germinal an V, reconnu son incompétence, et renvoyé, pour la prononciation de l'amende, pardevant le tribunal correctionnel; et néanmoins il avait statué sur les dommages et intérêts demandés par la partie plaignante. Le 2 thermidor suivant, la cour de cassation a annulé ces deux jugemens, pour excès de pouvoir et contravention aux articles 153 et 154 du Code des délits et des peines.

Un tribunal de police est incompétent pour statuer sur une demande en dommages et intérêts dirigée contre la personne civilement responsable, tant qu'il n'est pas saisi de l'action publique pour l'application de la peine (arrêt de la cour de cassation, du 15 décembre 1827. J. sp. 9, p, 310; R. 165.

☞ Cela est évident; et il n'était pas besoin d'arrêt pour décider que c'est devant le juge de paix jugeant au civil qu'il faut porter les demandes en dommages-intérêts, lorsqu'on ne veut pas prendre la voie criminelle. Ce n'est pas la première fois que nous avons à remarquer que les prétendus *réviseurs* de cet ouvrage ne sont pas heureux dans le choix des arrêts qu'ils citent.    J. F.

348. Sont justiciables du tribunal de police et punis de peines de simple police :

1° Ceux qui négligent d'éclairer ou nettoyer les rues devant leurs maisons, dans les lieux où ce soin est à la charge des habitans (Code pénal, liv. 4, chap. 2, art. 471);

2° Ceux qui embarrassent ou dégradent la voie publique (*ibid.*, n. 4);

3° Ceux qui contreviennent à la défense de rien exposer sur les fenêtres ou au-devant de leurs maisons, sur la voie publique, de rien jeter qui puisse nuire ou endommager par sa chute, ou causer des exhalaisons nuisibles (*ibid.*, n. 6);

4° Ceux qui laissent divaguer des insensés ou furieux, ou des animaux malfaisans ou féroces (art. 475, n. 7);

5° Ceux qui exposent en vente des comestibles gâtés, corrompus ou nuisibles (*ibid.*);

6° Les auteurs d'injures verbales dont il n'y a pas de poursuite par la voie criminelle (*ibid.*).

349. Il est à la discrétion de la personne injuriée de poursuivre la réparation de l'injure devant le tribunal de la justice de paix ou devant le tribunal de police.

7° Les auteurs de rixes, attroupemens injurieux ou nocturnes, voies de fait et violences légères, pourvu qu'ils n'aient blessé ni frappé personne, et qu'ils ne soient pas notés d'après les dispositions de la loi du 19-22 juillet 1791, comme *gens sans aveu, suspects ou mal intentionnés.*

S'ils sont dans ce dernier cas, ils ne peuvent être jugés que par le tribunal correctionnel.

Toutes les fois qu'il y a blessures, ou même coups portés sans blessures, l'instance sur la rixe n'est pas du ressort du tribunal de police; il ne peut en connaître sans excès de pouvoir. C'est l'un des motifs pour lesquels la cour de cassation a annulé, le 17 fructidor an V, un jugement rendu le 27 germinal précédent, par le tribunal de police du canton de Blaringhen.

350. 8° Les personnes coupables de délits mentionnés dans le titre 2 de la loi du 28 septembre, 6 octobre 1791, sur la police rurale, lesquelles étaient dans le cas d'être jugées par voie de police municipale (Code du 3 brumaire an IV, art. 605, § 9).

Ce dernier paragraphe a donné lieu à une question importante. Le titre 2 de la loi citée comprenait le détail d'un très grand nombre de délits ruraux, dont les uns devaient être jugés par la police correctionnelle, et les autres par la voie de police municipale.

Nulle difficulté pour les délits ruraux de la première classe : ils continuent d'être jugés par voie de police correctionnelle.

Quant aux seconds, il faut observer que la compétence des municipalités, en matière de police, n'était pas la même qu'est la compétence présente des tribunaux de simple police; 1° les délits qui, dans les villes, pouvaient entraîner un emprisonnement de plus de trois jours jusqu'à huit inclusivement, étaient jugés par voie de police municipale (*loi du 28 septembre-6 octobre 1791, tit. 2, art. 6*). Depuis, les délits qui méritaient pareille peine n'étaient plus jugés par le tribunal de simple police, mais par le tribunal de police correctionnelle; 2° la quotité de l'amende ne faisait pas perdre au tribunal de police municipale sa compétence; depuis, toutes les fois que l'amende excédait la valeur de trois journées de travail, le délit n'était plus de la compétence des tribunaux de police, mais devait être jugé par les tribunaux correctionnels. Il en résultait qu'en ayant égard à la durée de l'emprisonnement ou à la quotité de l'amende prononcée par le titre 2, plusieurs des délits ruraux attribués au tribunal de police municipale se trouvaient depuis être de la compétence des tribunaux correctionnels.

La difficulté consistait à savoir si le § 9 de l'article 605 du Code de brumaire an IV avait entendu laisser subsister la quotité de la peine de cette classe particulière de délits; et, en conséquence, en attribuer la connaissance aux tribunaux correctionnels, ou bien s'il avait entendu attribuer la connaissance de ces affaires aux tribunaux de simple police; en conséquence, modérer la peine originairement décrétée pour ces sortes de délits, et la réduire à l'étendue des peines de simple police.

Les termes dans lesquels s'exprimait l'art. 605 favorisaient la seconde interprétation. Il soumettait, dira-t-on, aux peines de simple police établies par la loi dont il faisait partie, les personnes coupables des délits mentionnés dans le titre 2 de celle des 28 septembre-6 octobre 1791, qui étaient dans le cas d'être jugées par la voie de police municipale. Ainsi, pour déterminer quelles peines il faut infliger aux délits ruraux mentionnés en ce titre 2, il faut distinguer ceux qui précédemment devaient être jugés par voie de police correctionnelle et ceux qui devaient être jugés par voie de police municipale; les peines correctionnelles doivent être appliquées aux premiers; les peines de simple police anx seconds, sans aucune distinction, parce que la loi ne distingue pas. Ce qui réduit la peine de pareils délits aux peines actuelles de simple police, et en attribue la connaissance aux tribunaux de police.

L'art. 609 favorisait, au contraire, la première interprétation. Il ordonnait l'exécution des peines prononcées par la même loi des 28 septembre-6 octobre 1791. Il voulait qu'elles fussent appliquées par les tribunaux correctionnels pour les délits qui sont de leur compétence. On en concluait que le législateur avait donc voulu que les délits ci-devant attribués à la police municipale, qui devaient être punis d'un emprisonnement au-delà de trois jours, ou d'une amende au-dessus de trois journées de travail, fussent punis de la même peine qu'auparavant; en conséquence, qu'ils fussent de la compétence des tribunaux correctionnels.

C'est à ce dernier sentiment qu'on s'arrêtait.

Maintenant il n'y a plus de doute ni d'embarras.

Tous les délits compris au chapitre 2 du livre IV du nouveau Code pénal sont du ressort du tribunal de simple police.

Ils sont détaillés aux articles 471 et suivans, jusques et compris 482, et en bien plus grand nombre que ceux énoncés aux anciennes lois.

351. Il y a cependant encore plusieurs délits de police qui ne s'y trouvent pas. Il est dit à cet égard, par l'article 484, que les cours et tribunaux continueront d'observer et de faire exécuter les lois et règlemens actuellement en vigueur.

Quant à ceux qui ne sont prévus par aucune loi, on demande quelle peine il faut leur appliquer, et devant quels juges ceux qui en sont prévenus doivent être traduits?

On ne peut donner à cette question de meilleure réponse que celle contenue dans une lettre du ministre de la justice, ☞ M. Merlin (*Voyez le Recueil chronologique*, tom. II, p. 99.)

352. Toutes les fois que le fait qui donne lieu à la poursuite de la partie qui se prétend lésée présente à décider une question de propriété, parce que le défendeur se prétend proprié-

taire du sol contentieux, alors le tribunal de police, qui, par son institution, est un tribunal criminel, ne peut en connaître : il doit renvoyer devant les tribunaux civils, seuls compétens pour connaître d'une action purement civile.

La cour de cassation a, pour cette raison, annulé comme contenant excès de pouvoir, différens jugemens émanés des tribunaux de police, entre autres, le 18 fructidor an VI, un jugement rendu, le 27 floréal précédent, par le tribunal de police du canton de Saint-Jossé.

SECTION III.

*De la demande et de l'instruction.*

353. La demande s'intente au tribunal de police du juge de paix par un exploit en la forme ordinaire, auquel on donne le nom de *citation* (*art.* 145 *du Code d'instruct. criminelle*).

Nous disons *du juge de paix,* parce qu'au tribunal tenu par le maire on ne se sert point du ministère des huissiers.

La citation est donnée à la requête du ministère public (*art.* 145).

Elle peut l'être aussi à la requête des particuliers qui se prétendent lésés par le délit (*ibid.*).

Les citations ne peuvent point être données à un délai moindre de vingt-quatre heures.

Dans les cas urgens, le juge de paix peut encore abréger ce délai, et permettre d'assigner dans le jour à heure indiquée. Dans ce cas, il faut délivrer une cédule (*art.* 146 *du Code d'instruction criminelle*).

Il faut, au reste, dans ces citations, observer les formalités des exploits, sans quoi il y aurait nullité : car elle est prononcée par le Code de procédure civile. ☞ Grave erreur : ce Code ne s'applique pas en police, et nulle formalité que celle du délai n'est requise, à peine de nullité : huit arrêts l'ont jugé. *V.* J. sp., tom. IV, p. 80 et suiv.; R. 40.   J. F.

La cédule, dans le cas où le délai a été abrégé, doit être signifiée avec la citation, et il faut en laisser copie.

La citation dans laquelle on n'aurait pas observé le délai prescrit serait nulle. ☞ Cela est vrai.   J. F.

☞ *Voyez* une dissertation approfondie sur ce point, tom. IV, pag. 80 ; R. 40, J. sp. . J. F.

Dans tous les cas, la nullité doit être proposée avant toute défense au fond, autrement elle est couverte (*art.* 146) (*ibid.*).

Un arrêt de la cour de cassation, en date du 15 novembre 1811, décide que les tribunaux de simple police ou correctionnels peuvent, même dans le cas où le prévenu fait défaut, prononcer la nullité de la citation, lorsqu'ils trouvent que, dans la citation donnée au prévenu, le délai respectivement prescrit par les art. 146 et 184 du Code n'a point été observé.

Le ministère public poursuit la peine infligée par la loi. Le tribunal est obligé de la prononcer, s'il y a lieu, même dans le cas où la demande n'a été formée que par la partie civile.

Le tribunal prononce sur les dommages-intérêts de la partie lésée demanderesse ou intervenante sur la demande du ministère public. Dans ces deux cas, il y fait droit par le même jugement, qui prononce sur la peine, ainsi qu'il a déjà été dit.

Le ministère public se rend demandeur d'après un procès-verbal du délit dont il s'agit.

Ce procès-verbal a été rédigé, suivant les circonstances, ou par un garde champêtre, ou par un garde forestier, ou par un commissaire de police. Le juge de paix peut, avant le jour de l'audience, à la requête soit du ministère public, soit de la partie plaignante, estimer ou faire estimer les dommages, dresser ou faire dresser des procès-verbaux, faire et ordonner tous actes qui exigent célérité (*art.* 148, *ibid.*).

Ces actes et opérations doivent toujours être faits en présence de la partie assignée, ou elle dûment appelée. C'est la règle générale. Autrement, tout ce qui aurait été fait serait nul et ne pourrait servir à rien.

La citation est donnée à comparoir à jour et heure fixes.

Il ne peut y avoir entre la citation et la comparution un intervalle moindre de vingt-quatre heures (*ibid.*), c'est-à-dire un jour franc, parce que cet intervalle ne se compte pas d'heure à heure. Ainsi, la citation à comparoir le cinq du mois doit être notifiée au plus tard le 3.

Elle est notifiée par un huissier, qui en laisse copie au prévenu (*art.* 146).

354. Dans quel temps faut-il intenter la poursuite pour les délits ruraux? La prescription contre leur poursuite est-elle d'un mois, ou semblable à celle des autres délits?

La poursuite des délits ruraux, dira-t-on d'un côté, devait

être faite suivant la loi des 28 septembre, 6 octobre 1791 (*tit.* 1er, *sect.* 7, *art.* 8), au plus tard dans le délai d'un mois, soit par les parties lésées, soit par le ministère public; faute de quoi il n'y avait plus lieu à poursuite. Le Code des délits et des peines du 3 brumaire an IV, en établissant la prescription contre la poursuite des délits (*art.* 7 *et* 10), ne faisait aucune exception pour les délits ruraux; il avait dérogé à la loi des 28 septembre, 6 octobre 1791. Ainsi, il n'y a maintenant, contre la poursuite des délits ruraux, d'autre prescription que celle établie contre la poursuite des autres délits.

La loi du 3 brumaire an IV, dira-t-on d'un autre côté, en statuant sur la prescription de la poursuite contre les délits, n'a entendu établir que les règles générales de cette matière. elle n'a pas entendu déroger aux prescriptions d'un temps très court contre les délits légers, ni les étendre au-delà de leurs anciennes bornes. Ces prescriptions abrégées doivent continuer d'avoir lieu, notamment celle d'un mois, relative aux délits ruraux.

Ce dernier sentiment paraît le mieux fondé; mais la cour de cassation en a décidé autrement, par un arrêt du 8 vendémiaire an VI.

L'art. 8 du titre 9 de la loi du 15-29 septembre 1791, sur l'administration forestière, établit, en fait de délits forestiers, une prescription abrégée de trois mois, il porte : « Les actions en réparation de délits seront intentées au plus tard dans les trois mois où ils auront été reconnus, lorsque les délinquans seront désignés par les procès-verbaux, à défaut de quoi elles seront éteintes et prescrites. » L'art. 9 du Code des délits et des peines établissait, en général, une prescription de trois ans; il portait : « Il ne peut être intenté aucune action publique ni civile pour raison d'un délit, après trois années révolues, à compter du jour où l'existence en a été reconnue et légalement constatée, lorsque dans cet intervalle il n'a été fait aucune poursuite. »

L'action pour réparation du délit forestier avait été intentée dans l'espèce dans les trois ans; mais elle ne l'avait pas été dans les trois mois. Cette circonstance avait déterminé le tribunal criminel du département de la Marne à prononcer la déchéance de l'action, par jugement du 19 pluviôse an V; mais la cour de cassation a, le 5 vendémiaire an VI, annulé son jugement, comme étant contrevenu à l'article 9 ci-dessus cité, qui accorde trois ans pour l'exercice de l'action.

Cette difficulté ne subsiste plus ; elle est résolue par le Code d'instruction criminelle.

Il rétablit la prescription annuelle qui avait lieu autrefois (*art.* 640) ; elle court à compter du jour où le délit a été commis, et n'est interrompue que par un jugement de condamnation ; en sorte que, quoiqu'il y ait eu procès-verbal et poursuite, si le jugement de condamnation n'est point intervenu dans l'année, l'action, soit publique, soit privée, est éteinte.

S'il y a appel du jugement de condamnation, et que cet appel ne soit pas jugé dans l'année à compter du jour où il a été notifié, il y a encore prescription.

355. Les parties peuvent comparaître volontairement sur un simple avertissement, sans qu'il soit besoin de citation (*art.* 147) ; mais lorsque la personne avertie ne comparaît pas, on ne peut le condamner par défaut. On ne peut pas non plus donner de congé, si c'est le demandeur qui ne comparaît pas ; il faut alors citer régulièrement en la forme prescrite.

Le prévenu comparaît en personne ou par un fondé de procuration spéciale (*art.* 152). Peut-il être assisté d'un conseil ou défenseur officieux ? La négative était la disposition de l'art. 161 du Code de brumaire an IV ; elle ne se trouve plus dans celui d'instruction criminelle : ainsi, rien n'empêche que la partie comparaissant elle-même fasse plaider par un avocat. Tout ce qui résulte du Code, c'est que le ministère des avoués n'est point admis au tribunal de police. Pour y représenter les parties, il leur faut un pouvoir spécial. Au reste, il peut être sous seing privé : le Code n'exige point qu'il soit authentique.

356. L'instruction de chaque affaire est publique (*art.* 153).

Elle se fait dans l'ordre suivant :

1° Les procès-verbaux, s'il y en a, sont lus par le greffier (*ibid.*).

2° Les témoins appelés par le ministère public sont entendus (*ibid.*).

3° Le prévenu est entendu dans sa défense (*ibid.*). Il fait entendre ses témoins, s'il en a amené ou fait citer (*ibid.*).

On voit par là que les témoins produits par le prévenu peuvent être entendus sans citation préalable.

4° Le ministère public résume l'affaire et donne ses conclusions (*ibid.*).

Le Code d'instruction criminelle est, à cet égard, presque littéralement conforme à la loi du 3 brumaire an IV.

Il suffit, pour que l'instruction soit publique, qu'elle se fasse dans le lieu ordinaire des audiences, les portes ouvertes, en sorte que tout le monde puisse y entrer, quand même il ne s'y trouverait personne.

Les témoins produits par le ministère public ou la partie civile doivent être cités en la manière ordinaire. La partie inculpée peut amener les siens, sans qu'elle soit absolument tenue de les faire assigner.

Si un témoin important pour elle ne se présente pas, elle peut demander la remise de la cause pour le faire citer; et le juge la lui accordera, s'il voit en effet que le témoignage puisse influer sur la décision.

Les contraventions sont le plus ordinairement prouvées par des rapports ou procès-verbaux. Elles peuvent l'être aussi par témoins à défaut de ces actes (*art.* 154).

L'article porte que la preuve par témoins n'est pas admissible contre les procès-verbaux ou rapports des officiers de police qui ont reçu de la loi le pouvoir de constater les délits et contraventions, jusqu'à inscription de faux; mais que cette preuve peut être reçue contre les procès-verbaux et rapports des agens, préposés ou officiers à qui la loi n'a point donné ce pouvoir.

L'article en aucun endroit ne désigne les officiers qui ont reçu cette faculté.

En général, les procès-verbaux des officiers à qui la loi a donné le pouvoir d'en dresser doivent faire foi dans les cas de leur compétence, car ils sont authentiques. Quelques uns néanmoins de ces procès-verbaux ne font foi qu'au moyen de la formalité de l'affirmation. Tels sont ceux des gardes forestiers et champêtres.

*Dans le cas de leur compétence,* parce que, hors de là, ils n'ont plus de caractère. Si, par exemple, un garde forestier ou champêtre arrête en flagrant délit le coupable d'un crime qualifié, et qu'il dresse un procès-verbal, cet acte ne fera pas foi, quand même il serait affirmé, parce que ces officiers n'ont le droit de constater, par des procès-verbaux, que les délits forestiers ou champêtres. Il ne faudra pas moins entendre ce garde en témoignage, malgré son procès-verbal, et il pourra être combattu et discuté comme toutes les autres dépositions.

On peut citer en témoignage toutes sortes de personnes, excepté les ascendans et descendans du prévenu, ses frères et sœurs, ou alliés en pareil degré, sa femme ou son mari, soit actuels, soit même divorcés. Ces personnes ne doivent être ni appelées ni entendues ( *art.* 156 *du Code d'inst. crim.* ).

Si cependant elles ont été citées, il faut avoir soin de s'opposer à leur audition : car, si elle se fait sans opposition, il n'en résultera point de nullité ( *même art.* ).

Ces témoins peuvent aussi refuser de déposer, attendu leur qualité, et l'on ne peut pas les y contraindre, quand même personne ne s'opposerait à leur audition.

Elles ne peuvent déposer, ni contre leurs parens, ni contre les autres co-prévenus, s'il y en a plusieurs.

La partie plaignante peut-elle faire entendre en sa faveur ses parens ou alliés dans ces degrés?

Il faut répondre qu'oui, parce que la loi ne s'y oppose pas, mais ils sont reprochables, et le juge ne doit avoir à leurs dépositions que tel égard que de raison.

Tout témoin cité est obligé de comparaître au jour et à l'audience indiqués, quand même il prétendrait être en droit de ne pas déposer, et pour en déduire les raisons. S'il fait défaut, il peut être sur-le-champ condamné à l'amende. Cette condamnation se prononce sur les conclusions du ministère public ( *art.* 157 ). Si le témoin réassigné fait encore défaut, il peut être contraint par emprisonnement de sa personne (*Eod.*).

Si le témoin réassigné comparaît, il peut proposer ses excuses et obtenir décharge de l'amende prononcée contre lui; et cette décharge s'accorde facilement, pour éviter que les témoins ne se soustraient. Il peut même, s'il n'est pas réassigné, se présenter volontairement pour faire admettre ses excuses, sans qu'il soit obligé d'interjeter appel ( *art.* 158 *du Code d'inst. crim.* ).

Observez que le juge de police ne peut pas, sur le premier défaut du témoin, ordonner la contrainte par corps contre lui; et en cela, il diffère du juge d'instruction, qui a ce pouvoir.

Les témoins doivent nécessairement prêter serment de dire la vérité avant d'être entendus. Ce serment se prête à l'audience au moment de l'audition. Chaque témoin doit déclarer ses nom, âge, profession et demeure, et le greffier fait mention du tout. Le défaut de ces formalités emporterait nullité de la procédure ( *art.* 155, *ibid.*).

La déposition n'est point écrite. Le greffier tient seulement note des circonstances principales dont le témoin dépose.

SECTION IV.

*Du Jugement.*

557. Après l'instruction détaillée en l'article précédent, le tribunal de police prononce dans la même audience, ou, au plus tard, dans la suivante.

Si le prévenu ne se présente pas au jour et à l'heure fixés par la citation, on donne défaut contre lui (*art.* 149 *du Code d'inst. crim.*).

Mais il ne faut pas moins faire l'instruction, c'est-à-dire entendre les témoins et le ministère public : car l'absence de la partie n'empêche point qu'on ne doive examiner si l'inculpation est bien ou mal fondée.

Si c'est le plaignant qui ne comparaît pas, on donne aussi défaut contre lui, mais ce défaut ne frappe que sur les réparations civiles : car, quant au fait, le ministère public est le contradicteur naturel et le poursuivant légal du prévenu.

Si le fait ne présente ni délit, ni contravention de police, le juge de paix déclare la citation et tout ce qui a suivi nul et de nul effet. Il ne peut statuer sur les dommages-intérêts du prévenu (*art.* 159 *ibid.*).

Si, au contraire, le fait excède la compétence du tribunal, c'est-à-dire s'il donne lieu à une amende excédant 15 fr., ou à un emprisonnement de plus de cinq jours, le juge de paix doit renvoyer les parties devant le procureur du roi (*art.* 160, *ibid.*), et alors il ne peut pas prendre connaissance des dédommagemens, ni rien statuer à cet égard.

Enfin il s'agit véritablement d'un fait de police, ou la preuve n'est pas acquise, ou elle est complète.

Dans le premier cas, il absout le prévenu, et lui accorde des dommages-intérêts, s'il y a conclu.

Dans le second il prononce la peine portée par la loi, et statue par le même jugement sur les restitutions et les dommages-intérêts (*art.* 161 *du Code d'inst. crim.*).

Le juge peut prononcer sur les restitutions et les dommages-intérêts, à quelque somme qu'ils montent. C'est uniquement la quotité de la peine qui détermine sa compétence.

La partie qui succombe est condamnée aux frais (*art.* 162 (*ibid.*) ; *même envers le ministère public,* porte cet article.

C'est-à-dire que le plaignant lui-même, si sa plainte est jugée sans fondement, doit être condamné aux dépens faits par le ministère public pour l'instruction, tels que ceux de citation aux témoins, et autres faits à sa requête. Quant à lui ( Lisez quant au ministère public), il ne doit jamais être condamné à aucuns dépens. Cass., 11 mars 1825. J. sp. 7, p. 150; R. 78. J. F.

Le jugement contient la liquidation des dépens (*même art.*).

Tout jugement définitif de condamnation doit être motivé, et il y faut insérer les termes de la loi appliquée, à peine de nullité.

En conformité de cette règle, la cour de cassation a annulé différens jugemens, entre autres le 7 prairial an V, deux rendus les 5 et 15 pluviôse précédent par le tribunal de police du canton de Crépon, et dans lesquels les termes de la loi appliquée n'avaient pas été insérés. Il y a plusieurs arrêts postérieurs semblables, et notamment ceux de la cour de cassation du 18 mars 1808, et du 11 octobre 1810. J. sp.

Les jugemens préparatoires et d'instruction n'ont pas besoin d'être motivés. C'est ce qui résulte de la manière dont la disposition est conçue.

La loi veut aussi (*même art.*) que le jugement exprime s'il est rendu en première instance ou en dernier ressort. A cet égard, il faut appliquer ici les règles du Code de procédure civile, relativement aux jugemens qui sont mal qualifiés, ou dans lesquels le juge ne s'est pas expliqué. C'est le montant des demandes qui doit déterminer s'il y a lieu ou non à l'appel.

Le jugement doit être signé par le juge qui a tenu l'audience, dans les vingt-quatre heures au plus tard, à peine de 25 fr. d'amende contre le greffier, et de prise à partie, s'il y a lieu, tant contre le greffier que contre le juge (*art.* 164 *du Code d'inst. crim.*).

Ainsi le défaut d'observation de ce précepte ne donne pas lieu à la nullité, mais seulement à l'amende et à la prise à partie, soit de la part de celui qui a obtenu le jugement, soit de la part du condamné, suivant qu'ils y ont intérêt.

La poursuite pour l'exécution du jugement appartient au ministère public et à la partie civile. Au ministère public pour la peine; à la partie civile pour les restitutions et dommages-intérêts (*art.* 165 *du Code d'inst. crim.*).

358. Suivant l'art. 408 (spécial pour le criminel, mais rendu commun aux matières de police par l'art. 415) le tribunal de police doit pareillement, à peine de nullité :

1° Ordonner l'exécution d'une formalité voulue par la loi, et requise par le prévenu ou le ministère public, quand même elle ne serait pas ordonnée à peine de nullité ;

2° Prononcer sur toute réquisition quelconque du prévenu ou du ministère public. En conséquence, le 6 frimaire an VI, la cour de cassation a annulé un jugement du tribunal de police du canton de Blangy, pour avoir omis de prononcer sur un réquisitoire du ministère public.

359. Le tribunal de police gradue, suivant les circonstances ou le plus ou moins de gravité du délit, les peines qu'il est chargé de prononcer, sans qu'elles puissent en aucun cas être au-dessous du *minimum* porté par la loi, ni s'élever au-dessus de 15 fr. d'amende ou de cinq jours d'emprisonnement.

Tout jugement de police qui prononce une amende au-dessus de 15 francs, ou un emprisonnement qui excède cinq jours, est en contravention à la loi : il doit être annulé. Ainsi décidé par plusieurs arrêts de la cour de cassation ; entre autres, par un du 26 brumaire an VI, par lequel il a annulé un jugement du tribunal de Saulx-en-Montagne, du 11 floréal précédent, lequel avait condamné le sieur Mairot à une amende de six journées de travail.

360. En matière de délits ruraux ou forestiers qui sont de la compétence du tribunal de police, il n'y avait pas lieu à la graduation des peines. L'amende, pour ces délits, ne pouvait pas être au-dessous de trois journées de travail, et la détention ne pouvait pas être au-dessous de trois jours d'emprisonnement (*loi du 25 thermidor an IV, art.* 2).

En conséquence, la cour de cassation avait annulé, le 5 fructidor an V, un jugement du 13 prairial précédent, par lequel le tribunal de police du canton d'Audincourt avait prononcé, pour réparation d'un délit forestier, une amende au-dessous de trois journées de travail.

Maintenant il faut se conformer aux dispositions du Code

pénal et, pour les cas non prévus par cette loi, aux règlemens particuliers.

361. Quelle loi faut-il suivre dans l'application des peines aux délits commis dans les bois de l'état?

L'art. 609 du Code des délits et des peines maintenait l'ordonnance des eaux et forêts de 1669; l'art. 38 du titre 2 de la loi des 28 septembre, 6 octobre 1791, maintenu par l'art. 605, ne concernait que les bois des particuliers et des communautés. Ainsi, il faut appliquer aux délits commis dans les bois de l'état les peines prononcées par l'ordonnance de 1669.

Ces délits ne sont pas de la compétence des tribunaux de police.

Quelques tribunaux, appliquant au délit de laisser pâturer les bestiaux dans les bois de l'état l'art. 38 ci-dessus mentionné, se contentaient de prononcer la légère amende qu'il indique, et ne prononçaient ni l'amende plus forte, ni la confiscation prescrite par l'art. 10 du titre 32 de l'ordonnance de 1669.

362. La quotité de l'amende prononcée par l'ordonnance de 1669 déterminera si c'est le tribunal de simple police ou le tribunal correctionnel qui en doit connaître.

Cette amende est presque toujours au-dessus de 15 fr., aussi il est bien rare que ces délits soient de la compétence du tribunal de simple police.

Le cas peut se présenter pour la forêt d'Orléans. L'art. 609 ci-dessus cité maintient, outre l'ordonnance de 1669, les autres lois relatives à la police forestière. Il faut mettre de ce nombre le règlement général de la réformation des eaux et forêts d'Orléans, du 15 avril 1671, confirmé par arrêt du conseil du 11 mars 1676. Suivant l'art. 5 du chapitre 8 de ce règlement, l'amende des bestiaux trouvés en délit est réglé à quarante sols par chaque bœuf ou vache, vingt sols pour chaque cheval, dix sols pour chaque brebis ou mouton; au lieu que l'art. 10 du titre 32 de l'ordonnance de 1669 porte l'amende à vingt livres par cheval, bœuf ou vache; cinq livres par veau, et trois livres par mouton ou brebis.

363. Plusieurs personnes sont civilement responsables de délits commis par autrui, tels sont:

1° Les maris qui répondent des délits de leurs femmes (*loi des 28 septembre, 6 octobre 1791, tit. 2, art. 7*);

2° Les pères et mères, les tuteurs, qui répondent des délits commis par leurs enfans, pupilles, et par leurs enfans mineurs mariés, n'ayant pas plus de vingt ans (*ibid.*);

3° Les maîtres, qui répondent des délits de leurs domestiques (*ibid.*);

4° Les entrepreneurs de toute espèce, qui sont responsables de leurs ouvriers, voituriers et autres subordonnés (*ibid.*).

La responsabilité ne peut être exercée contre les personnes ci-dessus nommées, qu'autant qu'elle a été accordée par le tribunal; ainsi, il faut les mettre en cause.

Les domestiques, ouvriers, voituriers et autres subordonnés, pour lesquels les maîtres et entrepreneurs sont obligés de payer, sont tenus de leur rembourser le montant des condamnations (*ibid.*, art. 8) qu'ils paient en leur lieu et place.

☞ Toutes les responsabilités ci-dessus énoncées doivent être restreintes aux délits ruraux.

☞ Dans les cas ordinaires, le mari n'est pas civilement responsable des faits de sa femme, excepté dans les fonctions où il l'emploie. Cass. 6 juin 1811. J. sp. 2, p. 308; R. 146.

En thèse générale, la responsabilité à laquelle sont soumis les tiers étrangers au délit qui donne lieu à la condamnation est essentiellement civile : elle est restreinte aux dommages causés par le délit ; elle ne peut être étendue aux peines soit corporelles comme la prison, soit pécuniaires comme l'amende. — Toutefois, les dépens ne sont point ( par une jurisprudence nouvellement introduite et beaucoup trop fiscale à notre avis) considérés comme des peines : ils peuvent être mis à la charge de la personne civilement responsable. Cass. 18 octobre 1827, J. sp. 8, p. 16; R. 12.

364. Lorsque le délit est prouvé, le tribunal de police est tenu de prononcer, pour la vindicte publique, la peine ordonnée par la loi : soit l'amende, soit l'emprisonnement, soit tous les deux, suivant la nature du délit : il ne peut en faire remise. Le gouvernement, informé que certains tribunaux de police, en statuant sur les délits de leur compétence, se bornaient à condamner les délinquans aux dommages et intérêts des parties lésées, sans prononcer ni amende, ni emprisonnement, enjoint à ses commissaires, par son arrêté du 1er nivôse an V (art. 1), de se pourvoir en cassation contre pareils jugemens, et d'en faire mention expressse dans leurs états à fournir, les 10, 20

et dernier de chaque mois (*ibid.*) ; il charge en même temps le ministre (*ibid.*, art. 2) d'examiner s'il y a lieu de prendre à partie le tribunal de police qui a rendu le jugement, pour le faire condamner aux dommages et intérêts du domaine.

365. En cas de récidive, les peines ne pouvaient être prononcées que par le tribunal correctionnel (art. 607 du Code du 3 brumaire an IV).

Il n'en est plus ainsi.

Lorsque la peine simple du délit n'excède pas 15 fr., la récidive donne toujours lieu à l'emprisonnement pendant cinq jours (Code pénal, art. 482). En conséquence, le tribunal de simple police peut prononcer cette peine.

Il ne devient incompétent que quand la récidive donne lieu à une peine plus forte.

Pour qu'il y ait lieu à une augmentation de peine pour cause de récidive, il faut qu'il y ait eu un premier jugement rendu contre le prévenu, pour pareil délit, dans les douze mois précédens, et dans le ressort du même tribunal de police (Code pén. art. 483).

Il n'est pas nécessaire qu'il y ait identité dans les faits ; il suffit qu'ils soient de même nature, c'est-à-dire l'un et l'autre fait de police, et qu'ils aient été commis dans le ressort du même tribunal.

Il faut enfin que les deux délits aient été commis dans le courant de la même année. S'il y a plus d'un an d'intervalle entre l'un et l'autre, il n'y a point de récidive.

☞ Il semblerait équitable et suffisant que l'on ne punît comme *récidive* que la rechute dans le même genre de faute, comme, par exemple, d'avoir d'eux fois ou plus dans la même année fait un tapage nocturne. Le Code pénal, plus sévère, considère comme récidive deux contraventions de police quelconques commises dans les douze mois.

☞ Il y a des cas où la prison pour récidive est une peine bien rigoureuse pour un bien mince délit, et qui peut atteindre le magistrat le plus élevé en dignité. Par exemple, si ses domestiques ont manqué deux fois de suite dans le courant d'une même année de balayer le devant de sa porte. Voyez, à ce sujet, un arrêt curieux du 10 juin 1826, et une lettre non moins remarquable de M. Lefèvre d'Ollement, juge de paix à Chartres. J. sp. 6, p. 268 ; R. 139.          J. F.

366. Dans l'origine, les affaires de simple police ne donnaient lieu, quant à la vindicte publique, à l'adjudication d'aucuns frais. L'état payait les frais de poursuites faites par le ministère public, sans en exiger le remboursement, en cas de condamnation. Il n'en est pas de même maintenant.

Tout jugement d'un tribunal de police, portant condamnation à une peine quelconque, prononce en même temps, au profit du domaine, le remboursement des frais auxquels la poursuite et la punition du délit ont pu donner lieu (loi du 18 germinal an VII, art. 1).

Lorsqu'il y a plusieurs accusés, auteurs ou complices du même fait, la condamnation au remboursement doit être prononcée solidairement contre eux (*Ibid.*, art. 2).

Les frais sont liquidés, et la liquidation rendue exécutoire par le juge de paix (*ibid.*, art. 3).

Le recouvrement en est poursuivi par les préposés à la régie de l'enregistrement et du domaine public (*ibid.*).

SECTION V.

*De l'exécution du jugement.*

367. Le tribunal de police prononce, suivant les différens cas, quatre sortes de condamnations : la confiscation, l'amende, l'emprisonnement et l'indemnité.

Les trois premières sont prononcées sur la réquisition du ministère public, qui est chargé de veiller à leur exécution et de donner les ordres nécessaires ; la dernière est prononée sur la réquisition de la partie lésée qui en poursuit le paiement.

L'estimation des dommages et intérêts est toujours faite par le juge de paix, d'après ses connaissances personnelles ou sur l'avis des gens de l'art (loi des 28 septembre, 6 octobre 1891, tit. 2, art. 7). Le jugement en contient la liquidation.

368. L'amende et l'indemnité sont dues solidairement par les délinquans (*ibid.*, art. 3).

En cas de concurrence, l'indemnité est toujours préférable à l'amende (*ibid.*).

Elle est pareillement acquittée avant les frais adjugés à l'État (loi du 18 germinal an VII, art. 5).

369. Le défaut de paiement de l'amende et de l'indemnité

entraîne la contrainte par corps (loi des 28 septembre-6 octobre 1791, tit. 2, art. 4). Elle ne peut être exercée que vingt-quatre heures après le commandement (*Ibid.*).

L'emprisonnement remplace l'amende à l'égard des insolvables (*ibid.*).

Sa durée en commutation de peine ne peut excéder un mois (*ibid.*).

370. L'emprisonnement a pareillement lieu à défaut de paiement de l'indemnité qui engendre la contrainte.

Au bout de combien de temps recouvrera sa liberté le condamné insolvable, incarcéré à défaut de paiement de l'indemnité?

La loi ne dit pas, en ce cas comme en celui de l'amende, que l'emprisonnement sera d'un mois. Celui dont il s'agit ici n'est pas la peine du délit, mais une simple détention pour dettes; il en suit toutes les règles. En conséquence, le condamné insolvable n'est pas libéré de l'indemnité par un mois de détention, mais seulement par une détention de cinq années consécutives, qui est l'une des voies accordées par l'art. 18 du titre 3 de la loi du 15 germinal an VI, sur la contrainte par corps.

Il peut paraître singulier que le condamné insolvable, libéré de la vindicte publique par la détention pendant un mois, ne soit libéré envers la partie lésée que par une détention de cinq ans. Il ne faut pas perdre de vue que l'indemnité est préférable à l'amende; il n'est pas étonnant qu'elle soit poursuivie plus rigoureusement.

371. Le paiement de l'amende et la confiscation sont poursuivis au nom du ministère public, par le receveur du droit d'enregistrement établi dans l'arrondissement du tribunal.

L'officier qui remplit les fonctions du ministère public est tenu de lui remettre un extrait de tout jugement prononçant amende ou confiscation.

Il doit le lui remettre aussitôt après les trois jours de la prononciation du jugement, lorsqu'il n'y a pas d'appel ni de recours à la cour de cassation.

Nous disons *aussitôt après les trois jours*, et non pas *dans les trois jours*, comme il a été inséré par mégarde dans un arrêté du directoire. Pendant ces trois jours il peut y avoir appel ou recours en cassation; et le vœu de l'arrêté est de n'ordonner l'envoi que lorsque par le défaut de recours le jugement doit avoir définitivement son exécution.

A l'égard des jugemens des tribunaux de police contre lesquels il a été fait, dans les trois jours, une déclaration d'appel ou de recours en cassation, les extraits ne doivent en être remis au receveur que dans les trois jours qui suivront la réception de l'arrêt de la cour de cassation qui a rejeté la demande en cassation.

Au lieu de ces derniers mots, on lisait dans l'arrêté : *la réception du jugement confirmatif du tribunal de cassation*. Il est étonnant qu'une expression aussi vicieuse, usitée seulement parmi ceux qui ignorent les lois, ait été employée dans un arrêté du directoire, dont la rédaction était toujours confiée à des gens qui les connaissaient.

372. L'officier chargé du ministère public peut, suivant l'arrêté déjà cité du 1er nivôse an V (art. 4), s'opposer à ce que le détenu pour amende, en fait de simple police, soit élargi jusqu'à ce qu'il ait produit la quittance du receveur des droits d'enregistrement, et qu'il ait satisfait aux condamnations pécuniaires contre lui prononcées ; mais il ne peut (*ibid.*, arrêté du 1er nivôse an V, art. 4) empêcher que le condamné insolvable soit mis en liberté après le terme d'un mois, pendant lequel la loi autorise l'emprisonnement pour cause d'insolvabilité.

SECTION VI.

*Moyen pour arrêter l'exécution du jugement.*

373. Il n'existait, suivant la loi de brumaire an IV, que deux moyens de se pourvoir contre les jugemens émanés des tribunaux de police, l'opposition et la cassation. Le Code d'instruction criminelle admet l'appel.

Lorsqu'un tribunal correctionnel saisi de l'appel d'un jugement de simple police infirme ce jugement pour vice de forme, il doit statuer sur le fond par le même jugement, ou renvoyer le fond devant un tribunal de police : il ne peut, après le premier jugement d'infirmation, statuer ultérieurement et par un nouveau jugement sur le fond de la contestation. *Arrêt de la cour de cassation du 22 mars 1821. J. sp., t. 1, p. 236 ; R. 176.*

L'opposition a lieu contre les jugemens par défaut. Elle peut être faite par déclaration au bas de l'exploit de signification du

jugement, ou par acte signifié dans les trois jours de cette notification (art. 151 du Code d'inst. crim.).

Remarquez que la loi dit, *dans* les trois jours, *intrà*. Si
donc le jugement est signifié le premier, l'opposition doit être
notifiée le troisième jour au plus tard. Le quatrième elle ne serait plus recevable.

Il n'est pas nécessaire d'assigner sur l'opposition. Elle emporte de droit citation à l'audience suivante (même art. 151).

Le Code de brumaire an IV accordait dix jours, et l'opposition ne se formait pas par exploit ou aucun autre acte, mais le
condamné se présentait à l'audience pour être entendu.

S'il comparaissait à cet effet à l'audience, dans les dix jours
qui suivaient la notification à lui faite du jugement par défaut,
la condamnation était comme non avenue (art. 159 *ibid.*).

On voit par là que, pendant le même intervalle, l'exécution
du jugement par défaut était suspendue.

Pour punir le prévenu de sa négligence à comparoir sur la
citation, la loi voulait que les frais de la signification du jugement demeurassent à sa charge (*ibid.*), et ce, quand même il
eût été acquitté.

374. Lorsque le prévenu condamné par défaut ne comparaissait pas dans les dix jours de la signification, le jugement
demeurait définitif (art. 160, *ibid.*).

En conséquence, il pouvait être exécuté le onzième jour, si
le dixième jour était d'audience ordinaire. Mais si le dixième
jour n'était pas jour d'audience ordinaire, le condamné par défaut était reçu à se présenter à la première audience ordinaire :
le jugement rendu contre lui ne pouvait être exécuté que le
lendemain de cette même audience, s'il n'y avait pas comparu.

Ce délai est réduit à trois jours par le Code d'instruction
criminelle, et la forme n'est plus la même.

L'opposition étant déclarée ou notifiée, les deux parties sont
tenues de se présenter à la première audience suivante ; *après
l'expiration des délais*, porte l'article cité, c'est-à-dire après
les vingt-quatre heures au moins depuis l'acte d'opposition,
et les délais additionnels à raison des distances.

Si le demandeur ne se présente pas, l'opposant peut obtenir
contre lui congé relativement aux indemnités. Mais si c'est ce
dernier qui ne comparaît pas, le demandeur n'a pas besoin

d'obtenir de débouté d'opposition. Il lui suffit de faire constater l'absence au bas de l'acte d'opposition. Elle est dès lors comme non avenue, et le jugement peut être exécuté. Il ne peut plus être attaqué que par la voie de l'appel ou de l'opposition.

375. L'appel a lieu contre les jugemens contradictoires, 1° toutes les fois qu'ils prononcent un emprisonnement quelconque; 2° lorsque les amendes, restitutions et autres réparations civiles excèdent la somme de 5 fr., *outre les dépens* (art. 172 du Code d'inst. crim.).

Il suit de ces derniers termes qu'il suffit que l'amende et les restitutions calculées ensemble excèdent la somme de 5 fr. pour qu'il y ait ouverture à l'appel, mais que cette voie ne sera point praticable si elles sont au-dessous, quoiqu'elles la surpassent avec les dépens. Ainsi, dans ce cas, le jugement sera souverain.

L'appel est suspensif (art. 173, *ibid.*). La déclaration d'appel arrêtera le jugement jusqu'à ce qu'il ait été statué.

Lorsque le prévenu est absous, et que le jugement est en dernier ressort, la partie publique peut-elle en appeler? Il faut répondre que non. Le jugement est souverain à son égard comme à l'égard des autres parties. Elle n'a que la voie de la demande en cassation. Ainsi décidé par un arrêt de la cour de cassation du 29 mars 1812. J. sp.

L'appel se porte au tribunal de police correctionnelle. Il doit être interjeté dans les dix jours de la signification à personne ou domicile.

La loi ne prescrit rien de particulier sur la forme de cet appel. En conséquence, il faut l'interjeter à l'ordinaire par exploit signifié à personne ou domicile réel, contenant assignation au tribunal qui doit en connaître, et constitution d'avoué, car leur ministère est requis dans les tribunaux de police correctionnelle.

Tout cela est commun aux jugemens rendus, soit par les juges de paix, soit par les maires.

Les jugemens de simple police qui ne prononcent ni emprisonnemens, ni réparations civiles excédant la somme de 5 fr., ne sont pas susceptibles d'appel, même pour cause d'incompétence (arrêt de la cour de cass. du 2 déc. 1826. J. sp. 7, p. 325; R. 169.)

376. La cassation a lieu contre les jugemens rendus soit par le premier tribunal en dernier ressort, soit donnés sur l'appel, soit

par défaut, lorsque l'opposition ni l'appel ne sont plus recevables.

Le condamné a trois jours francs après celui où son jugement lui a été prononcé, pour déclarer au greffe du tribunal de police qu'il se pourvoit en cassation (art. 417 du Code d'inst. crim. ).

Pendant ces trois jours il est sursis à l'exécution du jugement.

377. Le condamné qui se pourvoyait en cassation d'un jugement de police n'était pas tenu, dans l'origine, de consigner l'amende, qui n'était exigée par la loi du 2 brumaire an IV qu'en matière civile. Maintenant l'amende et la consignation d'amende ont lieu pour les demandes en cassation des jugemens rendus par les tribunaux de police et les tribunaux correctionnels, suivant la loi du 14 brumaire an V (art. 1).

Cette amende est, comme en matière civile, de 150 francs pour les jugemens contradictoires, et de 75 francs pour les jugemens par défaut (ibid.).

Les indigens en sont dispensés, en remplissant les conditions prescrites (ibid. art. 2).

378. L'officier faisant les fonctions du ministère public peut également dans les trois jours de la prononciation du jugement déclarer au greffe qu'il demande, au nom de la loi, la cassation du jugement (art. 413 du Code d'inst. crim.).

Néanmoins, dans le cas de l'absolution, il n'a que vingt-quatre heures pour se pourvoir.

379. L'exécution de la condamnation est suspendue pendant l'instance en cassation, tant pour l'amende, la confiscation et l'emprisonnement, que pour les dommages et intérêts qui ne sont pas dus, s'il n'y a pas de délits ; mais elle peut être poursuivie (art. 443, ibid.) le lendemain de la réception du jugement du tribunal de cassation qui a rejeté la demande.

La partie civile peut aussi se pourvoir en cassation.

Elle est obligée, ainsi que le ministère public, de notifier son pourvoi dans les trois jours qui suivent la déclaration au greffe. Cette notification se fait par un exploit d'huissier quand le condamné est en liberté. S'il est en prison, la déclaration lui est lue par le greffier, et il la signe s'il le veut, ou le peut, sinon il est fait mention de son refus ou de son impuissance (art. 418 du Code d'inst. crim.).

Le condamné n'est point astreint à notifier son pourvoi.

Quel sera l'effet du défaut de notification dans le délai prescrit? La loi ne le dit pas; emportera-t-il déchéance? il serait difficile de décider ainsi, car les peines ne se suppléent pas. Il y a ici une lacune qui sera sans doute remplie par la jurisprudence.

Ici les continuateurs ont placé la note suivante :

« Un arrêt de la cour de cassation, du 9 janvier 1824, doit fixer l'opinion sur les doutes manifestés par M. Levasseur, dans le paragraphe ci-dessus (1), et sur les observations relatives au défaut de notification du pourvoi en cassation. Voici les termes de cet arrêt :

Lorsqu'un greffier du tribunal de police, ou correctionnel ou criminel, ou même d'un conseil de guerre, refuse, par un motif quelconque, de recevoir et consigner sur ses registres la déclaration du pourvoi en cassation faite dans les trois jours de la condamnation, le condamné doit faire constater ce refus par un officier ministériel. Dès-lors, la déchéance n'est plus applicable à la partie condamnée. »

☞ Cette note ne répond nullement à la difficulté. L'arrêt qu'on cite n'a rapport qu'à la *déclaration* de pourvoi, qui est tout autre chose que la *notification* de la déclaration ; ce qui prouve que l'annotateur n'a pas du tout compris la question agitée non par M. Levasseur, qui ne vivait plus, mais par quelque autre annotateur.

☞ Pour rendre utile la théorie qu'on vient de lire dans les quarante pages précédentes, il aurait été à propos de placer sous chaque numéro les arrêts qui ont appliqué et par conséquent expliqué la loi : c'est une lacune que nous allons remplir : chacun des arrêts dont nous donnons la notice est imprimé en entier, c'est-à-dire avec le fait, les motifs et le dispositif, et souvent des réflexions sur la matière, dans notre journal spécial, auquel nous renvoyons le lecteur.          J. F.

## TRIBUNAUX DE SIMPLE POLICE.

## A.

Avant de statuer sur les contraventions aux règlemens administratifs, les juges de paix doivent examiner 1°, si ces règlemens portent sur des objets confiés à la surveillance du pou-

---

(1) Levasseur n'a pu avoir de doutes sur un article du Code d'instruction criminelle promulgué le 19 novembre 1808, puisqu'il est mort le 10 janvier même année ; c'est une *tournure* pour faire croire qu'il est auteur des éditions vendues sous son nom depuis sa mort.

voir municipal par les lois constitutives et organiques de ce pouvoir ; 2° ou bien s'ils sont relatifs à l'exécution d'une loi qui établisse une peine de police, en donnant au fait prohibé un caractère de contravention. En cas de négative sur l'un et sur l'autre point, le juge de paix ne doit ni condamner, ni absoudre, mais se déclarer incompétent. J. sp., 1, p. 76 et suiv.; R. 37.

☞ Ces mêmes règlemens n'ont pas besoin de publication pour être obligatoires aux yeux des tribunaux, il suffit qu'ils aient été notifiés officiellement aux particuliers qu'ils concernent. Cass., 31 août 1821. J. sp., 2, p. 279; R. 135.

☞ L'exécution des baux et autres actes particuliers passés par les municipalités ne concerne pas les tribunaux de police; ils ne connaissent que des règlemens généraux. Cass., 24 août 1821. J. sp., 2, p. 239; R. 114.

☞ Quand les tribunaux d'arrondissement infirment pour vice de forme un jugement de police, ils doivent en même temps statuer sur le fond ou renvoyer devant un tribunal de police. Ils ne peuvent pas, après le premier jugement d'infirmation, statuer sur le fond plus tard et par un second jugement. Cass., 22 mars 1821. J. sp., 1, p. 236; R. 116.

☞ L'appel des jugemens de simple police dont les condamnations n'excèdent pas 5 fr. n'est pas recevable. Cass., 17 janvier 1825. J. sp., 4, p. 49; R. 25.

☞ L'appel des jugemens de police qui acquittent n'est pas recevable. Cass., 20 février 1823. J. sp., 4, pag. 58; R. 29.

☞ Ce n'est pas assez, pour constater la publicité d'un jugement de police, de dire qu'il a été rendu dans l'auditoire du tribunal. La mention expresse qu'il a été prononcé en audience publique est nécessaire, à peine de nullité. Cass., 6 fév. 1824. J. sp., 4, p. 310; R. 157.

☞ Quand la peine établie par un arrêté administratif en matière de police excède le taux des peines de simple police, ce n'est pas un motif pour le tribunal de se déclarer incompétent. Il doit statuer et prononcer seulement une peine de police, attendu que l'administration n'a pas le droit d'établir arbitrairement des peines, mais qu'elle doit se borner à rappeler celles qui existent; et attendu aussi que de l'article 5, titre 2 de la loi du 24 août 1790, combinés avec les articles 600 et 606 du Code du 3 brumaire an IV, qui sont toujours en vigueur, il résulte que les contraventions aux arrêtés administratifs, en matières de police, sont punies de peine de police. Cass., 10 avril 1823. J. sp., 4, p. 111; R. 57.

☞ Les tribunaux de police ne peuvent, sans excès de pouvoir, interpréter ou modifier les réglemens administratifs qui concernent les commissionnaires, porte-faix et autres ouvriers employés par le public. Cass., 1ᵉʳ mai 1823. J. sp., 4, p. 192; R. 97.

☞ Le tribunal de police n'a pas droit de condamner aux frais seulement pour tenir lieu d'amende. Cass., 24 oct. 1823. J. sp., 5, p. 14; R. 9.

☞ Lorsqu'il y a appel d'un jugement de police, le tribunal correctionnel saisi de l'appel est compétent pour statuer sur tous les moyens, même d'incompétence, qui sont proposés contre la sentence du premier juge. Cass., 24 déc. 1824. J. sp., 5, p. 217; R. 111.

☞ Les maires n'ont pas le droit de forcer les particuliers à se servir de leurs valets de villes, ou autres agens, pour la remise des billets de faire part, annonces, décès, etc. Cass., 1ᵉʳ avril 1826. J. sp., 6, pag. 234; R. 122.

☞ Les arrêtés des maires n'ont pas besoin, pour être obligatoires, de l'approbation du préfet du département. Cass., 7 mai 1825. J. sp., 6, pag. 235; R. 122.

☞ La voie de l'appel n'est pas admise contre le jugement par lequel un tribunal de police se déclare incompétent. Il ne peut être attaqué qu'en cassation. Cass., 11 juin 1818. J. sp.

☞ Le juge de paix excède ses pouvoirs quand il prononce que le condamné aura choix de la prison ou de l'amende. Cass., crim., 2 sept. 1825, 7, p. 33; R. 18.

☞ Nul tribunal de police ne peut, sans excès de pouvoir, dispenser les contrevenans de l'amende, et se borner à leur faire défense de récidives, avec condamnation aux frais de l'instance. Cass., crim. 25 juin 1825, 7, p. 123; R. 64.

☞ Lorsqu'il y a plusieurs prévenus, le juge doit prononcer plusieurs amendes. Cass., crim., 25 mars 1825, 7, 124; R. 65.

☞ Ce n'est pas assez de condamner à des dommages-intérêts et aux frais; la partie publique doit aussi être satisfaite, et l'amende est de droit quand la contravention est reconnue. Cass., crim., 9 sept. 1825, 7, 125; R. 65.

☞ Il est expressément défendu aux juges de modérer les amendes et confiscations, et à plus forte raison, de ne pas les prononcer, même lorsque les prévenus peuvent se prévaloir de leur bonne foi. Cass., crim., 11 juin 1813, 7, 127; R. 66.

☞ Les contraventions aux règlemens de police légalement rendus emportent de droit une peine de police, bien que le règlement ait omis d'en prononcer ou en ait prononcé de plus fortes que celles de police. Cass., crim., 26 mars 1825, 8, 3; R. 1.

☞ Lorsque les arrêtés municipaux ne prononcent aucune peine, et lorsque le ministère public ne requiert contre les contrevenans aucun dommage-intérêt, et ne requiert que les peines et amendes voulues par la loi, ces peines et amendes ne peuvent être que celles de simple police, et le juge de paix est compétent. 27 août 1825, 8, 9; R. 7.

☞ Les arrêtés de l'autorité municipale doivent être renfermés dans leurs limites, et ne sauraient, sans excès de pouvoir, être étendus d'un cas à l'autre. 28 Mai 1825, 8, 10; R. 8.

☞ Les arrêtés municipaux contraires aux lois ne sont pas obligatoires pour les tribunaux de police. Un maire ne peut, par exemple, sans excès de pouvoir, substituer à la défense d'embarrasser les rues, en y laissant sans nécessité des matériaux (Art. 471, Code pénal), la défense de laisser séjourner ces matériaux dans la rue plus de vingt-quatre heures. 26 Mars 1825, 8, 33; R. 23.

☞ Les peines prononcées par l'autorité municipale ne doivent pas, quand elles sont arbitraires, faire la règle des tribunaux de police; mais ils ne doivent pas, pour cela, se déclarer incompétens. 17 Juin 1825, 8, 122; R. 78.

☞ Tous les arrêtés municipaux ne sont pas obligatoires pour les tribunaux de simple police. 16 Avril et 25 juin 1825, 8, 172; R. 110.

☞ Quoiqu'un règlement municipal soit en opposition directe à une loi de l'état, le tribunal de police doit statuer sur la contravention audit règlement, et considérer comme non écrite la disposition contraire à la loi. 21 Mars 1828, 8, 289; R. 174.

☞ Les agens de police sont reconnus par la loi. Leurs rapports écrits ne font pas foi en justice, mais ils forment des élémens de poursuite; ils servent de documens utiles à la preuve des contraventions et à leur recherche, et de bases aux procès-verbaux des officiers de police judiciaire. Cour de cass., ch. crim., 28 août 1829, 10, 236.

☞ Il faut, à peine de nullité, que les termes de la loi pénale appliqués soient insérés dans le jugement; il ne suffit pas d'y citer le texte du règlement de police.

## B

☞ En fait de bruits injurieux et nocturnes qui troublent la tranquillité des habitans, on doit considérer comme complices les individus qui, sans être porteurs d'instrumens et sans que leurs voix aient été entendues, font cependant partie du rassemblement et encouragent les auteurs du bruit par leur présence. Cass., 15 juillet 1822. J. sp., 3, pag. 237; R. 117.

☞ Dans le même cas de bruits et tapages injurieux et nocturnes, l'amende ne saurait être au-dessous de 14 fr. Cass., 31 octobre 1822. J. sp., 3, pag. 240; R. 118.

☞ Le bruit que font de grand matin certaines classes d'ouvriers en travaillant de leur état n'est pas répressible par les tribunaux, et ne doit pas être rangé dans l'espèce de bruits et tapages nocturnes troublant la tranquillité des habitans. Cass., 12 septembre 1822. J. sp., 3, pag. 250; R. 172.

☞ Les maires ont droit d'ordonner que la porte des bouchers sera fermée pendant qu'ils abattront leurs bœufs. Il n'appartient pas aux tribunaux de police de réformer ou d'interpréter les règlemens municipaux faits à ce sujet. Cass., 5 juin 1823. J. sp., 3, pag. 286; R. 141.

☞ Le bruit produit la nuit par l'exercice de certaines professions n'est point l'un de ces bruits nocturnes troublant la tranquillité des habitans que prévoit et punit l'art. 479 du Code pénal; mais si un règlement local du pouvoir administratif a déterminé l'heure de la nuit passé laquelle les ouvriers de professions bruyantes ne peuvent pas travailler, les contrevenans sont passibles, en ce cas, des peines de police portées aux art. 600 et 606 du Code du 3 brumaire an IV. Cass., 6 avril 1825. J. sp., 6, pag. 346; R. 179.

☞ Un tribunal de simple police ne peut connaître des coups portés et de violences sous prétexte que ces excès ont occasioné *des bruits et tapages injurieux troublant la tranquillité des habitans.* 4 Août 1827. J. sp., 8, 29, 31 ; R. 20, 22.

☞ L'amende encourue à raison d'une contravention telle, par exemple, qu'un tapage injurieux ou nocturne, doit être appliquée individuellement à chacun des prévenus déclaré coupable. Le tribunal de police n'a pas droit de se borner à les condamner tous solidairement à une seule amende ; 2° la publicité du jugement n'est pas suffisamment établie par l'énonciation qu'il a été rendu en audience de police. 7 Décembre 1826, 8, 162 ; R. 104.

☞ Est-il vrai que le chant d'un seul individu, à deux heures du matin, par exemple, ne puisse pas être considéré comme un bruit nocturne qui trouble la tranquillité des voisins ? 2° si le procès-verbal qui constate ce chant et le qualifie de *tapage nocturne* n'ajoute pas qu'*il trouble la tranquillité des habitans* (termes positifs de la loi), *et que quelqu'un d'eux s'en soit plaint*, le chanteur doit-il être autorisé à recommencer quand bon lui semblera? 2 Août 1828, 8, 391 et suiv. ; R. 230.

## C

☞ Si les comestibles sont gâtés, la contravention doit toujours être réprimée par une amende. C'est violer la loi que de ne prononcer que la confiscation et les dépens. Cass., 25 novembre 1821. J. sp., 2, pag. 55 ; R. 26.

☞ Ce n'est pas le Code pénal, ce sont les arrêtés des autorités municipales qui font la règle à suivre par les tribunaux de police en fait d'ouverture et de clôture de cabarets, cafés et autres lieux publics. Cass., 29 mars et 31 août 1821. J. sp., 2, pag. 157 et 161 ; R. 75 et 76.

☞ On ne saurait échapper à la peine prononcée par ces arrêtés en cachant les verres et les bouteilles et en alléguant qu'on s'est réuni dans un lieu public seulement pour passer la soirée en conversation. Cass., 8 mars 1822. J. sp., 2, p. 367 ; R. 75.

☞ Ce n'est pas une excuse valable, quand on a tenu un cabaret ouvert après l'heure fixée, que de dire qu'on ne vendait pas son vin, mais qu'on le donnait. Les buveurs sont-ils passibles de l'amende, ou seulement le cabaretier ? Cass., 28 mars et 5 octobre 1822. J. sp., 3, pag. 3 et 4 ; R. Observations de l'éditeur sur ces arrêts, pag. 10.

☞ Les aubergistes et logeurs qui ne tiennent pas leurs registres en règle sont passibles d'une amende de 6 fr. au moins. Cass., 11 avril 1822. J. sp., 3, pag. 31; R. 15.

☞ La citation donnée en matière de simple police par un huissier immatriculé au tribunal de l'arrondissement, mais qui n'est pas celui du juge de paix du domicile du prévenu, est-elle valable? Oui; mais l'huissier peut être condamné à une amende de 5 à 100 fr. par le juge de paix. Cass., 2 frimaire an XIII. J. sp., 3, pag. 33; R. 15.

☞ *Id.* 23 mai 1827. J. sp. 3, p. 39; R. 18.

☞ *Id.* 5 décembre 1821. J. sp. 3, pag. 45; R. 20.

☞ Un règlement municipal qui ordonne aux habitans d'une ville de renfermer leurs chiens, pour prévenir le danger où ils sont d'être mordus par un chien enragé, est obligatoire de sa nature, et donne lieu envers les contrevenans à des peines de police. Cass., 19 août 1819. J. sp., pag. 294; R. 149.

☞ Les blessures faites par un chien (qui n'a pas été provoqué) dans la cour de son maître, laquelle se trouve accessible et ouverte à tout le monde, entraînent contre le maître l'amende de 6 à 10 francs prononcée par l'art. 475, n° 7, du Code pénal. Cass., 17 janvier 1823. J. sp., 4, pag. 51; R. 25.

☞ A quelles formalités sont assujetties les citations en simple police? A aucunes, hors celles du délai. — Examen de cette question par l'éditeur. J. sp. 4, pag. 80; R. 40.

☞ Premier arrêt. Cass., 18 nov. 1813. J. sp. 4, p. 81; R. 41.

☞ Second arrêt. Cass., 2 avril 1819. J. sp. 4, p. 83; R. 42.

☞ Troisième arrêt. La citation en matière de police ne peut être annulée sur le motif qu'elle n'énonce pas tous les faits de la plainte. Cass., 12 février 1819. J. sp. 4, pag. 86; R. 43.

☞ 4e, 5e et 6e arrêts. Une citation au tribunal de police, notifiée par un huissier immatriculé au tribunal d'arrondissement, mais qui n'est pas celui du juge de paix du domicile du prévenu, est valable; mais l'huissier s'expose à une amende que le tribunal de police peut prononcer contre lui. Cass., 23 février 1815, 23 mai 1817, 5 décembre 1822. J. sp. 4, page 86; R. 44.

☞ Les juges de paix n'ont pas le droit d'acquitter les prévenus de contravention aux arrêtés des maires sur la clôture des lieux publics, par des considérations telles que la parenté ou l'amitié avec le maître de la maison des personnes qui se trouvent chez lui plus tard que l'heure fixée, fût-il même prouvé qu'elles ne mangeaient, ni ne buvaient ni ne jouaient. Cass., 4 avril 1823. J. sp. 4, page 109; R. 55.

☞ Ni sous prétexte que les procès-verbaux sont dressés par de simples gendarmes. Cass., 5 nov. 1823. J. sp. 4, page 77; R. 90.

☞ Lorsque l'heure de la clôture des cabarets est arrivée, l'excuse d'une invitation à souper à titre d'amitié, par le maître du cabaret, ne saurait être admise. Cass., 30 mai 1823. J. sp. 4, page 116; R. 59.

☞ 4ᵉ Arrêt. Cass., 7 novembre 1823. J. sp., 4, p. 119; R. 61.

☞ 5ᵉ Arrêt. Dire que le procès-verbal de l'officier de police ne constate pas l'heure à laquelle il est entré dans le cabaret est une excuse inadmissible pour le cabaretier, lorsqu'il résulte d'ailleurs des débats de l'audience qu'il y avait du monde dans le cabaret à une heure prohibée. Cass., 21 fév. 1824. J. sp., 4, pag. 314; R. 158.

☞ L'habitation d'un particulier, dans une auberge ou autre lieu public, ne saurait communiquer à ce lieu le caractère d'un domicile privé; ainsi, lorsque ce particulier reçoit des visites, les personnes qui les lui font doivent se retirer à l'heure fixée par la police pour la clôture de l'auberge ou du café. Cass., 24 déc. 1824. J. sp. 5, page 218; R. 112.

☞ Il est des cas où les maires peuvent faire des prohibitions et prendre des dispositions spéciales relatives à un seul particulier et à un établissement déterminé. Ces dispositions ne sont pas moins obligatoires que les mesures générales. Le tout dépend des circonstances et de l'intérêt qu'y peut avoir la sûreté publique. Cass., 20 oct. 1824. J. sp. 5, pag. 194; R. 100.

☞ Un maire n'excède pas ses attributions lorsque, dans la saison des bains, il déclare certaine partie d'une rivière spécialement réservée aux femmes. Cass., 15 oct. 1824. J. sp. 5, page 197; R. 101.

☞ L'art. 475, n° 7, du Code pénal, peut-il être étendu par les arrêtés des maires aux chiens errans dans les villes? Cass., 11 nov. 1824. J. sp., 5, pag. 121; R. 63.

— Observations de l'éditeur sur cet arrêt, pages 123 et 129; R. 64 et 67.

☞ Le juge de paix d'un canton , prévenu d'une contravention , peut-il être jugé par son suppléant adjoint du maire , et siégeant au tribunal de simple police ? Cass. , 25 nov. 1825 , J. sp. , 6 , pag. 57 ; R. 31.

— Observations de l'éditeur , *id.* , 58 ; R. 31.

☞ Les préfets excèdent leurs pouvoirs lorsqu'ils défendent , sous les peines de police , de chasser avec des lévriers qui n'auraient pas un billot de bois au cou. 16 décembre 1826, 7 , 318 ; R. 165.

☞ Cas où les morsures de chiens peuvent donner lieu à une action de police : 1° Lorsqu'ils mordent sans être provoqués dans une rue ; 2° dans une cour non close. *Id.* 2 sept. 1825, 7 , 242 ; R. 125.

☞ (Second arrêt) *id.* , 23 nivôse an XI , 7 , 244 ; R. 126.

☞ ( Troisième arrêt ) *id.* , 6 nov. 1807 , 7 , 244 ; R. 127.

☞ Lorsque les morsures sont faites dans une cour non close , le principe change et l'action ne peut être que civile. *Id.* , 12 fév. 1808 , 7 , 246 ; R. 128.

☞ Le seul fait d'avoir dans sa cave ou cabaret une barrique d'eau colorée de vin constitue en contravention le cabaretier. 7 Juillet 1827, 7 , 238 ; R. 123.

☞ C'est une mauvaise excuse de la part d'un boucher, pour se dispenser de conduire les bœufs à l'abattoir public, de dire qu'on les a abattus hors de la ville. —2° Le commissaire de police n'a pas besoin de l'autorisation du tribunal de police pour faire enfouir la viande malsaine et qui peut nuire. 18 Octobre 1827, 8 , 17 ; R. 12.

☞ Les arrêtés municipaux sur le lieu du débit et sur la qualité de la viande de boucherie, (et , par exemple, un arrêté portant qu'il ne pourra être vendu de viande dans tout l'arrondissement de l'octroi qu'à la halle aux bouchers ) sont obligatoires , et les tribunaux de police sont tenus de les faire observer. 7 Décembre 1826, 8 , 159 ; R. 102.

☞ Le maire a droit de défendre à tous capitaines ou maîtres de barraques de vendre du poisson dans un port situé dans la commune, avant que ces poissons aient été visités et la permission de vente accordée. 25 Octobre 1827, J. sp. 8 , p. 19 ; R. 14.

☞ Quand des particuliers sont trouvés dans un café ou cabaret plus tard que l'heure où la police en a ordonné la clôture, ce ne sont pas eux mais bien les maîtres du café qui sont punissables. 2 Juin 1825. J. sp. 8, p. 57; R. 26.

☞ Les marchands prévenus d'avoir mis en vente des paquets de chandelles ou bougies qui n'avaient pas le poids voulu par les règlemens ne peut être excusé par le motif que d'autres paquets ne présentaient pas le même défaut, ou que la chandelle avait pu perdre de son poids, ou que les déficits étaient peu considérables, ou enfin que dans la fabrication de la chandelle il est difficile d'atteindre précisément un poids déterminé. Ch. crim., 20 juin 1828. J. sp. 10, p. 158.

☞ Les tribunaux de police ne doivent pas prononcer la confiscation des chandelles et bougies dont l'enveloppe excède le poids autorisé par les règlemens administratifs : la disposition par laquelle ces règlemens ordonneraient la confiscation dans les cas non prévus par la loi doit être considérée comme non écrite.

## D

☞ Arrêt de la cour de cassation qui annulle 14 jugemens par lesquels le tribunal de police de la Rochelle punissait des citoyens pour avoir vaqué publiquement à leurs travaux pendant les fêtes et dimanches. 3 Août 1810. J. sp. 1, pag. 84; R. 42.

☞ Arrêt contraire (depuis la loi du 18 novembre 1814) qui décide que même les procès-verbaux dressés par les gardes champêtres peuvent servir à constater les contraventions à cette dernière loi, en ce sens que les gardes rédacteurs peuvent être entendus comme témoins. Cass. 22 avril 1820. J. sp. 1, p. 61; R. 30.

☞ (*Dégâts dans les champs.*) Ceux qui sont faits par les bestiaux et tous autres délits ruraux entraînent nécessairement une amende de la valeur de trois journées de travail au moins. Cass., 1er février 1822. J. sp. 2, p. 536; R. 160.

☞ Si le champ était ensemencé, c'est l'art. 475, n° 10, du Code pénal actuel et non l'article 471, n° 14, qui doit être appliqué, c'est-à-dire que l'amende doit être de 6 à 10 fr. au moins. Cass. 12 septembre 1822. J. sp. 2, p. 340; R. 162.

☞ Les divagations de porcs sont au nombre des délits ruraux passibles de l'amende de 6 à 10 fr. ci-dessus mentionnée. Cass., 23 mars 1821. J. sp. 2, p. 344; R. 68.

☞ Il n'est pas nécessaire que les parties se plaignent pour que le tribunal de police réprime ces délits ruraux ; le ministère public a droit et qualité pour les poursuivre d'office. Cass. 31 octobre 1822. J. sp. 3. p. 268; R. 132.

☞ Le vol de raisin avec un panier dans une vigne non vendangée n'est pas de la compétence des tribunaux de police. — Lorsque ces tribunaux se reconnaissent incompétens sur le fait principal, ils ne peuvent pas statuer sur les accessoires, notamment sur le point de savoir si un père est civilement responsable du fait de ses filles. Cass., 19 décembre 1822. J. sp. 3, p. 270; R. 133.

☞ *Défense des prévenus.* — Doivent-ils se défendre en personne, ou peuvent-ils proposer leur défense par un conseil? Cass., 20 novembre 1823. J. sp. 3, p. 382.

☞ Le prévenu qui ne comparaît que pour proposer un déclinatoire, et qui, en étant débouté, refuse de défendre au fond, ne peut être condamné sur le fond que par défaut. L'opposition qu'il forme ensuite au jugement de condamnation est recevable. Cass., 13 mars 1824. J. sp. 4, p. 353; R. 186.

☞ Les dégâts faits par les bestiaux laissés à l'abandon sont punissables par les tribunaux de simple police, alors même que la propriété n'a été endommagée qu'*à défaut de clôture usitée et obligée.* Cass., 16 juillet 1824. J. sp. 5, p. 25; R. 14.

Lorsqu'un réglement municipal a assigné à chaque habitant de la commune un cantonnement dans le pâturage communal, le fait de celui qui a conduit ses troupeaux sur le cantonnement d'un autre est plus qu'une contravention, c'est un délit rural punissable de peines correctionnelles, aux termes de l'art. 24 du titre 2 de la loi du 28 septembre 1791, et qui devient dès lors du ressort des tribunaux correctionnels, conformément au principe que le maximum de la peine règle la compétence. Cass., 20 août 1824. J. sp., 5, p. 65; R. 34.

☞ C'est devant le tribunal de police et non devant les tribunaux militaires que doivent être traduits les gendarmes qui, pour poursuivre un déserteur, sont entrés à cheval dans une pièce de terre ensemencée. Cass., 26 février 1825. J. sp. 5, p. 323; R. 164,

☞ Les dommages causés par les eaux d'un moulin ou autres usines, pouvant entraîner une amende légale à la valeur du dégât, ne sont point de la compétence; article 6, titre 2 de la loi du 6 octobre 1791. Cass., 15 juin 1825. J. sp., 6, p. 78; R. 162.

☞ Lorsqu'un arrêté municipal a ordonné, pour cause d'utilité publique, que tous les riverains seraient tenus de laisser couler librement les eaux d'un ruisseau, sans pouvoir en prendre pour l'usage de leurs fonds, pendant certains jours de la semaine, les contrevenans peuvent-ils opposer devant le tribunal de police la question préjudicielle de propriété du cours d'eau dont il s'agit? Cass., 5 nov. 1825. J. sp., 6, p. 101; R. 54.

☞ Observation de l'éditeur. *Idem.*, p. 107; R. 57.

☞ Le juge de paix d'un canton, prévenu d'une contravention, peut-il être jugé par son suppléant, adjoint du maire, et siégeant au tribunal de simple police? Cass., 25 nov. 1825. J. sp., 6, p. 57; R. 31.

☞ Observation de l'éditeur. *Idem*, p. 58; R. 31.

☞ L'autorité municipale ne peut pas permettre indistinctement les travaux public un jour férié; elle ne peut permettre que les travaux nommément désignés par la loi, c'est-à-dire ceux qu'exige l'agriculture ou que nécessite un péril imminent; ainsi, un maire n'a pas droit d'autoriser un tailleur à travailler le dimanche. Cass., 11 juin 1824. J. sp., 6, p. 73. R. 40.

☞ La contravention aux règlemens de l'autorité administrative, commise sur un canal qui n'est ni *navigable*, ni *flottable*, bien que ces eaux soient dérivées d'une rivière *navigable* ou *flottable*, est de la compétence des tribunaux de simple police, toutes les fois qu'elle n'est relative qu'aux intérêts privés des propriétaires riverains. Cass. 18 mars 1825. J. sp., 6, p. 198; R. 103.

☞ L'autorité municipale a droit, même après l'ouverture de la chasse, d'en interdire l'exercice pendant le temps des vendanges, pour prévenir les accidens que peut occasioner l'usage des armes à feu dans les vignes remplies de monde, ou même dans les environs. Les lois doivent punir les contrevenans à un arrêté de cette espèce. Cass., 27 nov. 1823. J. sp., 6, p. 249; R. 129.

☞ L'ignorance de droit n'excuse pas un fait d'inobservation de la loi de novembre 1814 sur les fêtes et dimanches. Nul n'est recevable en conséquence à dire qu'il a *cru* pouvoir laisser sa boutique ouverte, qu'il ne savait pas la loi, etc. Cass., 9 février 1815. J. sp.

☛ Aucun tribunal ne peut, en acquittant un prévenu, l'autoriser à réclamer les frais et dépens contre le gouvernement. Cass., crim. 11 mars 1825. J. sp., 7, p. 150; R. 78.

☛ La loi punit les dégâts faits dans les champs ouverts comme ceux faits dans les champs clos; le prévenu alléguerait vainement que le voisin devait et même s'est engagé à se clore. Cass., crim., 27 août 1819. J. sp., 7, p. 379; R. 196.

☛ La loi ne met pas de différence entre *faire* et *laisser passer* des bestiaux chez autrui. *Laisser passer*, aussi bien que *faire passer*, donne lieu à des peines de police, et non pas seulement à des réparations civiles. Les pigeons sont seuls exceptés de cette règle ; les dégâts qu'ils font ne peuvent donner lieu qu'à une action civile. *Idem*, 18 novemb. 1824. J. sp., 7, 57; R. 30.

☛ L'introduction de volailles sur le terrain d'autrui donne lieu à des peines de police, bien que le maître du terrain ait le droit de les tuer. *Idem*, 11 août 1808. J. sp., 7, p. 144; R. 75.

☛ Le fait d'avoir passé avec une charrette attelée d'un cheval sur un chemin ensemencé ou chargé d'une récolte constitue la contravention de simple police, prévue par l'art. 475, n° 10, du Code pénal, et non le délit de pâturage qualifié dans le titre XXIV du Code pénal de 1791. *Idem*, 3 juin 1826. J. sp., 7, p. 106; R. 55.

☛ Couper de l'herbe sur le terrain d'autrui et se l'approprier est un délit de *maraudage* punissable d'une amende égale au dedommagement dû au propriétaire ou fermier, par conséquent qui excède la compétence (des). *Idem*, 17 juin 1825. J. sp., 7, p. 304; R. 158.

☛ Vendre ses bestiaux et meubles un dimanche, dans un encan public, n'est pas défendu par la loi du 18 novembre 1814; un maire même n'a pas le droit de le défendre par un règlement spécial. *Idem*, 2 août 1828. J. sp., 8. R. 391; 227.

☛ Quand l'indemnité réclamée par le plaignant d'un délit rural est par lui fixée à moins de 7 fr. 50 cent., le tribunal de police est compétent, vu qu'il peut prononcer jusqu'à 15 fr. d'amende, et que cette amende doit être le double de l'indemnité. 27 Août 1825, 8, n° 3; R. 5q.

☞ Les tribunaux de police sont incompétens, *ratione materiæ*, pour connaître du délit de pâturage dans un champ ensemencé, par des troupeaux gardés *à vue*. Ils n'ont pas droit de déclarer le fait non constant lorsqu'il est constaté par un procès-verbal du garde champêtre.

2° L'amende ne peut jamais concerner le maître du troupeau, mais seulement le berger. 30 Juillet 1825. 8, 13 ; R. 17.

☞ Le fait d'avoir conduit un troupeau sur le terrain d'autrui étant puni d'une amende indéterminée, conformément à l'art. 24, tit. II, du Code rural 1791, est de la compétence des tribunaux de simple police. Cour de cass., ch. crim., 28 novembre 1828. 10, pag. 251 ; et 15 octobre 1829. 10, p. 115, 117, 183.

☞ Est-il vrai que le tribunal de simple police ne soit plus compétent pour statuer sur le fait d'avoir fait ou laissé paître des bestiaux sur le terrain ensemencé d'autrui ? Cass., ch. crim., 18 septembre 1829 ; et observations de l'éditeur, J. sp., 10, p. 199.

E

☞ Les tribunaux de police ne peuvent connaître de l'exécution de leur jugement. Cour royale de Metz, 11 décembre 1811. J. sp., 3, pag. 11 ; R. 5.

☞ Le jugement est nul quand les témoins entendus au tribunal de police n'ont pas fait d'autre serment que celui de dire la vérité. Les termes du serment exigé par l'art. 155 du Code d'instruction criminelle sont sacramentels. Cass., 7 novembre 1822. J. sp., 4, pag. 28 ; R. 14.

Les tribunaux de police ne peuvent jamais connaître de l'exécution de leurs jugemens ; 2° les dépens prononcés en simple police, au profit du trésor public, sont exigibles par corps. Cass., 2 janvier 1807. J. sp., 5, pag. 191 ; R. 98.

☞ Les juges de paix, lorsqu'ils siégent au tribunal de simple police, ne peuvent refuser d'entendre et d'admettre les dépositions des témoins qui sont amenés volontairement par les parties. Il n'est nullement nécessaire qu'ils aient été appelés par citation. Cass., 6 février 1811. J. sp., 10, pag. 139.

☞ Les juges de paix doivent réprimer les contraventions aux arrêtés par lesquels les préfets ont réglé les jours, heures

et quantités des prises d'eaux non navigables ni flottables.
10 Février 1827, 7, 374; R. 193.

☞ Les préfets ont le droit de faire des règlemens sur l'irrigation et la police des eaux; les contraventions à ces règlemens sont répressibles par les peines de simple police. 18 Octobre 1827. 8, 16; R. 10.

☞ L'infraction aux règlemens administratifs sur la police des cours d'eau, et à la défense d'en laisser dégrader les abords par les bestiaux est une contravention; 2° l'erreur dans la citation de la loi ne vicie pas le jugement de police, quand d'ailleurs il n'a pas excédé la quotité de la peine qu'il avait droit de prononcer. 20 Mars 1827, 8, 398; R. 231.

☞ Le mari n'a pas besoin d'autoriser sa femme lorsqu'elle est citée en simple police; il n'est pas responsable de l'amende et des frais qu'elle peut encourir; 2° L'art. 13 de la loi du 17 mai 1819 déclarant que l'imputation d'un vol est une diffamation, et que la diffamation doit être punie de cinq jours de prison au moins, et d'une amende de 25 fr. au moins, ou de l'une de ces deux peines seulement, suivant les circonstances, il s'ensuit que la diffamation n'est plus du ressort des tribunaux de police. Cass., 26 janvier 1825. J. sp., 6, pag. 81; R. 43.

## G

☞ Ils n'ont pas la juridiction en fait de contraventions au service de la garde nationale. Cass., 30 août 1811. J. sp., 2, p. 313; R. 149.

☞ En matière de police, le jugement est nul, s'il a été rendu sans l'assistance du greffier. Ch. crim., 25 février 1819; 9, 77; R. 43.

☞ Les tribunaux de police ne sont pas compétens pour connaître des injures proférées contre des agens de l'autorité publique, notamment contre des gendarmes. Cass., 19 janvier 1821. J. sp., 2, pag. 68; R. 32.

## I

☞ Les injures proférées ailleurs que dans des lieux ou réunions publiques sont au nombre des contraventions dont connaissent les tribunaux de simple police. Les lois des 6 et 17 mai 1819 n'ont rien changé, sur ce point, à leur compétence. Cass., 23 août 1821. J. sp. 2, pag. 230; R. 109.

☞ Dès l'instant qu'outre les injures le plaignant articule qu'il a été frappé, le tribunal de police doit se déclarer incompétent. Cass., 6 juin 1811. J. sp. 2, pag. 306; R. 146.

☞ Un curé qui, dans l'exercice de ses fonctions pastorales. a proféré des paroles qu'un particulier trouve lui être injurieuses peut-il être traduit au tribunal de police sans une autorisation du gouvernement? Cass., 3 janvier 1822. J. sp. 3, page 202; R. 100.

☞ Observations de l'éditeur sur cet arrêt, page 211 (*id.*); R. 104.

☞ Les juges de paix ne sont pas compétens pour connaître des injures proférées contre les agens de l'autorité publique, notamment contre les gendarmes. Ces questions sont de la compétence des tribunaux correctionnels. Cass., 13 mars 1823. J. sp. 4, page 65; R. 32.

☞ En matière d'injures verbales, ainsi qu'en fait de tout autre délit, c'est devant le juge du lieu où il s'est commis que l'action doit être portée, et non devant le juge du domicile du défendeur : ici cesse la règle *actor sequitur forum rei.* Cass., 4 frimaire an XI. J. sp.

☞ L'ecclésiastique prévenu d'avoir diffamé un particulier dans un discours prononcé en chaire ne peut pas être poursuivi directement devant les tribunaux. Le plaignant doit s'adresser au conseil-d'état ; et, s'il ne l'a pas fait, le tribunal doit y renvoyer d'office. 25 Août 1827. — 7, 285; R. 148.

☞ Dire à un garde champêtre, mais ailleurs que dans un lieu public ou dans des réunions publiques, que ses supérieurs sont des gueux et des coquins ne constitue que l'injure simple prévue par l'art. 471, n° 11 du Code pénal. , crim. 25 Oct. 1827, J. sp. 9, p. 290; R. 152.

☞ Un maire, pour prévenir les incendies, a droit de défendre de couvrir en chaume, paille et roseaux, les maisons et bâtimens dans l'intérieur des villes et même dans les bourgs et villages ; et quelque rigoureuse que soit cette mesure pour les habitans pauvres, le tribunal de police n'a pas le droit d'acquitter les contrevenans. Cour de cass., ch. crim. 9 août 1827. J. 1828. J. sp. 10, p. 78.

J

☞ Ce n'est pas assez, pour constater la publicité d'un juge

ment de police, de dire qu'il a été rendu *au lieu ordinaire des audiences;* la mention expresse qu'il a été prononcé en audience publique est nécessaire à peine de nullité. Cass., 30 oct. 1823. J. sp. 5, p. 13; R. 8.

☞ Après trois jours francs depuis la prononciation du jugement de police, le pourvoi en cassation du ministère public n'est plus recevable, mais le jugement peut être cassé dans l'intérêt de la loi, sur les conclusions prises par l'avocat-général à l'audience de la cour. Cass., 16 juillet 1824. J. sp. 6, p. 59; R. 351.

☞ En matière de police, le juge peut ordonner que les débats ne seront pas publics, lorsqu'il croit que l'intérêt des mœurs et de l'ordre public l'exige.

☞ Annulation d'un jugement de police, relatif à des droits de halles et marchés publics. Cass , 5 janv. 1819 et 24 fév. 1820. J. sp. 1, p. 126 et 134; R. 62 et 66.

☞ Quand l'amende établie par un arrêté administratif en matière de police des marchés excède le taux des amendes de simple police, le juge de paix doit-il se déclarer incompétent? Cass., 13 déc. 1821. J. sp. 2, p. 58; R. 27.

M.

☞ Le ministère public ne peut jamais être condamné aux dépens par les tribunaux de police. Cass., 19 janv. 1821. J. sp. 2, p. 35; R. 16.

☞ Il ne saurait non plus être censuré par les mêmes tribunaux, sans excès de pouvoir. Cass., 8 mars 1821. J. sp. 2, p. 62; R. 29.

☞ Le ministère public ne peut jamais être condamné aux dépens en matière de simple police. Cass., 31 mai 1822. J. sp. 3, p. 175; R. 186.

☞ Le ministère public doit être présent à toute l'instruction à peine de nullité du jugement. Cass., 12 mai 1809. J. sp. 7, 35; R. 20.

☞ Son absence au prononcé du jugement le rend nul. Cass., 9 juillet 1825. 7, 34; R. 19.

P.

☞ Les maires ont le droit d'établir des peines contre ceux qui laissent courir, dans les rues des villes, des oies, poules, canards, etc. Cass., 2 juin 1821. J. sp. 2, p, 127; R. 61.

☞ L'autorité municipale n'a pas droit de prendre des arrêtés portant des peines contre ceux qui laisseraient sortir et vaguer leurs pigeons en temps prohibé. La seule mesure répressive autorisée par la loi est que, pendant le temps de la clôture, lorsqu'elle a été ordonnée, les pigeons sont regardés comme gibier et peuvent être tués sur le lieu du dégât. Cass., 27 juill. 1820, 27 sept. et 5 oct. 1821. J. sp. 1, p. 1 et 315; R. 1 et 155, et 2, p. 296; R. 141.

☞ Observations de l'éditeur sur ces arrêts, 1, p, 3 et 315; R. 1 et 155.

Au contraire, les dégâts faits par les oies sont de véritables délits ruraux répressibles par des peines de police. Cass., 22 août 1816 et 11 oct. 1821. J. sp. 1, p. 205; R. 101, et 2, p. 139; R. 66.

☞ *Procès-verbaux.* La rédaction de leur procès-verbaux ne constitue point les gardes champêtres parties dans les affaires qui en sont la suite. Cass., 17 sept. 1819. J. sp. 1, p. 44; R. 22.

☞ Ces procès-verbaux ne sont pas nuls, faute de contenir la mention que les gardes champêtres étaient revêtus de leur costume. Cass., 11 oct. 1821. J. sp. 2, p. 282; R. 134.

☞ Ni pour avoir été rédigés en l'absence du délinquant, et sans une sommation préalable à lui faite d'y être présent. Cass., 5 oct. 1820. J. sp. 2, p. 319; R. 152.

☞ Bien que suspects d'erreurs ou de méchancetés, ils ne peuvent entraîner une condamnation de dépens. Cass. 8 mars 1822. J. sp. 2, p. 365; R. 174.

☞ Les procès-verbaux des commissaires de police peuvent être détruits par la preuve contraire, sans recourir à l'inscription de faux. Cass. 9 février 1821. J. sp. 2, p. 50; R. 23.

☞ Les appariteurs ou recors qui les ont signés peuvent être entendus comme témoins pour prouver la contravention. Cass., 8 mars 1821. J. sp. 2, p. 62; R. 29.

☞ Les procès-verbaux dressés par de simples gendarmes ne doivent être considérés par les tribunaux de police que comme des dénonciations officielles; ils n'ont pas besoin, en conséquence, d'être affirmés par le signataire, et celui-ci peut être entendu comme témoin pour constater le fait dénoncé. Cass., 24 mai 1821. J. sp. 2, p. 191; R. 90.

☞ Les procès-verbaux des maires et adjoins sont valables

pour constater les contraventions , et les tribunaux de police doivent y ajouter foi jusqu'à inscription de faux. Cass., 13 décembre 1821. J. sp. 2, p. 328; R. 156.

☞ Les procès-verbaux dressés par des officiers dont les rapports ne font pas foi jusqu'à inscription de faux font preuve du fait qu'ils constatent, tant qu'ils ne sont combattus que par des témoins qui n'ont pas prêté serment en justice. Cass., 21 février 1822. J. sp. 2, p. 354; R. 169.

☞ Le maintien de l'exactitude des poids et mesures entre dans les attributions des préfets et maires; dès lors, les tribunaux de police doivent appliquer les règlemens administratifs et punir les contrevenans. Cass., 10 septembre 1819. J. sp. 1, p. 256; R. 126.

☞ C'est aux tribunaux de simple police, et non à ceux de police correctionnelle, à juger les boulangers dont les pains n'ont pas le poids. Cass., 12 janvier 1821, J. sp. 2, p. 4; R. 1.

☞ Lorsqu'un mesurage est fait au demi-hectolitre, les règles établies par l'administration pour la mesure à l'hectolitre cessent d'être obligatoires. Cass., 29 mars 1821. J. sp. 2, p. 7; R. 2.

☞ Observations de l'éditeur sur cet arrêt, *id.*, p. 10; R. 5.

☞ Règles sur la vérification annuelle des poids et mesures. Ce n'est pas assez de payer les droits, il faut faire marquer les poids du poinçon de l'année. Cass. 17 mai et 29 octobre 1821. J. sp. 2, p. 10; R. 4.

☞ Observations de l'éditeur sur cette série d'arrêts. J. sp. 2, p. 13; R. 5.

☞ Les procès-verbaux ne sont pas les seuls moyens de constater les contraventions en fait de ventes de comestibles; il peut y être suppléé par la preuve testimoniale. Cass., 9, février 1821. J. sp. 2, p. 50; R. 25.

*Parcours.* Pour legitimer le parcours, il est nécessaire de prouver au tribunal de police que la récolte était achevée depuis deux jours dans la totalité des champs où les troupeaux ont été conduits. Cass., 19 brumaire an VIII. J. sp. 2, p. 79; R. 38.

☞ Les contraventions aux règlemens municipaux en fait de parcours sont exclusivement de la compétence des tribunaux de simple police, qui ne peuvent refuser d'en connaître, sans s'exposer à voir casser leurs jugemens. Cass., 25 janvier 1821. J. sp. 2, p. 297; R. 142.

☞ Le seul fait d'avoir exercé le parcours sans titre ni possession légale ne suffit pas pour autoriser le tribunal à prononcer une peine, il faut qu'il existe un règlement local et municipal. Cass., 9 mars et 18 juin 1821. J. sp. 2, p. 83 et 88; R. 40 et 42.

☞ Les tribunaux de police ne peuvent, sans excès de pouvoir, interpréter ou modifier les règlemens administratifs en fait de parcours. Cass., 5 juillet 1821. J. sp. 2, p. 91; R. 43.

☞ Ceux qui traversent la rivière à gué pour éviter le droit de péage d'un bac ou d'un pont sont-ils passsibles de dommages-intérêts au profit du fermier du péage? Cass., 25 octobre 1822. J. sp. 3, p. 65; R. 31.

☞ La rigueur de la loi sur la vérification des poids et mesures ne s'étend pas jusqu'à autoriser des poursuites contre ceux qui portent pour canne, par exemple, une demi-toise ou autre mesure non vérifiée. Cass., 25 août 1822. J. sp. 3, p. 74; R. 36.

☞ Deuxième arrêt relatif aux poids et mesures que les meûniers sont tenus d'avoir dans leurs moulins. Cass., 11 juillet 1822. J. sp. 3, p. 75; R. 36.

☞ Troisième arrêt. *Balances fausses, procès-verbaux des maires.* Ces procès-verbaux ne sont pas nuls à défaut d'affirmation. Cass., 12 juillet 1822. J. sp. 3, p. 77; R. 37.

☞ Quatrième arrêt. C'est une fausse interprétation du n° 5 de l'art. 479 du Code pénal que de prétendre qu'il ne s'applique qu'aux ateliers où se fait la fabrication des poids et des mesures en usage dans le commerce. Ce paragraphe s'applique à tous les magasins et boutiques où sont trouvés les poids et mesures faux. Le juge de paix ne doit renvoyer les prévenus à la police correctionnelle que lorsqu'il a prononcé qu'ils ont fait un usage frauduleux dans leur commerce desdits poids et mesures faux. Le seul fait d'en être trouvés en possession suffit pour le rendre passible d'une amende de 11 à 15 fr. Cass. 22 août 1822. J. sp. 3, p. 80; R. 38.

☞ Cinquième arrêt. 1° Les pains qui n'ont pas le poids, trouvés chez un boulanger, ne le rendent passibles que des peines de simple police; 2° mais, s'il est prouvé qu'il ait fait usage de poids faux pour peser le pain qu'il vend au poids., il deviendra justiciable du tribunal de police correctionnelle. Cass., 30 août 1822. J. sp. 3, p. 83; R. 40.

☞ Sixième arrêt. Ce n'est point assez d'être muni de poids nouveaux, il faut encore ne pas conserver chez soi les anciens, sous peine d'amende ou d'emprisonnement. Cass., 13 septembre 1822. J. sp. 3. p. 110; R. 55.

☞ Septième arrêt. Ce n'est pas une excuse valable, lorsque le vin servi sur une table d'un cabaret est dans des bouteilles qui ne sont ni vérifiées ni marquées, de prétendre qu'avant de servir ce vin il avait été mesuré dans des vases vérifiés et légaux. Cass. 31 octobre 1822. J. sp. 3, p. 111; R. 63.

☞ Huitième arrêt. En fait de poids et mesures, le juge de paix doit appliquer la peine sur-le-champ. Il n'a pas droit d'accorder aux contrevenans un délai pour se mettre en règle. Cass., 18 octobre 1822. J. sp. 3, p. 161; R. 78.

☞ Les contraventions aux règlemens municipaux., en matière de parcours, sont exclusivement de la compétence des tribunaux de simple police, qui ne peuvent refuser d'en connaître sans s'exposer à voir casser leurs Jugemens. Cass., 14 juin 1822. J. sp., 3, p. 219; R. 108.

☞ Le procès-verbal par lequel le garde champêtre d'un particulier constate un délit rural est frappé de nullité si ce garde n'a point été agréé par le conseil municipal, et confirmé par le sous-préfet, conformément à la loi du 20 messidor an III, rappelée dans l'ordonnance du roi du 29 novembre 1820. — Les délits ruraux mentionnés dans l'art. 24 du titre 2 du Code rural de 1791, et spécialement le délit de pâturage, étant punis par cet article d'une amende égale à la valeur des dommages-intérêts réclamés, le tribunal de simple police cesse d'être compétent, lorsque ces dommages-intérêts excèdent 15 fr. Cass., 21 août 1823. J. sp., 3, p. 541; R. 170.

☞ Second arrêt. Un procès-verbal de garde-champêtre ne doit pas être annulé par le motif qu'il n'énonce pas la demeure du garde; ni le garde ne peut en aucun cas être condamné aux dépens. Cass., 27 juin 1812. J. sp., 3, p. 343; R. 171.

☞ Les tribunaux de police n'ont jamais le droit d'annuler les procès-verbaux des gardes champêtres, à moins que la nullité n'en soit expressément prononcée par la loi. Cass., 13 février 1824. J. sp. 4. p. 245; R. 124.

☞ L'amende encourue par ceux qui font usage de mesures prohibées est de 11 francs au moins. Les tribunaux de police n'ont pas droit d'en prononcer une plus faible. Cass., 26 septembre 1823. J. sp., 4, p. 95; R. 48.

☞ Second arrêt. 27 Mars 1823. J. sp., 4, p. 97; R. 49.

☞ Troisième arrêt. Cass., 19 juin 1831. J. sp., 4, p. 98; R. 50.

☞ Toute ancienne mesure ou tous anciens poids trouvés dans une boutique, magasin, atelier, maison de commerce, foire, halle et marché, doivent être considérés par le tribunal de police comme poids faux et mesures fausses, dans le sens du § 6 de l'article 479 du Code pénal actuel, et le tribunal ne peut, sous aucun prétexte, se dispenser de prononcer en ce cas l'amende de 11 à 15 fr. La présence seule de l'ancienne mesure constitue la contravention, indépendamment de l'usage qu'on en fait. L'usage fait est puni par le § 6 du même article 479, lequel paragraphe n'affranchit pas le tribunal de l'exécution du cinquième. Cass., 21 mai 1824. J. sp. 5, pag. 322; R. 163.

— Observations de l'éditeur, 4, p. 327; R. 166.

☞ En fait de parcours comme en tous autres, la compétence du juge de police doit être appréciée par lui, d'après les premiers actes de poursuites et d'après le *maximum* de la peine applicable à l'infraction dénoncée, sans égard à la faculté qu'il aurait d'en prononcer une moindre. Cass., 4 juin 1824. J. sp., 4, p. 318; R. 161.

☞ Un fondeur sur le comptoir duquel sont trouvés de faux poids ne peut pas être excusé par le motif qu'ils sont destinés pour la fonte et qu'il n'en fait aucun usage. Cass., 10 déc. 1824. J. sp. 5, p. 204; R. 105.

☞ Lorsqu'un procès-verbal établit que de faux poids ou réputés tels par la loi ont été trouvés chez tel épicier, et de fausses mesures chez tel cabaretier, le tribunal de police ne peut les acquitter sur la simple allégation des prévenus, portant qu'ils ne vendent, l'un que des allumettes, l'autre que du vin de son crû à pot renversé. Cass., 17 déc. 1824. J. sp., 5, p. 212; R. 108.

☞ La présence seule d'un poids ancien ou d'une ancienne mesure dans une boutique, magasin, marché ou atelier, constitue une contravention indépendamment de l'usage qu'on en fait. Cette contravention doit être réprimée par une amende de 11 à 15 francs, conformément au § V de l'art. 479 du Code pénal actuel, non par les peines plus douces que prononce le n° 4 de l'art. 3 du titre 2 de la loi du 24 août 1790, combiné avec les art. 600 et 606 du Code du 3 brumaire an IV. Cass., 19 février 1825. J. sp., 5, p. 326; R. 166.

☞ *Deuxième arrêt.* Lorsqu'un arrêté administratif a ordonné à tous les marchands d'un département de se pourvoir des poids et mesures nécessaires au négoce qu'ils exercent, les contrevenans sont passibles des peines de police prononcées par le Code du 3 brumaire an IV. Ce n'est pas une excuse pour eux de n'avoir pas de patente, c'est une contravention de plus. Cass., 25 février 1825. J. sp., 5, p. 330; R. 68.

☞ La foi en matière de contravention de police est due jusqu'à preuve contraire aux procès-verbaux de certains officiers publics, tels par exemple que les commissaires de police. Cette foi ne peut être détruite par la simple allégation du prévenu qui ne produit ni titres ni témoins. Cass., 9 octobre 1824. J. sp., 5, p. 101; R. 53.

—Observations de l'éditeur sur cet arrêt. *Id.* p. 104.

☞ Les procès-verbaux des gardes champêtres doivent être affirmés sincères et véritables pardevant l'officier public voulu par la loi; l'omission de cette formalité entraîne la peine de nullité. Cass., 10 décembre 1824. J. sp., 5, p. 203; R. 104.

☞ Le délai de vingt-quatre heures établi pour l'affirmation des procès-verbaux des gardes des forêts ne court pas à partir du moment où le délit est reconnu, mais seulement à compter de l'heure de la clôture et signature du procès-verbal. Cass., 7 mars 1823. J. sp., 5, p. 18; R. 10.

☞ Les peines prononcées par la loi du 6 frimaire an VII contre ceux qui fraudent les droits exclusifs de péage ou passage accordés *au fermier* d'un bac public ne sont applicables que lorsque le bac est établi sur un fleuve, rivière ou canal navigables. 11 Novembre 1825. J. sp., p. 36; R. 21.

☞ Les tribunaux de police ont droit d'apprécier, avant de prononcer la peine, la légalité du règlement administratif ou municipal dont l'infraction est poursuivie devant eux, et par exemple, en fait de poids et mesures, un arrêté d'un préfet ne saurait contraindre les tisserands à se munir non seulement d'aunes, mais de poids et balances. Cass., 6 mai 1826. J. sp.,

p. 263; R. 137. — Observations de l'éditeur sur cet arrêt, pag. 265; R. 138.

☛ La fabrication d'un poinçon à l'aide duquel on a contrefait la fleur-de-lis, dont l'autorité fait marquer les mesures d'un litre, est plus qu'une contravention de police aux règlemens sur les poids et mesures, c'est un crime prévu par l'art. 14 du Code pénal. 20 Janvier 1825. J. sp. 6, p. 314; R. 162.

☛ La confiance que la loi accorde aux agens de police ne s'étend pas jusqu'à considérer comme prouvé qu'un sac de grains ou autre mesure n'a pas la contenance voulue par les règlemens par le seul fait que l'agent de police déclare que cela lui a paru ainsi à l'*œil :* il faut qu'il passe en outre au mesurage. Cass., 29 janvier 1825. J. sp. 6, p. 318; R. 165.

☛ Les arrêtés des préfets ordonnant 1° à tous les marchands d'un département de se pourvoir de tous les poids et mesures sans exception, détaillés dans un tableau joint à l'arrêté; 2° de soumettre ces poids et mesures à la vérification annuelle, sont obligatoires, et l'infraction entraîne les peines de police portées par le Code du 3 brumaire an IV. Cass., 6 août 1825. J. sp. 6, p. 321; R. 166.

☛ Il suffit que le poinçon constatant la vérification de l'année manque à des poids et mesures pour qu'ils soient réputés faux, et que le tribunal de police doive prononcer l'amende de 11 à 15 fr. Cass., 20 mai 1825. J. sp. 6, p. 321; R. 166.

☛ Lorsque l'autorité municipale a défendu aux cabaretiers d'employer d'autres bouteilles que celles de *litre* et *demi-litre,* toutes autres bouteilles (quand même elles seraient de fractions de celles de la capacité légale) sont considérées comme fausses mesures, et les cabaretiers sont passibles de l'amende de 11 à 15 fr. prononcée par l'art. 479 du Code pénal. Cass., 24 déc. 1825. J. sp. 6, p. 323; R. 167.

☛ Dans le cas prévu par l'avant dernier arrêt, c'est-à-dire lorsque les poids sont réputés faux à défaut d'être marqués du poinçon de l'année, c'est l'art. 479 du Code pénal qui doit être appliqué et non le Code du 3 brumaire IV. Cass., 28 avril 1826. J. sp. 6, p. 324; R. 168.

☛ Ni l'absence, ni la maladie, ni l'indigence, ni l'allégation de n'avoir pas entendu la publication des arrêtés qui ordonnent la vérification annuelle, ne sont des excuses contre les contraventions à ces arrêtés. Cass., 20 janv. 1826. J. sp. 6, p. 324; R. 168.

☞ C'est une excuse inadmissible de prétendre que les poids illégaux ont été apportés par une personne qui, en l'absence du maître, occupait le comptoir. Cass., 27 janv. 1826. J. sp. 6, p. 328; R. 170.

☞ Les maires ont droit d'ordonner qu'on ne portera au marché des grains que des sacs contenant l'hectolitre ou ses fractions. Un tel arrêté se rattache à l'inspection sur la fidélité du débit des denrées qui se vendent au poids et à la mesure, et son infraction est punissable des peines portées par les art. 600 et 606 du Code du 3 brumaire an IV. Cass., 1er avril 1826. J. sp. 6, p. 329; R. 170.

☞ Les peines prononcées contre les débitans en contravention sont applicables aux propriétaires qui débitent du vin de leur crû. Cass., 15 avril 1826. J. sp. 6, p. 332; R. 172.

☞ La loi du 6 frimaire an VII, relative aux passages des bacs et bateaux, soumet à des peines de simple police ceux qui refusent le paiement des droits du tarif ou qui veulent s'y soustraire. La peine est une amende de la valeur d'une à trois journées de travail. En cas de récidive, le juge de paix doit prononcer, avec l'amende, un emprisonnement d'un à trois jours avec affiche du jugement. Toutes ces peines sont maintenues par l'art. 484 du Code pénal; mais, si le refus de payer est accompagné d'injures ou de violences, l'affaire devient du ressort de la police correctionnelle. Cass., 17 brumaire an XII. J. sp. — A ce sujet, nous ferons remarquer l'importance de cet article 484 du Code pénal actuellement en vigueur; cet article porte : « que dans toutes les matières qui n'ont pas été réglées par le présent Code, et qui sont régies par des lois et règlemens particuliers, les cours et tribunaux continueront de les observer. » Cette disposition maintient en vigueur une infinité de lois de règlemens, de mesures prises depuis Louis XIV, par une sage police, le Code rural de 1791, etc.

☞ En matière de contraventions et de délits, la prescription doit être supplée d'office, c'est-à-dire par le juge, si le prévenu néglige ou omet de la proposer, attendu que la prescription au criminel est le droit public. Le principe contraire n'a lieu qu'au civil. Cass., 27 fév. 1807. J. sp.

*Tome I.*

☞ En matière de délits ruraux, la prescription est de trente jours, aux termes du Code rural des 28 sept. et 6 oct. 1791 : c'est la citation donnée à comparaître devant le tribunal qui interrompt la prescription. Cass., 2 messidor an XIII. J. sp. Mais la prescription de trente jours ne s'applique pas à ceux des délits ruraux qui sont prévus et spécifiés dans le Code pénal actuel, celui de 1810. C'est la prescription établie par l'art. 640 du Code d'instruction criminelle qui fait en ce cas la règle à suivre : or, cette dernière prescription est d'un an. Cass., 10 sept. 1813. J. sp.

☞ (Second arrêt.) Exercer le droit de parcours dans les prairies artificielles étant un délit punissable d'une amende égale au dédommagement dû au propriétaire, les juges de paix ne peuvent jamais en connaître. Cass., 4 juill. 1817, 7, 306; R. 159.

☞ Les questions sur les droits de péage sont de la compétence du juge de paix comme juge de police; mais si, dans l'ignorance des lois de la matière, ce magistrat prononce comme juge civil, l'appel de son jugement sera recevable pendant trois mois. Cass., ch. civ., 26 déc. 1826, 7, 189; R. 99.

☞ Lorsqu'un maire écrit lui-même, sur le même feuillet et dans le même moment, le procès-verbal de la déclaration qui lui est faite par le garde champêtre d'une contravention, et l'affirmation faite par ce garde, il n'est pas nécessaire que le maire appose sa signature et au bas du rapport et au bas de l'affirmation; il suffit qu'il signe l'affirmation, qui, dans ce cas, ne forme avec le rapport qu'un seul et même procès-verbal. Cass., 5 fév. 1825, 7, p. 37; R. 20.

☞ (Second arrêt). Les maires, lorsqu'ils remplacent les juges de paix ou leurs suppléans, sont compétens pour recevoir en même temps les déclarations et affirmations des gardes-champêtres. Cass., 20 août 1825, 7, 40; R. 22.

☞ 1° Il est des procès-verbaux qui font preuve du fait qu'ils contiennent, et contre lesquels nul témoignage oral ou écrit ne peut être invoqué, la seule inscription de faux pouvant en paralyser l'effet. Tels sont les procès-verbaux des employés des droits réunis, des douanes et des gardes des forêts.

☞ 2° Il y a des procès-verbaux qui font preuve du fait qu'ils contiennent, mais qui peuvent cependant être combattus et détruits par des témoins ou écrits contraires; ce sont les procès-verbaux des gardes champêtres, commissaires de police, maires et officiers de gendarmerie. 3° Il est enfin une troisième classe de procès-verbaux qui ne font point preuve du fait qu'ils contiennent, et ne doivent être considérés que comme renseignemens ou dénonciations officielles; ce sont les rapports des simples gendarmes, et la raison en est qu'ils ne sont point officiers de police judiciaire. J. sp. 7, p. 262; R. 136.

☞ Toutefois, les rédacteurs peuvent être entendus comme témoins du fait dont il ont dressé procès-verbal, sauf au tribunal d'avoir à leur témoignage tel égard que de raison. Cass., 11 mai 1810, 7, 362; R. 136.

☞ Les préfets ou les maires ont droit de soumettre les fabricans à plier les produits de leurs manufactures sur la mesure légale, sur la longueur de l'aune, par exemple. 21 Juin 1828, 8, 193; R. 122.

☞ Une aune à crochet, mesure ancienne, trouvée dans un magasin ou autre lieu de vente, doit être réputée fausse, et entraîne la peine portée en l'art. 479, Code pénal, bien qu'on allègue qu'elle servait plutôt au pliage qu'au mesurage. 1er Août 1828, 8, 389; R. 226.

☞ Le juge doit considérer comme faux poids, non seulement ceux qui sont dépourvus du signe extérieur de vérification destiné à en constater l'exactitude, mais encore, et surtout, tous ceux qui, poinçonnés ou non poinçonnés, n'ont pas la pesanteur requise. 23 Sept., 1826, 8, 64; R. 40.

☞ Il suffit que le poinçon constatant la vérification de l'année manque à des mesures et poids pour qu'ils soient réputés faux, et que le tribunal doive prononcer l'amende de 11 à 15 fr. 9 Sept. 1826, 8, 92; R. 59.

☞ Second arrêt, 23 décemb. 1825, 8, 129; R. 83.

☞ Les fausses balances doivent être assimilées aux faux poids. Ainsi, 1° les marchands qui en ont sont en contravention à l'art. 479, § 5 du Code pénal; 2° ceux qui les emploient sont coupables du délit prévu par l'art. 423. 11 Nov. 1826, 8, 148; R. 94.

☞ Le procès-verbal d'un commissaire de police constatant un embarras sur la voie publique ou l'existence d'un amas d'immondices malsaines fait foi jusqu'à preuve contraire. 20 Oct. 1826, 8, 130; R. 83.

☞ Les procès-verbaux et autres actes qui intéressent l'ordre et la vindicte publics n'en sont pas moins valables, quoiqu'ils n'aient pas été enregistrés. 27 Juill. 1827, 8, 429; R. 246.

☞ 1° C'est une contravention de police que d'envoyer au pacage commun plus de têtes de bétail que les règlemens municipaux ne le permettent. 2° Les règlemens de police soumettent à leur empire même les étrangers non domiciliés qui se trouvent sur le territoire pour lequel ils ont été faits. 15 Fév. 1820, 8, 248; R. 151.

☞ Lorsque traduit au tribunal de police pour refus de payer le droit de passage d'un bac public le prévenu allègue qu'il ne doit rien en raison de sa fonction ou qualité, le juge de paix doit il renvoyer l'affaire devant lui-même, jugeant au civil? 11 juill. 1828, 8, 383; R. 223.

☞ *Pigeons.* Lorsqu'à l'époque de la semence ou maturité des grains des pigeons s'abattent sur un champ et y pâturent, le maître du champ peut les y tuer et s'en emparer comme de tout autre gibier; il le peut, bien qu'il n'ait pas été pris d'arrêté par le maire qui ait ordonné leur clôture. Les particuliers ne sauraient être victimes de cette négligence du pouvoir municipal. Cass., 1er août 1829. 9, pag. 366; R. 192.

☞ *Police.* Nouvel arrêt par lequel la cour décide que les formalités prescrites par le Code de procédure civile pour les exploits et appels civils ne s'appliquent point aux appels de simple police; il suffit d'une déclaration au greffe. Cass., crim., 6 août 1829. 10, p. 381; R.

# R

☞ La récidive ne résulte pas de ce qu'il y ait eu condamnation dans les douze mois de la part du même tribunal d'une contravention *quelconque,* mais bien d'une contravention de même nature. Cass., 16 août 1811, et 26 avril 1822. J. sp., 2, pag. 322; R. 154.

☞ Les maris ne peuvent jamais être responsables des condamnations de police encourues par leurs femmes, ni les maîtres par leurs domestiques, hors des fonctions où ils les emploient. Il n'y a d'exception à ce principe que pour les délits ruraux. Cass., 6 juin 1811. J. sp. 3, pag. 306; R. 146.

☞ Lorsqu'il n'y a pas de partie civile, les tribunaux de police ne peuvent prononcer des dommages et réparations sur la seule poursuite de la partie publique. Cass., 16 novembre 1821. J. sp., 2, pag. 326; R. 155.

☞ Les personnes civilement responsables de leurs subordonnés ne peuvent jamais être condamnées à des peines personnelles ; elles ne répondent que des dommages-intérêts encourus. Cass., 4 septembre 1823. J. sp., 4, pag. 189; R. 96.

☞ Tout juge de paix siégeant au tribunal de police doit s'abstenir, s'il sait cause de récusation en sa personne, et cette cause existe lorsqu'il est propriétaire du champ sur lequel a été commise la contravention, bien qu'elle ne soit poursuivie que dans l'intérêt de la loi. Cass., 14 octobre 1824. J. sp., 5, pag. 99; R. 52.

☞ Le juge de paix ne doit pas se déclarer incompétent en matière de contraventions à certains règlemens municipaux, par la raison que le prévenu se trouve passible, à raison de la *récidive*, d'une peine plus grave que celles que les tribunaux de simple police peuvent prononcer. Cass., 19 mars 1825. J. sp. 6, pag. 65; R. 34.

☞ Observations de l'éditeur sur cet arrêt, pag. 67 R. 37.

☞ Pourvu que le tribunal de police, en cas de récidive, dans les contraventions non prévues par le Code pénal, ait prononcé une peine double du *minimum* de la peine établie pour la contravention primitive, son jugement échappe à la cassation. Cass., 16 avril 1815, J. sp., 6, pag. 95; R. 51. — Observations de l'éditeur sur cet arrêt. *Idem*, 97; R. 52.

☞ 1° Toute personne qui est condamnée pour récidive dans la contravention consistant à n'avoir pas balayé ou fait balayer la rue devant sa maison ou son jardin doit-elle être condamnée à la prison, conformément aux art. 471 et 474 du Code pénal? 2° Le juge de police peut-il distinguer le *balayage*, qui est partout à la charge des particuliers, d'avec le *nettoyage*, qui, dans beaucoup de communes, se fait aux frais de la ville? Cass., 10 juin 1826, J. sp. 6, pag. 268; R. 139.

☞ Les contrevenans par *récidive* aux règlemens municipaux sur la police des lieux publics doivent être jugés par le tribunal de simple police. 4 Août 1827, 8, 31; R. 22.

☞ 1° Les pères ne peuvent jamais être condamnés à l'amende par suite d'un délit de leurs fils. 2° Les tribunaux de police n'ont pas droit de faire des injonctions à un garde champêtre, encore moins de le condamner aux frais. 29 Février 1828, 8, 235; R. 144.

☞ La responsabilité des maîtres ne s'étend pas à l'amende, mais ils sont tenus aux dépens. 18 Octobre 1827, 8, 17; R. 12.

☞ Principes sur la compétence des tribunaux de police et sur la responsabilité des maîtres. 3 Novembre 1826, 8, 144; R. 91.

☞ La responsabilité civile n'a lieu qu'accessoirement à l'action principale, et la personne civilement responsable ne peut être traduite en simple police lorsqu'il y a prescription à l'égard de l'auteur de la contravention. 2 Août 1828, 8, 391; R. 230.

☞ La double peine à appliquer en cas de récidive, en matière de contravention aux arrêtés municipaux, ne s'étend qu'à l'amende et non à l'emprisonnement. — Ainsi, ces contraventions, qui, pour la première fois, sont punissables de trois jours d'emprisonnement et d'une amende de trois journées de travail, ne comportent, au cas de récidive, qu'un emprisonnement de trois jours et une amende de six journées de travail; d'où il suit que les tribunaux de police sont compétens pour en connaître, même quand elles sont commises en récidive. Cass., 5 septembre 1828, 9, 125; R. 68.

☞ La récidive en fait de contravention non prévue par le Code pénal, et punie seulement par celui du 3 brumaire an IV, pouvant n'être punie que du double de l'amende pronocée par ce Code, c'est-à-dire d'une amende de six journées de travail, par conséquent moindre de 15 francs, le juge de paix demeure compétent. Cass. crim., 20 février 1829. J. sp., 10, p. 125; R.

## S.

☞ *Serment.* Les suppléans des juges de paix ne peuvent, à peine de nullité, faire aucun acte d'autorité publique, ni rendre de jugemens, s'ils n'ont préalablement prêté serment à l'audience du tribunal d'arrondissement. Cass., 12 janvier 1809. J. sp., 9, p. 78; R. 44.

☞ *Suppléans.* Les suppléans des juges de paix peuvent tenir les audiences de simple police, même dans les villes ou il y a plusieurs juges de paix. 2° Le suppléant du juge de paix

peut l'être en même temps au tribunal d'arrondissement. Cass.,
2 frimaire an XIV. J. sp., 9, p. 21; R. 13.

## V.

☞ Arrêt de la cour de cassation qui annulle un jugement
de police, par lequel avaient été acquittés des contrevenans à
l'arrêté d'un maire, portant défense aux voituriers de s'asseoir
sur leurs chevaux. 25 Ventôse an XIII. J. sp., 1, p. 81;
R. 39.

☞ *Petite voirie.* La compétence du tribunal de police en
matière de petite voirie dépend du point de savoir si le terrain est public ou s'il est la propriété du prévenu; le tribunal
doit s'abstenir jusqu'à décision de cette question préjudicielle.
Cass., 20 juillet 1821. J. sp., 2, p. 130; R. 62.

☞ Toutefois, le juge de paix n'a pas droit de fixer le délai dans lequel le prévenu devra se pourvoir sur la question
préjudicielle de propriété, sous peine de voir passer outre au
jugement de police. Cass., 10 août 1821 et 7 mars 1822. J.
sp., 2, p. 234 et 238; R. 111 et 113.

☞ Les contraventions en fait d'alignement et de démolition de maison doivent être réprimées par les tribunaux de police. Cass., 29 mars et 21 décembre 1821. J. sp., 2, p. 168 et
171; R. 80 et 81.

☞ Ces tribunaux ne peuvent pas se borner à prononcer la
peine établie, ils doivent en outre ordonner la réparation des
dommages et notamment la démolition des ouvrages illégalement entrepris. Cass., 12 avril 1822. J. sp., 2, pag. 241;
R. 114.

☞ Ceux qui empoisonnent les volailles d'autrui, mais sur
un terrain dont le maître des volailles n'est ni propriétaire ni
fermier, sont justiciables des tribunaux de simple police, et non
de la police correctionnelle. Cass., 17 août 1822. J. sp., 3, p.
137; R. 66.

☞ Les tribunaux de police n'ont pas la faculté d'acquitter,
par des motifs de considération et autres circonstances atté-
nuantes, les prévenus de contraventions à la défense de gêner
et d'embarrasser la voie publique. Dès que le fait est reconnu
constant par le juge, la peine doit être appliquée. Cass., 5 juillet 1822. J. sp., 3, p. 314; R. 105.

Ce n'est pas seulement dans les rues, lieux et édifices publics, que la police peut ordonner l'enlèvement des immondices; son action, pour la salubrité, s'étend même sur les lieux qui sont des propriétés particulières. Cass., 6 février 1823. J. sp., 3, p. 352; R. 166.

Second arrêt. Il n'y a de question préjudicielle en matière de contravention à la police en général que celle dont la preuve fait disparaître la contravention. Le juge de paix doit se régler sur ce principe. Il empiète sur le pouvoir municipal, lorsqu'au lieu de statuer sur les infractions aux réglemens de petite voirie, il renvoie à quelque autre autorité le jugement d'exceptions qui, même accueillies, ne justifieraient pas la contravention. Cass., 27 juin 1823. J. sp., 3, p. 538; R. 169.

Les anticipations sur les chemins publics et les déplacemens de bornes sont de la juridiction des tribunaux correctionnels, en cas de citation devant les juges de paix; ceux-ci doivent se déclarer incompétens et non pas acquitter les prévenus. Cass., 18 juillet 1822. J. sp., 3, p. 223; R. 110.

Ce sont les propriétaires ou locataires des maisons, et non leurs domestiques, qui sont passibles des dispositions pénales sur la propreté des rues. Cass., 6 sept. 1822. J. sp., 3, p. 265; R. 131.

La contravention que commettent ceux qui laissent vaguer leurs chevaux dans les rues d'une ville entraîne toujours une amende de 6 à 10 francs, et c'est violer l'art. 475 du Code pénal que de ne condamner le maître des chevaux qu'à l'amende d'une journée de travail. Cass., 27 octobre 1822. J. sp., 4, p. 26; R. 13.

Les tribunaux de simple police ne sont pas compétens pour statuer sur les peines que la loi du 6 octobre 1791 attache aux faits de dégradation ou d'usurpation des chemins vicinaux, attendu que ces chemins sont considérés comme *voies publiques*, et que l'amende prononcée peut s'élever à 24 fr. Cass., 25 juillet 1823. J. sp., 4, p. 237; R. 123.

Second arrêt. Les tribunaux de simple police sont, au contraire, expressément chargés, par l'art. 471, n° 5, du Code pénal, de réprimer les atteintes portées à la sûreté et à la commodité de ces mêmes chemins vicinaux considérés comme voies publiques, notamment dans le cas où des branches d'arbres embarrassant le passage. Cass., 7 février 1824. J. sp., 4, pag. 241; R. 122.

☞ Les excavations faites dans le voisinage de la voie publique ne sont punissables qu'autant qu'il y aurait un règlement de police locale. Il n'en existe pas de général. Cass., 13 février 1824. J. sp., 4, pag. 245; R. 124.

☞ La partie des grandes routes qui traverse les villes et qui y forme des rues ou des places tombe dans le domaine de la petite voirie, et donne lieu à l'application, par les tribunaux de police, des règlemens municipaux sur la salubrité et la sûreté publiques. Cass., 15 avril 1824. J. sp. 4, pag. 208; R. 105.

☞ Les selliers carrossiers et les aubergistes qui, comme il leur arrive habituellement, notamment aux selliers, laissent dans la rue des voitures qui souvent empêchent et toujours diminuent la liberté et la sûreté du passage, sont passibles des peines de police. Cass., 2 juillet 1824. J. sp., pag. 355; R. 181.

☞ L'arrêté par lequel un maire ordonne aux habitans d'une ville d'arracher l'herbe au devant de leurs maisons est pris dans l'exercice légal de ses fonctions municipales, et le juge de police doit punir les contrevenans. Cass., 17 décembre 1824. J. sp., 5, pag. 208; R. 107.

☞ Lorsqu'il y a nécessité de déposer des matériaux sur la voie publique, ceux qui ont fait le dépôt ne sont passibles d'aucune peine malgré toute disposition contraire de l'autorité municipale. Cass., 10 décembre 1824. J. sp., 5, pag. 133; R. 69.

☞ Appartient-il aux juges de paix de réprimer les contraventions que les entrepreneurs et conducteurs de voitures publiques se permettent contre les ordonnances de police, et notamment contre celle du 4 février 1820? Tribunal de police de la Palisse, 30 octobre 1824. J. sp., 5, pag. 221; R. 113.

☞ Les défenses faites par les maires aux postillons et autres conducteurs de voitures de faire claquer leurs fouets en traversant une ville sont parfaitement légales et régulières, et les juges de paix commettent un excès de pouvoir lorsqu'ils refusent de punir les contrevenans. Cass., 18 novembre 1824. J. sp., 6, pag. 34; R. 20.

☞ Toutes les fois qu'il y a six chevaux attelés, il faut deux postillons; il en faut deux encore, bien qu'ils ne mènent que cinq chevaux, si le cinquième est placé en arbalète. Cass., 15 septembre 1825. J. sp., 6, page 215; R. 112.

Les mesures de police établies par l'ordonnance du 4 février 1820 concernent directement et immédiatement les propriétaires et entrepreneurs des voitures publiques ; et c'est eux qui sont passibles des peines encourues, et non l'employé qui conduit et charge ces voitures. Cass., 30 juillet 1825, 6, pag. 206 ; R. 107.

☞ Le procès-verbal constatant une contravention à l'ordonnance du 4 février 1820 fait foi en justice, bien qu'il ne soit rédigé que par un gendarme seul ; il fait foi jusqu'à preuve testimoniale contraire, mais non pas jusqu'à inscription de faux ; 2° la gendarmerie n'a point qualité pour vérifier si les conducteurs de voitures publiques sont munis de leur laissez-passer. Les employés aux contributions indirectes ont seuls ce droit. Cass., 8 avril 1825, et 26 août 1825. J. sp., 6, pag. 200 et 204 ; R. 104 et 106.

☞ Les entrepreneurs et propriétaires de voitures publiques ne sont jamais passibles des peines de police toutes les fois qu'il n'est pas prouvé qu'ils ont commis eux-mêmes la contravention. Leur responsabilité ne peut être que civile. Cass., 18 novembre 1825. J. sp., 6, pag. 209 ; R. 108. — Observations de l'édit., pag. 214 ; R. 111.

☞ Les maires ont-ils droit d'ordonner, 1° qu'aucune nouvelle maison ne pourra être bâtie que jusqu'à une certaine hauteur déterminée par eux d'après la largeur de chaque rue ? 1° de défendre de bâtir sans avoir reçu d'eux l'alignement ? Sept arrêts du 30 mars 1827, 7, pag. 267 ; R. 139.

☞ Le tribunal de police doit réprimer des contraventions à l'arrêté par lequel un maire défend de faire bâtir des maisons nouvelles et de réparer les anciennes en bois ou en colombage, et ordonne de n'y employer que la pierre ou la brique. Le tribunal doit même prononcer la démolition des travaux faits contre les dispositions de l'arrêté. Cass., 29 décembre 1820, 7, pag. 273 ; R. 142.

☞ (Les) de police, lorsque, outre l'amende, ils ordonnent la démolition d'une bâtisse entreprise ou même terminée en contravention aux règlemens municipaux, ont droit d'accorder un délai pour la démolition qu'ils ordonnent. Cass., 15 septembre 1825, 7, pag. 240 ; R. 124.

☞ Les maires ont droit de faire supprimer les gouttières saillantes sur la voie publique, et le tribunal de police ne peut acquitter les contrevenans sous prétexte que leur maison n'est pas située dans une rue, mais dans une ruelle où les charrettes ne passent point. 14 Octobre 1826. J. sp. 8, p. 126; R. 81.

☞ Lorsqu'un maire a défendu de jeter de l'eau par les fenêtres, les contrevenans ne peuvent pas être excusés par le motif que l'eau n'est tombée sur personne. 26 Juillet 1828. J. sp., 8, p. 387; R. 225.

☞ Par les mots *voie publique*, dont se sert l'art. 605 du Code du 3 brumaire an IV, on ne doit entendre que les rues, places ou carrefours des villes et villages, et non les véritables chemins publics, allant de ville ou servant à la desserte des héritages. 20 Juillet 1809. J. sp. 8, p. 85; R. 55.

☞ Les juges de paix sont compétens pour réprimer les usurpations ou anticipations commises sur cette espèce de voie publique. 15 Février 1828. J. sp. 8, p. 229; R. 141.

☞ Le délit d'usurpation sur un chemin communal se prescrit par un mois, comme tous autres délits ruraux, et sort de la compétence des tribunaux de simple police. 18 Janvier 1828. J. sp. 8, p. 225; R. 138.

Autre arrêt conforme. 5 Novembre 1825, p. 45.

☞ Intercepter un chemin public par l'établissement d'une porte, c'est commettre une usurpation sur un chemin public. 2 Août 1828. J. sp. 8, p. 391; R. 229.

☞ Lorsque le prévenu d'usurpation sur un passage ou chemin soutient qu'il est propriétaire du terrain contesté, le tribunal de police doit suspendre sa décision jusqu'au jugement de l'exception de propriété. 30 Juillet 1825. J. sp. 8, p. 22; R. 15.

☞ Second arrêt conforme et décidant que le juge de paix n'est pas obligé, à peine de nullité, de fixer au prévenu un délai pour obtenir décision sur la question civile de propriété. 15 Décembre 1827. J. sp. 8, p. 300; R. 180.

☞ Les contraventions à l'alignement donné par les maires pour les maisons et bâtimens qui bordent les rues et bourgs doivent être punies par les tribunaux de police. 14 Septembre 1827. J. sp. 8, p. 8; R. 6.

☞ Second arrêt. Ces tribunaux doivent en outre ordonner la démolition des ouvrages illégalement faits. 2 Décembre 1825. J. sp. 8, p. 38; R. 26.

➤ Autre arrêt conforme au précédent. 30 Décembre 1826. J. sp., 8, p. 40 ; R, 28.

➤ Le propriétaire qui, sommé de démolir une partie de maison que le maire déclare tomber en ruine, n'obéit pas, est punissable par le tribunal de police, et ce n'est pas à ce tribunal de décider que la maison ne menace pas la sûreté publique. 28 Avril 1827. J. sp., 8, p. 416 ; R. 240.

➤ Le stationnement d'une voiture dans une rue constitue l'embarras de la voie publique, prévu et puni par l'article 471 du Code pénal. Le tribunal de police ne peut se dispenser de prononcer la peine fixée par cet article, s'il ne déclare pas expressément la nécessité du séjour de la voiture dans la rue. 8 Octobre 1825 et 28 octobre 1825. J. sp. 8 , p. 95 ; R. 61.

➤ Règles sur le balayage des rues et sur leur sûreté, commodité, etc. 7 Décembre 1826. J. sp. 8, p. 162 ; R. 104.

➤ Second arrêt, même jour 7 décembre 1826 ; R. 106.

➤ Les règlemens de l'autorité municipale, en fait de petite voirie, sont exécutoires par provision, et nonobstant tout recours à l'autorité supérieure. 26 Juillet 1827. J. sp. 8, p. 426 ; R. 245.

➤ Dès que le dépôt des matériaux sur la voie publique est constant, et que la nécessité de ce dépôt ne l'est pas, le tribunal n'a pas droit d'examiner si la rue en a été embarrassée ou non. 2 Juin 1825. J. sp. 8 ; R. 20.

➤ Principes sur l'interprétation des dispositions du Code pénal, relatives à la liberté et à la sûreté du passage dans les rues. 3 Septembre 1825. J. sp. 8, p. 35 ; R. 25.

➤ Les usurpations, anticipations, dégradations et entreprises quelconques sur les grandes routes (*royales ou départementales*), ne sont point du ressort de la simple police : ce sont des contraventions de grande voirie qui ne peuvent être réprimées que par les conseils de préfecture. 7 Octobre 1825. J. sp., 8, p. 81 ; R. 52.

➤ Le voiturier qui abandonne ses chevaux et sa voiture stationnés dans une rue commet une contravention. Le tribunal de police ne peut se dispenser d'appliquer la peine, sous prétexte que le conducteur absent était employé alors au chargement, et que d'ailleurs aucun accident n'est résulté de son absence. 24 Février 1827. J. sp., 8, p 377 ; R. 220.

☞ Il y a contravention punissable de la peine portée par l'article 475, n° 4, Code pénal, chaque fois 1° que le poids ou l'élévation de la charge d'une voiture publique excède les limites fixées par l'ordonnance du 4 février;

2° Que le conducteur n'est pas pourvu d'un livret. 9 Septembre 1826. J. sp. 8, p. 59; R. 37.

☞ Les tribunaux de police ne sont pas compétens pour connaître de la contravention que commet un voiturier en ne mettant pas de plaque à sa voiture. Cass., 15 février 1828. J. sp., 8, p. 228; R. 140.

☞ Un tribunal ne peut se dispenser de réprimer la contravention résultant de ce qu'un individu aurait élevé une construction sans avoir obtenu d'alignement, sous prétexte que le maire aurait négligé de lui faire connaître cet alignement, 2° Le jugement prononcé par un juge de paix tenant *l'audience du tribunal de simple police* ne constate pas suffisamment qu'il a été rendu en audience publique. Cass., 21 nov. 1828. J. sp., 9, p. 259; R. 126.

☞ *Idem.* Les tribunaux de simple police, en condamnant à l'amende les auteurs de constructions faites hors de l'alignement fixé par l'autorité municipale, doivent ordonner en même temps la démolition de ces constructions; 2° une fois que les arrêtés énonciatifs d'alignement ont été signifiés aux propriétaires, personne ne peut plus élever de constructions nouvelles en opposition à ces arrêtés, ni même *consolider les anciennes*. Cass., 7 août 1829. J. sp., 9, p. 377; R. 196.

☞ *Voitures publiques.* Les contraventions aux mesures de police prescrites par une ordonnance royale qui ne prononce pas de peines sont passibles des peines portées par les art. 600 et 606 du Code du 3 brumaire an IV, combinés avec la loi du 24 août 1790; 2° l'article 475 du Code pénal s'applique aux entrepreneurs de voitures publiques qui omettent d'afficher dans l'intérieur de la voiture le nombre de places qu'elle contient, ainsi que le prescrit l'ordonnance du 4 février 1820. Cass., 20 décembre 1828. J. sp., 9, p. 203; R. 108.

☞ *Voirie* (*petite*). La défense de consolider les murs de face, les maisons donnant sur la rue, des édifices quels qu'ils soient, destinés à être démolis dans l'intérêt de la salubrité ou de l'embellissement des villes, cette défense ne s'étend pas aux édifices qui ne font pas face à la voie publique, par exemple à un hangar, à une écurie enfermée dans un enclos dont les quatre murs donneraient sur la rue. Cass., ch. réunies, 25 juillet 1829. J. sp., 10, p. 5.

☞ *Voitures publiques.* L'obligation imposée aux voitures publiques de mettre le sabot d'enrayage dans les descentes rapides, loin d'être révoquée par l'ordonnance du 27 sept., est renouvelée par l'art. 27 de cette ordonnance, et s'applique même aux malles-postes, qui ne sont soustraites aux dispositions de l'ordonnance qu'en ce qui concerne la forme, la dimension et la charge. Cass. crim., 21 mars 1828. J. sp., 10, pag. 55.

☞ Nous croyons devoir clorre ici cette nomenclature, déjà trop longue (1) et nécessairement fastidieuse. Toutefois elle cessera de l'être et servira de texte pour de profitables méditations à tout lecteur qui prendra la peine de rapprocher la question par nous posée du fait, des motifs et du dispositif de chaque arrêt, tel qu'il est imprimé avec tous ses détails dans chaque volume de notre Journal spécial, auquel nous renvoyons le lecteur. Nous l'avons dit dans l'avant-propos de cette édition, et nous croyons ne pouvoir assez le répéter. Des notices séparées du fait de la cause et des motifs de la décision ne sont pas plus des arrêts que des jalons placés sur une route ne sont la route, qu'un squelette décharné n'est l'image d'un corps plein de vie.

☞ Tel est cependant le danger et l'abus de ces compilations dont nous venons de parler dans une note. On les présente au public comme une sorte d'esprit ou d'élixir de la jurisprudence actuelle, et ce sont uniquement des spéculations de librairie. La collection des arrêts étant très coûteuse, on calcule qu'on trouvera beaucoup d'acheteurs pour sa table seule; mais ces acheteurs devraient songer que non-seulement la table ne sert à rien sans les arrêts, mais, ce qui est bien plus fâcheux, qu'elle peut conduire force avocats à provoquer de très mauvais procès, et force magistrats à rendre de très mauvais jugemens.

---

(1) Et cependant nous n'avons guère analysé que des arrêts rendus sur et depuis les Codes criminels actuellement en vigueur : les arrêts antérieurs sont déjà surannés, presque inutiles et bons seulement à grossir certains Codes annotés, Tables décennales, vicennales, Manuel du Droit Français, etc., etc., qui se vendent au poids.

Que sont en effet ces recueils de notices, ou isolées, ou placées sous des articles de lois qui font déjà la moitié du volume?
c'est une collection de solutions sur de prétendues questions,
posées non dans les arrêts eux-mêmes, mais que posent à leur
manière, et suivant leur façon de voir et la portée de leur esprit, les éditeurs des arrêts dont ces questions sont le résumé.
Or, rien de moins facile, rien qui exige une plus grande étendue de vues sur la matière, un jugement plus sain, un tact
plus délicat des affaires que de renfermer ainsi en quelques
lignes l'analyse d'un arrêt de plusieurs pages. A combien de
gens est-il donné d'y réussir? *Pauci quos æquus amavit Jupiter....* Une heure de travail ne suffit quelquefois pas pour un
seul arrêt; il faut y revenir le lendemain à tête reposée, consulter souvent les habiles, et souvent aussi ne réussir qu'imparfaitement. Nous ne craignons pas de dire, par expérience, que
c'est la partie la plus difficile du travail d'un arrêtiste. Peut-
on attendre ce labeur obstiné des éditeurs de la notice de deux
à trois mille arrêts? peut-on même l'exiger?

Mais enfin, lorsqu'un éditeur se trompe et qu'on peut recourir au texte de l'arrêt, il n'y a que demi-mal, parce que le
lecteur rectifie lui-même la position de la question et tire du
fait, des motifs et du dispositif, des conséquences plus justes
que ne l'a fait l'auteur de la notice. Telle est précisément la
raison qui nous a décidés à ne citer dans cet ouvrage que des
arrêts qu'on peut lire en entier dans le journal auquel nous
renvoyons sans cesse. Nous aurions pu en citer une infinité
d'autres qui sont à notre connaissance, notamment sur les
matières de simple police. Mais comme ils n'ont pas encore
été imprimés dans notre Journal spécial, qui n'en peut contenir chaque année qu'un certain nombre, nous avons cru devoir attendre qu'ils y aient paru. Alors nous les mentionnerons,
avec les arrêts nouveaux qui interviendront, dans les éditions
postérieures de ce Manuel.

Nous espérons ainsi faire de ce livre, avec les ouvrages de
MM. Carré, Henrion de Pensey et nos Codes, la bibliothèque
usuelle et suffisante d'un juge de paix.

FIN DU TOME PREMIER.

# TABLE GÉNÉRALE

DES

## TITRES, CHAPITRES, SECTIONS ET PARAGRAPHES

CONTENUS DANS LA 1<sup>re</sup> PARTIE DU TOME 1<sup>er</sup> DE CET OUVRAGE.

## TITRE PREMIER.

DES FONCTIONS CIVILES DES OFFICIERS PUBLICS ATTACHÉS
A LA JUSTICE DE PAIX.


NOTIONS PRÉLIMINAIRES.     Page 3

Des fonctions civiles des juges de paix.

CHAP. I. De l'institution des justices de paix.     13

CHAP. II. De la nomination de chacun des officiers attachés à la justice de paix, et de quelques autres objets qui concernent l'exercice de leurs fonctions.     15

SECTION I. De la nomination des juges de paix, des suppléans, des greffiers et des huissiers attachés à la justice de paix.     *ibid.*

— II. De l'exercice et de la durée des fonctions publiques attachées à la justice de paix.     28

— III. Du traitement des juges de paix, de leurs greffiers et huissiers, et des droits qui leur sont attribués sur différens actes de leur compétence.     33

— IV. Des incompatibilités prononcées contre les fonctionnaires publics attachés à la justice de paix.     38

CHAP. III. De la juridiction contentieuse des juges de paix.     40

SECTION I. Quelles affaires sont de la compétence de la justice de paix.     *ibid*

§ I. Attributions primordiales de la justice de paix.     41

§ II. Des attributions faites à la justice de paix depuis son origine.     79

SECTION II. De la demande.     92

— III. De l'instruction.     95

— IV. Des enquêtes.     99

— V. De la visite du lieu contentieux et des appréciations.     102

— VI. Des incidens.     103

Section i. De l'appel en garantie. 103
— ii. De la récusation. 106
— iii. Du déclinatoire. 109
Chap. IV. Des jugemens. 111
Section i. Règles communes à tous les jugemens. ibid.
— ii. Des jugemens par défaut. 115
— iii. Des jugemens sur actions possessoires. 119
— iv. Des jugemens qui ne sont pas définitifs. 123
— v. Des minutes et expéditions des jugemens. 124
— vi. Des dépens. 130
— vii. Des suites des jugemens. 132
Section i. De l'appel. 135
— ii. De la cassation. 141
Chap. V. Du bureau de conciliation.
Section i. Pour quelles affaires faut-il passer au bureau de conciliation, et devant quel bureau ? 142
— ii. De la citation. 147
— iii. Du procès-verbal. 149
Chap. VI. Des fonctions des juges de paix qui ne tiennent ni au contentieux ni à la conciliation. 157
Section i. Du conseil de famille. ibid.
— ii. Des scellés. 168
§ I. De l'apposition des scellés. 169
— II. Du testament et des papiers cachetés trouvés chez le défunt. 174
— III. Des scellés en cas de faillite. 175
— IV. Du référé. 176
— V. De l'opposition aux scellés. 177
— VI. De la levée des scellés. 178
— VII. De la levée des scellés en cas de faillite. 183
Chap. VII. Des différentes fonctions et attributions particulières du juge de paix en matières civiles, fiscales, et de police municipale et rurale. 185

## TITRE SECOND.

### DES FONCTIONS CRIMINELLES DES OFFICIERS PUBLICS ATTACHÉS A LA JUSTICE DE PAIX.

Notions préliminaires. 201
Chap. I. Des fonctions du juge de paix relatives à la police judiciaire. 202

Section i. De quelles opérations est chargé le juge de paix par rapport à la police judiciaire.    203

— ii. En quels lieux le juge de paix peut-il exercer les fonctions de la police judiciaire.    213

— iii. Actes qui sont les bases de la procédure criminelle.    215

§ I. De la dénonciation officielle.    *ibid.*

— II. De la dénonciation privée.    216

— III. De la plainte.    221

— IV. De l'instruction à faire par le juge de paix.    223

§ I. Des procès-verbaux et des témoins dont l'assistance est requise.    224

— II. Des conditions nécessaires pour que le juge de paix puisse agir.    227

— III. De la saisie des effets et papiers qui peuvent servir à conviction.    230

— IV. De la forme de procéder contre le prévenu présent.    233

— V. Des poursuites à diriger contre le prévenu absent.    234

— VI. Des mandats à décerner contre le prévenu domicilié.    235

— VII. De ce qui constitue le flagrant délit.    336

— VIII. Des experts et gens de l'art appelés par le juge de paix, et de leurs rapports.    237

— IX. Du renvoi du procès-verbal au procureur du roi.    239

— X. Des cas où le juge de paix peut agir hors le flagrant délit. *ibid.*

Chap. ii. Du tribunal de police.    242

Section i. Quels officiers composent le tribunal de police.    243

— ii. De la compétence du tribunal de police.    248

— iii. De la demande et de l'instruction.    255

— iv. Du jugement.    261

— v. De l'exécution du jugement.    267

— vi. Moyen pour arrêter l'exécution du jugement.    269

FIN DE LA TABLE GÉNÉRALE.

# TABLE ALPHABÉTIQUE
## DES MATIÈRES

CONTENUES DANS CE VOLUME.

---

## A

*Absens.* Obligations des juges de paix relatives à l'apposition des scellés quand les héritiers sont absens pour le service de l'état, 181.

*Acte de notoriété*, suppléant à l'acte de naissance que ne peut se procurer la personne qui se marie : sa rédaction par le juge de paix, sa forme et ses effets, 188, 189.

*Actions.* Énumération de celles dont la connaissance est de la compétence des juges de paix, 40, 41 et suiv.

*Actions mobilières.* Les juges de paix en connaissent ; jusqu'à quelle concurrence, 42.

*Actions purement personnelles.* ( la connaissance des) est de la compétence du juge de paix ; jusqu'à quelle concurrence, 42 et suiv.

*Actions possessoires.* Les juges de paix en connaissent ; en quoi consistent ces actions, 48. Formalités prescrites pour les intenter légalement, 49. Les créanciers de rentes foncières peuvent-ils intenter l'action possessoire, 62. L'action possessoire peut-elle avoir lieu pour servitude, 64. Action relative à la demande en réintégrande, 49 et suiv. L'action possessoire ne peut se cumuler avec le pétitoire, 12, 122 et 151. Le juge de paix peut-il connaître du possessoire d'une mine ? 91, 92.

*Administrative* ( police ). Voyez *Police.*

*Adoption* (l'acte d') est reçu par le juge de paix : sa forme et ses effets, 191, 192 et suiv. Conditions requises pour la validité de l'adoption, 193, 194.

*Amendes* pour délits de police : mode de paiement, et poursuites en cas de non-paiement, 267, 268 et suiv.

*Appel des jugemens de la justice de paix* : devant quel tribunal il se porte, 133. Conditions à remplir pour l'interjeter utilement, 134 et suiv. Qualités essentielles qui rendent un jugement sujet ou non sujet à l'appel, 136, 137 et suiv. Voyez *Jugement.* Appel pour incompétence.

*Apposition de scellés.* Voyez *Scellés.*

*Arrêt* ( mandat d' ). Voyez *Mandat.*

*Assemblées de famille.* Voyez *Conseil de famille.*

*Assurances* ( Société d' ). Voyez *Sociétés d'assurances.*

*Attroupement* (ce qui constitue un) et règle le tribunal qui doit en connaître, 212.

*Audition de témoins.* Voyez *Témoins.*

*Auteurs.* Voyez *Propriétés littéraires.*

*Aveu* (gens sans) *et vagabonds.* Ce qu'on entend par *gens sans-aveu et vagabonds,* et tribunaux qui doivent connaître de leurs délits et crimes, 210, 211.

*Avis de Parens.* Voyez *Conseil de famille.*

B

*Bestiaux en délit.* Le juge de paix peut-il en connaître ? 185.

*Bienfaisance* ( octroi de ). Voyez *Octroi.*

*Bois de l'État* (quelle loi faut-il suivre dans l'application des peines aux délits commis dans les), 264.

*Brevet d'invention* (attributions des juges de paix en matière de), 79.

*Bulletin des Lois* (le) adressé aux juges de paix, doit rester déposé au greffe, 31.

*Bureau de conciliation* (le) est formé devant le juge de paix : quelles affaires sont soumises à ce bureau, 142 et suiv. Mode de la citation en conciliation, 147 et suiv. Procès-verbal de la comparution des parties qui sont citées, et effets des conventions qui y sont faites, 149.

*Bureaux de bienfaisance.* Voyez *Hôpitaux.*

C

*Carence* ( procès-verbal de ). Sa rédaction est dans les attributions du juge de paix, 173.

*Cassation des jugemens de la justice de paix.* Elle a lieu pour excès de pouvoirs, 141.

*Cassation des jugemens du tribunal de police.* Elle a lieu contre les jugemens rendus soit par le premier tribunal en dernier ressort, soit donnés sur l'appel, soit par défaut, lorsque l'opposition ni l'appel ne sont plus recevables, 271 et 272. Arrêts de cassation cités comme exemple, 262, 263 et suiv. L'exécution de la condamnation est suspendue pendant l'instance en cassation, 272, 273. La partie civile peut se pourvoir en cassation, 272.

*Cédules.* Leur usage dans les cas urgens, pour abréger les délais, 95. Délivrance de cédules pour faire citer les témoins, 100.

*Champêtres* ( gardes). Voyez *Gardes champêtres.*

*Citation devant le juge de paix* ( la) est un exploit énonçant la demande formée : sa rédaction, sa notification et ses effets, 92 et suiv. Délais obligatoires entre la citation et la comparution, 94 et suiv. Dispositions législatives sur la forme et les effets des citations, 10 et 11.

*Citation au bureau de conciliation.* Voyez *Bureau de conciliation.*

*Citation au tribunal de police.* Celle faite au tribunal du juge de paix se fait par un exploit en la forme ordinaire : celle faite devant le tribunal du maire se donne par un simple avertissement, 255. Mode de la notification de chaque espèce de ces citations, 256.

*Civiques* (dénonciations). Voyez *Dénonciations.*

*Clés* (les) des appartemens, armoires et meubles sur lesquels sont apposés des scellés doivent être remises au greffier du juge de paix, et rester en ses mains, 172. Voyez *Scellés.*

*Commerce maritime.* Attributions du juge de paix en matière de police de la navigation maritime et des ports de commerce, 188.

*Commissaires des guerres,* aujourd'hui *intendans* et *sous-intendans militaires.* Les certificats de bonne conduite de ceux qui aspirent à ces places sont donnés par les juges de paix, 187.

*Comparution des parties* au bureau de conciliation : elle a lieu en personne ou par fondés de pouvoir, 149. Effets de la non-comparution, 150.

*Compétence du juge de paix* (énumération des affaires qui sont de la), 40 et suiv. Comment se règle cette compétence, 72 et suiv.; déclaration des parties qui demandent jugement; peut-elle rendre le juge de paix compétent pour connaître des matières qui ne sont pas de la compétence générale des juges de paix en matière de juridiction, 75,

*Conciliation.* Voyez *Bureau de conciliation.*

*Conseil de famille* ( le) s'assemble pour statuer sur la personne et les biens des mineurs, des insensés ou des furieux, et leur nommer un tuteur et subrogé-tuteur, ou un curateur. Sa convocation, 157. Sa réunion devant le juge de paix qui le préside et y a voix prépondérante, 158. Sa composition de parens, alliés ou amis, choisis moitié du côté maternel et moitié du côté paternel, 159. Citation pour sa convocation, 160. Peine d'amende prononcée contre les membres convoqués qui ne comparaissent pas, 160. Le juge de paix peut ajourner ou proroger le conseil dans certaines circonstances, 161. Nombre nécessaire pour la validité des délibérations, 161. Le greffier assiste de droit au conseil, mais il n'en est pas membre, 168.

*Contrainte par corps.* Est-elle encourue par celui qui refuse de satisfaire au jugement qui l'a condamné à restituer une propriété qu'il avait envahie, 122 et suiv. Elle peut avoir lieu pour non-paiement de l'amende et de l'indemnité en matière de simple police, 268.

*Contraintes decernées par la régie* de l'enregistrement : elles sont visées et déclarées exécutoires par le juge de paix, 194.

*Contrefaçons* (la saisie des) peut être faite par les juges de paix, à la réquisition des auteurs, héritiers ou cessionnaires desdits auteurs, 190.

*Contre-seings et franchises.* Voyez *Correspondance.*

*Corps* (contrainte par). Voyez *Contrainte par corps.*

*Cours spéciales.* Leur institution par le Code d'instruction criminelle, et leurs attributions, 210.

*Culte catholique* (un ministre du) peut être juge de paix; mais il doit renoncer à l'exercice du ministère, 39 et suiv.

*Curateur* (nomination du). Voyez *Conseil de famille.*

D

*Déclinatoire* proposé en la justice de paix. Le juge de paix doit y faire droit, 109.

*Définitifs* (jugemens) et non définitifs. Voyez *Jugemens.*

*Dégradations* alléguées par un propriétaire. Le juge de paix doit en connaître, 69.

*Délais* accordés aux cités en la justice de paix; ils sont réglés en raison du domicile, 95; ils doivent être francs, 95; dans les cas urgens, le juge de paix peut les abréger, 95.

*Délibéré* (le juge de paix peut ordonner la remise de pièces et d'actes dont les parties se sont servies pour leur défense, pour par lui en être), 113.

*Délits.* Leur division en trois classes, et tribunaux auxquels la connaissance en appartient, 202. Voyez *Flagrant délit.*

*Délits forestiers.* Tribunaux compétens pour en connaître, 263, 264.

*Délits ruraux.* Ce qui les caractérise et détermine la compétence du tribunal chargé d'en connaître, 264.

*Délits de simple police.* Compétence des tribunaux chargés de les poursuivre, 248 et suiv.

*Délits spéciaux.* Mode de leur poursuite, 203 et suiv.

*Demande* introduite devant la justice de paix : comment elle se forme et se notifie, 92 et suiv.

*Dénégation d'écriture.* Le juge de paix ne peut ordonner la vérification de l'écriture déniée, donne acte de la dénégation, et renvoie au tribunal qui doit en connaître, 75.

*Dénonciation de délit* (la) se distingue en deux espèces : dénonciation privée et dénonciation officielle, 215. La dénonciation officielle est celle qui s'exerce par toute autorité constituée, tout fonctionnaire public qui, acquérant la connaissance d'un délit, est tenu d'en provoquer la poursuite et la punition, 215. La dénonciation privée est celle de tout citoyen qui, témoin d'un attentat contre la liberté, la propriété ou la vie d'un autre citoyen, est tenu d'en donner avis à un officier de police judiciaire, 215. Les dénonciateurs sont volontaires ou nécessaires, *ibid.* Formalités de la dénonciation faite au juge de paix, 204, 205 et 217. Rédaction et signature, 218. Effets du désistement de la dénonciation privée, 218.

*Dénonciation* de nouvel œuvre. Voyez *Nouvel œuvre.*

*Dépens* (frais et) de la procédure en la justice de paix ; mode de règlement et de paiement, 130.

*Désistement de dénonciation et de plainte.* Comment il se fait ; sa notification, et quels sont ses effets, 218 et 219.

*Domestiques.* La connaissance des différends entre les domestiques et leurs maîtres, relatifs aux gages et aux engagemens respectifs, est dans les attributions du juge de paix, 70.

*Dommages* faits aux champs, aux fruits, aux récoltes, soit par les hommes, soit par les animaux. La connaissance en appartient aux juges de paix, 43. La partie lésée peut, à son choix, intenter une action civile ou criminelle, 46.

*Domiciliaire* (visite). Voyez *Visite domiciliaire.*

*Domiciliés* (les) sont ceux qui ont une résidence constante et connue dans un lieu, 236.

*Douanes* (en matière de) les juges de paix connaissent de la saisie des marchandises, pour contravention, 82, 186. Du refus de payer les droits, 83. Du non rapport des acquits-à-caution, 83. Les registres tenus dans les bureaux de douanes sont cotés et paraphés par le juge de paix, 186.

# E

*Échenillage* des arbres et des haies. Le juge de paix délivre l'exécutoire nécessaire pour le paiement des ouvriers employés à cette opération par les maires, 189.

*Écriture* ( dénégation d'). Voyez *Dénégation*.

*Empêchement du jugé de paix* et des suppléans. Voyez *Juges de paix* et *Suppléans*.

*Empoisonnement.* Voyez *Poison*.

*Emprisonnement*, peine de police; elle ne peut excéder cinq jours, 263. Elle remplace l'amende et l'indemnité à l'égard des insolvables, 268.

*Enfant* ( exposition d'). Voyez *Exposition*.

*Enquête par le juge de paix.* Ce qui y donne lieu, 99. Le jugement qui l'ordonne doit en fixer précisément l'objet, 100. Mode de procéder à une enquête, *ibid.* Différence de procéder dans les causes à juger en dernier ressort, et dans celles sujettes à l'appel, 101.

*Enregistrement* ( droits d'). Le juge de paix intervient dans les expertises demandées par la régie de l'enregistrement pour la perception des droits d'aliénation d'un immeuble, 189 ; délivre les exécutoires pour le remboursement des droits, 190. Il autorise, par une ordonnance, la délivrance des extraits des registres des préposés de l'enregistrement, *ibid.*

*Exécution des jugemens* rendus en justice de paix. Voyez *Jugemens*.

*Exécutoire de frais et dépens.* Voyez *Enregistrement* et *Frais*.

*Experts.* Cas où le juge de paix en nomme pour visite de lieux et appréciation, 102. Redaction du procès-verbal de leur avis, 102, 103. Leur serment, *ibid.* 188 et 237. Témoignage et déclaration d'experts en matière criminelle, 237.

*Exposition d'enfant* ( procès-verbal dressé en cas d'), 187.

*Expropriation forcée* ( visa du greffier de la justice de paix, en matière d'), 190.

# F

*Faillite* ( apposition des scellés en cas de), 175, 177, 178 et suiv.

*Faux* ( inscription de). Voyez *Inscription de faux*.

*Fermier* ( la fixation de l'indemnité demandée par un ), pour non-jouissance, est dans les attributions du juge de paix, 69.

*Fidélité* (serment de). Voyez *Serment.*

*Flagrant délit* ( ce qu'on entend par), et mode de poursuite à exercer par le juge de paix contre les prévenus, 236, 203 et suiv., 227 et suiv.

*Foncière* ( rente). Voyez *Rente foncière.*

*Fondés de pouvoir* (les) peuvent comparaître en justice de paix, tant en matière civile qu'en matière de police, 95, 147, 149, 233.

*Forestiers* ( délits). Voyez *Délits.*

*Forestiers* ( gardes). Voyez *Gardes forestiers.*

*Frais* en matière de police. La partie qui succombe y est condamnée, 262. La liquidation des frais est rendue exécutoire par le juge de paix, 267.

*Franchises et contre-seings.* Voyez *Correspondance.*

### G

*Garant et garantie.* Formalités pour mettre un garant en cause, 103 et suiv.

*Gardes champêtres.* La réception, la prestation de serment et l'affirmation des procès-verbaux des gardes champêtres sont dans les attributions des juges de paix, 186.

*Gardes forestiers* (affirmation des procès-verbaux des délits constatés par les), 185.

*Gardiens des scellés* (conditions exigées de ceux qui sont établis), 172.

*Gens de mer.* Dans quel état le juge de paix peut connaître des actions relatives à leurs salaires et ouvrages, 82.

*Gens sans aveu.* Voyez *Aveu* (gens sans) et *Vagabonds.*

*Greffiers des justices de paix.* Mode de leur nomination, installation et prestation de serment, 15 et suiv. Leur traitement, 33. Leurs attributions relatives aux enquêtes, 101, aux visites des lieux, 102, à la récusation des juges de paix, 107, aux minutes et expéditions des jugemens, 124, aux conseils de famille, 168, aux scellés, 172. Dispositions législatives concernant leur installation, leur dépendance des juges de paix, leur traitement, leurs obligations relatives aux droits d'enregistrement, voyez *Répertoires.*

*Guerres* (commissaires des). Voyez *Commissaires des guerres.*

### H

*Huissiers des justices de paix.* Mode de leur nomination, 15, 32. Leur traitement, 33 et 36. Leurs attributions, 36 et suiv.

## I

*Incompatibilité* des fonctions de juges de paix avec certaines fonctions publiques, 38.

*Incompétence.* Voyez *Compétence, déclinatoire, Juges de paix, Jugemens* et *Récusation.*

*Indemnité.* Celles réclamées par un fermier pour non-jouissance, 69. Celles pour délits de police sont préférables à l'amende, même aux frais à la charge de l'Etat, 267.

*Indéterminée* (les demandes dont l'objet est de valeur) sont-elles de la compétence des juges de paix ? 72.

*Injures verbales* (la connaissance des) est dans les attributions du juge de paix, 71, 74.

*Inscription de faux.* Les juges de paix ne peuvent en connaître. Voyez *Dénégation d'écriture et jugement.*

*Institution* des justices de paix, 13.

*Instruction* devant le tribunal de paix, en matière civile, 95 et suiv.; en matière de police, 255 et suiv.

*Interdiction* (conseil de famille pour cause d'), 17.

*Interlocutoires* (jugemens). Voyez *Jugemens.*

*Interrogatoire* des prévenus par le juge de paix, 206 et suiv.

*Inventaire* (clôture d'). Voyez *Clôture d'inventaire.*

*Invention* (brevets d'). Voyez *Brevets d'invention.*

## J

*Judiciaire* (police) Voyez *Police judiciaire, Juge de paix.*

*Jugemens émanés de la justice de paix.* Règles communes à tous les jugemens, 111.

*Jugemens par défaut,* 115. Jugement sur actions possessoires, 119.

*Jugemens qui ne sont pas définitifs,* 123. Minutes et expéditions des jugemens, 124. Dépens, 130. Suite des jugemens, 132. Appel des jugemens, *ibid.* Opposition, 133. Cassation, 141. Jugemens rendus par le tribunal de police, 261. Leur exécution, 267. Moyen pour arrêter cette exécution, 269.

*Juges de paix* (les) doivent être considérés comme juges extraordinaires, 10 et 11. Objet de leur institution, 13. Exercice et durée de leurs fonctions, 28. Leur traitement, 33. Incompatibilité avec certaines fonctions publiques, 38. Attributions primordiales de la justice de paix, 41. Attributions données depuis l'origine, 79. Formation d'une demande en la justice de paix, 92. Instruction, 95. Enquêtes, 99. Visite des lieux contentieux et appréciation, 102. Incidens, 103. Appel en garantie, 103. Récusation du juge de paix, 106. Déclinatoire, 109. Jugemens, 111. Dépens, 130. Le bureau de conciliation se tient devant le juge de paix; quelles affaires se portent à ce bureau, 142. Citations, 147 et 110. Procès-verbal de la comparution des parties, 149. Fonctions du juge de paix qui ne tiennent ni au contentieux ni à la conciliation, 157. Conseil de famille, *ibid*. Opposition à la levée des scellés, 177. Différentes fonctions et attributions particulières des juges de paix en matières civiles et de police municipale et rurale, 185. Fonctions des juges de paix relatives à la police judiciaire, 202. En quels lieux ils doivent les exercer, 213. Leur compétence en matière de plainte, de dénonciation officielle ou privée, 215. Poursuite d'office, 223. Instruction, 223. Procès-verbaux et audition de témoins en matière de délits, 224 et suiv. Conditions nécessaires pour que le juge de paix puisse agir, 227. Saisie des effets et papiers qui peuvent servir à la conviction, 230. Forme de procéder contre le prévenu présent ou absent, 233 et 234. Mandats à décerner contre le prévenu domicilié, 235 et suiv. Compétence du juge de paix en cas de flagrant délit, 236. Experts et gens de l'art qu'il peut appeler, 237, 238. Renvoi des procès-verbaux au procureur du roi, 239. Cas où le juge de paix peut agir hors le flagrant délit, *ibid*. et 240. Compétence du tribunal de police tenu par le juge de paix, 248. Demande en instructions, 255. Jugement, 261. Mode de leur élection, 130, 139, 142, 174.

*Justice de paix* (officiers attachés à la). Voyez *Assesseurs, Greffiers, Huissiers, Juges de paix et Suppléans.*

<h1 style="text-align:center">L</h1>

*Levée des scellés.* Voyez *Scellés.*

*Lieux contentieux* (visites des). Voyez *Visites.*

*Locataires* (la connaissance des différens entre les) et les propriétaires, pour réparations, indemnités, etc., est de la compétence des juges de paix, 69.

*Locatives* (réparations). Voyez *Réparations.*

*Lois* (Bulletin des). Voyez *Bulletin des Lois.*

# M

*Mandats* d'amener, d'arrêt, de dépôt, etc. Mode de leur délivrance et de leur exécution, 234, 242.

*Marchandises naufragées.* Voyez *Naufrages.*

*Mariage* (acte de notoriété pour). Voyez *Acte de notoriété,* Opposition à mariage. Voyez *Opposition.*

*Maritime* (commerce). Voyez *Commerce maritime.*

*Maritimes* (prises). Voyez *Prises maritimes.*

*Mer* (gens de). Voyez *Gens de mer.*

*Mère tutrice* (conseil donné par le père à la), 191.

*Mines* (le juge de paix ne peut connaître du possessoire des), 91.

*Ministère public.* Il n'y a pas d'officier du ministère public près le tribunal de paix, 13; près le tribunal de police, les fonctions du ministère public sont remplies par les commissaires de police et les adjoints des maires, 28. Ils doivent être entendus, et requérir les punitions des délits, 47 et suiv.

*Minutes des jugemens* (les) doivent être portées sur la feuille d'audience, 124; signées par le juge de paix ou par le suppléant qui l'a remplacé, 125; leur dépôt, *ibid.* Il doit en être tenu un répertoire, 127.

*Mobilières* (actions). Voyez *Actions mobilières.*

*Municipale* (police). Voyez *Police municipale.*

# N

*Naufrages.* Attributions du juge de paix en matière de marchandises naufragées, 187.

*Navigation maritime.* Voyez *Commerce maritime.*

*Notaires* (répertoire des). Voyez *Répertoires.*

*Notoriété* (acte de). Voyez *Acte de notoriété.*

*Nouvel-Œuvre* (dénonciation de) : elle donne lieu à l'action possessoire, 64. Concours de cinq conditions pour autoriser cette dénonciation, 64 et suiv. Par qui et comment elle doit être faite, 65 et 66.

# O

*Octrois de bienfaisance* (compétence du juge de paix en matière d') relativement aux contestations pour la perception des droits, 89.

*Œuvre* (dénonciation de nouvel-). Voyez *Nouvel-Œuvre.*

*Office* (poursuite d'). Voyez *Poursuite.*

*Officielle* (dénonciation).

*Officiers de la justice de paix.* Voyez *Juges de paix*, *Huissiers*, *Greffiers* et *Suppléans*.

*Officieuse* (tutelle). Voyez *Tutelle*.

*Opposition aux jugemens par défaut* rendus par le tribunal de paix. Conditions pour être recevable à la former, 116. Dans quel délai elle doit être formée, et ce quelle doit contenir, 116.

*Opposition aux jugemens par défaut* rendus par le tribunal de police, 269.

*Opposition au mariage.* Les juges de paix n'en connaissent plus, 89.

*Opposition aux scellés* (l') peut se faire de deux manières, 177. Voyez *Scellés*.

## P

*Papiers cachetés* trouvés chez le défunt. Voyez *Scellés*.

*Parties* plaidant en la justice de paix. Leur comparution volontaire en personne ou par des fondés de pouvoir, 75, 96; leur citation, 92. Elles doivent s'expliquer avec modération, sous peine d'amende ou même d'emprisonnement, 97 et 98. Elles peuvent augmenter la compétence du juge, 75. Formule de la déclaration des parties qu'elles demandent jugement.

*Patentes* (professions sujettes à) sont soumises à l'inspection du juge de paix, 189.

*Peines* (l'application des) doit être requise par le ministère public, 47 et suiv. Compétence du tribunal relativement à la condamnation pour délits de police, 248 et suiv.

*Péremption* (causes et effets de la), 99.

*Personnelles* (actions). Voyez *Actions personnelles*.

*Pétitoire* (le demandeur en) ne peut agir au possessoire, 51, 121 et 122.

*Places de guerre.* Voyez *Servitudes*.

*Plaintes.* Le juge de paix est compétent pour en recevoir, 221. Mais il ne peut faire aucune poursuite ou procédure : il doit les adresser au procureur du roi, 223. Formalités prescrites pour assurer l'effet d'une plainte, 222.

*Police* (tribunal de). Voyez *Tribunal de police*.

*Police administrative et municipale* (la) a pour objet le maintien de l'ordre public, et tend principalement à prévenir les délits, 201.

*Police judiciaire* (la) recherche les délits, en rassemble les preuves, et livre les prévenus aux tribunaux chargés de les punir, 202. Opérations dont le juge de paix est chargé par rapport à la police judiciaire, 203 et suiv. Lieux où il peut exercer les fonctions de police judiciaire, 213 et suiv. Il peut y être remplacé par le suppléant, 214.

*Police du roulage.* Voyez *Voitures publiques.*

*Ponts.* Compétence de la justice de paix pour la taxe des nouveaux ponts de Paris, 91.

*Ports de commerce.* Voyez *Commerce maritime.*

*Ports de lettres* adressées aux juges de paix, ou expédiées par eux. Voyez *Correspondance.*

*Possessoire* (action). Voyez *Action possessoire.*

*Poursuite d'office.* Dans quels cas elle peut avoir lieu, 223.

*Pouvoir* pour comparaître en la justice de paix. Formalités à remplir pour sa validité, 95. Il peut être donné à des personnes attachées à l'ordre judiciaire, 96.

*Prescription* contre les délits ruraux, 257 ; contre les délits forestiers, 258.

*Prestation de serment.* Voyez *Serment.*

*Preuve par témoins.* Dans quels cas et avec quelles formalités elle est admise au tribunal de police, 259 et 260.

*Prévenu* (le) peut être interrogé par le juge de paix, 206. En cas de délit portant peine afflictive, le juge de paix peut-il le mettre en liberté, 207. Peut-il le faire amener devant lui, *ibid.* Peut-il décerner contre lui un mandat de dépôt, 208. Toute la procédure doit se faire devant le prévenu, s'il a été arrêté, ou devant son fondé de pouvoir, 233 et 258.

*Prises maritimes* (attributions du juge de paix en matière de), 188.

*Procès-verbal du bureau de conciliation.* Sur la comparution des parties, 149.

*Procès-verbal de Carence.* Voyez *Carence*

*Procès-verbal* d'apposition et levée des scellés. Voyez *Scellés.*

*Procès-verbaux en matière de police.* L'instruction à faire par le juge de paix consiste à dresser des procès-verbaux qui constatent les délits, 224. Rédaction, signature et effets de ces procès-verbaux, 225 et suiv.

# R

*Récidive.* Peines auxquelles elle expose le coupable, 266.

*Récusation du juge de paix.* Pour quels cas elle peut avoir lieu, 106. Formalité de la notification de l'acte de récusation, 107. Déclaration à donner par le juge de paix, portant son acquiescement ou son refus de s'abstenir, 108. Effets de cette déclaration. *ibid.*

*Référé* chez le président du tribunal de première instance, en matière de scellés, 176.

*Rente foncière.* Donne-t-elle lieu à l'action possessoire, 62.

*Réparations locatives* (la connaissance des contestations en matière de) est dans les attributions du juge de paix, 69.

*Répertoire des greffiers et des justices de paix.* Ils sont de deux espèces, 127 et 128.

*Résidence des officiers de la justice de paix.* Elle est obligatoire; exceptions à cet égard, 25 et suiv.

*Roulage* (police du). Voyez *Voitures publiques.*

*Ruraux* (délits). Voyez *Délits ruraux.*

# S

*Saisie de contrefaçon.* Voyez *Contrefaçons.*

*Saisie-exécution* (compétence du juge de paix en matière de), 190.

*Sauf-conduit.* Le juge de paix n'en accorde plus pour comparaître au bureau de conciliation, 150.

*Scellés.* L'apposition et la levée des scellés, en plusieurs occasions, mais particulièrement après décès, sont dans les attributions du juge de paix. Mode de l'apposition, 169. Des testamens et papiers cachetés trouvés chez un défunt, 174. Des scellés en cas de faillite, 175. Du référé en cas d'obstacle à l'apposition du scellé, 176. De l'opposition aux scellés, 177. De la levée des scellés, 178. De la levée des scellés en cas de faillite, 183.

*Serment de fidélité* à la Charte exigé des officiers attachés à la justice de paix, 15 et suiv.

*Servitudes* (les) donnent-elles lieux à l'action possessoire, 64.

*Significations* (les), citations et autres actes de la justice de paix, ne sont légalement faites que par l'huissier attaché à cette justice, 133. Voyez *Citations* et *Huissiers.*

*Subrogé-tuteur* (nomination du), 161 et 162.

*Suppléans des juges de paix* ( les ) ont remplacé les assesseurs. Mode de leur nomination, installation et prestation de serment, 15 et 142. Leur traitement lorsqu'ils remplacent le juge de paix, 53. A défaut de juge de paix, ils remplissent les fonctions de police judiciaire. 214.

## T

*Témoins* appelés devant la justice de paix en matière civile : leurs citation, comparution et déposition, 100 et suiv. Le témoin reproché peut-il être entendu, *ibid.* Témoins en matière de police simple et de police judiciaire : leur citation, leur comparution et leur déposition, 205 et suiv., 240, 241, 258 et suiv.

*Tribunal de paix*, affaires qui sont de la compétence de ce tribunal, 41 et suiv. De la demande, 92. De l'instruction, 95. Des enquêtes, 99. Des incidens, 103. De l'appel en garantie, 103. De la récusation, 106. Du déclinatoire, des jugemens, 109 et suiv. Des dépens, 130. Des suites des jugemens, 132.

*Tribunal de police* : quels officiers composent ce tribunal, 243. Compétence du tribunal, 248. De la demande et de l'instruction, 255. Du jugement, 261. De l'exécution du jugement, 267. Moyens pour arrêter l'exécution des jugemens, 269.

*Tutelle et tuteur*. Conseil de famille pour la nomination d'un tuteur, 157 et suiv. En aucun cas le tuteur ne vote pour la nomination du subrogé-tuteur, 162. Nomination du conseil de tutelle à la mère, 191.

*Tutelle officieuse* (fonctions du juge de paix relatives à la), 192 et suiv.

*Tuteur* ( *subrogé* ). Voyez *Subrogé-tuteur*.

*Tutrice* ( mère ). Voyez *Mère tutrice*.

## V

*Vacations* du juge de paix pour apposition et levée des scellés. Voyez *Scellés*.

*Vagabonds* ( ce qu'on entend par ), 210. Compétence du juge de paix à leur égard, *ibid.*

*Visite des lieux contentieux* ( mode de procéder à la ), 102.

*Visite* en cas de délit, 232.

*Visite domiciliaire*. Le juge de paix peut-il y procéder d'après sa seule ordonnance, 209.

FIN DE LA TABLE DES MATIÈRES.

tous les jours, et je me réjouissais devant lui en tout temps.

31. Je me plaisais dans le monde et dans sa terre, et mes plaisirs *étaient* avec les enfans des hommes.

32. Maintenant donc, *mes* enfans, écoutez-moi. Heureux ceux qui garderont mes voies !

33. Ecoutez l'instruction, et devenez sages, et ne *la* rebutez point.

34. Heureux l'homme qui m'écoute, qui veille à mes portes tous les jours, *et* qui garde les poteaux de l'entrée de ma maison !

35. Car celui qui me trouve, trouve la vie, et attire la faveur de l'Eternel ;

36. Mais celui qui m'offense fait tort à son âme ; tous ceux qui me haïssent, aiment la mort.

## CHAPITRE IX.

*La sagesse propose sous l'image d'un festin le bien qu'elle procure aux hommes.*

1. La souveraine sagesse a bâti sa maison, elle a taillé ses sept colonnes ;

2. Elle a apprêté sa viande, elle a préparé son vin ; elle a aussi dressé sa table ;

3. Elle a envoyé ses servantes ; elle appelle de dessus les perrons des lieux les plus élevés de la ville, *disant :*

4. Que celui qui est simple se retire ici ; *et* elle dit à celui qui manque d'intelligence :

5. Venez, mangez de mon pain, et buvez du vin *que* j'ai préparé.

6. Laissez là l'imprudence, et vous vivrez ; et marchez dans le chemin de la prudence.

7. Celui qui instruit un moqueur, n'en reçoit que de la honte ; et celui

*un homme* sage, et il t'a

9. Instruis un sage, e viendra encore plus sag un homme de bien, en doctrine.

10. Le commencemen gesse *est* la crainte d et la science des Sai prudence.

11. Car tes jours seror par moi, et des année seront ajoutées.

12. Si tu es sage, tu ser toi-même ; de même, queur, tu en porteras se

13. La femme insensé lente, sans entendemen connaît rien.

14. Et elle s'assied à la maison sur un siége, da élevés de la ville ,

15. Pour appeler les vont droit leur chemi *leur dire :*

16. Que celui qui es retire ici ; et elle dit manque d'intelligence :

17. Les eaux dérobées et le pain *pris* en c agréable.

18. Et il ne considère là *que sont* les morts, qu'elle a invités *sont* a sépulcre.

## CHAPITRE X

*Bonheur des gens de bien, e méchans.*

1. Proverbes de Salomo sage réjouit *son* père ; m insensé *est* l'ennui de sa

2. Les trésors de méch profiteront de rien ; mai délivrera de la mort.

3. L'Eternel ne perm

www.ingramcontent.com/pod-product-compliance
Lightning Source LLC
LaVergne TN
LVHW012245030726
842520LV00008B/295